Karl Nessmann:

Dreimal Hölle – und retour!

ausgebrannt, depressiv, abhängig

Ursachen, Symptome und Wege aus der Krise

- Erfahrungen und Erkenntnisse eines Betroffenen

** „Dreimal Hölle und retour" - Buchtitel als Geschenk eines langjährigen Autoren- und „Löwen"-Freundes; wie er an einem 3. 8. geboren.*
- Am 3. 8. 2016 wird das vorliegende Buch in Kärnten präsentiert. So wurde es am 13. 3. beschlossen, als beide Freunde beim „Reid'n-Wirt" in St. Urban/Urbansee zusammen saßen und darauf anstießen, dass die „Alkohol-Sucht" bald nur noch in Buchform, als Erinnerung bestehen werde.
„Buch als Therapie" lautet die Überzeugung. Und „Reid'n" bedeutet kärntnerisch „Kurve". Lesen Sie, wie ein wundervoller, faszinierender Mann „die Kurve kratzt" statt „abzukratzen"... MG

Autor: Dr. Karl Nessmann

Buch-Projekt-Begleitung: Dr. Manfred Greisinger www.stoareich.at

Verlag: Buchschmiede von Dataform Media GmbH, Wien

ISBN: 978-3-99057-185-9 (Paperback)
ISBN: 978-3-99057-186-6 (Hardcover)
ISBN: 978-3-99057-187-3 (e-Book)

Printed in Austria

Für meine Familie und Freunde!

K.N.

Vom BURNOUT in die DEPRESSION und ABHÄNGIGKEIT - und zurück ins LEBEN

Ich war völlig ausgebrannt und erschöpft, durchlebte mehrere depressive Episoden und lernte mit Sucht und Sehnsucht umzugehen. Ich schildere meine Leidensgeschichte - und den Weg aus der Krise zurück ins Leben – persönlich, umfassend und systematisch. Sie als Leserin/Leser erhalten einen authentischen Einblick in die Gefühlswelt eines Betroffenen. Gerade weil ich durch alle seelischen Tiefen gehen musste, die Hölle und das Grauen - mehrmals - kennenlernte, kann ich heute Glücksmomente mit Demut und Dankbarkeit wahrnehmen und meine Erfahrungen weitergeben.

Ich war Medien- und Kommunikationswissenschaftler, erfahren in der Bewertung von wissenschaftlichen Studien. So analysiere ich die Ergebnisse der Forschung und bringe diese in Bezug zur persönlichen Krankengeschichte. Ich erkläre die Ursachen, Symptome und Folgen des komplexen Erschöpfungssyndroms unserer Zeit. Als ausgebildeter Coach und Berater liefere ich auch konkrete Hinweise über ganzheitliche Behandlungsmethoden für Körper, Geist und Seele. Die Wirkungsweisen spiritueller, medizinischer und psychotherapeutischer Methoden werden konkret beschrieben. Burnout und die damit zusammenhängenden Themen Depression und Sucht werden wissenschaftlich fundiert und verständlich dargestellt. Laien wie Fachleute erhalten dadurch einen guten Überblick über Themenbereiche wie:

- Was ist Burnout? (Definition und Abgrenzung zur Depression)
- Wie macht sich das Erschöpfungssyndrom bemerkbar? (Symptome)
- Wodurch wird es ausgelöst? Warum ist das Ausgebranntsein in unserer Gesellschaft so verbreitet? (Ursachen, Gründe, Bedingungen)

- Gibt es Zusammenhänge zwischen Burnout, Depression und Sucht?
- Welche Wege führen aus der Krise? Wie können wir im Rhythmus bleiben? (Vorschläge zur Prävention und Therapie)

Dieses **„persönliche Fachbuch“** versteht sich als Beitrag zu Forschung, Therapie und Prävention. Ein Erste-Hilfe-ABC zu Burnout, Depression und Sucht fasst die Ausführungen kompakt zusammen. Es beinhaltet auch hilfreiche Fragen, die Sie sich im Sinne der Selbstreflexion stellen können.

Das Buch richtet sich an folgende Lesergruppen:

- Menschen, die sich für das Thema generell interessieren,
- Fachleute, die sich mit Burnout, Depression und Sucht professionell beschäftigen (Ärzte, Psychotherapeuten, Präventionsberater, Wissenschaftler/Forscher etc.),
- Studierende, die auf der Suche nach fundierten Literaturquellen, Hintergrundinformationen und Fallbeispielen sind,
- Personen, die bei sich selbst bereits Erschöpfungssymptome feststellen, eine depressive Phase durchleben oder das Gefühl haben, von einer Person oder Substanz (Alkohol, Drogen, Medikamenten) abhängig zu sein, und einen Totalzusammenbruch noch verhindern wollen,
- Patienten, die bereits ausgebrannt sind und Wege aus der Krise suchen,
- sowie all jene Personen, die an praktischen Hinweisen für erfolgreiche Interventionen im Beruf oder im Privatleben (als Freund, Partner, Arbeitskollege, Vorgesetzter, Organisationsverantwortlicher) interessiert sind.

www.uni-klu.ac.at/~knessman

karl.nessmann1956@gmail.com

Inhalt:

1.) Zur Genese, Entstehung des Buches **11**
Forschungsstand, Ziel und Anspruch, Motivation und Funktion

2.) Was ist Burnout? Zur Theorie der Erschöpfung **26**
Das Erschöpfungssyndrom unserer Zeit
Burnout-Trias
Kräfteverlust, Möglichkeitsverlust, Verlust des schönen Lebens
Burn-out, time-out: stiller Protest
Der defekte Verbrennungsmotor

3.) Burnout-Symptome: Wie sich Erschöpfung bemerkbar macht **38**
Die 12 Phasen des Burnouts
Entwicklungsverlauf der Erschöpfung: **meine „Krankengeschichte“**
Exkurs: „Die andere Seite“ – Ergänzende Sicht der Ehefrau

4.) Vom BURNOUT in die DEPRESSION und SUCHT **68**
Der defekte Verbrennungsmotor, die Dame in Schwarz und Sehn-Süchte
Henne-Ei: Was war vorher?
Aktuelle Forschungen und persönliche Erfahrungen
Unterschied zwischen Erschöpfungsdepression und klassischer Depression
Depressive Stimmungen sind normal
Die Rolle von Drogen, Alkohol, Medikamenten und anderen Süchten
Zur Inflation der Süchte und zum konfusen Forschungsstand
Beispiel: Alkoholabhängigkeit
Die Mär vom willensstarken und willensschwachen Menschen
Paradigmenwechsel im Umgang mit der Alkoholproblematik
Hinter jeder Sucht liegt eine Sehnsucht
Exkurs: Chronische Schmerzen und ihre Auswirkungen

5.) Wie Burnout entsteht und in Depression/Sucht führen kann **108**
Körperliche Ursachen, oder: Die Rolle der Gene, Hormone und Botenstoffe
Stress und seine Auswirkungen, oder: Die Rolle von Stress

5.1.) Ursachenfeld 1: Beruf **118**
Sechs Burnout-Faktoren des Arbeitsplatzes
Das Papst-Syndrom: Arbeitsüberlastung
Persönliche Erfahrungen: Fallbeispiele
Mobbing am Arbeitsplatz: Schikane und Intrigen
Fazit: Jeden Tag schuldig ins Bett

5.2.) Ursachenfeld 2: Privat **132**
Familie und Job unter einem Hut bringen
Hera, Zeus und seine Geliebte
Leistungsansprüche und Stress in Partnerschaften
Trauerarbeit: Abschied nehmen

5.3.) Ursachenfeld 3: Person **142**
Woher die Leistungsansprüche kommen
Die Eltern: freiwillige Selbstverknechter
Zu wenig Lob und Anerkennung
Anspruch auf Einzigartigkeit erzeugt Stress
Wenn die Maske zerbricht
Salvataggio und das Helfersyndrom
Zuflüsterer und innere Antreiber
Fazit: Persönlichkeitsfaktoren zusammengefasst

5.4.) Ursachenfeld 4: Gesellschaft **159**
Beschleunigung des Lebenstempos und gesellschaftlicher Wandel
Leistung und Erschöpfung
Der Anspruch auf Einzigartigkeit und der Zwang zur Selbstvermarktung

Narzissten und flexible Selbstvermarkter
Einfluss der Medien: Chancen und Gefahren
Fazit: Citius, altius, fortius: schneller, höher, stärker!

6.) Die Suche nach dem Sinn des Lebens, Leidens - und Gott **184**
Der Glaube an Gott und der Glaube an mich
Was das Leben von uns erwartet
Spiritualität und Wissenschaft: Glaube und Gesundheit
Fazit: Den Lebenssinn finden!

7.) Der entscheidende Faktor: Zeit **194**
Die ZEIT rennt mir davon
Der irrige Versuch, ZEIT zu gewinnen
Freund, du hast ZEIT
Die ZEIT braucht ZEIT

8.) Die Ursachen für meine Erschöpfung und mein Anteil dabei **201**
Alle Faktoren zusammengefasst
Sturm auf hoher See: Mastbruch beim Segeln
Die große Frage der Verantwortung

9.) Wege aus der Krise **212**

9.1.) Meine Strategie **213**
Im Sturm des Lebens die Segel setzen und die Kapitänsrolle einnehmen
Krise als Chance / Nicht über vergossene Milch jammern

9.2.) Meine Ziele **217**
Was will ich eigentlich? Was will ich nicht mehr? Wohin führt der Weg?

9.3.) Mein Therapieplan **221**
Körper, Geist und Seele/ Schritt für Schritt

9.4.) Medizinische Behandlung **228**
Medikamente und Nebenwirkungen/Wann benötigen wir Antidepressiva?/Gibt es ein „natürliches" Antidepressivum?/Macht der Darm depressiv?/alternativmedizinische Maßnahmen

9.5.) Psychotherapie und Coaching **241**
Die Reise zurück/Zur Auswahl der Therapeuten und Therapierichtung/Kritische Anmerkungen zur Gruppen- und Einzeltherapie

9.6.) Methoden für Körper, Geist und Seele **250**
Atemübungen/Bewegung/Entspannungs- und Wahrnehmungsübungen/Im Rhythmus des Lebens bleiben/Übungen zur Entschleunigung und zur Stärkung des Selbstwertes/Übungen zum Druckablassen

9.7.) Methoden, bei denen ein Notizblock oder ein Therapeut hilfreich sein kann **269**
Glaubenssätze und Antreiber/Autosuggestionen bzw. Affirmationen/Tagebücher: der Dankbarkeit, der Entscheidungen, der Erfolge/Hilfreiche Fragen/Fragen zu Burnout, Depression oder Sucht

9.8.) Lebensweisheiten **283**
Potschasn – nur mit der Ruhe/Innehalten/Der Weg führt nach innen/Leben in Balance und im Rhythmus leben/Die Sorge um sich/Du Selbst sein/Loslassen/Liebes Leben!

9. 9.): Exkurs: Macht *Positiv Denken* krank oder gesund? **293**

10.) Evaluation: Bin ich auf dem „richtigen“ Weg? **299**
Gefahr des Ego-Trips / Gefahr der Selbstüberschätzung / Verhaltensänderungen erfolgen nicht von heute auf morgen/Rückfälle gehören dazu/Grenzen erkennen und auf Signale achten/Nicht ständig nach dem Glück streben/Markus, der Gärtner

Fluch oder Segen?

11.) Exkurs: Burnout von Organisationen und Gesellschaften **316**
Welterschöpfung und Bankrotterklärung
Die 12 Phasen des gesellschaftlichen Burnouts
Wege aus der Krise: Antikörper entwickeln und „durchwurschtln“
Fazit: Die Gesellschaft hat den Verstand verloren und brennt aus!

12.) Erste Hilfe-ABC gegen Burnout-Depression-Sucht **334**

13.) Literatur/Quellenverzeichnis **348**

Gebet von Antoine de Saint-Exupéry

Widmung und Danksagung **357**

1.) Zur Entstehung des Buches

Meistens kommt es anders, als man denkt

Eigentlich wollte ich nur wissen, was mit mir los war. - Um welche Art von Erkrankung handelte es sich bei mir? War es ein Burnout, eine Depression oder gar eine Sucht- bzw. Abhängigkeitserkrankung? Die Ärzte waren sich anfangs diesbezüglich nicht einig, ihre Diagnosen völlig unterschiedlich.

2011 lag ich völlig ausgebrannt und erschöpft mit kürzeren Unterbrechungen über mehrere Monate im Krankenhaus, in insgesamt sechs (!) verschiedenen Kliniken und dachte mir: *Jetzt ist es aus mit mir. Das war es. Mit 55 Jahren am Ende. Hmm!* Ich tröstete mich damit, dass ich ein tolles, ja sogar streckenweise ein „erfolgreiches" Leben gehabt hatte, immerhin 10 Jahre länger als mein Vater, der vor 40 Jahren verstorben war. Ich sinnierte vor mich hin und sagte zu mir: *Verdammt! Ich komme nicht mehr auf die Beine. Ich kann und will nicht mehr. Was ist los mit mir? Wie konnte es so weit kommen? Wie soll es weitergehen? Wie komme ich aus dieser Krise jemals wieder heraus?* Ich hatte zu dieser Zeit keine Ahnung, keinen Plan. Aber irgendwann ging es doch wieder aufwärts und ich erblickte ein Licht am Horizont und sagte zu mir: *Das war es noch lange nicht. Das Leben erwartet noch einiges von mir. Meine Familie braucht mich noch. Ich werde wieder gesund!*

Gegen Jahresende kam ich Gottseidank wieder auf die Beine, erholte mich. Als ich wieder einen klaren Kopf hatte, begann ich Anfang 2012 damit, meine Tagebuchnotizen aus dem Krankenhaus zu sortieren und die Krise bewusster zu verarbeiten. So listete ich beispielsweise die Erschöpfungssymptome auf und verglich sie mit den Diagnoseinstrumenten und wissenschaftlichen Erkenntnissen. Das Ergebnis war eindeutig: Ich hatte alle Phasen des Burnout Prozesses - von der emotionalen, geistigen und körperlichen Erschöpfung, über den Alkoholmissbrauch bis hin zur Depression – durchgemacht; und das mit aller Wucht und Intensität. Als

Wissenschaftler mit einiger Erfahrung in der Bewertung von Untersuchungen bin ich es gewohnt, Einzelphänomene in Zusammenhängen zu reflektieren. Daher wurden die Symptome, die ich bei mir beobachtet hatte, in fünf (und nicht wie häufig in der Literatur nur in zwei oder drei) Kategorien zusammengestellt: körperliche (physische), geistige (mentale), seelische (emotionale) sowie Symptome auf der Einstellungsebene (Gedanken) und der Verhaltensebene (Handeln).

Als nächstes wollte ich eine Antwort auf die so häufig an mich gestellte Frage finden: *Wie konnte dir das passieren, wo doch ohnehin alles bestens ist? Du hast einen super Job, bist Professor an der Universität, erfolgreicher Coach, Trainer und Lehrgangsleiter; du hast eine tolle Familie und liebe Freunde, „du bist für uns der Fels in der Brandung", Retter in der Not, immer für alle da; du bist gesellig, humor- und temperamentvoll, kommunikativ, kreativ und sportlich: Bergsteiger, Segler, Skitourengeher, Läufer ...* Ja, so lauteten die Zuschreibungen. So haben mich viele erlebt. Und ich mich zum Teil auch. Das Selbst- und das Fremdbild liegen nicht weit auseinander. Was sind die Ursachen für diese Erschöpfung? Wodurch wird sie ausgelöst? Liegt es an meiner Person oder an der Situation? Wo liegt die „Schuld": bei mir oder bei den Lebensumständen? Bald wurde mir klar, dass es sich bei dieser Schuldfrage um ein Scheinproblem handelt. Als ambitioniertem Segler sei mir folgender Vergleich gestattet: Wenn beim Segeln eine Leine reißt, können wir uns auch fragen, ob die Leine zu schwach oder der Wind zu heftig war oder ob es am nicht fachgerechten Handling lag?

Die Frage, wodurch die Erschöpfung ausgelöst wird, ob und inwieweit es an der Person oder Umwelt liegt, wird die Forschung wahrscheinlich nie klären können. Auch nicht die Frage, wer wann unter welchen Umständen in eine Burnout-Falle tappen, depressiv oder abhängig werden wird. Darüber sind sich auch jene Wissenschaftler einig, die die Forschungsergebnisse der letzten 40 Jahre systematisch zusammengetragen und kritisch hinterfragt haben. Und da hilft es auch nichts, wenn zu den mittlerweile Tausenden von empirischen Studien, die an mehr als 60

Berufsgruppen in den verschiedensten Kulturen und Ländern durchgeführt wurden, noch weitere hinzukommen. Zu unterschiedlich und spezifisch sind die jeweiligen Lebensverläufe, die Situationen und Umweltbedingungen - beruflich wie privat. Als ziemlich gesichert gilt, dass es sich um einen Mix von inneren und äußeren Umständen, von individuellen Persönlichkeitsmerkmalen und Umweltbedingungen handelt und (wie sollte es in der Forschung anders sein) dass die Korrelation, also die Wechselwirkung der beiden Bereiche ausschlaggebend ist. Erst die Kombination von **privaten und beruflichen Fehlentwicklungen und Schicksalsschlägen bringt uns an den Punkt, dass wir völlig ausbrennen**. Im Zuge der persönlichen „Ursachenforschung" habe ich die inneren und äußeren Faktoren, die für mein Burnout verantwortlich sein könnten, aufgelistet und mit Ergebnissen der empirischen Forschung und mit theoretischen Modellen in Bezug gebracht. Die Notizen wurden dann in **vier Ursachenfeldern *Beruf, Privat, Person, Gesellschaft*** zusammengefasst und zeigten auf, wie komplex und vielschichtig das Ursachengeflecht ist. Dabei wurde deutlich, dass Burnout, Depression oder Sucht nicht nur individuelle, sondern auch gesellschaftspolitische, soziale und volkswirtschaftliche Probleme sind.

Die drei Syndrome werden von den Fachleuten den psychischen Erkrankungen zugeordnet. In Österreich nehmen jährlich rund 900.000 Menschen das Gesundheitssystem aufgrund von psychischen Erkrankungen in Anspruch. Sie bekommen Psychopharmaka verschrieben. Seit der letzten flächendeckenden Erhebung sind die Verschreibungen um ein Viertel (!) gestiegen. In einer aktuellen österreichischen Studie zum Thema „Gesundheit bei der Arbeit" betrachten bereits ein Viertel der Befragten den Leistungsdruck am Arbeitsplatz als Problem. Die Gruppe der Menschen, die psychischem Druck ausgesetzt ist, wird immer größer: 43 Prozent fühlen sich nach der Arbeit „leer und ausgebrannt" (vgl. www.ikp.at oder www.meinungsraum.at, Oktober 2012). Bereit mehr als 400.000 Menschen in Österreich leiden an einer behandlungsbedürftigen Depression. EU-weit sollen 38 Prozent der Bevölkerung an seelischen Erkrankungen leiden, in den USA sind es 46 Prozent. Weltweit erkranken jede vierte Frau und jeder achte Mann im Laufe des Lebens mindestens einmal an einer Depression.

Über 1 Million ÖsterreicherInnen haben ein Problem mit dem Alkohol: 760.000 konsumieren für die Gesundheit riskante Alkoholmengen und 340.000 Österreicher sind alkoholkrank, geht aus Zahlen der Statistik Austria hervor. „Viele von ihnen haben mindestens zwei zusätzliche psychische Erkrankungen, besonders häufig Depressionen und Angststörungen." (vgl. www.alkoholohneschatten.at). Eine Untersuchung des Instituts für Höhere Studien (IHS) hat ergeben, dass die mit Alkoholismus direkt verbundenen Kosten rund 375 Millionen Euro betragen. Die indirekten Kosten für Frühpensionierungen oder Arbeitsausfälle sind hier noch nicht eingerechnet. Die durch Alkoholmissbrauch verursachten Gesamtkosten werden für Europa auf 58 Milliarden Euro geschätzt. Mehr als 14 Millionen EU-BürgerInnen sind alkoholabhängig. Davon werden weniger als 10 % behandelt.

Vor diesem Hintergrund ist bereits von einer **Epidemie** die Rede. Die Experten reden längst von einer **globalen bzw. kollektiven Erschöpfung**. Daher werden diese drei „Volkskrankheiten" auch aus medizinischer und psychotherapeutischer Sicht ein immer relevanteres Thema. Im sog. ICD (Internationale Klassifikation psychischer Störungen) der WHO werden diese drei Syndrome detailreich aufgelistet, wobei Burnout in der derzeit vorliegenden Fassung (ICD-10) noch nicht als eigenständige Erkrankung, sondern als „Zustand der Erschöpfung" (Z-Diagnose) erfasst wird. Depression und Alkoholkrankheiten werden im ICD-10 in der F-Klasse (d. i. die eigentliche Krankheitsdiagnose) angeführt. Die Experten sind sich darüber einig, dass in der nächsten Fassung der WHO-Kriterien (ICD-11) Burnout in die Gruppe der F-Diagnose aufgenommen wird.

In der Öffentlichkeit wird Burnout häufig als „Modeerkrankung" heruntergespielt. Psychische Leiden dieser Art sind mittlerweile so stark verbreitet, dass man sie nicht mehr als seltene Ausnahmeerscheinung abtun kann. Für die Betroffenen (und das kann ich aus eigener Erfahrung behaupten) bedeutet die „Krankheit" allerdings einen massiven Leidensdruck und ist häufig mit einer depressiven Episode sowie mit Alkohol-, Drogen- oder Medikamentenmissbrauch verbunden, der wiederum unter bestimmten Umständen in eine Abhängigkeit führen kann. - Die Fachleute unterscheiden zwischen Missbrauch und Abhängigkeit. Ersterer liegt vor, wenn jemand beispielsweise mehr Alkohol trinkt, als etwa die WHO empfiehlt (z. B. mehr als zwei bis drei Glas Bier oder Wein pro Tag). Eine Abhängigkeitserkrankung liegt vor, wenn jemand ein ungestilltes Verlangen nach der Substanz (Alkohol oder Medikament) hat, immer höhere Mengen benötigt (sog. Toleranzentwicklung) und die Dosis nicht mehr regulieren kann (sog. Kontrollverlust). Das war schließlich bei mir der Fall.

Nachdem ich auch davon betroffen war, setzte ich mich mit den Themen Depression und Sucht intensiv auseinander und recherchierte den aktuellen Forschungsstand dazu. Die Recherche zu diesen Themen erwies sich als äußerst schwierig, denn das Bild, das sich mir in der wissenschaftlichen Literatur dazu zeigte, war gelinde ausgedrückt mehr als chaotisch. Die Begriffe sind unklar und vage definiert. Die Ergebnisse der empirischen Forschungen sind zum Teil sehr widersprüchlich. Über die Ursachen und Behandlungsmethoden herrscht regelrecht ein Wettstreit der Meinungen. Wie auch immer: Ich wurde neugierig und wollte wissen, worin der Unterschied zwischen Burnout und Depression liegt, welche Rolle dabei die Abhängigkeit bzw. Sucht spielt und wie diese Phänomene miteinander zusammenhängen. Sind Burnout und Depression die Ursache für Suchtverhalten oder die Folge? Die Analyse meines Falles ergab folgendes Ergebnis: ***Vom Burnout in die Depression und Sucht.*** Dementsprechend ist auch das Buch strukturiert.

Schließlich wollte ich auf die ebenso häufig gestellten Fragen eine Antwort geben können: *Wie bist du aus der Krise herausgekommen? Was hast du gemacht, dass du wieder fit bist? Was war ausschlaggebend für die Genesung? Wie bleibt man im Rhythmus – bzw. wie kommt man wieder in diesen?* Manche wollten es besonders genau wissen und fragten nach dem entscheidenden Wendepunkt. War es das Absetzen der Psychopharmaka (Antidepressiva), mein persönliches Trainingsprogramm oder die Einstellungsänderungen? Es ist ein Bündel von Faktoren, die letztlich ausschlaggebend waren, dass ich aus der Krise herausgefunden habe. Die Maßnahmen für Körper, Geist und Seele wurden schließlich auf Basis meiner persönlichen Tagebuchnotizen zusammengestellt - zuerst nur aufgelistet und im weiteren Schreib- und Reflexionsverlauf systematisch gebündelt. Schließlich unternahm ich den Versuch, meine **persönlichen Bewältigungsstrategien** (von Experten auch **Coping**-Maßnahmen genannt) den einzelnen Erschöpfungssymptomen zuzuordnen und die Wirkungsweise spiritueller, medizinischer und psychotherapeutischer Methoden zu beschreiben. Die Ergebnisse sind im Kapitel „Wege aus der Krise“ dokumentiert.

Viele Wege führen nach Rom und ebenso viele aus der Krise. Um dies zu veranschaulichen, werde ich parallel zu meinem Weg den von *Markus, dem Gärtner*, einflechten. Markus ist mein Nachbar und hilft mir gelegentlich im Haus und Garten. Er ist 2009 im Alter von 45 Jahren als Reaktion auf seine Lebenskrise zu Fuß von Klagenfurt nach Rom marschiert und von dort weiter über den Jakobsweg nach Santiago de Compostela. Markus war etwa ein halbes Jahr lang unterwegs und legte ca. 5 000 km zu Fuß zurück – ohne Geld, aber mit einer ordentlichen Portion Selbstvertrauen und Vertrauen in die Welt. Vertrauen darauf, dass er den weiten Weg schaffen und unterwegs Arbeit und Essen bekommen wird. Vertrauen in die Menschen, dass sie ihm weiterhelfen, wenn er in Not ist und dass ihm hilfsbereite Menschen Wegzehrung mit auf den Weg geben werden. Er hielt sich mit Gelegenheitsarbeiten in der Gastronomie und bei Weinbauern über Wasser und gelangte über viele Um- und Irrwege ans Ziel. Sein Glaube an die eigene Kraft, sein Durchhaltevermögen, seine Ausdauer und Beharrlichkeit halfen ihm dabei, sein persönliches Ziel zu erreichen. Auf diese Art und Weise konnte Markus seine damalige Lebenskrise besiegen – zumindest eine Zeitlang. Seine außergewöhnliche Geschichte wird uns in diesem Buch begleiten.

Zurück zur Genese dieses Buches. Vorerst dachte ich nur an eine Veröffentlichung in Form eines Fachartikels. Aufgrund der enormen Fülle des Datenmaterials ist letztlich ein Buch entstanden. Jetzt hatte ich die Leser vor Augen - all jene Menschen, die mit diesen Phänomenen in Berührung kommen: entweder als Patienten oder als betroffene Angehörige, Freunde, Arbeitskollegen, aber auch Fachleute (Therapeuten, Ärzte), die sich mit diesen Krankheiten professionell beschäftigen. Vor allem die junge Generation, die Studentinnen und Studenten, hatte ich im Blick, insbesondere jene, die auf der Suche nach geeigneten Fällen, Forschungslücken und Theoriebildungen sind. Sie sollen von meinen Ausführungen profitieren und diese diskutieren. Diese Imagination, die bildhafte Vorstellung des Lesers, der Leserin, lieferte mir schließlich die Kraft und Motivation, nicht aufzugeben, durchzuhalten, am Ball zu bleiben, das Werk schließlich zu vollenden – und zwar ganz nach dem Motto: *„Freude an der Arbeit lässt das Werk trefflich geraten."* (Aristoteles)

Forschungsstand:

Es existiert mittlerweile eine unübersehbare Vielfalt an Ratgeberbüchern, wissenschaftlichen Studien sowie Fachbeiträgen zur Diagnostik und Behandlung von Burnout, Depression und Abhängigkeitserkrankungen.

Ratgeberbücher, die von Betroffenen geschrieben wurden, wie z. B. vom Kärntner Banker Gerhard Huber (2010 a, b) oder vom Wiener Unternehmer (Almdudler Chef) Thomas Klein (2011 a, b), um zwei aktuelle österreichische Autoren zu nennen, sind spannend zu lesen und liefern wertvolle Impulse – vor allem darüber, wie die Autoren ins Burnout und in die Depression hineingeschlittert und wieder herausgekommen sind. Allerdings geben sie für meinen Geschmack einen zu tiefen Einblick in ihr Leben und Leiden und haben einen zu starken „Outing-Charakter". Trotzdem bin ich froh darüber, dass sie mir zum richtigen Zeitpunkt „zugeflogen" sind. Sie haben mir in der schweren Krisenzeit über den Berg geholfen, mir mit ihren Aussagen „Gib nicht auf!" oder „Leben gefunden!"

Hoffnung gegeben. Auch das Buch von Miriam Meckel „Brief an mein Leben“ hat mich berührt. Die Kommunikationswissenschaftlerin der Universität St. Gallen beschreibt ihre „Erfahrungen mit einem Burnout“ (so der Untertitel) und macht deutlich, was geschieht, „wenn wir ständig unterwegs sind und permanent kommunizieren, aber nicht mehr sagen können, was uns glücklich macht.“ Natürlich gibt es auch amerikanische Autoren, die ihren Leidensweg mit Depression und Sucht beschreiben. Hiervon möchte ich zwei Bücher hervorheben.

„Anatomie der Schwermut. Über die Krankheit Depression“ von Hochschulprofessor Lewis Wolpert und „Saturns Schatten. Die dunklen Welten der Depression“ von Andrew Salomon, einem in New York und London lebenden Schriftsteller und Journalisten. Die beiden Bücher erwähne ich deshalb, weil sie über das Autobiographische hinausgehen und, ähnlich wie mein Buch, auch einen wissenschaftspublizistischen Anspruch erheben. Lewis Wolpert erörtert ausführlich die psychologischen und biologischen Theorien, die zur Erklärung der Depression aufgestellt wurden. Als Biologe bezieht er klare Position und findet für seine Krankheit eher genetische als psychische Erklärungen. Andrew Solomon, der sich mit Medikamenten und Drogen über Wasser hält, legt sich diesbezüglich nicht fest, wohl aber erläutert er verschiedene Therapieformen und die neuesten wissenschaftlichen Erkenntnisse. Beide Autoren zeigen jedenfalls auf, wie man mit Depression und Süchten aller Art leben kann.

Die wissenschaftliche Literatur ist nicht mehr überschaubar und für den Laien schwer verständlich. Es gibt mittlerweile über 6000 Publikationen zum Themenbereich *Burnout* – darunter zahlreiche Studien zu einzelnen Berufsgruppen, vorwiegend über helfende bzw. soziale Berufe. Doppelt so viele Studien wurden zum Thema *Depression* und *Sucht* (bzw. Abhängigkeit) durchgeführt. Glücklicherweise liegen bereits Meta-Studien vor, in denen die bisherige Forschung analysiert, kritisiert und kommentiert wurde, wie etwa vom französischen Soziologieprofessor Alain Ehrenberg „Das erschöpfte Selbst“, eine umfangreiche Darstellung der

Depressionsgeschichte (inklusive der Entwicklung von Antidepressiva und Sucht) in Kombination mit einer Zivilisationsdiagnose (französische Originalausgabe 1998, deutsche Auflage 2008). Seither wurden die drei Syndrome Gegenstand zahlreicher soziologischer Gegenwartsanalysen. Beim 36. Kongress der Deutschen Gesellschaft für Soziologie im Herbst 2012 beschäftigten sich die Teilnehmer sogar explizit mit den vielfältigen Erschöpfungs- und Depressions- und Angstzuständen der westlichen Industrienationen. Daraus entstand ein Sammelband mit dem Titel „Leistung und Erschöpfung" (vgl. Sighard Neckel und Greta Wagner, 2013). Namhafte Soziologen behandeln hier **Burnout im Kontext der Wettbewerbsgesellschaft und diagnostizieren die Erschöpfungs- und Depressionssymptome als Leiterkrankung des subjektivierten Kapitalismus.**
Die amerikanischen Autoren Wilmar Schaufeli und Dirk Enzmann haben bereits 1998 in ihrem Buch „The Burnout Companion to Study and Practice" eine flächendeckende Sichtung der Forschungsliteratur vorgenommen, auf die wiederum die meisten deutschsprachigen Autoren zurückgreifen. Die deutsche Wissenschaftssoziologin und Kulturanthropologin Ina Rösing hat 2003 in ihrem Buch „Ist die Burnout-Forschung ausgebrannt? Analyse und Kritik der internationalen Burnout-Forschung" eine ähnliche Leistung vollbracht. Werke, die einen Gesamtüberblick bieten, wissenschaftlich fundiert und verständlich formuliert sind, gibt es wenige. Hierzu zählt etwa das Standardwerk „Das Burnout-Syndrom. Theorie der inneren Erschöpfung" vom deutschen Psychologieprofessor Matthias Burisch. Das Buch ist Anfang der 90-er Jahre in 1. Auflage erschienen und wurde mittlerweile mehrfach überarbeitet (4. Auflage 2010). Der Autor sichtet nicht nur die gesamte Forschungsliteratur, sondern stellt auch sein eigenes Burnout-Modell vor. Ein weiteres sehr wichtiges Werk stammt von den beiden deutschen Psychotherapeuten Andreas Hillert und Michael Marwitz (2006). Auch sie versuchen in ihrem Buch „Die Burnout Epidemie" dem Phänomen auf die Spur zu kommen und gehen u.a. der Frage nach ob **die Leistungsgesellschaft ausbrennt**. Und schließlich sei noch der von den

österreichischen Autoren Michael Musalek und Martin Poltrum herausgegebene Sammelband mit dem Titel „Burnout – Glut und Asche“ (2012) erwähnt. Die zwei Autoren sind unter anderem am Anton Proksch Institut Wien (eine Spezialeinrichtung für Abhängigkeitserkrankungen) tätig, engagieren sich auch im Bereich der Burnout-Prävention und gehen neue Wege in der Behandlung. Ich werde mich auf all diese Überblickswerke beziehen, aber auch Einzelwerke der Pioniere zur Burnout-, Depressions- und Suchtforschung (sofern ihre Aussagen noch relevant sind) zitieren. Daneben gibt es noch eine Reihe von *Fachbeiträgen, die von Ärzten oder Psychotherapeuten* verfasst wurden, die ebenfalls sehr informativ sind und in dieser Arbeit Erwähnung finden werden. Ein häufiges Muster dieser Beiträge besteht darin, dass die theoretischen Erkenntnisse mit Fallbeispielen bzw. Aussagen von Patienten untermauert sind. Diese Darstellungsform ist für den Leser, die Leserin spannend und aufschlussreich zugleich, denn sie liefert theoretische Einsichten und gibt einen Einblick in die Gefühlswelt der Patienten.

Was in diesen Publikationen allerdings fehlt, ist der rote Faden, die durchgehende Geschichte. Die komplexen Zusammenhänge und Wechselwirkungen der vielfältigen Ursachenfaktoren werden dabei nicht so deutlich. **Eine Publikation, die einen Fall ganzheitlich beschreibt und mit den wissenschaftlichen Erkenntnissen in Verbindung bringt**, wird zwar von der Wissenschaft immer wieder gefordert, liegt bislang aber noch nicht vor. Ebenso fehlt eine kompakte, leicht lesbare und auf das Wesentliche konzentrierte Übersicht über die aktuelle Forschung - ein Buch, das Burnout in Verbindung mit Depression und Sucht reflektiert. Diese Lücke will der vorliegende Beitrag schließen.

Alle hier genannten Ratgeber- bzw. Outing-Bücher erzählen ihre Geschichte und bedienen sich einer bestimmten, auf drei Akte festgelegten *Dramaturgie*: vor, in und nach der Krise. Die Journalistin der Zeit-Online-Redaktion Ursula März hat dieses Erzählmodell ebenfalls erkannt und beschreibt in ihrem Artikel „Wenn nichts mehr geht“ (www.zeit.de/24.3.2010) das gängige Muster der Krisengeschichten. Die meisten Ratgeberautoren schildern, wie man in die Krise schlittert, wie es sich während der Krise anfühlt und wie man wieder herauskommen kann – meist gestärkt, ganz unter dem Motto: „An Krisen wachsen". Sie kritisiert dabei, dass der Erfolg all der Krisenratgeber mit einer Lüge erkauft sei: „der Lüge, dass die Krisen der Gegenwart Phänomene seien, welche kommen, kurz verweilen und abziehen. Natürlich ist es generell verträglicher, sich Miseren als Regengüsse vorzustellen, die dem nächsten Sonnenschein vorausgehen. Verträglicher als das Bild eines permanenten leichten Nieselns. Nur muss man mit ungeschöntem Blick auf die Realität doch zugeben, dass wir uns eher in ebendiesem Nieselwetter befinden, und unsere Idee, wie Krisen beschaffen sind, daran ausrichten." Ich bediene mich zugegebenermaßen einer ähnlichen Dramaturgie (vor, in und nach der Krise). Allerdings sehe ich es auch nicht zweckmäßig, meine persönliche Krise als „Nieselwetter" darzustellen, denn manche meiner Krisen erlebte ich heftiger als einen Regenguss, eher als ein Gewitter. Und den Sonnenschein danach oder zwischendurch konnte ich bislang immer wieder genießen. Ich will nicht den Eindruck erwecken, dass die Krisen kurz verweilen und ein für alle Mal wieder abziehen. Im Gegenteil, mir ist wichtig aufzuzeigen, dass sie in periodischen Abständen immer wieder kommen können und dass wir sozusagen ständig auf der Hut sein müssen. Ich bin jedenfalls nicht gegen **Rückfälle** gefeit. Ich kann jederzeit wieder aufgrund von Überlastung oder eines tragischen Ereignisses in ein seelisches Loch fallen, einen **Seeleninfarkt** erleiden oder Alkohol konsumieren, wie der schwere Rückfall 2013 belegt. Nachdem ich 1 ½ Jahre trocken war und mit voller Kraft und Energie an dem Buch geschrieben hatte, war ich im Sommer 2013 wieder im Out. Die Folge war ein mehrmonatiger Aufenthalt im Krankenhaus und mehrere schwere Krisen. Erst im Sommer 2014 konnte ich die Arbeit an diesem Buch wieder aufnehmen (siehe Nachtrag). Die Chance, aus der Krise wieder herauszukommen, steigt mit dem Wissen und der Erfahrung. Im Exkurs „Burnout von Organisationen und Gesellschaft" möchte ich sogar explizit darauf hinweisen, dass **unsere Gesellschaft** dabei ist, den Verstand zu verlieren, und dass sie sich bereits in einer **Dauerkrise, in einem globalen Burnout** befindet. Hier passt das Bild des „Nieselwetters" am ehesten.

Nun zum *Lesehinweis*: Der vorliegende Text ist aufbauend konzipiert. Wir nähern uns dem Thema Schritt für Schritt. So werden etwa wichtige Grundlagen und Begriffserklärungen vorab getätigt. Angaben zu den zitierten Autoren (z. B. wer sie sind, welcher Profession sie angehören) werden in der Regel nur beim ersten Mal gemacht. Die einzelnen Kapitel sind so angeordnet, dass sie aufeinander aufbauen. Im theoretischen Teil (Ursachen und Gründe) werden primär nur jene Autoren zitiert, die sich mit diesem Themenbereich über einen längeren Zeitraum hin wissenschaftlich beschäftigten. Im praktischen Teil (Wege aus der Krise) kommen auch spirituelle Ratgeber und bekannte Philosophen zu Wort, die relevante Lebensweisheiten reflektiert und pointiert auf den Punkt bringen. An dieser Stelle ist mir der Hinweis wichtig, dass **Spiritualität und Wissenschaft heute keine Gegensätze mehr** darstellen. Die moderne Hirnforschung, Psychobiologie, Neurobiologie und Quantenphysik haben die Wirksamkeit von spirituellen Methoden (Meditation, Qi Gong, Mantras und zahlreichen anderen Energiespendern) längst bewiesen.

Meine eigenen *Reflexionen und Kommentare* sind nicht nur aus der Perspektive eines Wissenschaftlers verfasst, sondern vor allem auch aus der Sicht eines Betroffenen, der in den diversen Krankenhäusern mit Ärzten, Therapeuten und Schwestern seine Erfahrungen gesammelt und eine Reihe von „Heilungsmethoden" bei sich selbst ausprobiert hat. **Primär zählt das Erleben bzw. Erleiden und nicht die theoretische Erkenntnis.** Wissen ist gut und wertvoll, ersetzt aber nicht die persönliche Erfahrung.

Ziel und Anspruch

Das Buch ist nicht nur eine autobiographische Fallbeschreibung der Krankheitsgeschichte des Verfassers, sondern verknüpft diese mit empirischen Ergebnissen und theoretischen Modellen der Forschung. Die bei mir beobachteten Erschöpfungssymptome werden anhand des 12-

stufigen Phasenmodells des Gründers der Burnout-Forschung, Herbert Freudenberger, analysiert und systematisch fünf Symptombereichen (Körper, Geist, Seele, Einstellung und Verhalten) zugeordnet. Die Faktoren, die zur Erschöpfung führten, werden nicht nur im beruflichen Umfeld gesucht, sondern ganz im Sinne einer systemischen Betrachtungsweise auch im privaten, außerberuflichen Umfeld analysiert. Des weiteren wird aufgezeigt, welche Wege aus der Krise führen, wie wir im Rhythmus bleiben und was im Rahmen von Therapie und Prävention gemacht werden kann.

Das ***persönliche Fachbuch*** (wie ich es bezeichne) erhebt den Anspruch, wissenschaftlich fundiert und zugleich praxisorientiert zu sein. Es ist kompakt, verständlich formuliert und fasst die wichtigsten Ergebnisse der Forschung zusammen. Die theoretische Verortung findet auf der Mikro-, Meso- und Makroebe statt, d. h. wir untersuchen individuelle (mikro), organisationsbezogene (meso) und gesellschaftliche (makro) Faktoren. Person, Organisation und Gesellschaft stehen im Fokus der Analyse. Der Praxisanspruch wird durch konkrete Handlungsanleitungen zu Therapie und Prävention erfüllt.

Ziel des autobiographischen Teiles ist nicht ein Outing oder, dass ich mir etwas „von der Seele" schreiben möchte. Das habe ich bereits im Vorfeld getan. *Meine persönliche Fallbeschreibung* dient in erster Linie dazu, die systemischen Zusammenhänge zwischen wichtigen Ereignissen im Leben („Kernereignisse des Ausbrennungsprozesses") und dem „Krankheitsbild" Burnout (inklusive der depressiven Verstimmungen und Suchttendenzen) aufzuzeigen. Komplexe Zusammenhänge werden so einfach wie möglich dargestellt. Dies ist aufgrund des „multifaktoriellen" Geflechtes der komplizierten Thematik, mit der wir es hier zu tun haben, nicht so einfach. Mit „multifaktoriell" ist beispielsweise gemeint, dass bei der Entstehung und Behandlung von psychischen Erkrankungen viele Faktoren eine Rolle spielen (z. B. individuelle Persönlichkeitsmerkmale, private und berufliche Umstände, aber auch gesellschaftliche Rahmenbedingungen). Das Bemühen, diesen Anspruch zu realisieren, ist vorhanden und wird (wo immer es möglich erscheint) umgesetzt. Der *Schreibstil* wird sich daher gelegentlich ändern: Die persönliche Fallbeschreibung im Praxisteil ist der Situation angepasst und beinhaltet durchaus „flapsige“ Formulierungen aus der Alltagssprache. Dadurch kommen meines Erachtens die Gefühle besser zum Ausdruck. Der Theorieteil ist eher im wissenschaftspublizistischen Stil verfasst.

Zitate dienen hier nicht als bloße Dekoration ohne Kontextbezug - dies hat mich immer schon bei Büchern gestört. In den einzelnen Kapiteln werden wohl überlegte, zum Thema passende Zitate eingebaut – entweder zu Beginn des Kapitels, um den Leser, die Leserin unmittelbar in die Thematik einzuführen, oder am Ende, um eine persönliche Sichtweise oder die Sache selbst auf den Punkt zu bringen. So wie etwa mit diesem Zitat, das eine Art Leitlinie für das Verfassen dieses Manuskriptes war: *„Sei du selbst ... Bleib dir treu und zeig dich der Welt, so wie du bist. Denn es ist dein Leben und dein Weg.“* (Ashley Lippert in: Gehe deinen eigenen Weg)

Eine solche Haltung ist natürlich gefährlich. Denn **Ehrlichkeit und Offenheit** machen dich verletzlich und verwundbar. „Sei trotzdem offen und ehrlich“, meinte in diesem Zusammenhang Mutter Teresa. Die Zitate sollen zur persönlichen Auseinandersetzung anregen, wie etwa jene Aussage des amerikanischen Psychotherapeuten Carl R. Rogers, der in seiner Arbeit mit Menschen herausgefunden hat, *„dass es auf lange Sicht nicht hilft, so zu tun, als wäre ich jemand, der ich nicht bin. Wenn ich mich so, wie ich bin, akzeptiere, dann ändere ich mich.“* Wenn Sie also Ihren Burnout bezogenen Lebensstil verändern wollen, dann (so die Empfehlung des Experten und meine persönliche Erfahrung) müssen Sie **die „Krankheit“ einmal annehmen und sich so akzeptieren, wie Sie sind.**

Motivation und Funktion

Das Schreiben an diesem Buch erfüllt gleich mehrere Funktionen: eine selbstheilende, therapeutische und zugleich selbstverpflichtende. Aufgrund der intensiven Auseinandersetzung mit den vielfältigen Themenbereichen (den Ursachen, Symptomen und Bewältigungsstrategien) habe ich viel über die „Krankheiten“ und über mich erfahren. Durch das Festhalten und Niederschreiben fühle ich mich verpflichtet bzw. dazu aufgefordert, die hier propagierten Grundsätze und Prinzipien selbst im Alltag umzusetzen – auch wenn es nicht immer leicht fällt und durch Rückfälle oder Unachtsamkeit auch nicht immer gelingt. Die gesammelten Erfahrungen und das Wissen kann ich nun weitergeben, was eine weitere Funktion und zugleich Motivation darstellt. Als Hochschullehrer über 30 Jahre gab ich mit viel Freude und Elan Wissen und Erfahrung an die junge Generation weiter; und das macht(e) Sinn. Der Schreibprozess ist anstrengend, zum Teil schmerzlich und belastend, aber letztlich eine sinnerfüllte Tätigkeit.

Es ist durchaus möglich, dass Sie sich mit meiner persönlichen Story (Leidens- und Krankengeschichte) nicht identifizieren können, weil Sie beispielsweise andere Erschöpfungssymptome, Gefühle und Erlebnisse bei sich oder anderen beobachten oder überhaupt aus einem ganz anderen Bereich (Arbeitsumfeld) stammen. Dies hängt damit zusammen, dass es meines Erachtens verschiedene Arten des Ausbrennens gibt. Dementsprechend vielfältig sind auch die Wege aus der Krise. Vielleicht **profitieren Sie von diesem Buch** - sehen, spüren und erkennen, dass

- Burnout, Depression und Abhängigkeiten aller Art bewältigt werden können,
- die „Krankheit“ (sofern man sie als solche überhaupt bezeichnet) sogar einen Sinn und Nutzen haben kann (Krise als Chance),
- es viele Wege aus der Krise gibt, aus der man sogar gestärkt herauskommen kann,
- man von der ursprünglichen Kraft- und Energielosigkeit wieder zu voller Lebenskraft gelangen kann,
- man aus den Tiefen wieder zu neuen Höhen und (last, but not least) dabei zu sich selbst finden kann.

Karl Nessmann Klagenfurt/Grado/St. Urban, Sommer 2016

2.) Was ist Burnout? Zur Theorie der Erschöpfung

„Burnout ist eine Modekrankheit, ein Modebegriff, nichts anderes als ein beschönigendes Wort für Depression, Arbeitsunzufriedenheit, Stress oder Midlife Crisis. Burnout wird doch nur von Arbeitsfaulen als Ausrede genutzt, um weniger arbeiten zu müssen".

Derartige Aussagen bekommt man häufig zu hören, wenn über das Thema diskutiert wird. Und es wird viel darüber geredet und in den Medien berichtet. Man kann regelrecht von einem „Hype" sprechen. Zeitungen, Zeitschriften, Magazine, Boulevard und Qualitätsmedien, TV und Rundfunk, sie alle berichten immer häufiger über das Erschöpfungssyndrom unserer Zeit und prägen das Bild wesentlich mit. Die großen Leitmedien machten die „**Volkskrankheit Burnout**" zum Aufmacher und widmeten gleich ganze Sonderhefte dazu. Der *Spiegel-Wissen* (1/2011) diagnostizierte in seiner Sonderausgabe „Das überforderte Ich" die Deutschen als „Volk der Erschöpften", *Focus* betitelte seine Extraausgabe mit „Eine Generation brennt aus" und die *ZEIT* fragte sich ironisch, „ob noch jemand ohne Burnout ist". Sie alle berichten sehr ausführlich über die Volkskrankheit Burnout, lassen Experten (Wissenschaftler, Ärzte, Therapeuten) und Betroffene (insbesondere Prominente aus Sport, Showbusiness und Politik) zu Wort kommen. Allerhand Tipps zur Vorbeugung und Fragebögen, mit denen man sich selbst testen kann, runden die Geschichten ab. Die Frage, welches Bild die Medien hier vermitteln und welches Bild eine Gesellschaft von sich entwirft, die im Burnout ihr Signum erkennt, kann an dieser Stelle nicht diskutiert werden. So viel sei aber gesagt: Burnout, auch Depression und Sucht, werden in den Medien als geheimnisvolle Krankheiten dargestellt, als die größten Gefahren des 21. Jahrhunderts.

Aber worum geht es? Was ist Burnout? Nur eine momentane Erscheinung unserer Zeit, eine Mode- bzw. Phantomkrankheit, die nur als Deckmantel benutzt wird oder eine ernstzunehmende Krankheit?

Es gibt zahlreiche Definitionen. Eine Übersicht dazu liefern die eingangs schon erwähnten deutschen Wissenschaftler Ina Rösing (2003) sowie Matthias Burisch (2010) in ihren Standardwerken über Burnout. Aber auch sie können sich nicht zu einer Definition durchringen, wie überhaupt die Wissenschaft sich bis heute noch auf keine einheitliche Definition einigen konnte. Es ist tatsächlich nicht einfach, das Syndrom zu erklären. Ich will es dennoch versuchen – und zwar mit der Abgrenzungsmethode und Symptombeschreibung. Beginnen wir bei zwei Begriffen, die immer wieder genannt werden. ***Syndrom und Symptom***. Letzteres ist ein Zeichen (z. B. Müdigkeit, Schlafstörung, Kopfschmerzen), ersteres ist die Gesamtheit der systematisch miteinander zusammenhängenden Symptome.

Burnout ist das Gegenteil von *Bore-out* (Langeweile, Überdruss). Bore-out ist eine paradoxe bzw. widersprüchliche Verhaltensweise, bei der eine gewisse Geschäftigkeit simuliert wird, um ausgelastet zu wirken, auch wenn wenig zu tun ist. Es handelt sich um eine gewisse *Unterforderung*, die auch in die Krankheit führen kann und ähnliche Symptome aufweist wie das Burnout. ***Burn-out* (Ausbrennen) hingegen ist eine Art *Überforderung***, ein Zustand, der sich langsam über einen gewissen Zeitraum durch überhöhten Energieverschleiß und Stress entwickelt und ebenfalls in die Krankheit führen kann.[1]

Burnout ist nicht mit *Arbeitsunzufriedenheit* gleichzusetzen. „Zentrales Merkmal von Burnout ist die emotionale Ausgelaugtheit. Bei Arbeitsunzufriedenheit muss aber keinesfalls Erschöpfung entstehen; im Gegenteil, sie kann einhergehen mit Aktivität und Wut.“ (Rösing, 2003, S. 78) Burnout ist auch nicht mit *Arbeitsstress* gleichzusetzen bzw. auf diesen zurückzuführen, denn dieser kann bewältigt und überwunden werden. Eine

---

[1] Der Ganzheitsmediziner Ruediger Dahlke beschäftigt sich in seinem Buch „Seeleninfarkt“ (2012) eingehend mit der Unter- und Überforderung und zeigt schlüssig auf, wie beides in die Depression führen kann.

große Überschneidungsfläche existiert mit der Arbeitssucht. Die *Arbeitssucht* ist mit dem hier behandelten Thema Burnout am ehesten verwandt und aufs Engste verwoben. Ihre Gesichter sind sehr ähnlich. „Fast alle Arbeitssuchtpatienten weisen auch Symptome des Burnout auf" (Musalek 2012a, S. 27). Von Arbeitssucht ist dann die Rede, wenn folgende Symptome zu beobachten sind: (1) ein unstillbares Verlangen nach Arbeit, (2) eine Verlängerung der Arbeitszeit bei gleichzeitiger Verkürzung der Erholungszeit, (3) Kontrollverlust über das Arbeitsausmaß, d. h. man nimmt sich eine arbeitsfreie Zeit vor, die dann doch mit Arbeit gefüllt wird, (4) Auftreten körperlicher Entzugssymptome in der arbeitsfreien Zeit, z. B. Unruhe, Zittern, Übelkeit, Schlafstörungen, Infekte aller Art, (5) Fortsetzung der Arbeit, obwohl man eigentlich nicht mehr kann, (6) Vernachlässigung aller anderen Lebensbereiche (Familie, Freunde, Freizeitaktivitäten etc.).

Burnout ist auch nicht bloße *Ermüdung* oder *Erschöpfung.* Schwere Arbeit ermüdet jeden von uns. Ein harter und langer Arbeitstag kann müde machen. Man kann sich total erschöpft fühlen und gleichzeitig zufrieden, ja sogar glücklich über die erbrachte Leistung sein. Auch dieses Gefühl kenne ich sehr gut. Die amerikanischen Burnout-Pioniere Elliot, Pines und Kafry (1983) bezeichnen diesen Zustand als „gute Erschöpfung" und grenzen diese von der Burnout-Erschöpfung ab. Hier fehlen nämlich entscheidende Elemente des Ausbrennens, nämlich das Gefühl der Hilfs- und Hoffnungslosigkeit bzw. das Gefühl, sich in auswegloser Lage zu befinden. Eine inhaltliche Nähe ergibt sich am ehesten zum *chronischen Erschöpfungssyndrom* (CFS: Chronic Fatigue Syndrom), das primär durch lähmende geistige und körperliche Erschöpfung gekennzeichnet ist und ähnliche Symptome wie das Burnout aufweist (Schlaf-, Konzentrations-, Gedächtnisstörungen oder Kopf-, Hals-, Gelenk- oder Muskelschmerzen etc.). Besonders schwierig ist die Abgrenzung von Burnout und Depression, womit wir uns später noch eingehend beschäftigen werden. An dieser Stelle sei dazu vermerkt:

Burnout ist auch nicht bloß eine Variante von *Depression*. Sie ist die letzte Eskalationsstufe des Ausbrennprozesses. Das Bild im fortgeschrittenen Burnout-Stadium (Stufe 11) ähnelt am ehesten der sog. Erschöpfungsdepression. Viele Symptome sind ähnlich, z. B. die emotionale Erschöpfung, die Antriebs- und Lustlosigkeit, die innere Leere. Meta-Analysen, die sich mit der Frage der Abgrenzung zwischen Burnout und Depression beschäftigten und dabei zahlreiche Studien ausgewertet haben, sind zu dem Schluss gekommen, dass die Symptome sich zwar überlappen, „d. h. eine gewisse gemeinsame Varianz haben, die Burnout-Dimensionen der Depersonalisation und der reduzierten arbeitsbezogenen Selbstbewertung jedoch NICHT mit Depression korrelieren." (Rösing, 2003, S. 81).

Das Erschöpfungssyndrom unserer Zeit

Burnout wird heute weitgehend (und darin sind sich die meisten Experten einig) als Erschöpfungssyndrom bezeichnet – und ich ergänze: *Erschöpfungssyndrom unserer Zeit*, der schnelllebigen, sich rasant verändernden Zeit. Die gesellschaftlichen Umstände (Arbeitsbedingungen, Umgang mit der Zeit, Beschleunigung des Tempos in allen Lebensbereichen, Hektik, Druck, Stress etc.) sind neben den individuellen, persönlichkeitsbezogen Merkmalen wesentliche Bedingungen für das Ausbrennen. Immer mehr Berufsgruppen sind davon betroffen. In den ersten Burnout-Studien Anfang der 70-er Jahre des letzten Jahrtausends wurde das Phänomen hauptsächlich in den helfenden bzw. sozialen Berufen (Ärzte, Pflegepersonal, Sozialarbeiter, Lehrer) diagnostiziert. Heute ist **Burnout in fast allen Berufen vorzufinden**: bei Sportlern, Künstlern, Wissenschaftlern, Managern, Hausfrauen etc. Sogar den obersten Hirten der katholischen Kirche kann es treffen. *„Erschöpfter Papst tritt zurück"* so lautete die Hauptmeldung des Tages am 11. Februar 2013. Papst Benedikt XVI legte sein Amt mit der Begründung, dass er zu müde und erschöpft sei, zurück. In seiner Rücktrittserklärung schreibt er:

„Die Welt, die sich so schnell verändert, wird heute durch Fragen, die für das Leben des Glaubens von großer Bedeutung sind, hin und her geworfen. Um trotzdem das Schifflein Petri zu steuern und das Evangelium zu verkünden, ist sowohl die Kraft des Körpers, als auch die Kraft des Geistes notwendig, eine Kraft, die in den vergangenen Monaten in mir derart abgenommen hat, dass ich mein Unvermögen erkennen muss, den mir anvertrauten Dienst weiter gut auszuführen."

Auf diesen Sachverhalt gehen wir später noch einmal genauer ein. An dieser Stelle geht es mir darum, aufzuzeigen, dass Burnout ein Erschöpfungssyndrom unserer schnelllebigen Zeit ist, eine ***Krankheit der Gesellschaft,*** **eine Art *innere Erschöpfung***, wie Burnout auch häufig bezeichnet wird, oder als eine Art *Energieverlust* (dass ein Mensch sich energetisch verausgabt), oder als eine Art *Seelenverlust* (Verschleiß der menschlichen Seele), als eine Art *Schwelbrand in der Seele*, der zum Totalzusammenbruch führen kann, zum *Seeleninfarkt,* wie ich diesen Endzustand in meinen Tagebuchnotizen 2011 bezeichne. Der Seeleninfarkt ist ein akutes, lebensbedrohliches Ereignis infolge einer Erkrankung der Seele. Es handelt sich um ein Absterben (Infarkt) von Teilen der menschlichen Seele aufgrund von verschiedenen Ursachen, die wir ausführlich beschreiben werden. Ruediger Dahlke (2012) bezeichnet den Endzustand von Burnout und Boreout ebenfalls als Seeleninfarkt. Er beschreibt den Vorgang wie folgt: „Sobald die Seele zu wenig Nahrung erhält und das Leben seinen Sinn verliert, droht der Seeleninfarkt. Wesentliche Teile der Seele nehmen nicht mehr am Leben teil, verweigern sich und sterben ab." (S. 15)

Der *Energieverlust* und die *seelische Erschöpfung* ist in den meisten Definitionsversuchen ein Kernelement. Die zwei amerikanischen Pioniere der Burnout-Forschung, Christina Maslach und Michael P. Leiter, die sich über mehrere Jahrzehnte mit dem Thema beschäftigten (primär in Bezug auf den Arbeitsplatz) und im Zuge ihrer Arbeit Tausende von Menschen aus den unterschiedlichsten Berufsgruppen untersuchten, haben bereits im Burnout einen „Verschleiß der menschlichen Seele - einen Verschleiß von

Werten, Würde, Geist und Willen" (Maslach, Leiter, 2001, S. 18) gesehen. Dieser Verschleiß führt zur Erschöpfung, d. h. die Menschen fühlen sich dann „ausgelaugt, verbraucht und unfähig, sich zu erholen und zu Kräften zu kommen" (ebd. S. 19) und werden in weiterer Folge zynisch, d. h. sie nehmen eine kalte, distanzierte Haltung gegenüber der Arbeit und den Menschen ein. Sie verlieren ihre Leistungsfähigkeit, Energie, Motivation, ihre Emotionen, ihren Selbstwert etc. (siehe Burnout-Trias unten).

Bleiben wir noch einen Moment beim Seelenverlust. Die österreichische Psychotherapeutin Rotraud A. Perner beschreibt in ihrem Buch „Der erschöpfte Mensch" (2012) den Kern des Ausbrennens mit dem *„Loch in der Seele"* (ebd. S. 58) und umschreibt das Phänomen mit „Seelentoxikologie" (ebd. S. 44). Damit meint sie, dass es auch zu einer seelischen Vergiftung kommen kann, wenn kein seelischer Stoffwechsel bewerkstelligt wird. Die Autorin definiert übrigens Burnout nicht als Krankheit, sondern „als eine mögliche gesunde Reaktion auf ungesunde – gesundheitsschädliche – Lebenssituationen" (ebd. S. 22), eine Auffassung, der ich mich grundsätzlich anschließe, allerdings mit anderen Worten: Burnout kann aus Sicht eines Betroffenen meines Erachtens nicht als eine „gesunde", wohl aber als eine *mögliche* (eventuell vernünftige, sinnvolle oder gar lebensrettende) *Reaktion* des Menschen auf problematische (schwierige, ungesunde, lebensbedrohende) Umstände gesehen werden. Der deutsche Professor für Psychologie und eingangs erwähnte Autor des Burnout-Standardwerkes Burisch vergleicht die Erschöpfung mit dem Durchbrennen einer „Sicherung, die das Überleben des Organismus ermöglichen soll" (Burisch, 2010, S. 211). Die zwei deutschen Psychotherapeuten Hillert und Marwitz (2006, S. 282) meinen in ihrem Fazit nachdem sie sämtliche Literatur dazu durchforsteten: „Burnout war und ist somit nicht mehr, aber auch nicht weniger als ein höchst erfolgreiches, weil vielseitig einsetzbares und dem Erleben und Kommunikationsbedürfnis vieler Menschen in hohem Maße entgegenkommendes sprachliches Vehikel, das geeignet ist, persönliche Leiden des Individuums, vornehmlich in und an der Arbeitswelt, zum Ausdruck zu bringen." Burnout ist, wie eingangs erwähnt, nach der ICD-10

Codierung keine offiziell anerkannte Krankheit, sondern ein „Zustand der Erschöpfung" (Z-Diagnose). Und trotzdem erhält das am Erschöpfungssyndrom leidende Individuum einen Krankenstatus, ohne als psychisch krank zu gelten. Der deutsche Burnout- und Stressforscher Patrick Kury (2013, S. 121) vermerkt kritisch: „Burnout ermöglicht es dem Individuum, sich dem Zwang zur Selbstoptimierung zu entziehen, ohne hierfür sanktioniert zu werden." So betrachtet kann man Burnout als die gesellschaftlich legitime Form der Erschöpfung bezeichnen. Man kann sich zurückziehen, ohne sich als depressiv bzw. psychisch krank sehen zu müssen.

Hinsichtlich der Frage, ob *Burnout als Krankheit* definiert werden soll, sind sich die Experten nicht einig. Die Argumente pro und contra sind durchaus schlüssig und nachvollziehbar. Es kommt eben, wie bei so vielen anderen Dingen im Leben auch, auf die Perspektive an. Geht es um die Legitimation von Krankenständen, um die Abrechnung zwischen Ärzten und Krankenkassen? Auf diese Debatte möchte ich hier nicht eingehen. Nur so viel sei dazu gesagt: Anstelle des Begriffs „psychische Krankheit" verwendet man in Fachkreisen „psychische Störung", einige Autoren differenzieren hier wiederum und verwenden statt „Störung" den Begriff „Leiden". Damit ist gemeint, dass nicht bei jedem, der ausgebrannt und erschöpft ist, gleich eine psychische Störung (im Verständnis von Krankheit) vorliegt. Und Leiden ist nicht gleich Krankheit. Mit dem Krankheitsbegriff werden die Menschen zu rasch zu Patienten gemacht, oft ohne tatsächlich krank zu sein. **Die Grenzen zwischen gesund und krank sind fließend.** Nicht einmal die Experten sind sich darüber einig, wann jemand als gesund oder krank zu bezeichnen ist.

Burnout-Trias

Burnout ist kein Zustand, sondern ein Prozess, der sich langsam, schleichend und schrittweise in mehreren Stufen entwickelt. Die Kennzeichen und Indikatoren (Hinweise) des Erschöpfungssyndroms sind je nach Person und Krankheitsverlauf unterschiedlich. In der Literatur werden immer wieder zahlreiche Dimensionen genannt. Im Sinne der Zielsetzung der Arbeit konzentriere ich mich auf die *drei Hauptkomponenten*, die Burnout-Trias:

(1) seelische, körperliche und geistige Erschöpfung

(2) Reduktion der Leistungsfähigkeit, Motivation, Energieverlust

(3) Negativer Selbstwert, distanzierte Einstellung (Zynismus), Verlust des Gefühls für die eigene Persönlichkeit (Depersonalisierung)

Diese Dimensionen werden im Zusammenhang mit Burnout am häufigsten beschrieben, in der Literatur allerdings immer noch sehr unpräzise und lückenhaft. So ist z. B. oft nur die Rede von emotionaler Erschöpfung. Tatsächlich handelt es sich um emotionale (seelische), mentale (geistige) und körperliche (physiologische) Erschöpfungssymptome sowie Veränderungen (insbesondere Auffälligkeiten, Besonderheiten) auf der Einstellungs- und Verhaltensebene. Burnout stellt sich für mich nach Durchsicht der wissenschaftlichen Literatur als ein komplexes, multifaktorielles (d. h. auf viele Ursachenfelder zurückzuführendes) Erschöpfungssyndrom dar.

Kräfteverlust, Möglichkeitsverlust, Verlust des schönen Lebens

Primarius und Universitätsprofessor Michael Musalek, ärztlicher Direktor des Anton-Proksch-Instituts in Wien und unter anderem Präsident der österreichischen Gesellschaft für Arbeitsqualität und Burnout, fasst das Erschöpfungssyndrom wie folgt zusammen: „Burnout ist ein hochkomplexes Geschehen, das in unterschiedlichen Erscheinungsformen, Entwicklungsstadien und Ausprägungsgraden zur Ansicht gelangt.“ (Musalek, 2012, S. 177) Für ihn ist das Burnout durch einen dreifachen Verlust gekennzeichnet: Durch einen allgemeinen Kräfteverlust, einen Möglichkeitsverlust und durch einen Verlust des schönen Lebens. Damit bringt er neben dem bereits bekannten Faktor „Kräfteverlust“ zwei neue

Dimensionen (Kraftquellen bzw. Ressourcen, wie er sie bezeichnet) ein, die bislang in der Literatur noch nicht beachtet wurden, nämlich die ***Ressourcen des Möglichen*** und die ***Ressourcen des Schönen***. Musalek ist der Auffassung, dass es sich dabei um die stärksten Kraftquellen des Menschen handelt. Sie werden im Weiteren kurz angeführt, weil auch ich davon überzeugt bin, dass es sich um zentrale Kraftquellen und zugleich zentrale Dimensionen des Burnouts handelt.

Die beiden Ressourcen sind auch in meinem Leben die entscheidenden „Treiber“: Die *Ressource des Möglichen* sind jene Kräfte, die mir verfügbar werden, wenn ich etwas für möglich halte, wenn sich mir neue Möglichkeiten eröffnen. Schon oft habe ich diesen „Kraftschub, den eine neue berufliche Herausforderung mit ihren neuen Betätigungsmöglichkeiten mit sich bringt“ (ebd. S. 179) kennengelernt. Die *Ressource des Schönen* (Natur, Musik, Künste, Liebe, Freundschaft etc.) hat mir auch immer wieder Lebenskraft geschenkt, z. B. die Kraft und Ausdauer, stundenlang einen Berggipfel zu erklimmen, Feste zu gestalten und zu feiern, oder ganz einfach mit meiner Partnerin und meinen Freunden das Leben zu genießen. Dem am Burnout Leidenden kommen interessanterweise die beiden Kraftquellen abhanden, womit „auch gerade diese Konstellation besonders häufig wird, in der das Leben, weil völlig überlastet, nicht mehr als schön und daher auch nicht mehr als sinnvoll angesehen wird.“ (ebd. S. 187) Vor diesem Hintergrund unterscheidet sich der Ansatz von Michael Musalek zur Behandlung von Burnout und Abhängigkeitserkrankungen wesentlich von den bisherigen Präventionsprogrammen. Er lässt sich mit diesem Satz zusammenfassen: „Das Mögliche möglich machen, um damit die Kraftquelle des Möglichen wirksam werden zu lassen.“ (ebd. S. 185). Der Pionier der Burnout-Forschung Herbert Freudenberger (1974, S. 165) schreibt zum Abschluss seines viel zitierten Artikels: „In sum, we cannot prevent burn-out, but we can certainly help to avoid it as much as possible and when it does happen to one of us, to admit it, ask other for help and take some time off for ourselves.”

Burn-out, time-out: stiller Protest

Fassen wir zusammen: Auf Basis des intensiven Literaturstudiums und meiner persönlichen Erfahrungen sind Burnout und die damit verbundenen erschöpfungsgenerierten Depressionen (auf deren Unterschiede wir weiter unten eingehen) eine *mögliche* (eventuell vernünftige, sinnvolle oder gar lebensrettende) *Reaktion* des Menschen auf problematische (schwierige, ungesunde, lebensbedrohende) Umstände. **Das Durchbrennen der Sicherung ist ein gewisser Selbstschutz, der das Überleben des Organismus ermöglichen soll**. Dabei wird der menschliche Mechanismus „heruntergefahren". Burnout kann auch als eine Art stiller, individueller Protest gegen die gesellschaftlichen Gegebenheiten (den privaten und beruflichen Arbeits- und Leistungsdruck, die Hektik, das Chaos, den Beziehungsstress u.v.a.m.) gesehen werden. Man katapultiert sich regelrecht ins *out*. Es ist eine Art erzwungener **Ausstieg aus dem Hamsterrad**, *burn-out* als ein Art *time-out*, eine nicht bewusst geplante Auszeit. Burnout als Ersatz für die selbstbewusste Auszeit, allerdings mit äußerst unangenehmen, leidvollen Begleiterscheinungen, mit seelischen, körperlichen und geistigen Symptomen sowie Veränderungen auf der Einstellungs- und Verhaltensebene. Burnout kann man sich als Schwelbrand in der Seele vorstellen, der zum Seeleninfarkt führen kann.

„Nur wer Feuer und Flamme für etwas war, kann ausbrennen."

Dieses Zitat, dessen Ursprungsautor sich nicht mehr identifizieren lässt, ist in der einschlägigen Literatur häufig vorzufinden. Damit ist in der Regel Folgendes gemeint: Wer ausgebrannt ist, hat einmal vor Begeisterung gebrannt. Damit soll zum Ausdruck gebracht werden, dass Burnout mit einem „Brennen", mit einer Begeisterung für eine Sache beginnt, mit einem mehr als 100-prozentigen Engagement - gepaart mit dem Drang, sich selbst und anderen etwas zu beweisen. Die Begeisterungs-Metapher führt allerdings zu Missverständnissen und Polarisierungen. Damit ist nämlich nicht gemeint, dass nur jene Personen ausbrennen, die besonders hart arbeiten und engagiert sind. Die Betonung liegt auf *Motivation* und

Erwartung. Es scheint so zu sein, dass eher jene Personen ausbrennen, die eine extrem hohe Anfangsmotivation (Begeisterung) und übertriebene Erwartungshaltung (z. B. nach Lob und Anerkennung) haben. Personen, die ebenso viel arbeiten, es aber gelassener angehen, nicht so übertrieben ehrgeizig und erfolgssüchtig sind, zählen demnach nicht zu den Ausbrennern. Diese These ist allerdings empirisch nicht belegt. Außerdem gibt es für die meisten Burnout-Forscher nicht die typische „Persönlichkeit des Ausbrenners". Die bisherigen Forschungsergebnisse liefern lediglich Hinweise auf bestimmte Persönlichkeitsmerkmale, aus denen sich in Zukunft vielleicht aus empirischen Analysen verschiedene Personentypen destillieren lassen. Aber das ist noch wissenschaftliche Zukunftsmusik.

Auch wenn die Burnout-Metaphern von namhaften Theoretikern kritisiert werden, weil sie zum Teil höchst widersprüchlich sind (vgl. Haubl, 2013, Bröckling 2013)2, finde ich persönlich die Metapher „Feuer und Flamme sein" sehr passend - sie trifft jedenfalls auf mich (oder meine Person/Situation) zu. Ich bin tatsächlich viele Dinge (beruflich wie privat) mit voller Begeisterung und 100 prozentigem Engagement angegangen. Durch das extreme Leistungsstreben habe ich aber auch persönliche Bedürfnisse zu stark vernachlässigt und die ersten Anzeichen der Überforderung nicht wahrgenommen. Zum Schluss fühlte ich mich genauso, wie wenn Feuer erlischt: Zuerst fällt einem gar nichts auf, **plötzlich sitzt man vor einem Häufchen Asche und fühlt eisige Kälte und innere Leere**. In Analogie zum Verbrennungsmotor lässt sich der Erschöpfungsprozess wie folgt darstellen.

[2] Die beiden Soziologieprofessoren Rolf Haubl und Ulrich Bröckling (2013) analysieren in ihren Beiträgen den öffentlichen Burnout-Diskurs und folgende Burnout-Metapern: leerer Akku, leerer Tank, Hamsterrad, Feuer und Flamme, abgebrannte Streichhölzer etc.

Der defekte Verbrennungsmotor

Der Verbrennungsmotor ist defekt, die Energiezufuhr (die ja bekanntlich durch Verbrennung geschaffen wird) ist blockiert, die Betriebstemperatur sinkt, das Tempo wird deutlich reduziert, die Leistung lässt nach, der Antrieb ist geschwächt, der Motor kommt ins Stocken und wenn das Fahrzeug nicht rechtzeitig wieder aufgetankt oder zum Service in die Werkstatt gebracht wird, kommt es zum Stillstand. Bei jedem Startversuch entleert sich die Batterie, der Akku bricht zusammen, das Licht geht aus, es wird dunkel. Die Windschutzscheibe (unsere Wahrnehmung) ist getrübt, die Sicht (Einstellung) und der Bewegungsspielraum (Motivation) sind eingeschränkt. Im Innenraum (Emotion) wird es kalt und ungemütlich. Es fühlt sich leer und einsam an. Wie sich die Burnout-Symptome im Einzelnen bemerkbar machen können, wird in weiterer Folge an meinem Fall geschildert.

3.) Symptome von Burnout: Wie sich die Erschöpfung bemerkbar macht – „meine Krankengeschichte“

„Ich fühle mich ausgelaugt, kraft- und gefühllos, müde, erschöpft, matt, leer, reizbar, nervös, unruhig, hektisch, unkonzentriert, ausgebrannt. Ich bin nicht mehr ich selbst.“

Diese Gefühlsaussagen beschreiben im Wesentlichen den Zustand von Burnout-Patienten. Auch ich habe mich über weite Strecken so gefühlt. Hinzu kommen meist Beschwerden auf der *körperlichen Ebene*: man hat eventuell Schlafprobleme, oder das Herz klopft zu schnell, der Blutdruck ist zu hoch. Auf der *mentalen Ebene* können sich folgende Symptome bemerkbar machen: die Gedanken drehen sich im Kreis, man wird vergesslich oder kann sich nicht mehr so richtig entspannen. *Emotionale Symptome* sind etwa: man fühlt sich ausgelaugt, kraft- und gefühllos, man fühlt sich ständig unter Strom, spürt eine gewisse innere Leere und Unruhe, ist nervöser oder gereizter als sonst. Aber auch die *Einstellung* ändert sich: man sieht plötzlich alles pessimistisch und negativ. Häufige *Symptome auf der Verhaltensebene* sind: man zieht sich zurück, trifft sich nicht mehr so oft mit Freunden oder man trinkt zu viel Alkohol.

Das Problem in der einschlägigen Literatur besteht unter anderem darin, dass die Burnout-Symptome meist nur exemplarisch und damit lückenhaft dargestellt werden. Hier soll Abhilfe geschaffen werden, indem die Symptome systematisch und gebündelt in Bezug auf folgende fünf Bereiche zusammengefasst werden.

Körperliche Symptome: Verstärkung meiner chronischen Schmerzen (Intercostalnerv-Verletzung seit einer Operation 2005), Bluthochdruck, erhöhter Cholesterinspiegel, Schlafstörungen, Müdigkeit, Libidoverlust. Der Vollständigkeit halber sei erwähnt, dass andere Burnout-Patienten häufig auch über Herzbeschwerden, Kopfschmerzen, Müdigkeit und Muskelverspannungen, Verdauungsbeschwerden klagen.

Mentale Symptome: Konzentrationsschwierigkeiten (bei mir z. B. beim Lesen von Zeitungen oder Fachartikeln), Gedächtnisstörungen (z. B. Vergessen von Aufgaben der to-do-Liste), Gedankenkreisen (ein und derselbe Gedanke dreht sich immer im Kreis), Entscheidungsschwäche (bereits bei kleineren Einkäufen), Entspannungsprobleme (Unvermögen sich zu entspannen).

Emotionale Symptome: Gefühls-, Antriebs- und Lustlosigkeit, innere Leere, Unruhe, Nervosität, erhöhte Reizbarkeit, sinkende Motivation, Frustration (bei mir insbesondere über die reduzierte Leistungsfähigkeit und den generellen Energieverlust), Selbstzweifel („Was ist los mit mir? Wieso schaffen das die anderen ohne Probleme?“), vermindertes Selbstwertgefühl („Das schaffe ich jetzt nicht!“), Schuldgefühle (schlechtes Gewissen, insbesondere bei Rückfällen).

Symptome auf der Einstellungsebene: Wandlung vom grundsätzlichen Optimisten zum Pessimisten, negative Gedanken bzw. Grundeinstellung zum Leben generell, Suizidgedanken („Ich will oder kann nicht mehr“).

Symptome auf der Verhaltensebene: Rückzug vom Familien- und Freundeskreis, Alkoholkonsum und Einnahme von Medikamenten (anfangs in geringen Mengen, später Missbrauch), Hyperaktivität (in der Anfangsphase ziemlich hyperaktiv, insbesondere im Job und Sport, später Leistungsabfall bis hin zum Totalzusammenbruch).

Die hier skizzierten Symptome treten in der Regel langsam, schleichend und je nach Verlauf zyklisch (d. h. einmal stärker, dann wieder weniger stark) in Erscheinung. Im Folgenden werden die bei mir beobachteten Symptome an Hand des von Herbert Freudenberger, Pionier der Burnout-Forschung, entwickelten zyklischen Phasenmodells dargestellt. Der in den USA lebende und praktizierende Psychoanalytiker verwendete das Wort „Burn-out“ in einem 1974 veröffentlichten Aufsatz, um die körperlichen und seelischen Symptome, die er bei sich und ehrenamtlichen Mitarbeitern von alternativen Selbsthilfegruppen beobachtet hatte, zu beschreiben. Freudenberger war selbst in ein Burnout hineingeschlittert und leistete aufgrund seiner autobiographischen Analyse und Beschreibung des Erschöpfungssyndroms einen wesentlichen Beitrag zur Forschung. Der Vollständigkeit halber sei erwähnt, dass mittlerweile noch weitere Phasenmodelle entwickelt wurden (vgl. Burisch 2010). Diese unterscheiden sich aber nicht wesentlich vom Ursprungsmodell. Lediglich das Modell der schwedischen Wissenschaftlerin Marie Asberg und ihrer Kollegen vom Karolinska-Institut in Stockholm ist noch differenzierter. Ihr Modell wird in Form einer 15-stufigen Erschöpfungsspirale, die nach unten geht, dargestellt. Es basiert auf umfassenden empirischen Untersuchungen und ist im Buch von Hans-Peter Unger, Chefarzt für seelische Gesundheit an einer Klinik in Hamburg, abgebildet und beschrieben (vgl. Unger/Kleinschmidt 2013). Ich orientiere mich bei der Analyse meines Burnouts am 12-stufigen Phasenmodell des Burnout-Pioniers (vgl. Freudenberger/North 2008).

Die 12 Phasen des Burnouts

Den ersten Ermüdungs- bzw. Erschöpfungserscheinungen bin ich mit besonderer Entschlossenheit begegnet. Es entsteht ein „Zwang, sich zu beweisen" (Phase 1). Ich habe die Erwartungen an mich hochgeschraubt und noch mehr gearbeitet als sonst (Phase 2: verstärkter Einsatz), die eigenen Bedürfnisse vernachlässigt (Phase 3), Konflikte verdrängt und unrealistische Pläne geschmiedet (Phase 4) – insbesondere in Bezug auf berufliche und sportliche Aktivitäten. In dieser Phase will man es einfach nicht wahrhaben, dass zurzeit die Kraft dafür nicht vorhanden ist. Typisch für den Verlauf ist auch, dass warnende Stimmen aus dem näheren Umfeld (Partner, Kollegen, Ärzte) abgewehrt werden. An Statt dessen will man sich noch mehr beweisen, wie „gut und toll" man ist und beginnt mit Selbstlügen und Ausreden wie zum Beispiel: *„Dafür habe ich jetzt aber wirklich keine Zeit. Heuer ist eben kein Urlaub drinnen*" (Phase 5). Das von Burnout-Patienten beschriebene Gefühl der „Desorientierung" und „Verwirrung" habe auch ich in diesem Stadium erlebt. Die für die Umwelt bereits sichtbaren Symptome werden verstärkt verleugnet (Phase 6). Die

Verleugnung der „Krankheit“ dient dazu, den Burnout-Prozess zu verschleiern. Es beginnt der soziale Rückzug aus dem Familien- und Freundeskreis (Phase 7). Sogar die engsten Angehörigen und Freunde wurden mir plötzlich gleichgültig, man geht nicht mehr ans Telefon bzw. ruft nicht mehr so verlässlich und gewissenhaft wie früher zurück. Begegnungen mit den Liebsten werden plötzlich anstrengend, beispielsweise mit den entzückenden Enkelkindern, die voll Freude auf dich zulaufen, dich umarmen und „Opa, Opa, Opa“ rufen. Statt dich zu freuen, fühlst du dich mit der Situation überfordert. Die in Phase 8 „beobachtbaren Verhaltensänderungen“ werden immer vielfältiger. Die vorne aufgelisteten Symptome werden stärker. In der Phase 9 (Depersonalisation) macht sich eine gewisse Gefühllosigkeit breit. Man wirkt kalt, distanziert und unberührbar. Das Leben scheint sinnlos zu werden. Du verlierst den Kontakt zu dir selbst und versuchst, diese Gefühle durch Überreaktionen zu überspielen und beginnst mit dem in der Literatur bei vielen Burnout-Patienten in diesem Stadium festgestellten Missbrauch von Alkohol und/oder Drogen. Bei mir war es der Alkohol in Kombination mit Beruhigungs- und Schmerztabletten. Andere Patienten berichten über gestörtes Essverhalten, indem sie etwa den Kühlschrank plündern oder andere Auffälligkeiten zeigen. Der Alkohol führt kurzfristig zu Erleichterung und Entspannung, aber langfristig zu zahlreichen negativen Auswirkungen auf Körper, Geist, Seele, Denken und Verhalten. Es kommt in fast allen der oben skizzierten fünf Symptombereichen zu Verschlechterungen. Ich fühlte mich zunehmend ausgelaugt, überfordert, ausgebrannt, leer (Phase 10: Innere Leere). Besonders unangenehm fühlte sich das emotionale Vakuum an, wenn beispielsweise deine Liebsten wie etwa deine Frau, Kinder oder die lebhaften Enkelkinder dich umarmen und du keine Freude, kein Glück empfinden kannst – nur völlige Leere und ein schlechtes Gewissen. Mir kommen heute noch die Tränen, wenn ich daran zurückdenke. Das beängstigende Gefühl der Leere wird entweder mit Arbeit, Alkohol, „sinnlosen“ Aktivitäten oder mit „sinnlichen“ Befriedigungen zugedeckt, beispielsweise mit gelegentlichem Sex - sofern dieser noch möglich ist oder überhaupt Freude bereitet. Der Libidoverlust, über den in dieser Phase viele Patienten berichten, wurde auch bei mir spürbar. Er wird entweder „überspielt", oder man nimmt stimulierende bzw. potenzsteigernde Aufputschmittel zu sich. Ein Teufelskreis setzt sich in Bewegung. Jetzt schleppst du dich nur mehr so durch den Alltag. Es treten erstmals Tendenzen der Selbstzerstörung und Suizidgedanken auf. Der Zustand ähnelt dem Bild einer Depression (Phase 11), die schließlich auch die Fachärzte bei mir festgestellt haben. Ich persönlich bezeichnete diesen Zustand der Niedergeschlagenheit, Energie- und Lustlosigkeit als „Seeleninfarkt". Irgendwie verschwinden alle Gefühle und Gedanken im dunklen Loch der Seele. Den ganzen Irrsinn treibt man dann so lange, bis gar nichts mehr geht, bis man sich gerne und freiwillig ins Krankenhaus überweisen lässt, damit der Alptraum endlich vorbei ist. Diese letzte Phase 12 („völlige Burnout-Erschöpfung") stellt eine ordentliche Krise dar. Die Sicherungen sind durchgebrannt. Das Leben scheint sinnlos. Es handelt sich um einen Notfall.

Ich habe mich tatsächlich in allen Phasen wiedergefunden und alle Stadien durchlaufen. Burnout ist ein Prozess, in dessen Verlauf Energie, Schaffenskraft und Lebensmut schwinden und durch Pessimismus, Energie- und Antriebslosigkeit ersetzt wird. Die hier skizzierten Phasen und Symptome sind eine Verdichtung, grobe Orientierung, um den Burnout-Prozess zu beschreiben. Nicht alle Symptome müssen auftreten und nicht alle Phasen durchlaufen werden. Manche Patienten überspringen eine Stufe oder erleben diese nicht so bewusst. Oft genug gelingt es auch, den Burnout-Prozess durch gewisse Maßnahmen in einem bestimmten Stadium zu stoppen oder umzukehren. Auch bei mir war dies der Fall. Ich konnte den Erschöpfungsprozess einige Male bremsen und sogar umkehren, d. h. einige Stufen zurückgehen – und dabei immer arbeiten. Ich bezeichne diese Phasen als „kleine" Burnouts. Das „große" Burnout, das in diesem Buch beschrieben wird, endete mit dem Totalzusammenbruch um die Jahreswende 2010/11. Begonnen hat dieser Ausbrennprozess in etwa im Jahr 2004….

Entwicklungsverlauf der Erschöpfung: meine „Krankengeschichte"

Damit man sich ein konkretes Bild vom Burnout-Verlauf mit all seinen Folgewirkungen (von der Erschöpfung über die Depression bis hin zur Sucht und dem Totalzusammenbruch) machen und die theoretischen Hinweise in einen konkreten Bezug stellen kann, werden im Folgenden die einzelnen Stationen „meiner Krankengeschichte" in chronologischer Reihenfolge skizziert. Zuvor aber ein paar Hinweise:

Die Anführungszeichen beim Begriff „*Krankheit*" sollen darauf hinweisen, dass es sich um einen relativen Begriff handelt. Um die Gefühlslage deutlicher nachvollziehbar zu machen, ist der Text in diesem Abschnitt eher umgangssprachlich formuliert. Im Sinne der journalistischen Vorgehensweise werden die Passagen mit einer *Headline* (Überschrift) versehen, mit der die Ereignisse am besten zum Ausdruck gebracht werden können. Dann folgen Informationen zur *privaten und beruflichen* Situation und zur *Behandlung* (falls eine erfolgte). Des weiteren werden die sog. *inneren Antreiber* bzw. *Glaubenssätze* genannt, die in die Burnout-Falle führten. Schließlich wird meine persönliche Situation, meine Befindlichkeit (körperlich, geistig, emotional) im sog. *Zustandsbild* dokumentiert. Im Sinne der Zielsetzung der Arbeit versuche ich mich kurz und bündig zu halten. Ich konzentriere mich dabei auf die *Kernereignisse des Ausbrennungsprozesses*, die in weiterer Folge im Theorieteil (Ursachen des Burnouts) wieder aufgenommen und analysiert werden.

<u>2004: Ereignisse, die mich zutiefst berührt haben!</u>

Begonnen hat der Burnout-Prozess meiner Einschätzung nach im Jahr 2004 aufgrund von Ereignissen, die mich zutiefst berührt haben.

In meiner Familie gab es mehrere schwere Krankheitsfälle und Schicksalsschläge, die mich und die Meinen völlig in ihren Bann zogen, unsere gesamte Aufmerksamkeit und Kraft erforderten. Es galt, Menschen in ihrem Leid zu begleiten und die Jungen in der Familie zu schützen, um durch diese schwere Zeit zu kommen. Oft hörte ich von Außenstehenden: „Du bist/Ihr seid der Fels in der Brandung". An eine Verschnaufpause oder Rückzug war da nicht zu denken, „auf mich / uns war ja schließlich Verlass!" In dieser Zeit ging auch meine Arbeit an der UNI wie gewohnt weiter; ich wollte auch hier „meinen Mann stellen".

2005: Die Luft geht aus. Boxenstopp. Not-OP. Die Erschöpfung nimmt ihren Lauf.

Die Arbeit an der Universität in Forschung, Lehre, Verwaltung lief auf Hochtouren. Ein neuer, bislang noch nie angebotener Universitätslehrgang wurde gestartet. Alles schien gut zu laufen. Gleichzeitig arbeitete ich an einem Vortrag, den ich bei einem Wissenschaftskongress in Lissabon halten sollte. In der Nacht vor dem Abflug bekam ich starke Schmerzen, Stiche im linken Lungenflügel. Es war ein sog. Spontan-Pneumothorax, d. h. vereinfacht, die Luft ist ausgegangen, die Lungenbläschen sind geplatzt. Ein ungeplanter Boxenstopp sozusagen, um diese Metapher zu verwenden. Eine Notoperation war erforderlich. Der Arzt erklärte mir: *„Ein Spontan-Pneu passiert üblicherweise bei körperlicher Anstrengung (z. B. beim Tauchen oder Stemmen). Wenn keine dieser Ursachen zu identifizieren sind, so liegt die Vermutung nahe, dass psychische Überforderung eine Rolle spielt. Also treten Sie leiser, Herr Nessmann."* Und was habe ich getan? Weitergemacht, wie bisher. Aus falschem Verantwortungs- bzw. Pflichtbewusstsein und gemäß meiner inneren Antreiber *„Ein echter Indianer kennt keinen Schmerz!"* arbeitete ich gleich nach der Notoperation im Krankenhaus weiter. Den Kongress musste ich zwar absagen, aber die Vorbereitungen für einen Lehrgangsworkshop in Wien habe ich noch vom Krankenhaus aus (wo ich nur eine Woche blieb) auf Volltouren vorangetrieben. Ich bestellte mein Team ins Krankenhaus, hielt dort meine Besprechungen ab, telefonierte, organisierte, kurz, ich tat so, als ob nichts gewesen wäre. Nachträglich betrachtet war dies ein großer Fehler bzw. eine grobe Fehleinschätzung der Lage. Die von der Operation verletzten Intercostal-Nerven kamen nicht zur Ruhe, sie „nervten" im wahrsten Sinne des Wortes weiter. Die Schmerzen unterdrückte ich mit starken Schmerzmitteln, denn ein weiterer „innerer Antreiber“ von mir sagte: „*Weitermachen, durchbeißen, koste es was es wolle, um jeden Preis.*“. So naiv kann man sein! Ich habe die Warnsignale, die mir mein Körper schickte, nicht ernst genommen, sie verdrängt und unterdrückt. Wie viel Energie das gekostet hat, realisierte ich erst später in der Aufarbeitung. Ich unternahm wohl einige Versuche, den Schmerz in den Griff zu bekommen, allerdings mit wenig Erfolg. Seither bin ich chronischer Schmerzpatient und die Erschöpfung nahm ihren Lauf.

Mein Zustandsbild: *hyperaktiv*. Burnout-Stufen - grob eingeschätzt: 1 – 5.

2006: Erste Frustrationserlebnisse. Der Boxer ist angeschlagen. Es geht bergab!

Die Vorbereitungen für den nächsten Lehrgang liefen nicht wie gewünscht. Es „stockte“, ich kam nicht so richtig „in Schwung“, etwas hinderte mich an der Fortsetzung. Außerdem hatte ich meine erste Schreibblockade und konnte einen Fachartikel, den ich für ein renommiertes Handbuch verfassen sollte, nicht zeitgerecht abgeben. Ich legte die Projekte „auf Eis“. Mein Schmerzen plagten und beschäftigten mich sehr. Ich unternahm mehrere Versuche, sie „in den Griff“ zu bekommen, ebenfalls ohne Erfolg. Diese „Nicht-Ziel-Erreichung“ bzw. die „fehlgeschlagenen Bewältigungsversuche“ (bezüglich der Schmerzlinderung und der beruflichen Ziele) erzeugten einen starken „Frust“, der (wie ich später im Zuge dieser Buchrecherchen erfahren habe) eine wichtige Ursache für Burnout ist. Erste Erschöpfungssymptome machten sich bemerkbar, und zwar auf allen Ebenen: körperlich, geistig, seelisch, sowie Veränderungen auf der Einstellungs- und Verhaltensebene. Konkret: Konzentrationsschwierigkeiten, Antriebsschwäche, erhöhte Reizbarkeit, weniger Lust auf Kontakte mit Freunden. Auch die Gespräche mit meiner Frau über ihre Arbeit und Besuche am Sterbebett bei meiner krebskranken Lieblingstante belasteten mich. Ich fühlte mich zusehends erschöpft, ausgelaugt, müde, von den Schmerzen zermürbt, beruflich wie privat überfordert. Schließlich ließ ich mich von meiner Hausärztin widerstrebend dazu überreden, auf Kur zu gehen, um wenigstens die Schmerzen behandeln zu lassen. Es kam mir ungefähr so vor wie bei einem Boxkampf, der abgebrochen wird, weil der Boxer „wackelig auf den Beinen“ und „leicht angeschlagen“ ist. Der Kur-Aufenthalt brachte kurzfristige Besserung. Meine alten Glaubenssätze *„Durchhalten um jeden Preis“* und *„Alles in den Griff, unter Kontrolle zu bringen“* bewährten sich nicht mehr. In diesem Jahr ging es eindeutig bergab!

Mein Zustandsbild: *labil*, d. h. einmal besser, dann wieder schlechter. Burnout-Stufen - grob eingeschätzt: 1 – 8 und wieder retour.

<u>2007: Erste Anzeichen einer Depression. Es ist 5 vor 12. Ich hole mir ärztliche Hilfe!</u>

Das Jahr begann nicht so schwungvoll wie gewünscht. Die Arbeit an der Universität „lief nach Plan“. Wir verzeichneten einen weiteren Rekordandrang in unserem Fach: überfüllte Hörsäle, Massenprüfungen und zahlreiche Diplomprüfungen prägten den Studienalltag. Ich fühlte mich zusehends schlechter. Erste Anzeichen einer Depression waren deutlich vorhanden, insbesondere Gefühls-, Antriebs- und Lustlosigkeit. Hinzu kam ein erhöhter Alkoholkonsum, allerdings nicht (wie bisher) als Genussmittel, sondern als „Frustreduzierungsmittel“, als eine Art „Seelentröster“ – ein für mich völlig untypisches Verhalten. Eines Morgens, als ich wieder einmal nicht aus dem Bett wollte (es aber letztlich nach mehreren Anläufen jeden Tag schaffte), drängte mich meine Frau dazu, einen Facharzt aufzusuchen, was ich auch tat. Während dieser Krise wurde ich von einem anerkannten Psychiater (Primarius einer Reha-Klinik in Klagenfurt) begleitet. Er attestierte mir damals ein Burnout, half mir insbesondere in dieser Zeit mit gesprächstherapeutischer Intervention und medikamentöser Behandlung (Beruhigungsmittel, leichte Antidepressiva) und ermutigte mich zu meinen schon in der Vergangenheit eingesetzten

Coping- bzw. Selbstmanagementmethoden (insbesondere Laufen, Segeln und Trommeln). Es kam zu einer deutlichen Besserung des Zustandsbildes. Den Alkoholmissbrauch konnte ich stoppen, einige Monate überhaupt keinen „Tropfen“ trinken, dann ab und zu ein Gläschen, aber insgesamt sehr wenig und kontrolliert. Nachträglich betrachtet war es eindeutig bereits 5 vor 12, um diese Metapher zu bedienen.

Beruflich trat ich auf die „Bremse“. Statt eigene Lehrgänge anzubieten, besuchte ich in der vorlesungsfreien Zeit einen Italienisch Sprachkurs, um meine Kenntnisse aufzufrischen und an den italienischen Partneruniversitäten unterrichten zu können. Ab Herbst begann ich mit einer zweijährigen Coaching-Ausbildung, um meine diesbezüglichen Qualifikationen und Kompetenzen aufzufrischen. In der Freizeit bot ich ein paar PR-Vorträge und Seminare (vorwiegend in Deutschland und in der Schweiz) an. Mehr nicht. Oder doch zu viel?

Ich konnte mich in dieser Zeit mit dem Laufen „dopen“, aber 100 % fit war ich keinesfalls, eher leicht „angeschlagen“. Mein damaliges Motto lautete daher: „Nur nichts anmerken lassen, alles gut über die Bühne bringen.“

Mein Zustandsbild: *stabil*. Burnout-Stufen - grob eingeschätzt: 1 – 11 und wieder retour.

2008 + 2009 + 2010: Ein Wettlauf mit der Zeit. Vollgas auf allen Ebenen!

Die folgenden drei Jahre waren ein regelrechter Wettlauf mit der Zeit. Ich gab auf allen Ebenen „Vollgas“ – beruflich wie privat. Es handelte sich wahrlich um sehr aufregende, ereignisreiche und turbulente Jahre. Eine Achterbahn der Gefühle. Alle Burnout-Stufen von 1 bis 12 auf und ab wurden „durchlaufen“. Dementsprechend variierte auch mein Zustandsbild: hyperaktiv, labil, stabil. Irrige Glaubenssätze, die in dieser Zeit (weitgehend unbewusst) noch zum Einsatz kamen: *„Durchwurschtln, wird schon irgendwie gehen. Alles ist machbar. Na bitte, geht doch. Bin ja stark wie ein Löwe.“* (Letzteres ist eine Anspielung auf mein Sternzeichen).

Insgesamt betrachtet war ich in diesen drei Jahren trotz einiger seelischer Tiefphasen körperlich und geistig ziemlich fit. Ich bewegte mich über lange Strecken erstaunlicherweise auf einem relativ hohen Leistungsniveau. Der Zusammenbruch kam erst zu Silvester 2010/11. Die Schlagzeilen dieser Jahre könnten lauten: *Berufliche Höchstleistungen und Misserfolge, Partnerschaftskrise mit der Frau, meine erste Affäre, Druck von allen Seiten, Achterbahn der Gefühle, weitere Todesfälle, ungelöste Konflikte, allerhand Frustrationen und negative Emotionen.*

Beruflich: Top-Leistungen und Misserfolge

Mit Jahresbeginn 2008 wurde ich für zwei Jahre zum stellvertretenden Institutsvorstand und Studienprogrammleiter der insgesamt drittgrößten Studienrichtung unserer Universität bestellt. Die neuen Aufgaben bereiteten zwar viel Arbeit, aber auch Freude. Meine Arbeit und mein Engagement wurden von den Kolleginnen und Kollegen geschätzt. Die Lehre und Betreuung der Diplomanden lief bestens - auch das gemeinsam mit einem Kollegen vom Geschichteinstitut über zwei Semester geführte fächerübergreifende Lehrveranstaltungsprojekt „Alpen-Adria-Kalender 2010“, das ziemlich komplex und herausfordernd war. Erwähnenswert ist auch die hohe Anzahl der Studierenden und der durch Karenz entstandene Ausfall von zwei Kollegen: dies erschwerte meine persönliche Arbeitssituation, bedingte zahlreiche (unbezahlte) Überstunden und einige daraus entstandene Frustrationen, die im Theorieteil (Ursachenfeld 1: Arbeit) unter dem Titel „Die Loyalitätsfalle“ aufgearbeitet werden. Als burnoutrelevant kann noch mein Engagement bei einer österreichweiten PR-Ausbildung gesehen werden, bei der ich gemeinsam mit einem Kollegen Projektleiter und Trainer war. Dieser Fall wird im Ursachen-Kapitel „Ein verlockendes Angebot“ analysiert. Dann sind da noch drei weitere berufliche Ereignisse zu nennen, die für das Thema besonders relevant sind und in der Kernphase des Ausbrennprozesses (Sommer 2010) zeitgleich mit den privaten Kernereignissen stattfanden: *Erstens* ein großes Forschungsprojekt, das ich aufgrund vieler Umstände nicht realisieren konnte. Diese Nichterreichung des ambitionierten Zieles führte zu einer „frustrierten Anstrengung", die im Theorieteil unter dem Titel „berufliches Kernereignis des Ausbrennens" besprochen wird. *Zweitens* ein ungelöster Konflikt: er entwickelte sich im Zusammenhang mit der Auflösung eines Vereins, an dem ich über 25 Jahre lang aktiv (zum Teil auch als Obmann) mitgewirkt hatte. *Drittens* der innere Zwang, unbedingt bei internationalen Tagungen dabei sein zu wollen und zu publizieren. „Mein Ego wird gestreichelt"... Für meine beruflichen Nebenaktivitäten blieb nicht allzu viel Zeit: ein paar PR-Vorträge und Seminare, Medientraining mit einem Kunden und der erfolgreiche Abschluss meiner Coaching-Zusatzausbildung.

Privat: Achterbahn der Gefühle - Freude, Betroffenheit, Trauer, Schock, Erleichterung …

In unserer Familie ging es weiter hoch emotionell zu; unser erstes Enkelkind erblickte in London die Welt. Das entzückende Mädchen ist wie ich Löwe im Sternzeichen. *Große Freude*. Aber - *große Betroffenheit* - engste Verwandte, die uns ein Leben lang liebevoll begleitet hatten, erkrankten schwer und wir blieben bis zu deren Tod an ihrer Seite.

Nach ausgestandener Angst und Sorge – wieder *unsagbare Freude und Glück*: Zu unserem ersten Enkelkind kamen zwei Zwillings-Mädchen, gesund und quicklebendig, dazu.

Unsere Kinder leben nun ihr eigenes Leben. Sie bewältigen die an sie gestellten Aufgaben und Anforderungen mit Bravour und Einsatz. Die Tochter in ihrer nun groß gewordenen Familie in London, der Sohn in dem ihm angemessenen Weg in Studium und Beruf. Gelegentlich sind wir an unserem geliebten Wörthersee gemeinsam segeln.
Zwischen mir und meiner Frau ziehen Wolken am Horizont auf. Kommt ein Gewitter oder zieht das Wetter vorbei?

Partnerschaftskrise: Diskussions- und Wandlungsprozess

Es hat sich etwas verändert. Unsere neue Rolle als Großeltern beispielsweise. Jetzt wurden wir nicht mehr so oft *Papa* oder *Mama*, *Charly* oder *Anette* gerufen, sondern immer häufiger *OPA* und *OMA*.

Es begann zwischen uns eine intensive Diskussion über Ehe, Partnerschaft, Sexualität, individuelle Freiheit, gegenseitige Akzeptanz u.v.a.m. Durch die Rollenveränderung einerseits und die zum Teil auch heftigen Dispute setzte bei uns beiden ein Wandlungsprozess in den Vorstellungen über Beziehungen zwischen Mann und Frau ein. Wir stellten die bisherige Beziehungsform in Frage, diskutierten über unsere neuen Rollen als Opa und Oma und fragten uns, was dies wohl für unsere Paarbeziehung bedeutet. Wir gingen sogar soweit anzudenken, ob es eventuell für uns beide sinnvoller wäre, nur mehr als Eltern verbunden zu bleiben und als Liebespartner neue Wege zu suchen. - Es wurde uns deutlich, dass Beziehungen eine „Geschichte“ haben, dass sie in einer bestimmten Form „sterben“ können und sich in andere Formen wandeln müssen. Nur, in welcher Form und in welche Richtung, war uns (zu diesem Zeitpunkt) nicht bewusst. Außer, dass wir uns mögen, schätzen und gerne zusammen sind, dass wir uns gegenseitig keinesfalls in Stich lassen bzw. immer für einander da sein wollen, weiterhin unsere Familie stützen und - wie bisher - durch „dick und dünn“ gehen werden, egal wohin uns der individuelle Weg auch führt. Das war unser gegenseitiges Liebesbekenntnis nach 35 Jahren Ehe und Partnerschaft. Und, dass wir an einem Wendepunkt stehen. Dieser tiefgreifende Diskussions- und Wandlungsprozess war enorm wichtig. Aber er war für uns beide ebenso anstrengend und kräfteraubend. Die intensiven Diskussionen sind natürlich auch bei mir nicht spurlos vorübergegangen. Sie weckten zahlreiche Gefühle, bisher unerfüllte Sehnsüchte, unter anderem auch den Wunsch nach Sexualität mit einer anderen Partnerin, nach einer weiteren Liebeserfahrung. Und seien wir ehrlich: Wer hat nicht solche geheimen Sehn-Süchte, Vorstellungen, Phantasien. Viele Menschen unterdrücken solche Bedürfnisse aufgrund verschiedenster Ängste und moralischer Vorstellungen von Treue. Ich gehörte auch zu jenen, die aus besagten Gründen keine außereheliche Beziehung eingehen und ihrem Partner treu bleiben wollten. Der intensive Diskussions- und Wandlungsprozess führte letztlich dazu, dass ich eine Liebesbeziehung gesucht und gefunden habe. - Und damit wären wir beim nächsten Burnout-Faktor.

Meine außereheliche Beziehung und ihre Folgen

Es handelte sich nicht etwa um einen einmaligen Seitensprung, der ja in den „besten Familien“ vorkommen kann, sondern um eine Liebesbeziehung voll Leidenschaft, Lebendigkeit und Hingabe. Die für mich äußerst bedrohlichen Begleiterscheinungen waren allerdings auch subjektive Gefühle von Desorientierung, großem Druck und Verwirrung.

Der *innere* Druck wuchs: meine Gefühle, mein schlechtes Gewissen, Schuldgefühle, der Loyalitätskonflikt, die Zerrissenheit (ich fühlte mich hin- und hergerissen, sprichwörtlich zerrissen), meine moralische Vorstellungen von Treue und dass ich diese über Bord geworfen habe. Der *äußere* Druck bestand darin, dass einerseits meine Geliebte nach einiger Zeit mehr wollte (Verbindlichkeit, Öffentlichkeit, Zugeständnis – kurz: mich offiziell an ihrer Seite haben wollte) und dass beide Frauen früher oder später eine Entscheidung von mir erwarteten. Ich wollte es nach wie vor „allen Recht machen“ (wieder so ein irriger Glaubenssatz, der burnoutrelevant ist): Ja, ich wollte alles unter einen Hut bringen: *einerseits* meiner Frau (die ich ja liebte und schätzte, auch wenn wir in dieser Zeit miteinander nicht intim waren) und meiner Familie die nötige Zuwendung, Aufmerksamkeit und Unterstützung geben und *andererseits* für meine Geliebte da sein, mit ihr schöne Stunden verbringen, die im Übrigen (das verkompliziert die Sache noch ein wenig) über die starke Bindung zu meiner Frau Bescheid wusste (auch darüber haben wir oft am Kamin geredet). Unser gemeinsames Problem war, dass keiner von uns *loslassen* konnte – ein entscheidender Faktor, auf den wir im später noch zu sprechen kommen (siehe „Die Rolle der Dreiecksbeziehung beim Burnout“).

Mit dem Aus der Beziehung wuchs mir alles über den Kopf, ich steckte bis über den Hals in Arbeit. Hinzu kam der Trennungsschmerz, die Trauer über die verlorene Liebe, die Unsicherheit „Wie geht es weiter?“ – Ich habe den Druck, die Belastung, die Verpflichtungen einfach nicht mehr ausgehalten. Danach bin ich (wie die Psychologen es bezeichnen) in das große Loch gefallen, ins emotionale Vakuum. Die emotionale Erschöpfung hat ihren Höhepunkt erreicht. Der Seeleninfarkt war da. Der Totalzusammenbruch war nur mehr eine Frage der Zeit. Ich schaffte noch mit letzter Kraft das volle Arbeitspensum bis Mitte Februar. In den Energieferien 2011 legte ich mich in die Klinik. Das war der Beginn des „Krankenhaus-Jahres 2011“.

<u>2011: Das Krankenhausjahr – Ausgebrannt, erschöpft, abhängig!</u>

Ein Alptraum beginnt! Ich konnte mir zu diesem Zeitpunkt nicht vorstellen, dass es noch viel schlimmer kommen kann, dass das Loch so unendlich groß und tief sein kann, dass ich in diesem Jahr insgesamt fünf verschiedene Kliniken aufsuchen werde, dass sich der Zustand (die körperlichen, psychischen und mentalen Symptome) noch verschlechtern kann - und dass ich mich erst gegen Jahresende hin zum Befreiungsschlag durchringen werde, um meinen Weg aus der Krise zu finden.

Die behandelnden Primarärzte (beide anerkannte Psychiater) waren sich nicht einig, ihre Diagnosen völlig unterschiedlich. Der eine bezeichnete meinen Zustand als „depressive Episode in Verbindung mit sekundärem Alkoholmissbrauch“ (ICD-10: F 33.1), der andere attestierte eine „psychische Verhaltensstörung mit Abhängigkeitssyndrom“ (ICD-10: F 10.2). Bezüglich der Benzo-Abhängigkeit wegen des Beruhigungsmittels Praxiten, das ich seit 2008 bei Bedarf und im „Krankenhausjahr 2011“ regelmäßig eingenommen habe, waren sie auch unterschiedlicher Auffassung. Während der eine diese herunterspielte (d. h. nicht für so relevant hielt), machte sich der andere Primarius ernsthafte Gedanken darüber und empfahl mir einen Medikamentenentzug. Für mich persönlich führte dieser Expertenstreit zur totalen Verunsicherung (mehr darüber im

Kapitel „Zwischen Pest und Cholera“). In der Verzweiflung ging ich auf „Nummer Sicher“ und wählte die „Sowohl-als auch-Strategie“, d. h. ich suchte beide empfohlenen Kliniken auf – nämlich noch eine zweite Reha-Klinik für seelische Gesundheit (zur Behandlung des Burnouts bzw. der Depression) und die Entzugsklinik (zur Behandlung der mir attestierten Abhängigkeitserkrankungen). Im Gegensatz zum *Almdudler*-Chef, der den Aufenthalt in der Suchtklinik abgebrochen hatte (vgl. Klein, 2011, S. 22), hielt ich sechs Wochen durch. Auch wenn dort vieles nicht optimal lief, der Aufenthalt stärkte mich körperlich, seelisch und geistig. Ich fühlte mich in der Klinik wohl. Die Ärzte, das Betreuungspersonal und das gesamte Therapieangebot waren in Ordnung. Die Antidepressiva und abhängigkeitsmachenden Benzo-Tabletten wurden langsam abgesetzt. Ich hatte auch keinerlei Verlangen nach Alkohol und blieb den gesamten Aufenthalt über trocken. Was ich in dieser Zeit nicht in den Griff bekam, war die systematische Ordnung meiner persönlichen „Baustellen“, meiner Beziehungs- und Sinnkrise. Außerdem belastete mich die lange To-do-Liste. Ich notierte mir auf zwei Seiten, was alles zu erledigen ist: von Besuchen und Kontaktaufnahmen (über 20 Personen standen auf der Liste) über alle möglichen Erledigungen privater Natur (Haus, Garten, Einkäufe) bis hin zu beruflichen Aufgaben (liegen gebliebene Post aufarbeiten, Termine mit Kollegen etc.). Der Blick auf die lange To-do-Liste und die ungelöste Beziehungs- und Sinnkrise machten mich unruhig und nervös. Ich war mit der Situation überfordert. Die Folge war unmittelbar nach meinem Austritt ein fürchterlicher Rückschlag, Suizidgedanken und die Ausnüchterung im örtlichen Landeskrankenhaus. Es begann alles wieder von vorne. Meine Tagebuchnotizen dazu lauteten: *Zurück zum Start.*

Obwohl sich die Ärzte sehr um mich kümmerten, auf meine Probleme und Ängste sensibel eingingen, mir das ganze Angebot des Krankenhauses zur Verfügung stellten (Massagen, Nada-Ohrakupunktur, Gespräche u.v.a.m.), kam ich nicht auf die Beine. Ich zeigte zu wenig Initiative und Eigenverantwortung. Ich konnte die guten Ratschläge der Ärzte und des zuständigen Primarius, der sich höchstpersönlich um mich kümmerte, nicht wirklich annehmen. Außerdem trank ich während der

Krankenhausaufenthalte immer wieder Alkohol. Trotzdem bemühten sich Ärzte und Pflegepersonal, mir und meiner Problematik gerecht zu werden. Nachträglich betrachtet sehe ich meine Krankenhaus- und Klinikaufenthalte trotzdem eher skeptisch. Denn sie führten nicht zu dem gewünschten Erfolg. Im Gegenteil, mein Zustand verschlechterte sich von Mal zu Mal, von Krankenstation zu Krankenstation. Heute bin ich mir ziemlich sicher, womit die Verschlechterung des Zustandes zusammenhing: Erstens mit der oben genannten mangelnden Eigenverantwortung und Initiative. Zweitens mit den vielen Medikamenten (siehe unten), insbesondere mit dem ständigen Wechsel der Psychopharmaka und drittens mit der „**Eskalation des Sinnverlustes**", wie es Ruediger Dahlke (2010, S. 360) bezeichnet. Der Autor hat dieses Phänomen bei zahlreichen Patienten beobachtet. Seine Beschreibung deckt sich zu 100 Prozent mit meiner leidvollen Erfahrung: „Die Betroffenen spüren instinktiv, dass etwas mit ihnen grundsätzlich falsch läuft; sie können den Sinn der Maßnahmen oft nicht nachvollziehen. Gegenwehr verschlimmert jedoch nur die Situation. Die althergebrachte Psychiatrie interpretiert sie als Renitenz und typischen Widerstand, den es zu brechen gilt. So ergibt sich nicht selten eine Eskalation des Sinnverlustes, die die Betroffenen nur tiefer ins Dunkel stößt. Wer in solchen Situationen resigniert – und kein System einschließlich des Zuchthauses versetzt einen Menschen so rasch und tief in die Resignation wie das der Psychiatrie mit seiner Mischung aus äußerem Zwang und bewusstseinsverändernden Drogen - kann sich eine Depression einhandeln, weil nirgendwo Sinn zu erkennen ist [...] Die Betroffenen aber werden konsequent und umfassend daran gehindert, ihren Weg zu gehen. Auf diese Weise geraten sie immer tiefer in die Empfindung von Sinnlosigkeit".

Genauso ist es mir ergangen. In mir reifte die Einsicht, dass das Krankenhaus zwar ein Ort zum Überleben ist (immerhin retteten mich die Ärzte mehrmals aufgrund meiner schweren Alkoholisierung), aber nicht der geeignete Ort, um gesund zu werden. Erst als ich zum Befreiungsschlag ansetzte und Ende Oktober 2011 das Krankenhaus verließ, ging es mir langsam wieder besser. Ich entschied mich für den Aufenthalt im *Viva*

Zentrum für moderne Mayr Medizin am Wörthersee. Hier konnte ich endlich das tun, wovon ich überzeugt war und wovon die Schulmediziner abgeraten hatten: Fasten, Darmreinigung, Absetzung sämtlicher Medikamente, Umstellung der Ernährung sowie Erstellung eines individuellen Trainingsprogrammes. Diese zwei Wochen veränderten mein Leben. Mein Zustand verbesserte sich von Tag zu Tag. Ich arbeitete konsequent an mir (siehe Kapitel „Wege aus der Krise“). Im Februar 2012 konnte ich meine Arbeit an der Universität wieder aufnehmen. Und: im Frühjahr 2012 startete ich mit dem Verfassen dieses Buches.

2012 bis Mitte 2013: die guten Jahre, voller Energie, Freude und Lebenskraft

In dieser Zeit war ich top fit, klar im Kopf, ausgeglichen, voller Power. Ich schrieb am Manuskript, stand früh morgens meist zwischen 4 und 5 Uhr auf, und freute mich auf den Arbeitstag, der oft bis 23 Uhr dauerte. Ich führte konsequent die im Kapitel „Wege aus der Krise“ beschriebenen Übungen für Körper, Geist und Seele durch, gönnte mir die nötigen Pausen, half, so gut es ging, im Haushalt mit. Die Arbeit an der Universität bereitete mir wieder Freude. Alles in allem eine gute Zeit. Ich war zufrieden mit mir. Auch meine Umwelt reagierte positiv auf die Verhaltensänderung. – Ich wollte alles niederreißen - und hatte mich neuerlich überfordert. So tappte ich wieder in die Burnout-Falle…

Schwerer Rückfall im Sommer 2013

Nachdem ich eineinhalb Jahre trocken war und mit voller Kraft und Energie an dem Buch geschrieben hatte, erlitt ich im Sommer 2013 einen schweren Rückfall. Das Buch war mehr oder weniger fertiggestellt, das Schlusswort geschrieben. Am 3. August - zu meinem Geburtstag - trank ich in Grado als Belohnung für das vollbrachte Werk und aus Leichtfertigkeit ein paar Gläser Wein. Diesmal ließ sich der Alkoholkonsum nicht mehr stoppen. Es kam zum totalen Kontrollverlust. Die Folge waren mehrere

Einlieferungen ins Krankenhaus. Ich musste wieder mehrere Alkoholentzüge machen, danach überfiel mich eine schwere Depression, die mit den verschiedensten Antidepressiva behandelt wurde, allerdings ohne sichtlichen Erfolg. Im Gegenteil, im Krankenhaus verschlechterte sich die Situation von Monat zu Monat. Ich wurde von Tag zu Tag energie- und kraftloser, der Antrieb wurde immer schwächer; ich hatte zu nichts Lust, verbrachte die meiste Zeit im Bett; ich war zum Teil völlig verwirrt, litt unter Schlafstörungen und Konzentrationsschwierigkeiten, konnte keine Zeitung, geschweige denn (m)ein Buch lesen; es gelang mir nicht, bei den Entspannungsübungen abzuschalten bzw. mich auf das vom Therapeuten Gesagte zu konzentrieren. Die Gedanken drehten sich im Kreis, Wörter und Sätze wiederholten sich ständig im Kopf, ich wurde immer vergesslicher, konnte mir keine Namen merken. Ich war völlig blockiert, konnte mich für nichts entscheiden, hatte sogar Schwierigkeiten, die Tasche für den Wochenendausgang zu packen. Bei diesem sog. „Belastungsurlaub zu Hause“ war ich völlig überfordert: Ich sah nur den Berg unerledigter Arbeit vor mir und war nicht in der Lage, diesen abzuarbeiten, die Krankenhaustasche zu entleeren und für Ordnung am Schreibtisch zu sorgen – und dies obwohl mir meine Frau ihre volle Unterstützung anbot. Auch zu Hause verbrachte ich die meiste Zeit im Bett und nahm Beruhigungsmittel in viel zu hoher Dosis. Alles in allem eine schreckliche Zeit. Nach drei Monaten Krankenhausaufenthalt war ich so frustriert, dass ich sogar in der Klinik wieder zu trinken begann. Dies hatte zur Folge, dass ich auf die geschlossene Abteilung verlegt wurde. Aber auch dort beschaffte ich mir Alkohol, um meine seelischen Schmerzen und die zum Teil unerträglichen Zustände an der Abteilung zu überleben. Hier ging es tatsächlich wie in einem Irrenhaus zu: Schreiende Patienten, die mit Gurten im Bett festgeschnallt wurden; orientierungslose Patienten, die sich im Zimmer verirrten und sich in mein Bett legten; hemmungslose Patienten, die Hustensekret auf den Boden spuckten; ruhelose Patienten, die ständig auf und ab gingen. Ich fühlte mich wie in einem Gefängnis, denn wir hatten keinen bzw. nur sehr eingeschränkten Ausgang.

Ich verlor meine Lebensfreude und mein Selbstvertrauen, hatte keine Visionen und Zukunftspläne. Im Gegenteil: es plagten mich Zukunftsängste, ich sah plötzlich wieder alles negativ, konnte nicht mehr konstruktiv und positiv denken. Ich war nicht in der Lage, die in meinem Buch beschriebenen „Methoden für Körper, Geist und Seele" in die Tat umzusetzen, geschweige denn mein fast fertiges Werk zu vollenden. Es fehlte mir die Motivation und Kraft. Es herrschte völlige Leere, totaler Stillstand, Blockade auf allen Ebenen. Ein fürchterlicher Zustand.

Nach mehrmaligen Entzügen im Krankenhaus entschied ich mich zu einer achtwöchigen Entwöhnung in der Suchtklinik „De La Tour", die ich bereits 2011 aufgesucht hatte. Dort haben mich die Ärzte und insbesondere meine Therapeuten mit viel Geduld und Einfühlsamkeit wieder aufgebaut. Die depressiven Symptome wurden weniger, die Lebensfreude kam langsam zurück, Visionen und Ziele wurden wieder sichtbar. Ich konnte wieder Lesen und verschlang Dutzende Bücher. Zum Zeitpunkt der Entlassung ging es mir zwar schon viel besser, aber hundertprozentig fit war ich nicht. Aufgrund der langen Krankenhausaufenthalte war ich hospitalisiert. Ich wurde immer unselbständiger, konnte mir nicht vorstellen, wie ich den Alltag meistern sollte.

Unmittelbar nach dem Austritt aus der Suchtklinik hatte ich einen weiteren, schweren Rückfall. Ich war den neuen Herausforderungen nicht gewachsen, schaffte es nicht, eine neue Wohnung zu beziehen. Ich flüchtete wieder einmal in die Sucht und wurde bald wieder schwer betrunken ins Krankenhaus eingeliefert. Ich landete wieder auf der geschlossenen Abteilung und wurde gleich für sechs Wochen untergebracht. Völlig verzweifelt mit der Situation konsumierte ich auch im Krankenhaus Alkohol. Alle redeten auf mich ein, fragten, was mit mir los sei, ob ich überhaupt noch leben möchte. Ehrlich gesagt, wusste ich es selbst nicht so genau. Irgendwie hatte ich mich aufgegeben. Denn die Form des Trinkens bis zum totalen Kontrollverlust gleicht einem „parasuizidalen Verhalten", meinte die zuständige Stationsärztin. Aber ich wollte das alles nicht wahr haben. Ich begann wieder regelmäßig zu beten und erstmals seit einem Jahr die im Buch beschriebenen „Übungen für Körper, Geist und Seele" täglich durchzuführen.

Meine Schwester schickte mir einen Glaubenssatz, den ich mehrmals am Tag wiederholte, wie z. B.: *„Ja! Ich will und kann vollkommen gesund sein. Jetzt!"* Ich modifizierte und ergänzte diese Affirmation: *„Ja! Ich will und kann vollkommen abstinent leben."* Und: *Ja! Ich will und kann das Werk vollenden!"* Während man den Glaubenssatz spricht, soll man die Handkanten leicht aneinander klopfen. Da liegt nämlich ein bestimmter Akupunkturpunkt (Dünndarm 3), der eine Verbindung zum Unterbewusstsein hat.

Meine Tochter ließ mir ihr persönliches Mantra zukommen, das sie bei Spaziergängen über 100 Mal wiederholt: *„Mit jedem Schritt und jedem Tag werde ich gesünder und stärker."* Eine Freundin meiner Schwester gab mir ihren persönlichen Glaubenssatz: *„Ich bin gesund. Mir geht es von Tag zu Tag besser. Ich liebe und werde geliebt. Es ist alles da, was ich brauche und damit es mir gut geht."* Und last but not least, setzte ich noch einen weiteren Glaubenssatz ein, den ich schon länger praktiziere: *„Alles ist gut. Alles entwickelt sich zu meinem Besten. Nur Gutes kann aus der Situation entstehen. Ich bin in Sicherheit."*

Diese Leitsprüche wiederholte ich ca. 10 Mal hintereinander und das mindestens 3 Mal pro Tag. Und es half. In Kombination mit meinen im Buch beschrieben Übungen bekam ich von Tag zu Tag zu mehr Energie und Kraft. Ein weiterer sehr wichtiger Motivationsschub kam von meiner Frau. Sie las erstmals mein Buchmanuskript und war begeistert. Sie fügte einige Anmerkungen dazu, die ich im Krankenhaus ausformulierte.
Ja, es war soweit. Nach fast 1 ½ Jahren beschäftigte ich mich wieder mit meinem Buchprojekt, korrigierte die Texte und schrieb diese Zeilen. Es ging bergauf. Ich wurde von Tag zu Tag zuversichtlicher, die Selbstachtung stieg, ebenso das Vertrauen, vor allem das Zu-trauen. „Ich schaffe es!"

Offen blieb die Frage, was geschieht nach dem Krankenhausaufenthalt. Der Austrittstermin war mit 9. 1. 2015 fixiert. Bin ich fit genug, um in eine

Wohnung zu ziehen oder soll ich noch etwas draufsetzen, z. B. in ein Kloster gehen oder in ein indisches Aschram oder eine private Entwöhnungsklinik auf Mallorca aufsuchen? Jedenfalls fühlte ich mich von den langen Krankenhausaufenthalten ziemlich erschöpft. Ich musste noch weitere Energie und Kraft tanken und mich mit Zukunftsfragen beschäftigen: Wohin führt meine Reise? Was will ich überhaupt?

Und noch einmal: 2015 – totales black out

Kaum war ich aus dem Krankenhaus entlassen, begann ich zu Hause wieder zu trinken. Diesmal erwischte es mich besonders heftig. Ich trank ca. 10 Tage lang durchgehend Tag und Nacht Alkohol, bis ich schließlich mit drei Promille wieder ins Krankenhaus eingeliefert wurde. Aufgrund des hohen Alkoholkonsums habe ich keine Erinnerung mehr, wie ich in die Klinik kam – ein totales black out. Sehr wohl erinnere ich mich, dass ich festgegurtet war und dass ich die ganze Nacht geschrien habe: „Hilfe, bitte losbinden!“ Das stundenlange Schreien half nichts. Ich wurde erst am nächsten Tag freigebunden. Meine Knöchel waren von den Fußfesseln aufgeschürft. Man sieht heute noch die Narben. Schließlich verbrachte ich wieder drei Wochen auf der geschlossenen Abteilung, völlig erschöpft und niedergeschlagen. Die Entzugssymptome waren extrem: Ich zitterte am ganzen Körper, konnte nicht einmal die Kaffeetasse halten. Die Ärzte mussten mir wieder starke Beruhigungsmittel verschreiben.

Der Suchtdruck war enorm. Ich dachte praktisch den ganzen Tag daran, wie ich mir in den geschlossenen Bereich Alkohol beschaffen kann. Dies erfolgte auf verschiedene Art und - findigste - Weise. Ich fragte Mitpatienten, die Ausgang hatten, ob sie mir etwas mitbringen könnten. Die meisten verneinten, weil sie Angst vor den strengen Kontrollen und negativen Konsequenzen (z. B. Ausgangsverbot) hatten. Trotzdem gelang es mir immer wieder, einen Mitpatienten zu überreden, mir Alkohol zu beschaffen. Damit man es nicht so stark riecht, entschied ich mich für Vodka. Dieser ließ sich auch am „leichtesten“ reinschmuggeln. Entweder wurden die kleinen Vodkafläschchen in den Socken versteckt oder sie wurden in eine Limonadenflasche abgefüllt. Das funktionierte in der Regel ganz gut. Wenn ich selber Ausgang in Begleitung hatte, ging ich so vor: Ich verabschiedete mich von meinem Begleiter bei der Station 1, der für die Alkoholkontrolle zuständig war. Von dort ging ich schnell in das Geschäft und besorgte mir fünf, sechs kleine Vodkafläschen, die ich in eine Limonadenflasche füllte. Dann ging ich zur Alkoholkontrolle. Freudig zeigte mir der Pfleger das Resultat: 0,0 Promille. Er rief die geschlossene Abteilung an und teilte dort das Ergebnis des Alkoholtests mit. Am Weg zu meiner Abteilung (das waren ca. 20 Meter) trank ich rasch am WC den Vodka, spülte den Mund mit Zahnpasta und betrat die Station. Da wurde ich in der Regel einer Leibesvisitation unterzogen. Aber die Pfleger fanden keinen Alkohol, denn den hatte ich ja bereits intus. Wenn ich Ausgangssperre hatte (was die meiste Zeit der Fall war) und kein Mitpatient mir etwas mitbringen wollte, versuchte ich es über Taxis. Das funktionierte so: Der Taxler kam in der Besuchszeit und gab sich als normaler Besucher aus. Nachdem ich und meine Besucher unter starker Kontrolle standen, gab ich einen Namen eines Mitpatienten (der sich dazu bereit erklärt hat) an. Der Taxler besuchte also nicht mich, sondern einen Mitpatienten. Wir gingen in den Raucherraum und dort übergab er mir die Ware.

Durch den ständigen Alkoholkonsum verschlechterte sich natürlich meine Situation. Ich war ständig im Entzug und litt dementsprechend sehr darunter. Irgendwann ging es mir dann so schlecht, dass ich mit dem Trinken aufhörte, den Entzug ordentlich über die Bühne brachte und die oben beschriebenen Übungen wieder aktivierte. Im selben Moment, als ich mich entschied, mit dem Trinken aufzuhören, schickte mir meine Schwester einen weiteren Kraftsatz: *„Ich möchte die Muster, die meine schlechten Erfahrungen verursachen, loswerden. Jetzt hole ich mir meine Kraft zurück! Und ich, wirklich ich, lasse das Problem los!" Schließlich hat sie mir eine weitere Körperübung empfohlen, die aus drei Schritten besteht: Verzeihen, Bedanken, Bitten. D.h. ich bitte meinen Körper um Verzeihung, dass ich ihm durch mein Trinken, Rauchen und die vielen*

Entzüge so viel abverlangt bzw. zugemutet habe. Dann bedanke ich mich bei meinem Körper, dass er das alles aushielt, mich noch nicht im Stich ließ, dass die wichtigsten Organe noch funktionieren. Schließlich bitte ich den Körper, wieder in Balance zu kommen, mich vor weiteren Rückfällen zu bewahren, wieder zu Kräften zu kommen.

Mitte Februar 2015 konnte ich das Krankenhaus verlassen. Um eine Wiederholung der Wiederholung, eine Ehrenrunde in der Psychiatrie zu drehen… Ich war sogar auf Mallorca in einer Entzugsklinik: nach 14 Tagen fuhr ich mit dem Fahrrad – rund zehn Kilometer - in die nächstgelegene Stadt für ein paar Vodka und Bier… Daraufhin wurde ich in Begleitung einer Krankenschwester nach Hause geschickt … Wieder weiter getrunken, noch ein Aufenthalt in der Psychiatrie, dann in eine psychiatrische Außenstelle St. Urban in Kärnten, für ein halbes Jahr …

NUN, im Frühsommer 2016, wage ich zu sagen und hier niederzuschreiben: **schön langsam geht's aufwärts**, mit Hilfe meines „Löwenfreundes" Manfred G. kann und werde ich endlich dieses Buch fertig stellen…

Wie oft hat mein Bergsteigerfreund Erwin zu mir gesagt: „Charly, du stehst knapp vor dem Abgrund. Wenn du nicht mit dem Saufen aufhörst, fällst du in die Gletscherspalte, aus der du nicht mehr so leicht herauskommst." Die meisten Abstürze sind tödlich bzw. lebensgefährlich. Ich hatte nicht rechtzeitig „Stopp" gesagt. Ich konnte dem Trinkdruck nicht widerstehen und fiel mit voller Wucht in den Abgrund. Beinahe hätte ich – neben Haus und Job - auch meine Familie, die Freunde verloren. Viele haben sich schon von mir abgewendet und mich abgeschrieben. Im allerletzten Abdruck, allerdings schon 10 nach 12 mach(t)e ich eine Kehrtwende…

Diagnosen und Medikamente

Die unterschiedlichen *Diagnosen* der Fachärzte nach der ICD-Tabelle lauteten: Burnout (Z 73, Z 55 – Z 65), Depressio (F 32.1), rezidivierende depressive Störung mittelgradige Episode (F 33.1), Monopolare Depression (F 33.9), Sonstige depressive Episode (F 32.8), Neurotische Depression (F 34.1). Der schädliche Gebrauch von Alkohol wurde mit folgenden Diagnoseschlüsseln bezeichnet: F 10.0, F 10.1, F 10.2, F 13.2. (psychische Störung durch multiplen Substanzgebrauch). Die Schmerzen wurden von den Ärzten einfach mit der Bezeichnung „chronischer unbeeinflussbarer Schmerz" (R 52.1) diagnostiziert, ignoriert und nicht behandelt. Ich musste regelrecht darum kämpfen, mein Schmerzpflaster „Versatis" zu bekommen.

An *Medikamenten* wurden mir im Zuge der Krankenhausaufenthalte insgesamt zehn (!) verschiedene Antidepressiva, drei Formen von Beruhigungsmitteln und einige Medikamente gegen das Alkoholverlangen und die Schmerzen verabreicht. *Antidepressiva*: Cymbalta, Saroten, Seroquel, Mirtabene, Fluctine, Trittico, Valdoxan, Tresleen, Effectin, Cipralex. *Sonstige Medikamente*: Praxiten, Dominal, Atarax, Nozinan, Rampiril, Revia, Campral, Dependex, Antabus, Versatis-Schmerzpflaster. Bei jedem Entzug wurden die Antidepressiva abrupt abgesetzt, bei jedem Krankenhauswechsel wurden auch die Medikamente gewechselt, meist mit dem Hinweis, dass die bisherigen nichts wert seien und die neu verschriebenen viel wirkungsvoller seien oder weil die Ärzte eine andere Diagnose erstellten.

Was ich hier erlebt habe, weist auf eine **ordentliche Systemkrise** hin. Diese Ansicht vertreten auch immer mehr Fachleute, darunter sehr renommierte Psychiater und Psychotherapeuten (vgl. Artikel „Menschliche Verkehrsunfälle" in: Profil 25, 17. Juni 2013). Sie kritisieren die enorme Wachstumsdynamik beim Verschreiben von Psychopharmaka und die Verschreibungspraxis von Antidepressiva. Kritisiert werden auch die Diagnoseverfahren, wie etwa der ICD, in dem ja schon die geringste Abweichung von der Norm zum medizinischen Fall erklärt und pathologisiert wird. Der Grad zwischen Verhaltensauffälligkeit und seelischer Störung wird immer schmäler und durchlässiger. Mit der Problematik der Diagnoseinstrumente werden wir uns später noch beschäftigen, ebenso mit der Sinnhaftigkeit der Medikamente und deren Nebenwirkungen.

Exkurs: „Die andere Seite" – ergänzende Sichtweise der Ehefrau Anette Nessmann

Mein Mann beleuchtet in seinem Werk neben der wissenschaftlichen Bearbeitung der Thematik eine Lebenszeit mit all ihren Phasen und Entwicklungen aus dem Blickwinkel seiner Erkrankung. Während dieser Zeit war ich auf unterschiedliche Weise in seiner Nähe: die Bilder, Gefühle, Gedanken und Erfahrungen möchte ich als „die andere Seite" hier einbringen.

Im Nachhinein lassen sich über diese Zeit Erklärungsmodelle legen, die ein wenig Klarheit über die Geschehnisse, deren Zusammenhänge und Wirkungen schaffen. Wenn man aber „mittendrin" steckt, helfen sie wenig, zu sehr befindet man sich im Strudel der Ereignisse und wird von ihnen mitgerissen.

Oft begegnete mir der Vorwurf, ich sei ***co-abhängig***. Damit musste und muss ich mich auch weiterhin beschäftigen. Ich bin zwar fachlich „vorbelastet" und kenne mich theoretisch gut aus – aber was heißt das, wenn es einen selber trifft? Wenn man den Partner gern hat, über 40 Jahre mit ihm verbunden ist, eine gemeinsame Familie hat, eine gemeinsame Geschichte. Natürlich sind wir „abhängig" von einander! Die Gefühle, Gedanken und Befindlichkeiten meines Mannes beschäftigten mich genauso wie meine eigenen – ich wollte ihn unterstützen, ihm helfen, Wege aus der Krise zu finden, so wie wir es oft in unserem Leben gemeinsam gemacht und auch geschafft hatten, je nach dem, wer von uns beiden der Hilfe des anderen bedurfte.

Nun musste ich erkennen, dass dieses Miteinander über weite Strecken nicht mehr möglich – ja sogar kontraproduktiv – war. Wir waren auf unterschiedlichen Stationen angekommen. Und dieses Auseinanderdividieren und Gegenüberstellen, Abgrenzen und Anerkennen der Grenzen des anderen war für mich wohl der schwerste Weg, den ich zu bestreiten hatte. Ich fühlte mich auf mich selbst zurückgeworfen, alleingelassen, beängstigt: mein Mann war zwar da, aber für mich nicht mehr erreichbar – es war ihm in dieser Zeit nicht möglich, mit mir und anderen in verbindlichen Kontakt zu treten. Die größte und oft auch überfordernde Herausforderung für mich war, da zu sein und wenn notwendig, meinem Mann in lebensbedrohlichen Situationen Hilfe zukommen zu lassen.

Ich lernte, mich auf der „anderen Seite“ zu empfinden und auch so zu handeln. Bei diesem Prozess, der mühsam, bruchstückhaft und von Rückschlägen gekennzeichnet war, waren folgende Fragestellungen meine ständigen Begleiter:

- Wann ist Hilfe und Unterstützung notwendig, wo muss ich loslassen?
- Wo hole ich mir selbst Hilfe?
- Welche Erleichterungen im Alltag sind möglich und müssen umgesetzt werden?
- Wie kann ich meinen Mann im Alltag und bei wichtigen Entscheidungen einbeziehen?
- Welches helfende Netzwerk steht mir (uns) zur Verfügung?

Die Bedeutung unseres sozialen Netzwerkes in der Krise: Ohne tragende Beziehungen wäre die Lebenskrise nicht bewältigbar gewesen. Mein Mann und ich waren und sind in ein Netzwerk von familiären und

Freundschaftsbeziehungen eingebunden. Und die Mutigsten haben sich auch in scheinbar aussichtslosen Zeiten nicht abgewandt. Im Rückblick waren es gerade die offenen Gespräche im Familien- und Freundeskreis und mit Fachleuten, die uns die Angst nahmen. Mein Sohn und meine Tochter lehrten mich in ihrer Klarheit, auf mich zu achten und meine eigenen Bedürfnisse wahrzunehmen, ohne dass ihre liebevolle Unterstützung für den Vater jemals nachgelassen hat. Meine Mutter stand mit ihrer hilfreichen Vernunft durchgehend und respektvoll an unserer Seite. Von meiner Cousine und einer Handvoll guter FreundInnen fühlte ich mich getragen und die sogenannten besten Freunde und Freundinnen haben sich in der Not tatsächlich als solche erwiesen. Vor allem mein Bruder war eine tragende Säule: ohne viel Aufhebens besuchte er meinen Mann mehrmals in der Woche, ein treuer Freund und Wegbegleiter, der es mir ermöglichte, ohne allzu große Sorgen Auszeiten zu nehmen. Die Schwester meines Mannes und deren Freundin standen mir immer mit offenem Herzen für Gespräche zur Verfügung. Die Kraft, die daraus erwuchs, stellte für mich einen großen Wert dar.

Die Fachleute: Ich erfuhr unglaublich große menschliche und fachliche Unterstützung von Fachleuten und Experten. Die Mitarbeiterinnen und Mitarbeiter der Psychiatrie in Klagenfurt sind mir mit Respekt und Anteilnahme begegnet. Ich war ja keine „normale" Besucherin. Fast jeden Tag stand ich vor der Tür, um meinen Mann zu besuchen oder ihn zu einem Spaziergang abzuholen. Nie habe ich mich als lästig oder störend empfunden. Der Primarius und die Oberärztin der Abteilung seien hier in Vertretung aller besonders hervorgehoben. Trotz Zeitdrucks haben sie sich mit meinem Mann und mir oft und immer wieder auf die Suche nach bestmöglichen Wegen gemacht, die Krankheit zu bewältigen und sind uns nicht nur mit ihrem umfassenden Fachwissen, sondern auch mit menschlichem Einfühlungsvermögen zur Seite gestanden. Dieses helfende Netzwerk wurde ergänzt durch die Unterstützung der Mitarbeiterinnen des Kriseninterventionsdienstes und des Roten Kreuzes. Für jedes dieser Gespräche bin ich zutiefst dankbar.

Während dieser Zeit habe ich alle bekannten Phasen der Trauer durchlebt.

Nicht wahrhaben wollen:

Lange Zeit konnte ich einfach nicht glauben, dass der Krankheitsverlauf meines Mannes nicht mehr steuerbar und bewältigbar ist. Ich übersah die Schwere der Symptome; war schließlich überrascht und überwältigt von der Erkenntnis, dass ein ernsthaftes Problem vorlag. Ich verharmloste und bagatellisierte die Tatsachen nicht nur mir selbst gegenüber, sondern auch vor meinen Kindern, meiner Familie, meinen Freundinnen und Freunden, immer im Glauben, die Dinge schon noch in den Griff zu bekommen. Ich scheute mich davor, die Menschen, die mir und uns nahe stehen, zu bekümmern und zu beängstigen. Erst nach und nach konnte ich die Situation besser erkennen, durch viele Gespräche realistischer wahrnehmen und einschätzen.

Appelle, Wut, Zorn und Trauer:

Allen diesen Gefühlen war ich relativ hilflos ausgeliefert. Sie haben es ja in sich, dass man sie nicht einfach wegrationalisieren kann und ihnen mit Vernunft nicht Einhalt gebieten kann: Plötzlich sind sie da wie ungebetene Gäste. Wenn alle Appelle nichts nützen, am Gegenüber abprallen oder dort gar nicht ankommen, alle Bitten, jedes Ersuchen, Drohen wirkungslos bleibt, was passiert dann? Bei mir erwachten Wut und Zorn auf meinen Mann - gepaart mit einem Gefühl von Ohnmacht und Ausgeliefert sein. Diese Gefühle erschreckten mich in ihrer Tiefe so sehr, dass sie mir letzten Endes einen großen Dienst erwiesen. Diesen negativen Gefühlen, so wurde mir glasklar, möchte und werde ich mich nicht mehr aussetzen. Sie halfen mir, die notwendige Distanz herzustellen und zu wahren und mich nicht mehr in Situationen zu begeben, die unweigerlich in diese Falle führen. „Loslassen" ist hier ein geläufiges Schlagwort, das aber unbedingte und notwendige Voraussetzung für den achtsamen Umgang mit den eigenen Gefühlen und denen des Partners darstellt. Wut und Zorn schaden ja in ihrer zerstörerischen Vehemenz nicht nur einem selbst, sondern auch dem anderen und zerstören auf Dauer alle positiven Aspekte, die in der

Beziehung noch vorhanden sind. Mir war klar, dass ich diesen Weg nicht gehen werde, dass er uns und unserem Leben nicht angemessen ist und dass das Grundverständnis unserer Beziehung gegenseitige Achtung, Liebe und Anteilnahme war, ist und bleiben soll.

Bruchstückhaft wird einem bewusst, dass die alten Zeiten nicht mehr zurückkommen. Ich habe begonnen zu akzeptieren, dass unser Leben nun ein anderes ist: wir haben uns verändert, unsere Beziehung hat sich verändert. Abschied nehmen von Gewohntem tut weh und hinterlässt neben tiefer Traurigkeit viele offene Fragen.

- Warum ist unser Leben so verlaufen?
- Was hätten wir besser machen können?
- Aber auch: Was ist uns heute möglich? Jetzt, in dieser Stunde?

Mit Dankbarkeit nehme ich wahr: ein gutes Essen im Familienkreis, eine Reise ans Meer, ein inniges Gespräch, ein gemeinsamer Einkauf – es ist so viel! Was bleibt, sind Glaube, Liebe und Hoffnung.

4.) Vom BURNOUT in die DEPRESSION und SUCHT

Der defekte Verbrennungsmotor, die Dame in Schwarz und allerhand Sehn-Süchte

In den bisherigen Ausführungen dürfte deutlich geworden sein, dass diese drei Syndrome bzw. „Krankheitsbilder“ eng miteinander verknüpft sind. Im fortgeschrittenen Burnout-Prozess ähnelt der Zustand dem Bild einer Depression. In dieser Phase kommt es zu verstärktem Konsum von Alkohol, Medikamenten oder Drogen, in manchen Fällen auch zum Missbrauch dieser Substanzen und in weiterer Folge oft zum Suchtverhalten bzw. zu diversen Abhängigkeiten. Auf diese Zusammenhänge wird in nahezu allen wissenschaftlich fundierten Studien, die hier ausgewertet wurden, verwiesen. Das Wort Sucht wurde in Fachkreisen durch Abhängigkeit ersetzt. Dennoch werden im alltäglichen Sprachgebrauch in der Regel beide Begriffe synonym verwendet. Die Forschungen über Burnout, Depression und Sucht haben eine lange Tradition. In jedem Jahrhundert gab es immer wieder Autoren, die die Thematik in Form von kritischen Analysen und Metastudien behandelten, d. h. die vielen Einzelstudien und theoretischen Annahmen in einer Gesamtschau zusammentrugen.

Burnout wurde bereits ausführlich erörtert. Es ist von den drei Krankheitsbildern die jüngste Erscheinung, sozusagen das Erschöpfungssyndrom der modernen Gesellschaft, das Resultat einer sehr schnelllebigen, hektischen Gesellschaft, die unsere ökologischen und menschlichen Ressourcen regelrecht ausbeutet. Die diesbezüglichen Forschungen setzten erst 1974 nach dem Erscheinen eines Fachartikels des amerikanischen Psychotherapeuten Herbert Freudenberg ein, der als Pionier der Burnout-Forschung gilt. Seither wurden Tausende Studien dazu durchgeführt. Heinemann, der 1226 Studien ausgewertet hat, merkt kritisch an: „Die Burnout-Forschung dreht sich zu einem großen Teil >im Kreis< und verliert sich auf der Suche nach klaren psychischen Symptomen und deren körperlichen Entsprechungen in einer viel zu großen Anzahl unterschiedlichster Krankheitsmerkmale." (S. 131). Der Burnout-Forschung ist es bis heute nicht gelungen, das Phänomen zu fassen, es zu definieren, sich auf einheitliche Kriterien dieser Störung zu verständigen und allgemeingültige Indikatoren festzulegen. Die Symptomatik bleibt unklar und diffus. Die Hauptkritik an der gegenwärtigen Forschung lautet: „Burnout wird so in seiner Unschärfe reproduziert und etabliert." (S. 136)

Über die *Depression* wird seit der Antike (ca. 400 v. Chr.) geschrieben. Als Pioniere werden in diesem Zusammenhang die griechischen Philosophen Demokrit und Hippokrates genannt. Bis ins 20. Jahrhundert sprach man von Melancholie (Schwermut, Traurigkeit), die später durch den Begriff der Depression (lat.: deprimere, niederdrücken) ersetzt wurde. Das wohl bedeutendste und umfassendste Werk des Mittelalters zur „**Anatomie der Schwermut**" stammt vom englischen Oxford-Professor Robert Burton, der nach jahrelanger Recherche 1621 das über achthundert Seiten starke Werk „Über die **Allgegenwart der Melancholie**, ihre Ursachen und Symptome sowie die Kunst, es mit ihr auszuhalten" veröffentlichte. Burton bezeichnete sich als Demokrit Junior, griff dessen Forschungen auf und brachte sie (wie er es selbst bezeichnet) zum Abschluss. Auch er ist ein Betroffener: „Ich habe über die Melancholie geschrieben, um sie mir mit dieser Unternehmung vom Leibe zu halten." (Burton, 2003, S. 24). Heute im 21. Jahrhundert ist die hohe Zahl der Publikationen zum Themenbereich Depression schwer überschaubar. Die Anzahl der wissenschaftlichen Studien steigt von Jahr zu Jahr. Dies hängt unter anderem mit der rasanten Entwicklung zusammen. Die Depression zählt zu den häufigsten psychischen Erkrankungen. Schätzungen zufolge sind Hunderte Millionen Menschen weltweit davon betroffen. Auch in unserem Jahrhundert gibt es Autoren, die ähnlich wie Burton von der Schwermut betroffen sind und aus diesem Anlass die aktuelle Forschung dazu zusammengetragen haben. Erwähnenswert ist meines Erachtens das Buch des britischen Wissenschaftlers (Fachbereich Biologie) Lewis Wolpert „Anatomie der Schwermut. Über die Krankheit der Depression" (2008) oder der Bestseller des in New York und London lebenden Journalisten Andrew Solomon

„Saturns Schatten. Die dunklen Welten der Depression“ (2006). Beide Autoren schildern mit ungewöhnlicher Offenheit ihre Erkrankung, wie sie damit leben und erläutern die neuesten wissenschaftlichen Erkenntnisse und Therapieformen. Darüber hinaus gibt es zahlreiche andere Werke von Wissenschaftlern, die nicht an einer psychischen Erkrankung leiden, wohl aber das Thema umfassend behandeln, wie etwa das in der Einleitung erwähnte Werk des französischen Soziologieprofessors Alain Ehrenberg **„Das erschöpfte Selbst“** (2008), eine umfangreiche Darstellung der Depressionsforschung in Kombination mit einer Zivilisationsdiagnose. Der Autor beschreibt auch die theoretischen Zusammenhänge zwischen Depression und Sucht und erkennt, dass die Sucht ein Mittel ist, um die Depression zu bekämpfen. Für ihn sind Sucht und Depression Themen, „die seit den 1970er Jahren gemeinsam Konjunktur haben [...] Wenn die Depression die Geschichte eines unauffindbaren Subjekts ist, dann ist die Sucht die Sehnsucht des verlorenen Subjekts.“ (ebd. S. 22)

Die *Sucht* ist jedoch schon länger ein Thema, eigentlich seitdem es Drogen gibt. Jede Gesellschaft hat ihre Drogen und ihre Probleme damit. Dies zeigt der englische Kulturhistoriker Mike Jay (2011) auf eindrucksvolle Weise in seinem Buch „High Society. Eine Kulturgeschichte der Drogen“ auf. Er verfolgt die Geschichte der Drogen von der Antike bis in die Gegenwart. Wissenschaftliche Studien zu den Ursachen von Abhängigkeitserkrankungen und den Zusammenhängen mit anderen psychischen Erkrankungen wie Burnout und Depression gibt es ebenso viele wie Sand am Meer.

Der Weg vom Burnout in die Depression und Sucht wird tatsächlich immer häufiger festgestellt. Die Übergänge sind fließend. Die Experten sprechen hier von *Komorbidität: Doppel- bzw. Mehrfachdiagnosen,* d. h. dass, mehrere Krankheiten gleichzeitig nebeneinander diagnostiziert werden. Aus der Perspektive von Suchterkrankungen lässt sich dies schön veranschaulichen. Diese weisen zumindest eine, meist mehrere komorbide Störungen auf. Viele „Suchtkranke“ haben mindestens zwei zusätzliche psychische Erkrankungen, besonders häufig Depressionen, Angststörungen,

Zwangserkrankungen sowie Persönlichkeitsstörungen (vgl. Musalek 2012 a, Springer 2013). Es ist die Rede von 50 – 70 Prozent, je nachdem, wie man das statistische Material auswertet und interpretiert. Alkohol- oder Drogensucht wird als Abwehr gegen psychische Störungen gedeutet. Die Frage, was hier die Komorbidität und was die Grunderkrankung ist, lässt sich wissenschaftlich nicht klären. Ist die **Sucht die Folge oder der Verursacher von Depression?** Diese Frage erinnert stark an folgende Metapher:

Henne-Ei: Was war vorher?

Fest steht, dass es bei vielen Patienten ein Nebeneinander von mehreren psychischen Störungen gibt, die ähnliche Symptome aufweisen und sich gegenseitig beeinflussen. Dies erschwert natürlich die Diagnose und Behandlung sehr, vor allem bei Doppeldiagnosen von Depression und Burnout bzw. Arbeitssucht und Burnout. Die Wissenschaft geht heute von einem „Kreisprozess“ aus. Am Beispiel der Arbeitssucht sieht der Kreislauf wie folgt aus: „Das eine ist zugleich Folge und Verursacher des jeweils anderen. Ob man die Arbeitssucht nun als Komorbidität des Burnout oder umgekehrt sieht, ist daher auch nur eine Frage des Blickwinkels“, erklärt der Wiener Burnout- und Suchtforscher Musalek (2012, S. 30).

Für mich als Patienten ist dieser Kreisprozess, von dem Primarius Musalek spricht, eher als „**Teufelskreis**“ zu bezeichnen. Denn chronische Leiden wie Burnout, Depression oder Sucht gehen selbst schon mit einem reduzierten seelischen und körperlichen Allgemeinzustand einher. Dies führt wiederum dazu, dass bestimmte Lebenssituationen nicht optimal bewältigt werden, was wiederum sehr leidvoll erlebt wird, der Leidenszustand wird verstärkt. Psychische Leiden können auch als immanente Erfahrung selbst zum Ausgangspunkt von Überlastung werden, vor allem dann, wenn diese

„… als ausweglose und aussichtslose Situation erlebt werden, womit noch ein Verstärkerkreis geschlossen wird. Chronisches Leiden bleibt auch nie nur auf das primär betroffene Einzelindividuum beschränkt, es hat immer auch Auswirkungen auf dessen Umgebung. Die Reaktionen des sozialen Umfeldes […] wirken ihrerseits wieder auf den Primärbetroffenen zurück: zum einen unmittelbar auf dessen Erfahrungsfeld und Allgemeinzustand, zum anderen dahingehend, dass sie wiederum selbst zum Ausgangspunkt von Belastungen und Überlastungen werden können, womit noch komplexere Verstärkermechanismen etabliert werden“ (ebd. S. 16).

Was Musalek hier als Verstärkerprozess beschreibt kenne ich aus leidvoller Erfahrung. Die Reaktionen und Einflussnahmen meines sozialen Umfeldes - Familie, Freunde, Arbeitskollegen – spielten sowohl beim Weg ins Burnout, als auch beim Weg heraus aus der Krise eine sehr wichtige Rolle. Sie können den Krankheits- bzw. Genesungsverlauf positiv wie negativ beeinflussen.

Aktuelle Forschungen und persönliche Erfahrungen

Bei mir handelte es sich vorerst um einen klassischen Ausbrennprozess, der in einer leichten bis mittleren Depression endete, die ich mit dem Konsum von Alkohol zu „therapieren“ versuchte. Der Alkoholmissbrauch wiederum hatte negative Auswirkungen auf Körper, Geist und Seele. Dadurch verschlechterte sich mein depressiver Zustand. Dies führte letztlich zum Totalzusammenbruch.

Was sagt die Wissenschaft dazu? Alles in allem ist der Forschungsstand sehr konfus. Die Begriffe bleiben unklar und vage. Psychiater, Psychotherapeuten und Forscher konnten sich bis heute nicht auf eine einheitliche Definition der einzelnen Bereiche einigen. Selbst das Wesen von Burnout, Depression und Sucht ist umstritten. Neurobiologische Modelle wetteifern mit psychologischen bzw. psychoanalytischen Ansätzen. Die jeweiligen Vertreter heben die Vorteile ihres eigenen Zuganges hervor und verteufeln die Theorien und Methoden der Konkurrenz.

Die Grenzen zwischen Burnout-Depression-Sucht und zu benachbarten Phänomenen bzw. psychischen „Störungen“ sind völlig willkürlich und unpräzise definiert. Sogar die offiziellen Klassifikationen, wie z. B. die Internationale Klassifikation psychischer Störungen (ICD) der Weltgesundheitsorganisation (WHO) oder das Klassifikationssystem des Diagnostischen und Statistischen Manuals psychischer Störungen (DSM) der American Psychiatric Association (APA) sind umstritten und werden unter Fachkreisen kontrovers diskutiert. Es werden auch ständig Neuauflagen herausgegeben, in denen „alte Störungen“ gestrichen oder umformuliert werden. So wurde beispielsweise schon seit geraumer Zeit die „neurotische Störung“ (die mir laut Diagnose unter anderem auch noch attestiert wurde) herausgenommen, die „neurotische Depression“ wurde zu einer „dysthymischen Störung“, d. i. eine länger anhaltende depressive Verstimmung, die sich im Laufe der Jahre chronifizieren kann. Die Unterscheidung zwischen der „endogenen Depression“ (biologisch begründet und durch Außenwirkung nicht erklärbar) sowie der „reaktiven Depression“ (durch ein erschütterndes Ereignis eingetreten) wird in den offiziellen Klassifikationssystemen nicht mehr angeführt, wohl aber von manchen Ärzten als Diagnose verwendet. Ärzte und Therapeuten interpretieren die internationalen WHO-Diagnoseschlüssel sehr unterschiedlich, viele weigern sich sogar, diese zu verwenden. Manche Therapierichtungen (wie z. B. die personenzentrierte Gesprächstherapie nach Carl R. Gogers) lehnen diese klassischen Diagnoseformen ab und vermeiden diese in ihrer Praxis – und das aus durchaus nachvollziehbaren Gründen.

Ich habe als Betroffener selbst damit „Bekanntschaft“ gemacht. Die Klassifikationen und Diagnoseschlüssel sind ja eigentlich dazu gedacht, dass verschiedene Ärzte, die unabhängig voneinander den selben Patienten untersuchen, zum gleichen Ergebnis kommen. So die Theorie. Wie unterschiedlich die Diagnosen in der Praxis ausfallen können und zu welch unterschiedlicher Medikation dies führt, ist aus meiner „Krankengeschichte“ zu entnehmen. Völlig absurd, was mir hier alles an Störungen unterstellt wurde. Ein Facharzt für Neurologie und Psychiatrie,

der für das Krankenhaus als externer Gutachter tätig ist, attestierte mir ohne irgendwelche Tests oder Untersuchungen nach einer Visite von 5 Minuten „ein aktuell relevantes hirnorganisches Psychosyndrom mit Störungen der Auffassung und der realitätskonformen Einschätzung". Seine Empfehlung lautete: „Eine Fortsetzung des Aufenthaltes für weitere zwei Wochen im geschlossenen Bereich."
Aber wer auch etwa nach dem ICD-Diagnosesystem der WHO untersucht wird, muss damit rechnen, irgendeine der dort angeführten psychischen Störungen zu haben**. Jede geringste Abweichung von der Norm wird zum pathologischen Fall erklärt**. *Wer als gesund gilt, ist nur noch nicht psychologisch oder klinisch untersucht.* Dies ist eine häufig ironisch gemeinte Aussage von Ärzten und Therapeuten. Und in gewisser Hinsicht stimmt es. Diagnosen machen im Grunde genommen aus jedem Menschen eine „abnormale Geschichte", meint die österreichische Psychotherapeutin Rotraud A. Perner (2012, S. 34) und zitiert diesbezüglich den Studienrektor des C. G. Jung Instituts in Zürich, der meint, dass die Diagnose nicht wirklich etwas aussagt, was jemand hat oder wer jemand ist. Sie beschreibt höchstens ein Zustandsbild von Tag X, wie es sich dem Diagnostiker dargestellt hat. „**Diagnosen sind somit in hohem Maße kreative Schreib-Akte**. Sie sind von ungeheurer Wirkung und Tragweite – wie alle Fiktionen in der Phantasie und Vorstellung als Tatsachen maskiert werden." Meine Arztbriefe bestätigen dieses Bild zu 100 Prozent.

Wer sich ausführlicher mit dem „Kampf der Klassifikationen" und der „Geschichte der Depression" beschäftigen möchte, sei auf das Werk von Alain Ehrenberg „Das erschöpfte Selbst. Depression und Gesellschaft in der Gegenwart" (2008) verwiesen (vgl. auch Profil-Artikel in Heft 25, 17. Juni 2013). Der französische Soziologe untersucht in diesem Werk die Psychiatriegeschichte der letzten 60 Jahre akribisch und formuliert im Zuge der kritischen Analyse eine Reihe von provokanten Thesen, die in diesem Buch noch erwähnt werden. Zum Thema Sucht und Depression meint er:

> „Die Erfüllung durch die Sucht ist die Kehrseite der Leere der Depression." (ebd. S. 173) „Der depressiven Implosion entspricht

> die Explosion in der Sucht. So wie der Depressive einen Mangel an Empfindungen beklagt, sucht der Süchtige nach Reizen.“ (ebd. S. 305) „Wenn das Bestreben, man selbst zu sein, zur Depression führt, führt die Depression zur Abhängigkeit dieser Sehnsucht nach dem verlorenen Subjekt.“ (ebd. S. 291) „Depression und Abhängigkeit sind wie die Vorder- und Rückseite derselben Krankheit der Unzulänglichkeit.“ (ebd. 292) „Depression und Sucht sind die Namen, die dem Unbeherrschbaren gegeben werden, wenn es nicht mehr darum geht, seine Freiheit zu erkämpfen, sondern darum, man selbst zu werden und die Initiative zu ergreifen.“ (ebd. S. 306) Zur Definition von Depression meint er nach Durchsicht der gesamten psychiatrischen Literatur, dass eine Begriffsbestimmung unmöglich sei (vgl. S. 101): „Die depressiven Zustände haben also keine spezifischen Merkmale, ihre Symptome sind von erstaunlicher Vielfalt; der Begriff >Depression< ist vage, er bezeichnet wenn nicht ein trauriges Gemüt, so doch wenigstens eine anormale >Veränderung< des Gemütszustandes, für die man keine physiologische Ursache gefunden hat. Das führt zu dem bizarren Umstand, dass man zwar nicht weiß, was man behandelt, es aber doch immer besser behandelt.“ (ebd. S. 102).

Zu Recht fragt sich der Autor und auch der Leser, **wie man etwas behandeln kann, wenn man nicht weiß, was man behandelt?** Die Ärzte behandeln Symptome, kennen aber nicht die Ursachen und Bedingungen. Sie bemühen sich redlich um den Patienten, sind rund um die Uhr für ihn da, opfern sich im wahrsten Sinne des Wortes auf, geben ihr Letztes, setzen ihre eigene Gesundheit aufs Spiel. Sie zählen, wie die internationale Literatur dazu zeigt, nicht umsonst zu den gefährdetsten Burnout-Gruppen und werden als die „hilflosen Helfer“ bezeichnet. An dieser Stelle könnte man das theoretische Kapitel beenden. Als Betroffener kann ich mich damit noch nicht zufriedengeben. So interessiert mich etwa, ob es doch einen Unterschied zwischen einer Burnout-Depression und einer klassischen Depression gibt. Einen Hinweis dazu habe ich bei den Burnout-Pionieren gefunden.

Unterschied zwischen der Erschöpfungsdepression und der klassischen Depression

Die amerikanischen Autoren Freudenberger/North (2008, S. 39) schlagen vor, eine Burnout-Depression bzw. Erschöpfungsdepression von einer „klassischen" Depression zu unterscheiden. Sie manifestieren sich in ganz ähnlichen Gefühlslagen, „doch die Ursachen und die Behandlungsmethoden unterscheiden sich sehr" (ebd. S. 39). Dies herauszufinden ist Aufgabe von Experten (Psychotherapeuten, Psychiater), sofern sie die Kenntnisse darüber haben. Aber auch mit der entsprechenden Fachkenntnis ist eine eindeutige Diagnose schwierig. Die beiden Burnout-Forscher und Psychotherapeuten erklären den Unterschied so: *Klassische Depressionen* werden in der Regel durch plötzliche, erschütternde Ereignisse (wie zum Beispiel Verlust, Tod eines Angehörigen, Trennung, Umzug, Entlassung) verursacht. *Die Erschöpfungsdepression* ist ein Ergebnis von Überforderung, Erschöpfung und Stress. Eine klassische Depression, so die beiden Autoren, beeinträchtigten unsere Gefühle und Stimmungen immer und überall, beim Burnout nur in einer bestimmten Phase und für eine gewisse Zeit. Für den Fall, dass diese Erklärung noch nicht überzeugt, versuche ich es mit folgender Formulierung bzw. Ergänzung: eine **Depression** kann man **auch ohne Burnout**, das etwa durch berufliche oder private Überforderung verursacht wurde, bekommen.

Nach der „Internationalen Klassifikation psychischer Störungen" ICD-10 der Weltgesundheitsorganisation gibt es im wesentlichen zwei Diagnoseschlüssel für Depressionen: F 32: „Depressive Episode", d. i. eine mindestens zwei Wochen andauernde Störung und F 33: „Rezidivierende depressive Störung", d. i. eine psychische Störung, die durch wiederholte depressive Episoden charakterisiert ist. Die einzelnen Episoden dauern zwischen drei und zwölf Monaten. Für den Burnout-Betroffenen (aus dieser Perspektive behandeln wir schließlich die gesamte Problematik) wäre es wichtig zu wissen, ob bereits eine Depression vorliegt und wenn ja, in welchem Ausprägungsgrad. Hier wird unterschieden zwischen einer leichten, mittelgradigen und schweren Depression. Kriterien für die Diagnose sind die drei Hauptsymptome:

(1) ständig gedrückte Stimmung,

(2) vermindertes Interesse, Freudlosigkeit,

(3) reduzierter Antrieb, schnelle Ermüdung bzw. Erschöpfung.

Zu den weiteren Symptomen zählen: reduzierte Konzentration, verminderte Aufmerksamkeit, verringertes Selbstwertgefühl und Selbstvertrauen, Schuldgefühle und Gefühl der Wertlosigkeit, Pessimismus, Schlafstörungen, Appetitverminderung, Angst, Schmerzen, Suizidgedanken. Die Schwere der Depression ist von der Anzahl der Symptome und deren Dauer abhängig. Depressionen fallen in die Kategorie der „affektiven Störungen", d. h. sie äußern sich durch Veränderung der Gemütslage, der Stimmung (Affektivität). Leitet man das Wort Depression vom Lateinischen ab, so bedeutet es „niederdrücken", „herabziehen". Von daher kommt die Symptombezeichnung „gedrückte Stimmung".

Für die Diagnose gibt es im Internet mittlerweile zahlreiche Selbsttests in Form von Fragebögen (auch von der WHO), sie sollten aber vom Facharzt oder Therapeuten durchgeführt werden. Sollte der Leser, die Leserin dennoch einen Burnout- oder Depressionstest selbständig durchführen wollen, dann empfehle ich nur Fragebögen, die den wissenschaftlichen Ansprüchen der Testkonstruktion entsprechen, wie etwa der Hamburger Burnout-Test HB140 (erstellt vom deutschen Burnout-Forscher Matthias Burisch) oder den Maslach Burnout Inventory, MBI (erstellt von der amerikanischen Burnout-Forscherin Christina Maslach) [3]. Natürlich kann auch dieser eine psychologische oder ärztliche Diagnose nicht ersetzen, aber eventuell eine solche erleichtern, indem Sie daraufhin fachlichen Rat aufsuchen. Ein weiterer *Vorteil* solcher meist kostenpflichtigen

---

[3] Zur Methodenkritik an diesen Messinstrumenten aus wissenschaftlicher Perspektive vgl. Linda V. Heinemann/Torsten Heinemann (2013)

Testverfahren besteht darin, dass man mit seinen Ergebnissen nicht alleine gelassen wird, sondern auch ausführliche Tipps zur Selbsthilfe erhält. Eine *Gefahr* dieser Testverfahren könnte darin bestehen, dass man mit Panik reagiert. Denn laut den offiziellen Diagnoseverfahren wird man bereits nach zwei Wochen gedrückter Stimmung als krank erklärt. Daher ist hier Vorsicht geboten. Die Testergebnisse dürfen auch nicht überbewertet werden.

Depressive Stimmungen sind normal

Diese Aussage mag jetzt für jemanden, der seit vielen Jahren an einer schweren Depression leidet und nur mit Psychopharmaka ein halbwegs lebenswertes Leben führen kann, irritierend klingen. Aber in diesem Abschnitt geht es darum hinzuweisen, dass **jeder „gesunde" Mensch im Laufe des Lebens depressive Phasen** (im Sinne von gedrückter Stimmung, Traurigkeit, seelischer Erschöpfung) **erlebt**. Das ist durchaus normal. Viele Menschen haben irgendwann einmal im Leben aufgrund von misslichen Umständen oder tragischen Ereignisses eine oder mehrere depressive Episoden, d. h. sie fühlen sich leer und ausgelaugt, energie- und antriebslos, traurig und enttäuscht. Jede vierte Frau und jeder achte Mann erkrankt zumindest einmal im Laufe des Lebens an einer Depression. Vor allem in bestimmten Lebensabschnitten bzw. bei Lebensübergängen kommt es häufig zu depressiven Episoden. Frauen können bei der Geburt ihrer Kinder eine „Wochenbettdepression" bekommen oder später, wenn die Kinder außer Haus sind, das „Leere-Nest-Syndrom". Rüdiger Dahlke (2010), Arzt, Therapeut und Autor zahlreicher Bestseller, beschreibt diese Lebensübergänge sehr ausführlich in seinem über 500 Seiten starken Buch zur Depression. Die drei wichtigsten Lebensabschnitte, in denen Depressionen besonders häufig auftauchen können, sind die Pubertät, die Lebensmitte und der Übergang vom Berufsleben in die Pension.

In der *Pubertät* geht es unter anderem darum, dass sich die Jugendlichen von den Eltern abnabeln und selbständig werden können. In Verbindung mit anderen sozialen und familiären Problemen (z. B. schulischer Überforderung, häuslichen Trennungsdramen) kommt es in dieser Phase häufig zu Ablösungsproblemen und in weiterer Folge zu Depressionen. In der *Lebensmitte* geht es darum, die erste Lebenshälfte gut abzuschließen und die Lebensrichtung eventuell neu zu bestimmen. Klappt dieser Lebens- bzw. Richtungswechsel aus bestimmten Gründen nicht, kann sich die „Midlifecrisis" schon zu einer ordentlichen Depression entwickeln. Mit zunehmendem *Alter* wird für viele der Übergang vom Berufsleben in die Pension zum Problem. Das Leben muss aufs Neue überdacht, umgestellt und neu geordnet werden. Dieser Prozess ist für viele Menschen nicht einfach, wie die Zunahme der „Altersdepression" belegt.

Die Bewältigung solcher Lebensabschnitte ist für jeden von uns eine große Herausforderung und kann unter bestimmten Umständen zur Überforderung führen, vor allem wenn es uns schwer fällt, das Alte loszulassen und uns auf das Neue einzulassen. Das Hauptthema in den oben genannten drei Lebensabschnitten ist das ***Loslassen***. Gelingt das nicht, kann es bei diesen Lebensübergängen zu Brüchen kommen - zumindest zu Sinnkrisen, zu Depression oder zu verstärktem Suchtverhalten. Um bei den genannten Beispielen zu bleiben: Die Selbstmordrate bei *Jugendlichen* ist beängstigend hoch, die Alkohol- und Drogenproblematik anscheinend kaum mehr in den Griff zu bekommen. Die Anzahl der psychischen Leiden von Kindern und Jugendlichen ist erschreckend hoch. Menschen in der *Lebensmitte* sind statistisch gesehen die größten Abnehmer von Psychopharmaka (Pillen gegen depressive Störungen, sog. „Aufheller" und „Angstlöser", Beruhigungs- und Schlaftabletten, Aufputschmittel etc.). Das größte Problem, auf das unsere Gesellschaft noch nicht ausreichend vorbereitet ist, werden die *alten Menschen* haben, meint der Vorsitzende der Österreichischen Gesellschaft für Psychiatrie und Psychotherapie, Georg Psota (vgl. Profil Heft 25, 17. Juni 2013, S. 77) „**Zwei Drittel der registrierten Psychopharmaka Konsumenten sind über 60 Jahre alt. Und zwei Drittel in dieser Gruppe stellen Frauen**". Die durchschnittliche Lebenserwartung liegt im Moment bei 80 Jahren - Tendenz steigend. Im Jahr 2040 wird es lt. Statistik Austria über 1 Million Menschen in

Österreich geben, die über 80 Jahre alt sind. Menschen in Altersheimen erkranken doppelt so häufig an Depressionen wie alte Menschen in anderen Wohnsituationen.

„Depression ist das, was sich an **Folgen aus der Weigerung** ergibt. Je länger das Absolvieren einer Entwicklungsstufe verweigert wird, desto schwerwiegender wird die daraus resultierende Depression sein.“ (Dahlke, 2010, S. 88) Sobald wir jedoch einen Weg bzw. eine **Brücke für diese Übergänge** gefunden haben, uns vom alten Lebensabschnitt gut verabschieden und den neuen freundlich begrüßen können, ist die Depression meist auch wieder verschwunden. Dies bezeugen zahlreiche Beispiele aus der Lebenspraxis.

Ich befand mich in einer typischen Midlifecrisis, die im zunehmenden Burnout-Prozess in eine Depression ausartete. Hinzu kamen eine Reihe von Todesfälle in der Familie, die allein schon für eine depressive Episode ausreichen. Mir gelang der Richtungswechsel im beruflichen wie im privaten Bereich vorerst nicht, was auf eine Sinnkrise hinweist. Menschen, die sich in einer derartigen Lebensphase befinden, sind dazu aufgerufen, „auf dem Lebensweg **umzukehren und bei sich statt draußen in der Welt einzukehren**“ (ebd. S. 352). Ich kehrte stattdessen eine Zeitlang nach der Arbeit ins Wirtshaus ein und später in die Krankenhäuser, statt bei mir selbst. Es dauerte ein paar Monate, bis ich begriffen hatte, **worum es geht: mein Leben neu zu ordnen, meinen Weg zu finden und zu gehen**. Wie mir das gelungen ist, beschreibe ich in diesem Buch. In jedem Fall ist es erforderlich (so viel sei bereits an dieser Stelle gesagt), sich eine Zeitlang zurückzuziehen, das Tempo zu reduzieren, einen Gang herunterzuschalten, sich zu besinnen, in sich selbst hineinzuschauen und Einkehr zu halten, innezuhalten und den Nutzen der depressiven Verstimmung zu erkennen, d. h. die **„Dame in Schwarz“ an den Tisch zu bitten und ihr zuzuhören**…

Die Depression ist eine „Dame in Schwarz“. Wenn Sie an deiner Tür klopft, dann weise sie nicht ab, sondern bitte Sie an deinen Tisch und höre ihr genau zu, was sie dir zu sagen hat! (C. G. Jung)

Was die Dame in Schwarz uns zu sagen hat, kann nur jeder Einzelne für sich selbst herausfinden. Die biologischen Erklärungsversuche über die Ursachen helfen nicht wirklich weiter. Was nützt mir die Information, dass etwa eine Depression von genetischen Faktoren mitbestimmt sei oder in welchen Gehirnarealen sie zu messen ist. Die psychologischen bzw. psychotherapeutischen Interpretationen und Erklärungsversuche, die hier vorgestellt werden, können uns dabei schon eher auf die Spur bringen. In den meisten Fällen, so die weitverbreitete Lehrmeinung, ist die leichte bzw. mittelschwere Depression (ähnlich wie das Burnout) „eher **eine Lebensweise als ein affektives Leiden**" (Ehrenberg, 2004/2008, S. 302). Sie ist oft nichts anderes als eine Lebenskrise bzw. eine natürliche Reaktion des Menschen auf schwierige Lebensumstände. Die „Dame in Schwarz" sagt uns in der Regel, dass wir etwas in unserem Leben beruflich oder privat ändern müssen und leiser treten, einen Gang zurückschalten, das System herunterfahren sollen. Unser Körper reagiert ohnehin auf diese Art. Depreme (deprimiert) kommt von niederdrücken, unten halten, im Verborgenen, im Dunklen. Wenn sie uns erwischt, ist es unsere Aufgabe, herauszufinden was uns bedrückt, deprimiert.

„Man könnte die Depression selbst auch als ein großes und generelles Abschalten interpretieren. In aussichtslosen Situationen schalten sich demnach viele Menschen mit Hilfe ihrer Depression ab und nehmen nicht mehr an einem Leben teil, das ihnen unerträglich geworden ist. Sie gehen stattdessen auf eine Art Stand-by-Ebene oder in einen Zwischenzustand zwischen Leben und Tod, der durch Stagnation gekennzeichnet ist und etwas Irreales hat." (Dahlke 2010, S. 134)

Genauso habe ich nachträglich im Zuge der Selbstreflexion meine depressive Phase erlebt und dabei überlebt. Irgendwie erscheint es mir logisch. **Wenn ein System von einer Situation überfordert ist, schaltet es vorübergehend ab.** Es geht auf Tauchstation. Dabei ruht das System im Wesentlichen und verbraucht weniger Energie. Man spürt regelrecht, dass keine Energie vorhanden ist. Die Depression ist somit ein sinnvoller Rückzug, eine Art **Winterschlaf, um zu überleben**. Der Sinn der

Depression, so man einen darin sehen mag, besteht darin, sich auf die Spurensuche im eigenen Leben zu machen, es wieder neu zu ordnen, *das Leben in den Fluss zu bringen.* - Dieses Aussage stammt von Hermann Hesse, der auf seiner Indienreise den berührenden Text „Siddhartha" schrieb. Der weltberühmte Literat und Nobelpreisträger sei an dieser Stelle deshalb erwähnt, weil er selbst Zeit seines Lebens an einer Depression gelitten und sich mit Alkohol getröstet hat. Er war beim wohl bekanntesten Psychotherapeuten C.G. Jung (siehe Zitat mit der „Dame in Schwarz") in Therapie und verarbeitete seine Gefühle (von Schuldgefühlen über Verzweiflung bis hin zur Hoffnung) in literarischer Form. Jedenfalls vermitteln seine Texte auch Mut und Kraft, den eigenen Weg zu gehen, das Leben in Fluss zu bringen – allen voran die Geschichte von Siddhartha und dem Fährmann Vasudeva am Fluss. Ich habe das Buch an einem Fluss gelesen, genauer gesagt bei der Glanfurt in Klagenfurt im Zuge einer meiner Klinikaufenthalte. Erwähnt wird dieser Sachverhalt, um aufzuzeigen, dass das Lesen von literarischen, spirituellen oder wissenschaftlichen Texten bei der Aufarbeitung einer Lebenskrise sehr hilfreich sein kann. Ein kleiner Auszug aus dem Originaltext (Suhrkamp Taschenbuch 1953, S. 83), der mich besonders beeindruckte, beruhigte und „in Fluss" brachte:

> „Zärtlich blickte er in das strömende Wasser, in das durchsichtige Grün, in die kristallenen Linien seiner geheimnisreichen Zeichnung. Lichte Perlen sah er aus der Tiefe steigen, stille Luftblasen auf dem Spiegel schwimmen, Himmelsbläue darin abgebildet. Mit tausend Augen blickte der Fluss ihn an, mit grünen, mit weißen, mit kristallenen, mit himmelblauen. Wie liebte er dies Wasser, wie entzückte es ihn, wie war er ihm dankbar! […] Von den Geheimnissen des Flusses aber sah er heute nur eines, das ergriff seine Seele. Er sah: dies Wasser lief und lief, immerzu lief es, und war doch immer da, war immer und allezeit dasselbe und doch jeden Augenblick neu! O wer dies fasste, dies verstünde! Er verstand und fasste es nicht, fühlte nur Ahnung sich regen, ferne Erinnerung, göttliche Stimmen."

Alles fließt - bedeutet für mich zugleich - alles verändert sich, nichts bleibt auf ewig. Festhalten funktioniert nicht, auch wenn wir es noch so beharrlich versuchen. Was ich tun kann, ist, mich an den schönen Momenten des Lebens erfreuen und die schwierigen Zeiten vertrauensvoll meistern.

Im Übrigen: Viele Künstler waren oder sind depressiv und verarbeiteten ihre Depression auf künstlerische Art und Weise. Als gebürtiger Kärntner sei mir gestattet, noch eine berühmte Literatin zu nennen, die österreichische Autorin Ingeborg Bachmann. Auch sie hat sich Zeit ihres Lebens in ihren literarischen Werken mit ihrer Depression auseinandergesetzt, wie etwa im Gedicht „Dunkles zu sagen", in dem sie die Schattenseite auf den Spuren von Orpheus, des großen mythischen Sängers, beschreibt. Im Gedicht „Entfremdung" kommt die typische Ausweglosigkeit zum Ausdruck, vor allem im Schlusssatz „Ich kann in keinem Weg mehr einen Weg sehen." Im Gedicht „Hinter der Wand" spricht sie die Todesgedanken direkt an: „Ich bin das Immerzu-ans-Sterben-Denken." Aber es gibt auch genügend Texte, die einfach nur nachdenklich stimmen sowie Hoffnung, Liebe und Vertrauen spenden. Wie auch immer, die **Kunst kann bei der Aufarbeitung der persönlichen Lebenskrise helfen**, uns einen Weg aus der Krise zeigen. Mehr dazu findet sich im Verlauf dieser Arbeit. An dieser Stelle wollen wir noch einen Sachverhalt erörtern, der in diesem Zusammenhang Erwähnung finden soll.

Die Rolle von Drogen, Alkohol, Medikamenten und anderen Süchten

In den Burnout-Phasen (8 – 11), insbesondere in der depressiven Episode, kam es auch bei mir zum verstärkten Konsum von Alkohol und Medikamenten. Der gefährliche *Mix von Alkohol und Praxiten* (ein Beruhigungsmittel der sog. Benzo-Produkte, das bei längerer Einnahme zur Abhängigkeit führen kann), führte letztlich in die Abhängigkeit. Das war mir zu diesem Zeitpunkt noch nicht klar. Wie eingangs erwähnt, waren die zwei behandelnden Primarärzte (beide anerkannte Psychiater) unterschiedlicher Auffassung. Der eine Arzt meinte, es handle sich aufgrund meiner Lebenskrise um einen Alkoholmissbrauch, der andere attestierte mir eine schwere Alkoholabhängigkeit. Auch bezüglich der Benzo-Abhängigkeit waren sie unterschiedlicher Auffassung. Der eine meinte, die geringe Menge von 10 - 30 mg pro Tag sei nicht problematisch, der andere wiederum diagnostizierte aufgrund der langen Einnahme ein klares Abhängigkeitssyndrom. Für mich persönlich war dieser Expertenstreit nicht gerade von Vorteil. Er führte zur Verunsicherung. Der Titel meiner persönlichen Tagebuchnotizen zu dieser Problematik bringt meine Gefühle anschaulich zum Ausdruck:

Zwischen Pest und Cholera

Was fehlt mir jetzt eigentlich? Welche „Krankheit" habe ich überhaupt? Burnout, Depression und/oder eine oder gleich mehrere Abhängigkeitserkrankungen? Ich war zu diesem Zeitpunkt (Sommer 2011) im Krankenhaus stationär untergebracht. Völlig verzweifelt und zermürbt besorgte ich mir das vom dortigen Psychologen in den Therapiegruppen verwendete Buch zur „Entstehung und Behandlung von Alkohol- und Medikamentenabhängigkeit" (Lindenmeyer 2010). Das Lesen bereitete mir außerordentliche Mühe, denn ich litt unter Konzentrationsstörungen. Ich konnte kaum eine Zeitung lesen, geschweige denn ein Fachbuch. Trotzdem notierte ich mir mit enormem Kraftaufwand:

„Abhängig von Suchtmitteln ist jeder, der die Einnahme eines Suchtmittels nicht beenden kann, ohne dass unangenehme Zustände körperlicher oder seelischer Art auftreten, oder der doch immer wieder so viel von einem Suchtmittel zu sich nimmt, dass er sich oder andere schädigt." (ebd. S. 75)

Eine Abhängigkeit könne sich auch ergeben, wenn man Alkohol in der Vergangenheit moderat, d. h. in kleinen Mengen als Genussmittel eingenommen hat oder in einer schweren Krise „Halt in einem Suchtmittel" gesucht hat. Beides traf auf mich zu. Im Zuge meiner Lebenskrise hatte ich für einen kurzen Zeitraum weit über das Ziel hinausgeschossen, phasenweise zu viel Alkohol getrunken, mich gelegentlich damit betäubt, die Sorgen und die Verzweiflung hinunter geschwemmt - also ein typischer

„Konfliktkonsum“, wie er im Fachjargon bezeichnet wird. Und all das in Verbindung mit den Medikamenten und einer mittelschweren Depression, derentwegen ich in Behandlung war. Ein Horror! Fragen über Fragen tauchten auf.

Der Suchtexperte schreibt weiter: „Häufig bleibt ihm [dem Patienten] und seinen Bezugspersonen nichts anderes übrig, als gemeinsam darüber zu entscheiden, ob die eingetretenen Folgen bereits ein derartiges Ausmaß angenommen haben, dass eine Behandlung notwendig erscheint. Fachleute können zwar wichtige Denkanstöße und Hilfestellungen zu einer umfassenden und realistischen Wahrnehmung der Situation geben. Eine endgültige Beurteilung und Entscheidung, ob er sich deswegen als >abhängig< akzeptiert, kann aber nur der Betroffene selbst treffen.“ (ebd. S. 76)

Das tat ich schließlich und ließ mich im Sommer 2011 trotz der unterschiedlichen Diagnosen freiwillig in ein Spezialkrankenhaus für Abhängigkeitserkrankungen überweisen. Denn immerhin hatte ich seit einigen Monaten einen Anstieg des Alkoholkonsums zu verzeichnen und in den Wochen des seelischen Tiefs zu tief ins Glas geschaut. Was mich besonders beunruhigte, war das emotional bedingte Verzweiflungs- bzw. Frusttrinken nach bzw. zwischen den Krankenhausaufenthalten im Jahr 2011, der damit verbundene Kontrollverlust sowie das oben zitierte Abhängigkeitssymptom – nämlich in der Verzweiflung so viel von dem Suchtmittel zu sich zu nehmen, dass man sich selbst schädigt. Für jemanden, der gerne alles unter Kontrolle hat, ist der Kontrollverlust ein Alptraum. Und für einen Neurotiker (wie ich mich gelegentlich in Anspielung auf Woody Allens Film bezeichne), der sensibel, *über*empfindlich und in Bezug auf Krankheiten *über*ängstlich ist, war natürlich Feuer unter dem Dach und rasches Handeln gefragt. D.h. auch mein Persönlichkeitsstil war für diese rasche Therapieentscheidung ausschlaggebend.

Zur Inflation der Süchte und zum konfusen Forschungsstand

Immer mehr Verhaltensweisen, die früher als „normal“ eingestuft wurden, werden heute dem Bereich Sucht zugerechnet. Und Süchte gibt es genug: Alkohol-, Nikotin-, Ess-, Medikamenten- und Drogensucht sowie Sex-, Kauf-, Konsum-, Spiel-, Computer-, Fernseh-, Telefon- und Internetsucht. Das ist bei weitem nicht alles. Da gibt es noch die Arbeits-, Geltungs- und Habsucht, die Herrsch-, Rekord- und Profilierungssucht oder etwa die Mondsucht (eine eigenartige Form der Getriebenheit und des Ausgeliefertseins an die seltsame Macht des Mondes häufig in Verbindung mit Alkoholsucht), sowie schließlich die Tobsucht, Eifersucht und Rachsucht (die sich auf Gefühle beziehen) und für unser Thema besonders relevant, die Sehn-Sucht. Im Wesentlichen unterscheidet man heute zwischen sogenannten *stoffgebundenen* Suchtformen (d. s. Substanzabhängigkeiten wie Alkohol-, Nikotin-, Medikamenten- und Drogensucht) und *stoffungebundenen* Suchtformen (d. s. substanzunabhängige Verhaltenssüchte wie Glückspielsucht, Online- oder TV-Sucht, Kauf- oder Arbeitssucht); vor allem die Online-Süchte (Internetspiele, Social Media Aktivitäten auf facebook etc.) steigen immens an. Als Beispiele werden in diesem Abschnitt die Alkoholsucht und weiter hinten die Mediensucht behandelt.

Der Forschungsstand zum Thema Abhängigkeit bzw. Sucht ist ebenso chaotisch wie bei den oben behandelten Themen Burnout und Depression. Eine Durchsicht sowohl der älteren und neueren Standardwerke (vgl. Osterhold/Molter 1992; Schlüter-Dupont 1990; Schneider 1993; Rost 1992; Haller 2007, Lindenmeyer 2010, Springer 2013) als auch der aktuellen Studien der internationalen Dachverbände für Suchtforschung (vgl. z. B. www.dg-sucht.de), ergab ein völlig konfuses Bild. Die Ergebnisse der Forschung könnten nicht widersprüchlicher sein. Auch in diesem Feld konnte man sich bislang noch nicht auf eine tragfähige Definition von Abhängigkeit oder Sucht einigen. Nicht einmal dahingehend, ob und inwieweit man etwa einzelne Süchte bzw. Abhängigkeiten als Krankheit bezeichnen soll (z. B. die Sexsucht). Die Frage, ob und inwieweit

Suchtverhalten sich wieder auflösen kann oder für immer bestehen bleibt (unter dem Motto „einmal süchtig, immer süchtig“) ist ebenso umstritten, wie die Etikettierung „Alkoholiker“, „Drogenabhängiger“ und die damit verbundene Stigmatisierung, die die Verwendung dieser Begriffe mit sich bringt. Das konfuse Bild bestätigte sich auch beim internationalen Suchtkongress in Wien (www.kongress@api.or.at, Jänner 2013), an dem ich persönlich teilgenommen habe. Der renommierte österreichische Facharzt für Psychiatrie und langjährige Leiter des Ludwig Boltzmann Instituts für Suchtforschung Alfred Springer meint im 2013 herausgegebenen Handbuch „Psychiatrische Diagnostik“, dass der Begriff Sucht definitorisch unscharf gefasst ist und trotz aller Bemühungen seitens der wissenschaftlichen Durchleuchtung bislang vage bleibt (vgl. S. 145).

Dieses Wirrwarr gilt auch für die *Ursachen und Gründe*, die theoretischen Konzepte und praktischen Behandlungsmethoden. Hier zeigt sich ein ähnliches Bild wie bei der Burnout- und Depressionsforschung: Es liegt bis heute kein gesichertes Wissen darüber vor, wie Abhängigkeiten (egal ob Drogen-, Alkohol- oder Medikamentenabhängigkeit, um nur die drei geläufigsten zu nennen) entstehen. Wohl aber gibt es zahlreiche Theorien und Erklärungsmodelle. *Tiefenpsychologische Ansätze*, die die Ursachen primär in der Kindheit und ihrem sozialen Umfeld suchen, wetteifern mit *neurobiologischen Ansätzen*, die die Rolle der genetischen Prädisposition und des Gehirns untersuchen, wobei letztere eindeutig im Vormarsch sind. Im Moment dominiert die neurowissenschaftliche Forschung die aktuelle Theoriedebatte.

„In dem neurobiologischen Suchtmodell sind alle Abhängigkeiten einer bestimmten Funktionslage des Gehirnstoffwechsels zuzuschreiben und weisen alle Abhängigkeiten, sowohl jene von Drogen, Tabak und Alkohol als auch von Sexualität, Spiel und Nahrungsaufnahme, in ätiologischer Hinsicht große Ähnlichkeiten auf. Sie alle repräsentieren die gestörte Funktion eines >süchtigen Gehirns<, das sich als Folge von Drogengebrauch und anderen exzessiven Verhaltensweisen herausbildet [...] Die Suchtkrankheit wird zur >Erkrankung des Gehirns<“, fasst Alfred

Springer zusammen. In diesem Modell geht man davon aus, dass das Verhalten und der damit verbundene Lernprozess zu einer dauerhaften neurostrukturellen Veränderung des Gehirns führt. In diesem Zusammenhang ist auch vom Suchtgedächtnis die Rede. Die neurobiologischen Forscher sehen die zentrale Ursache einer Suchtentwicklung im Suchtmittelkonsum und nicht in der Persönlichkeit des Konsumenten. Demnach könnte jeder Mensch, der ein Suchtmittel konsumiert, abhängig werden, auch ein grundsätzlich psychisch und sozial „gesunder" Mensch. Dieser Ansatz wird zudem durch die bahnbrechenden Ergebnisse der Genforschung gestützt. Die Gene haben tatsächlich auf die Entwicklung von Suchtverhalten einen großen Einfluss. Dies lässt sich am *Beispiel der Alkoholkrankheit* anschaulich belegen.

Beispiel Alkoholabhängigkeit

„Wenn zwei Menschen Alkohol in einem gesundheitsgefährdenden Ausmaß trinken, ist die Wahrscheinlichkeit, dass einer der beiden eine Abhängigkeit entwickelt, der andere hingegen nicht, zu 50 – 70 % von seinen Genen abhängig", erklärt der österreichische Genforscher Markus Hengstschläger bei einer Pressekonferenz in Wien (www.alkoholohneschatten.at, 26. Juli 2012). Das Belohnungssystem im Gehirn bzw. das sog. Suchtgedächtnis spielen beim Zustandekommen der Abhängigkeit eine entscheidende Rolle. Ob jemand süchtig wird, ist etwa vom Dopamin (Glückshormon) im Belohnungssystem des Gehirns abhängig. Durch Alkohol wird der Dopaminspiegel künstlich erhöht. Bei regelmäßigem Konsum gewöhnt sich das Belohnungssystem an dieses „Glücksgefühl" und man empfindet die erhöhten Dopaminwerte als zunehmend normal. Dies ist aus neurobiologischer Sicht der Moment der Abhängigkeit. Heute weiß man, dass nicht nur der Alkoholkonsum selbst, sondern bereits der Gedanke daran (neurobiologische Programmierung) in bestimmten Gehirnarealen Endorphine ausschüttet, was wiederum zu einem gesteigerten Suchtverhalten führt. Bereits der Anblick oder Geruch von Alkohol löst im Gehirn bestimmte, messbare Reaktionen hervor. Die

Forscher konnten diesbezüglich auch Unterschiede zwischen „Normaltrinkern“ und „Alkoholikern“ feststellen. Das Verlangen nach Alkohol, die Dosissteigerung und Toleranzentwicklung sowie die Mechanismen des Kontrollverlustes (alles wesentliche Indikatoren der Abhängigkeit) werden also teilweise mit den Genen, den Botenstoffen und dem Belohnungssystem im Gehirn, dem sog. Suchtgedächtnis erklärt – restlos geklärt ist es noch nicht. Die Forscher bemühen sich daher mit allen möglichen Mitteln (Medikamenten, Akupunktur, Magnetstimulation etc.) spezielle Gehirnregionen bzw. Nervenzellen, die beim Abhängigen geschwächt sind, zu stärken, zu aktivieren, wieder im Normalbereich zu bringen. Vor allem Psychopharmaka verfolgen diese Zielrichtung: „Die moderne pharmakologische Forschung bemüht sich deshalb, bei Substanzabhängigen die Wirkung der Droge auf die Opiatrezeptoren abzublocken und dadurch das Alkoholverlangen und die Trinklust zu reduzieren. Ob es damit aber jemals gelingt, das sogenannte >Suchtgedächtnis< zu löschen, ist fraglich“. (Haller, 2007, S. 31).

Nichtsdestotrotz: Die Sucht ist eine Krankheit, die auf nachweisbaren Veränderungen im Gehirn beruht. Unser Verhalten wird durch ein hochkomplexes Belohnungssystem im Gehirn gesteuert, welches nicht nur Glücksgefühle vermittelt, sondern auch die Lust und den Antrieb zum Handeln vermittelt. Der komplexe Zusammenhang zwischen Gehirn und Verhalten lässt sich bildlich vereinfacht so erklären: Wege bzw. Pfade im Wald oder auf Almen, die häufig begangen werden, sind dementsprechend ausgetreten und werden von den Wanderern häufiger genutzt, als jene Pfade, die nicht so oft begangen werden und daher verwachsen sind. Die meisten Wanderer nutzen die Trampelpfade. Ein ähnlicher Automatismus spielt sich in unserem Gehirn ab. Durch unser Verhalten schaffen wir in unserem Gehirn, im Nervensystem einen Trampelpfad, der ausschließlich durch Benutzung entsteht. Unsere Gedanken entscheiden darüber, welche Pfade bzw. Wege (neuronalen Verbindungen) aufgebaut werden. Wege, die wir oft gehen (z. B. regelmäßiger Alkoholkonsum in immer gleichen Situationen), werden durch die häufige Nutzung immer breiter ausgetreten, immer bequemer begehbar. Alternativwege (keinen Alkohol in bestimmten

Situationen zu trinken) wachsen langsam zu und werden immer schwieriger begehbar. Die Bildung jeder Gewohnheit führt automatisch dazu, dass Alternativen immer ungewohnter und unangenehmer und damit immer seltener genutzt werden. Irgendwann sind die Alternativwege so zugewachsen, dass der oder die Betroffene (mittlerweile Abhängige) diese nicht mehr sieht. Daher zielen die meisten Therapiewege auf das Belohnungssystem im Gehirn ab, das bekanntlich unser Verhalten steuert.

Etwa die Hälfte des Risikos der Alkoholabhängigkeit scheint also genetisch festgelegt und neurobiologisch erklärbar zu sein. Die andere Hälfte ist von den *psychosozialen Umständen* (z. B. Probleme in der Familie, in der Beziehung, in der Arbeit etc.) abhängig. Wie es aussieht, werden ganz bestimmte Verhaltens- und Denkmuster erlernt und weitergegeben. So heiraten beispielsweise 60 Prozent der Töchter alkoholabhängiger Väter später einen Suchtkranken. Hierzu gibt es viele offene Fragen und psychoanalytische Interpretationen. Aus Sicht der Neurobiologie sind die psychoanalytischen Vorstellungen obsolet geworden. Namhafte Kritiker dieses Modells (wie z. B. Springer 2013) hingegen argumentieren, dass dieser Ansatz zu kurz greift. Sie verweisen auf Komorbiditäten (Doppel- und Mehrfachdiagnosen), auf die Tatsache, dass Suchtkrankheiten fast immer mit einer Persönlichkeitsstörung (bis zu 90 %) bzw. einer affektiven Störung (bis zu 74 %) zusammentreffen (ebd. S. 163). Zur Entstehung einer Suchtkrankheit tragen viele Faktoren bei: individuelle und gesellschaftliche Rahmenbedingungen. Vor allem letztere sind nicht zu unterschätzen. Dies zeigt sich etwa an der dramatisch ansteigenden Zahl von suchtkranken Frauen, die unter der Mehrfachbelastung (Beruf und Familie) leiden. Die Doppelbelastung führt bei vielen Frauen in die Abhängigkeit von Drogen, Alkohol oder Medikamenten, so die Auffassung der Experten beim Wiener Suchtkongress 2013. Insbesondere Alkohol wird häufig als Selbstmedikation gegen Depressionen und Angststörungen eingesetzt. Soziologen wie Alain Ehrenberg (2008) tendieren dazu, auf der Basis von epidemiologischen Untersuchungen (d. h. volkswirtschaftlichen Untersuchungen zur Gesundheit und Krankheit von Individuen und

Gruppen), die rasant wachsende Anzahl an Depressionen und Suchterkrankungen in den gesellschaftlichen Bedingungen zu verorten. Sie bringen diese Phänomene mit unserer Wohlstandsgesellschaft in Verbindung, mit der Verstädterung, der Mobilität, Flexibilität und dem damit einhergehenden Aufbrechen emotionaler Bindungen, den Veränderungen in den Familienstrukturen, dem Zerbrechen der traditionellen Geschlechterrollen, den Arbeits- und Lebensbedingungen, der Entfremdung des Menschen durch die Arbeit usw. Kurz gefasst: Sie betonen die Bedeutung des gesellschaftlichen Wandels.

Zur Entstehung von Suchtverhalten gibt es neben biologischen und gesellschaftlichen Theorien zahlreiche psychoanalytische Erklärungsversuche bzw. Mischformen. Diese konzentrieren sich meist auf die Kindheit und/oder auf die sozialen Verhältnisse. Psychoanalytische Autoren betonen die Bedeutung der frühkindlichen Entwicklung. So wird etwa behauptet, dass Säuglinge, die zu wenig gestillt wurden, später eher süchtig werden (vgl. Perner 2012, S. 59). In diesem Zusammenhang ist von „oraler Gier“ (vgl. Gross 1990, S. 196) die Rede. Lerntheoretisch orientierte Psychologen betonen wiederum den Einfluss der Familie (z. B. wie dort mit Konflikten umgegangen wird) oder beziehen sich auf den Erziehungsstil. So wird etwa behauptet, dass zu wenig Strenge und Disziplin bzw. Überfürsorge bei der Erziehung der Kinder dazu führe, dass diese später als Jugendliche ihre Bedürfnisse zu wenig regulieren könnten und sich daher immer gleich befriedigen müssten. Hier sei der Motor ihres Suchtverhaltens zu verorten. Als weitere Ursachen für die Flucht in die Sucht werden häufig folgende Aspekte ins Treffen geführt: generelle Unzufriedenheit mit einer Situation, Stress, Langeweile, Unterforderung, Überforderung, Konflikte, Enttäuschungen, Frustrationen etc. Abhängigen Menschen wird nachgesagt, dass sie unfähig seien, Frustrationen zu ertragen und sich nicht beherrschen können, ihre Bedürfnisse sofort befriedigen müssen. Es wird behauptet, dass sie „fast immer ein schwach ausgeprägtes Selbstwertgefühl“ (ebd. S. 195) hätten. Aber es handelt sich, wie gesagt, um mehr oder weniger empirisch nicht überprüfte Thesen.

„Süchtig wird man, so viel steht fest, nie aus einem einzigen Grund, sondern vielmehr durch das Zusammenspiel verschiedener Ursachen, eines ganzen Ursachenbündels […]: genetische Dispositionen, negative kindliche Prägungen, Entwicklungsprobleme, nachteilige Erziehung, lebensgeschichtliche Umstände, soziale Belastungen, Schicksalsschläge und Krankheiten“, meint der Suchtexperte Haller (ebd. S. 51). Von den vielen *Ursachen der Sucht* sind die *Suchtmotive* zu unterscheiden, meint der Suchtexperte. Neben dem Wunsch nach Neugierde, Aufregung, Geselligkeit, Glücksgefühl etc. sind es meist tiefer liegende Motive: Probleme im Elternhaus und mit Vorgesetzen, Liebeskummer, Gefühle der Langeweile und Leere, Selbstwertzweifel und Minderwertigkeitskomplexe, Berufs- oder Partnerprobleme, Versagensängste, Überlastungsgefühle etc. Haller, der bereits über 10.000 suchtkranke Patienten behandelt hat, interpretiert das Suchtverhalten „mit Ausweich- und Fluchtverhalten, mit Suche und Selbstheilung, mit der Bewältigung von negativen Gefühlen“ (ebd. S. 55) – und diese können sowohl aus der Unterforderung (z. B. durch Arbeitslosigkeit oder Langeweile) als auch aus der Überforderung (z. B. durch Arbeitsüberlastung, Leistungsdruck, Stress in der Freizeit und im Job) entstehen, wobei Letzteres anscheinend häufiger zu beobachten ist. So hat man beispielsweise in groß angelegten Jugendstudien festgestellt: Je größer der Leistungsdruck auf Jugendliche ist, desto stärker ist die Neigung zu Suchtverhalten. Für den renommierten Psychiater und Suchtexperten bleibt Sucht „immer ein Stück weit unerforschbar, unerklärbar und geheimnisvoll“ (S. 61).

Für den Autor des Standardwerks zur Entstehung und Behandlung von Alkohol- und Medikamentenabhängigkeit Johannes Lindenmeyer sind all diese Faktoren „keine Gründe für die Entstehung einer Suchtmittelabhängigkeit, sondern lediglich Bedingungen für ihre Beschleunigung.“ (2010, S. 81/82) Es braucht keine speziellen Gründe zur Entstehung einer Suchtmittelabhängigkeit. Im Prinzip kann jeder Mensch mit Suchtpotential durch den häufigen Konsum von Alkohol oder Medikamenten abhängig werden. Die oben genannten Umweltfaktoren spielen lediglich eine Rolle, wie schnell der Abhängigkeitsprozess abläuft.

„Verlangen ist […] kein Ausdruck von fehlender Abstinenzmotivation oder mangelndem Therapieerfolg. Entscheidend ist aber, wie man über Verlangen nach Alkohol als Betroffener denkt und wie man damit umgeht.“ (Lindenmeyer, 2010, S. 125)

Die Mär vom willensstarken und willensschwachen Menschen

In der Alltagskommunikation wird Sucht häufig als Charakter- bzw. Willensfrage diskutiert. Suchtforscher sind diesbezüglich anderer Meinung. „Abhängigkeit ist keine Charakterfrage“, so Johannes Lindenmeyer (2010, S. 77). Alkoholabhängigkeit sei weder eine „Charakterschwäche“ noch eine „Willensschwäche“, betont der Wiener Suchtforscher Musalek in all seinen Schriften (insbesondere 2012 a, b). „In keinem Fall handelt es sich dabei um einfache Impulskontrollstörungen und schon gar nicht um simple Formen übermäßigen Verhaltens.“ (Musalek 2012 a, S. 28). Solche Vorstellungen führen dazu, so der Experte, dass die Menschen glauben, ein „bloßes Sich-Zusammenreißen“ genüge schon, um der Sucht Herr zu werden. Ich kann diese wissenschaftlich fundierte Aussage des Suchtforschers nur bestätigen. Beherrschung alleine genügt nicht, um die Sucht zu überwinden. Allerdings, so meine persönliche Erfahrung, ist es durchaus möglich, mit entsprechendem Bewusstsein und verhaltenstherapeutischen Maßnahmen den Teufelskreis zu unterbrechen, die neurologisch festgefahrenen Gleise zu verlassen und Alternativgleise zu befahren. Das Entscheidende dabei ist, die Weichen zu erkennen und sie dementsprechend umzustellen. Inwieweit das gelingt, ist von vielen Faktoren abhängig (von der Art und Schwere der Abhängigkeit, von den individuellen Persönlichkeitsmerkmalen, vom sozialen Umfeld u.v.m.).

Die Mär vom willensstarken und willensschwachen Menschen ist also zu verwerfen. Diese Auffassung vertreten mittlerweile viele Experten. „Es gibt keinen allgemeinen starken bzw. schwachen Willen, der jeweils einen bestimmten Menschen auszeichnet, sondern immer nur Willensstärke, besser Motivation in Bezug auf etwas Bestimmtes [...] Es gibt nur in bestimmten Situationen hoch motivierte bzw. schwach motivierte Menschen, wobei der hier stark motivierte durchaus in anderen Umständen wenig motiviert sein kann und umgekehrt." (Musalek 2012 b, S. 180) Damit ist gemeint, dass wir zur Erreichung eines bestimmten Zieles gut oder schlecht motiviert sein können. Vor dem Hintergrund dieser Erkenntnis ist es daher von entscheidender Bedeutung, sich zu fragen: Was motiviert mich? Wann bin ich hoch motiviert, wann wenig? So kann beispielsweise ein attraktives Ziel motivierend sein, d. h. uns in Gang, in Bewegung bringen. „Begeisterung alleine ist aber noch nicht genug. Wir brauchen zum Zweiten auch den Glauben daran, dass das, was wir uns wünschen, für uns auch erreichbar ist. Wir brauchen ein Für-möglich-Halten des Erreichten eines uns gesteckten Zieles, um uns hoch motiviert dorthin auf den Weg zu machen. Erst die sich uns eröffnende Möglichkeit lässt den Wunsch zum Wollen werden." (ebd. S. 180)

Umgekehrt ist es natürlich das gleiche. Wenig attraktive Ziele bzw. Ziele, von denen wir glauben, sie gar nicht erreichen zu können, tragen zu keiner starken Motivationslage bei. In diesen Fällen fehlt uns in der Regel der nötige Schwung, die erforderliche Kraft (die häufig mit Willensschwäche missverstanden wird). Das ist vor allem bei den „guten Vorsätzen" so. „Wir sprechen immer dann von einem guten Vorsatz, wenn wir etwas vorgeben zu wollen oder glauben, es wollen zu müssen, wir es aber eigentlich gar nicht wollen." (ebd. S. 181) Aus diesem Grunde werden die guten Vorsätze über kurz oder lang auch immer gebrochen, so Musalek. Und er hat recht: Immer dann, wenn ich etwas „eigentlich" nicht will oder mir einbilde, es wollen zu müssen, ist ein Scheitern vorprogrammiert. So gesehen ist etwas an der Aussage dran, dass gute Vorsätze letztlich fast immer scheitern. Daher ist es wichtig, sich klar zu machen, dass es sich hierbei nicht um eine vom Betroffenen inhärente Willensschwäche handelt, die hier eine Umsetzung von Zielen behindert, sondern um den beschriebenen Möglichkeitsverlust.

Vor diesem Hintergrund sollte man auch das Thema „Rückfall" betrachten. Seit den 80-er Jahren ist bekannt, dass der Rückfall zur Krankheit dazugehört, wie das Amen im Gebet. Wissenschaftler, die die weltweit durchgeführten Rückfallstudien von alkoholkranken Menschen ausgewertet haben, kommen zu folgendem Schluss (vgl. Joachim Körkel, Der Rückfall des Suchtkranken, 1988, S. 100 – 109):

Rückfälle sind ein wesentlicher Bestandteil von Abhängigkeiten:

„Aufgrund des häufigen Auftretens sind Rückfälle deshalb als wesentliches Charakteristikum von Sucht anzusehen.“ Rückfälle haben in der Regel mehrere Ursachen: Ebenso wenig wie sich die Entstehung des Alkoholismus auf eine Ursache eingrenzen lässt, so ist es auch nicht möglich, beim Auftreten von Rückfällen von nur einer Ursache auszugehen. Die Forscher gehen davon aus, dass bei „Rückfällen wie bei jedem Alkoholkonsum in der Regel eine Kombination von emotionalen (z. B. Ärger oder Niedergeschlagenheit), gedanklichen (z. B. der Gedanke, kontrolliert trinken zu können), physiologischen (z. B. Schmerzen), sozialen (z. B. Alkoholkonsum in „geselliger Runde“) und situativen Faktoren (z. B. eine Feier) zusammenwirken.“ Rückfälle sind Entwicklungschancen: Die Forscher weisen darauf hin, dass im Rückfall nicht nur die Gefahr einer weiteren körperlichen, geistig-seelischen und sozialen Verschlechterung steckt, sondern „auch die Chance, seine eigen Person (z. B. Stimmungsschwankungen), seine soziale Lage (z. B. Arbeitslosigkeit) und seine Abhängigkeit (z. B. nicht kontrolliert trinken zu können) besser anzunehmen.“ Der Rückfall wird auch als eine Art Selbsttestung interpretiert, die den Rückfälligen ein Stück näher an die Realität führt. Er erkennt damit zunehmend besser, wo seine Grenzen wirklich liegen.

Das Faktum, dass der Rückfall ein wesentlicher Bestandteil der Krankheit ist, gilt natürlich auch für viele psychische Erkrankungen, insbesondere die Depressionen. Sämtliche epidemiologischen Studien der letzten Jahrzehnte bestätigen diesen Sachverhalt (vgl. Ehrenberg, 2008, S. 256 f). Man schätzt, dass **50 – 80 Prozent der Betroffenen nach einer depressiven**

Episode in ihrem Leben wenigstens einen Rückfall haben. „Die meisten Patienten finden ihr früheres Gleichgewicht nicht wieder, eine Minderheit wird nur partiell geheilt und eine große Mehrheit erlebt Rückfälle oder die Depression wird chronisch. Daher werden die Antidepressiva länger verordnet“ (ebd. S. 257). Deren Einnahme scheint jedoch das Risiko von Rückfällen nicht zu verringern, so das Fazit des Autors, der die vielen Studien ausgewertet hat. Ähnliches gilt für die Medikamente gegen die Alkoholkrankheit.

Paradigmenwechsel im Umgang mit der Alkoholproblematik

Hier galt in den letzten Jahrzehnten nur ein Ziel, die Abstinenz. Sichtweisen, die bereits vor 20 Jahren die klassischen Krankheitsbegriffe und Definitionen sowie die offiziellen Klassifikationsschemata der internationalen Gesundheitsorganisationen kritisiert haben (vgl. dazu etwa die Beiträge von Osterhold/Molterer 1993 oder Joachim Körkel 1988) werden jetzt wieder aufgegriffen. Die von den Vertretern vorgebrachten Argumente gegen die vorgestanzten Entzugs- und Behandlungsprogramme der Suchtkliniken, die in der absoluten Abstinenz die einzige Möglichkeit sehen, werden wieder ernsthaft diskutiert. Es setzt sich die Erkenntnis durch, dass das Wegnehmen der schädigenden Substanz allein keine adäquate Therapie ist. Die Behandlung von Suchtkranken muss individuell und ressourcenorientiert erfolgen. Nicht die lebenslange Abstinenz sei das oberste Therapieziel, sondern ein maßvoller Umgang mit dem Alkohol sowie das Erreichen einer besseren Lebensqualität. „Das eigentliche **Therapieziel ist heute ein autonomes und freudvolles Leben**. Jede graduelle Annäherung an dieses Ziel ist demnach als Erfolg zu werten“, formuliert Professor Musalek in der Pressekonferenz (www.alkoholohneschatten.at). Im Moment findet ein Paradigmenwechsel statt. Immer mehr Suchtkliniken gestehen ein, dass die Rückfallsquote viel höher sei, als propagiert. Sie liegt angeblich bei über 80 Prozent. Exakte Zahlen werden nicht veröffentlicht. Außerdem sei das Ziel der Abstinenz nur für wenige Prozent der Patienten langfristig zu erreichen.

Der bereits mehrfach erwähnte Wiener Psychiater und Leiter der größten österreichischen Suchtklinik Primarius Musalek spricht mittlerweile vom kontrollierten Trinken. Unter der Headline „Reduktion statt Abstinenz“ erklärte er bei der Pressekonferenz des Vereins für den verantwortlichen Umgang mit Alkohol (www.alkoholohneschatten.at), dass „Abstinenz nicht für alle Betroffenen das vorherrschende Therapieziel ist, sondern ein kompetenter Gebrauch und eine Reduktion des Alkoholkonsums im Frühstadium der Alkoholkrankheit Ziel der Therapie sein können.“ Beim Suchtkongress im Februar 2013 im Rahmen der Podiumsdiskussion „Paradigmenwechsel im Umgang mit der Alkoholproblematik“ erweiterte Musalek die Personengruppe und meinte, dass kontrolliertes Trinken auch bei sog. Abhängigen, die trotz jahrelanger Therapie immer wieder rückfällig werden, in Erwägung zu ziehen sei - allerdings in Kombination mit einem neuen Medikament, das im Jahr 2013 auf den Markt kam (siehe: lundbeck.at). So verlockend dies auch sein mag, für mich persönlich kommt diese Strategie noch nicht in Frage. Diesbezügliche Trinkversuche (allerdings ohne Medikament) funktionieren bei mir noch nicht. Es kommt innerhalb von einigen Tagen zu folgenden Erscheinungen, die auf ein *Abhängigkeitssyndrom* hinweisen:

- *Craving* (Verlangen nach der Substanz, z. B. Alkohol, Medikament),
- *Toleranzentwicklung* (man braucht immer höhere Mengen),
- *Kontrollverlust* (d. h. man kann die Dosis nicht selbst bestimmen),
- *Entzugssymptome* (z. B. Unruhe, ständiges Denken an die Substanz, Zittern).

In der Regel treten noch *zwei weitere psychische Abhängigkeitszeichen* auf. Erstens wird der Alkohol weiter konsumiert, obwohl man sich der unmittelbaren schädigenden Wirkung bewusst ist, und zweitens kommt es zu einer Fokussierung auf das Suchtmittel (andere Lebensbereiche verlieren ihre Bedeutung, das Suchtmittel wird zum Lebenszentrum). „Wenn drei der hier [insgesamt sechs, Anm. d. V.] aufgezählten Störungsmuster anzutreffen sind, dann liegt nach internationaler Übereinkunft eine Abhängigkeitserkrankung (Suchterkrankung) vor.“ (Musalek 2012a, S. 29). Unter diesen Umständen ist kontrolliertes Trinken keinesfalls zu empfehlen. Es führt unweigerlich in die Abhängigkeit. Ob und inwieweit kontrolliertes Trinken mit dem neuen Medikament funktioniert, habe ich noch nicht ausprobiert. Alian Ehrenberg (2008, S. 174), der ebenfalls die Suchtproblematik aus wissenschaftlicher Perspektive unter die Lupe genommen hat, stellt nach Durchsicht der Forschungsliteratur fest: „Der *Zwangscharakter* ist der gemeinsame Nenner dieser Verhaltensweisen: Der *Verlust der Selbstkontrolle* ist das Schlüsselelement, mit dem man alle unkontrollierten Umgehensweisen mit Nahrung, Heroin oder Zigaretten zusammenfassen kann“. Und ich ergänze: natürlich auch mit Alkohol, Medikamenten und allen anderen oben genannten Suchtmitteln und Drogen.

Für mich persönlich war der ***Verlust der Selbstkontrolle*** die größte Überraschung. Nämlich plötzlich festzustellen, dass der Alkohol stärker ist als du selbst, dass du ihn vor alles andere in deinem Leben reihst, ihm den Vorrang gibst, dass er sogar vor deinen liebsten oder nächsten Mitmenschen den **ersten Platz in deinem Leben** einnimmt. Das war wirklich schrecklich - nicht nur für mich persönlich, sondern auch für die Angehörigen und Freunde. Für sie ist es ein Gefühl der Hilflosigkeit, Machtlosigkeit - ein unbeschreibliches **Ohnmachtsgefühl**. Denn der Süchtige ist für sie nicht erreichbar. Er ist, wie es meine Frau einmal zu mir sagte, wie auf einem anderen Planeten - weder mit Worten oder Gefühlen, noch mit rationalen Argumenten oder Drohungen erreichbar. Der Süchtige ist einfach weg, er hat kein Mitgefühl mehr. Diese Ohnmacht und Wirkungslosigkeit zu verkraften bzw. einzusehen ist nicht leicht, sie ist wahrscheinlich die größte Herausforderung für den Angehörigen, der zugleich Gefahr läuft, zum Co-Abhängigen zu werden. Wie diese richtig reagieren sollen und wie sie den Betroffenen helfen können, beschreibt Professor Haller in seinem Buch „(Un)Glück der Sucht“ (2007). Jedenfalls kommt irgendwann der Punkt, wo der Süchtige niemanden mehr hat, alles verliert - sein soziales Netz, die Familie, die Arbeit. Alle wesentlichen Säulen des Fundaments brechen zusammen und damit letztlich auch sein Haus. So landen sie in der Gosse. **Der Kontrollverlust führt zum Beziehungsverlust und in vielen Fällen zum Verlust des Lebens**.

Die bisherigen Ausführungen machen deutlich: der Weg in die Sucht ist kurz, der Übergang in die Abhängigkeit ist fließend. Die Alkoholabhängigkeit ist sowohl eine *Erkrankung des Gehirns* als auch eine *psychische Verhaltensstörung*. Die meisten Therapiewege zielen daher auf das Belohnungssystem im Gehirn ab, das bekanntlich unser Verhalten steuert. Suchtkranke müssen zu aller erst zwei wichtige Phasen hinter sich bringen: Erstens die **Entgiftungsphase** (körperlicher Entzug) und zweitens die **Entwöhnungsphase** (Erlernen neuer Verhaltensmuster mit dem Ziel der Abstinenz). Erst dann kann man sich im Zuge der sog. **Nachsorgephase**, die zur Aufrechterhaltung der Abstinenz und zur Reduzierung des Rückfallrisikos dient, die Kraftquellen erschließen. In der Suchtbehandlung werden in der Regel Medikamente, Psychotherapie und Selbsthilfegruppen empfohlen. Auf die verschiedenen Therapie- und Behandlungswege gehe ich im Kapitel „Wege aus der Krise“ ein. An dieser Stelle sei abschließend noch ein wesentlicher Aspekt genannt:

Hinter jeder Sucht liegt eine Sehnsucht

So lautet die Headline für einen kurzen Artikel, den ich der Suchtklinik, die ich im Sommer 2011 aufsuchte, gewidmet habe. Der Anstoß für die Auseinandersetzung mit diesem Thema war die einseitige Herangehensweise meines Therapeuten in der Klinik. Sucht wurde ausschließlich als ein krankhaftes Verlangen, als eine krankhafte Abhängigkeit in einem relativ simplen Reiz-Reaktionsschema betrachtet. Auf der einen Seite der Reiz (z. B. Konflikte, Stress, Frustration), auf der anderen Seite die Reaktion in Form des Suchtverhaltens. Dagegen meine Argumentation: **Neben den vielen Süchten wie Alkoholsucht, Esssucht, Medikamentensucht, Drogensucht, Spielsucht etc. gibt es auch die**

Sehn-sucht. Und diese spielt meines Erachtens eine besondere Rolle. Auf die Spur gebracht hat mich das „Buch der Sehnsucht“ des spirituellen Autors Anselm Grün (2010). Er zerlegte das Wort „Sehnsucht“ in die zwei Bestandteile „Sehne“ und „Sucht“ und erinnert dabei an die *Sehne*, „die gespannt ist, wenn der Mensch zum Sprung ansetzt, oder an die Bogensehne, bevor der Pfeil abgeschossen wird. Sehnsucht hat also mit einem inneren Gespanntsein zu tun und erinnert an eine Liebe, die noch nicht erfüllt ist [...] Sehnsucht ist aber keine Abhängigkeit von einem Stoff wie Alkohol oder Drogen, auch nicht von Geltung oder Ruhm. Die Sehnsucht zielt auf etwas anderes, auf Heimat, Geborgenheit, Glück, Liebe, Schönheit, Erfüllung. Sie zielt auf die Vollendung.“ (ebd. S. 13).

Seitdem ich diese Zeilen gelesen habe, denke ich beim Zen-Bogenschießen (siehe Kap. Wege aus der Krise) daran, dass wir **in der Spannung zwischen der Kraft, die in der „Sehne“ steckt, und der krankhaften Trägheit der Sucht leben**. „Wenn nur ein Pol – Ruhe oder Anspannung – gelebt wird, wird der Mensch krank. Wer nur die Ruhe sucht, versinkt leicht in Bequemlichkeit. Wer nur auf seine Sehne, auf seine eigene Kraft baut, verausgabt sich. Dann reißt die Sehne. Wenn jemand süchtig wird, verliert er seine Freiheit. Die Anstrengung des Sehnens muss in die angespannte, aber zugleich gelassene Haltung der Sehnsucht einmünden. Und die Sucht muss in die Dynamik und Kraft der Sehnsucht verwandelt werden. Nur so kann sie geheilt werden.“ (ebd. S. 14).
Anselm Grün glaubt, dass viele der Süchte, die wir heute beobachten, **Ausdruck verdrängter Sehnsucht** sind. Daher sei es höchste Zeit, sich wieder der eigenen Sehnsucht zu stellen. „Nur wenn wir uns ihr stellen, sie anerkennen und in unser Leben integrieren, können wir frei werden von der Sucht, die uns im Griff hat.“ (ebd. S. 14) Das Entdecken und Aufspüren unserer Sehnsüchte ist etwas Elementares. Sehnsüchte sind das Fundament unseres Identitätshauses, der Ausgangspunkt für unsere Ziele und Visionen. Unsere Sehnsucht >sucht< sich immer ein Objekt. Die Sehnsucht nach Abenteuer findet beispielsweise hohe Berge oder das weite Meer.

Wichtig ist zu wissen, dass unsere Sehnsüchte da sind und aufgespürt werden können. Wie das am besten gelingt, zeigt der österreichische Coach und Trainer Thomas F. Cerny (2002) in seinem exzellenten Buch „Talente nutzen - erfolgreich sein“ auf. Schritt für Schritt beschreibt er die einzelnen Stufen: Von der Sehnsucht zum Traum, vom Traum zum Wunsch, vom Wunsch zum Ziel und zur Entscheidung. Der Autor begleitet den Suchenden auf sehr behutsame Weise auch beim Aufspüren seiner Talente, bringt diese mit den Archetypen (Erde, Wasser, Feuer, Luft) in Verbindung und liefert schließlich ganz konkrete Hilfestellungen, unsere Mission, unsere Lebensaufgabe (das sog. Mission Statement) zu finden. Das theoretisch fundierte und zugleich praxisbezogene Modell von Cerny ist auch zur Identitätsfindung sehr gut geeignet. Mir hat das Arbeitsbuch jedenfalls beim Selbstfindungsprozess weiter geholfen.

Diese philosophisch-spirituellen Überlegungen mögen in Anbetracht der oben skizzierten neurobiologischen und biochemischen Prozesse, die für das Abhängigkeitssyndrom zuständig sind, lächerlich klingen. Aber mittlerweile sind immer mehr Mediziner der Auffassung, dass für die Gesundheit des Menschen spirituelle Aspekte eine wesentliche Rolle spielen. So etwa der Wiener Primarius Raimund Jakesz (www.jakesz.com):

„Die Gesundheit des Menschen hängt von seiner harmonischen Beziehung und dem Frieden mit sich und allen Kräften der Natur ab.“

Aber auch die Suchtexperten sind sich darüber einig, dass hinter jeder Sucht eine Sehnsucht steckt, insbesondere der **Wunsch nach Beziehungen**. Für den Primar der Suchtabteilung der Linzer Nervenklinik Kurosch Yazdi (2013) ist Sucht immer auch die *Suche nach Beziehung*, weil sie die ultimative Belohnung bringt. Beziehungen stimulieren auch das Belohnungszentrum im Gehirn. Wenn wir einsam sind, dann neigen wir besonders zu süchtigem Verhalten. Diese Aussage kann ich voll und ganz bestätigen. Als Betroffener, der das Leid eines Süchtigen kennt, bin ich der festen Überzeugung, dass hinter jeder Sucht eine - meist unerfüllte, nicht gelebte – Sehnsucht liegt. Und diese gilt es zu entdecken. Bei mir ist es die

Sehnsucht nach Ruhe, Gelassenheit und innerem Frieden, die Sehnsucht nach der Weite des Meeres, nach Alleinsein, mit mir eins sein. Friede mit mir, mit meinem Körper, mit meinen Gedanken, mit meinen Gefühlen. Wenn wir **inneren Frieden mit uns selbst** haben, dann werden wir uns nicht mehr selbst verurteilen, nicht mehr schuldig fühlen oder uns schämen, sondern uns selbst umarmen, gütig, liebevoll und nachsichtig mit uns selbst sein. Wenn wir inneren Frieden mit uns selbst schließen, dann gelingt uns wahrscheinlich auch der Friede mit der Menschheit und dem Reich der Mutter Erde, den Kräften der Natur. So ähnlich habe ich es in meinen Tagebuchaufzeichnungen notiert. Dazu passt das folgende Zitat des vor ca. 200 Jahren geborenen, dänischen Philosophen Sören Kierkegaard:

> „Wenn alles stille geworden ist um den Menschen, feierlich wie eine sternenklare Nacht, wenn die Seele in der ganzen Welt allein mit sich selbst ist, da tritt ihr nicht ein ausgezeichneter Mensch gegenüber, sondern die ewige Macht selbst; es ist, als ob der Himmel sich öffnete, und das Ich wählt sich selbst, oder vielmehr, es nimmt sich selbst in Empfang. Da hat die Seele das Höchste gesehen, was kein sterbliches Auge sehen kann und was nie vergessen werden kann, da empfängt die Persönlichkeit den Ritterschlag, der sie für die Ewigkeit adelt." (zit: Wiener Zeitung Online, 3. 5. 2013)

Burnout wurde hier als Ausbrennprozess beschrieben, der ein Loch in die Seele brennen kann, zum Seeleninfarkt führt, wenn wir unsere Seele nicht füttern, ihr nicht genug „Nahrung" und Luft geben. „Die Seele will atmen. **Die Sehnsucht ist wie der Atem der Seele**. Sie greift über die Enge dieser Welt hinaus. […] Die Seele braucht Orte, an denen sie genießen kann, an denen sie das Einswerden erfährt mit allem, was ist. Aber die Seele übersteigt diese Erfüllung. Es ist die Sehnsucht, die sie weiterbringt." (Anselm Grün, S. 107). Und ich ergänze: Mit dem Aufspüren unserer Sehnsüchte können wir eventuell verhindern, dass wir das Loch in der Seele mit allen möglichen Suchtmitteln zustopfen. Meine Sehnsucht nach Ruhe, Gelassenheit und innerem Frieden steht in enger Verbindung zur

Sucht. Der Chefarzt einer österreichischen Suchtklinik Reinhard Haller (2007) meint, dass wir alle in unserer hektischen, reizüberfluteten Zeit auf der Suche nach tiefer Ruhe sind und Sucht dann entsteht, „wenn menschliche Wünsche und Sehnsüchte nicht mehr auf natürlichem Wege erreicht werden können, wenn die Kompetenz für das, was der Mensch immer wieder braucht, verloren gegangen ist, wenn man für Ruhe, Entspannung, Versenkung oder Meditation chemische Hilfsmittel oder übersteigerte Ersatzaktivitäten benötigt." (S. 56)
Der Alkoholkonsum ermöglichte mir dieses Gefühl der Ruhe und Gelassenheit, er gab mir zumindest für einen kurzen Moment das Gefühl des inneren Friedens. Auch meine Suizidgedanken waren mit derartigen Emotionen verbunden. Ich ersehnte mir den ewigen Frieden. Ruhe in Frieden. Mittlerweile habe ich gelernt, wie innerer Friede, Ruhe und Gelassenheit noch herbeigeführt werden kann – insbesondere durch Loslassen.

Hinter meiner Sucht die Sehnsucht zu entdecken – das ist nur der erste Schritt, von der Sucht loszukommen. Es erfordert auch *Disziplin* und zwar - so meine Erfahrung - eine hohe Portion Disziplin, um mit der Sucht fertigzuwerden. Sie lehrt mich, mein Leben selbst in die Hand zu nehmen, selbst Verantwortung für mein Leben zu übernehmen, es zu gestalten und zu formen. In gewisser Hinsicht ist die Sucht nicht ohne ***Askese*** zu überwinden. Sie lehrt mich, Suchtbedürfnisse aufzuschieben, mich nicht gleich zu befriedigen. Damit meine ich nicht einfach nur Verzicht, sondern das bewusste **Training in die innere Freiheit**. Wie mein persönliches Trainingsprogramm aussieht, beschreibe ich im Kapitel „Wege aus der Krise". An dieser Stelle möchte ich noch einen Warnhinweis geben:

„Wo das Leben selbst eine Entziehungskur ist, gedeiht der Boden für die Sucht!" (Peter Weibel, österreichischer Medienkünstler)

Dieses Zitat steht auf dem Folder zur Tagung „Durst und Lebenssehnsucht" der Suchtklinik des Anton Proksch Institutes (8. Juni 2013, Wien). Es ist auch für mich persönlich sehr bedeutungsvoll. Es signalisiert mir, dass die

Abstinenz nicht zu einer Entziehungskur werden darf, bei der wichtige Lebensfaktoren wie etwa die des *Rausches* (hier verstanden als Zustand der gehobenen Stimmung wie z.B. der Liebesrausch) und der *Ekstase* (das Heraustreten aus der Mühle des Lebens, das „außer sich sein“) verloren gehen. Man sollte auf alle Fälle dafür sorgen, solche Zustände hin und wieder zu erleben. Das Vakuum muss gefüllt werden. Natürlich nicht mit Alkohol oder Drogen, sondern mit freudvollen Tätigkeiten. Ekstase kann etwa auch durch Sexualität, Religiosität oder Spiritualität, aber auch beim Laufen oder Trommeln ausgelöst werden. **Neben Disziplin und Askese spielt der *Lustfaktor* eine entscheidende Rolle.** Man muss Lust und Freude daran haben, sich zu trainieren, seinen Körper oder Geist herauszufordern. „Ohne die Lust am Leben ist die Sucht nicht zu überwinden.“ Dies ist im Übrigen auch einer der Leitsätze des sog. Orpheus-Programms zur Behandlung von Burnout und Sucht des Anton Proksch Institutes Wien (vgl. Musalek/Poltrum 2012). Aber diese Lust kann einem schon vergehen, wenn man Schmerzen hat.

Exkurs: Chronische Schmerzen und ihre Auswirkungen

Das Thema Schmerz wird in der einschlägigen Literatur ziemlich vernachlässigt, obwohl mittlerweile eindeutig feststeht, dass chronische Schmerzen starke Auswirkungen auf die Psyche haben und den ganzen Menschen verändern können. Chronische Schmerzen sind nicht unwesentlich für das Zustandekommen des Burnouts und der damit meist einhergehenden Depression mitverantwortlich. So auch bei mir.

Was ist konkret passiert? Bei der Spontan-Pneu-Operation im Jahr 2005 kam es zu einer Intercostalnerv-Verletzung. Seither habe ich starke Schmerzen in der linken Brust, genauer gesagt, zwischen den Rippen. Der Nerv, der zunächst völlig zu Recht eine Verletzung gemeldet hat, hört nicht mehr auf, Alarmsignale zu senden. Der Schmerz ist chronifiziert. Das sog. Schmerzgedächtnis kann den Schmerz nicht mehr vergessen. Die ständigen Schmerzen führten zu einseitiger Schonhaltung, Verspannungen und weiteren Wirbelsäulenproblemen, die wiederum neue Schmerzen verursachten. Ein Teufelskreis setzt sich in Gang, vor allem der „Schmerz-Sorge-Teufelskreis", d. h. ein akuter Schmerz löst sofort Aufmerksamkeit und Sorge aus. In der Folge **kreisen die Gedanken ständig um den Schmerz**, was wiederum zu noch mehr Aufmerksamkeit führt usw. Es ist schwierig, diesen Teufelskreis zu unterbrechen. Auf die vielen Therapiemaßnahmen, die es mittlerweile gibt und die ich persönlich ausprobiert habe, will ich hier nicht eingehen. Dies würde den Rahmen dieses Buches sprengen. Im Folgenden werden nur einige für unser Thema relevante Aspekte erörtert.

„Chronische Schmerzen sind die am meisten unterschätzte und am schlechtesten behandelte Krankheit. Jeder fünfte Europäer muss in seinem Leben dauerhafte Qualen erleben." So lautet der Vorspann zum Sonderheft „profil wissen", das Wissenschaftsmagazin der Profil-Redaktion (Heft 1, 2011). Der Redakteur bringt den Schmerz-Zustand, den ich leider zu gut kenne, auf den Punkt: „Schmerz ist: besitzergreifend, launisch, herrschsüchtig, unberechenbar, boshaft; er belästigt und bedroht einen in den unpassendsten Momenten. Bohrt sich in die physische und psychische Gesundheit, frisst sich in Persönlichkeit und Identität des Menschen." (Profil 2011, S. 16)

Genauso empfinde auch ich meine Schmerzen: sie verschlucken regelrecht die Lust am Leben, an der Bewegung, am Tun. Sie schränken mich ein. Chronischer Schmerz verändert den ganzen Menschen. Die Wissenschaft vermutet, dass Stress- und Schmerzsignale gemeinsam im Gehirn verarbeitet werden. Dies kann so weit gehen, dass schon Stress allein ausreicht, um Schmerzen auszulösen. Ich habe jedenfalls die Beobachtung bei mir über die letzten sieben Jahren als Schmerzpatient gemacht und kann diese Korrelation bestätigen, ebenso den Zusammenhang mit dem Burnout und der damit verbundenen Depression. „Lange anhaltende Schmerzen können selbst den robustesten Charakter aus der Bahn werfen – es kann buchstäblich jeden erwischen." (Profil 2011, S. 37) Aufgrund der leidvollen Erfahrung kann ich nur jedem Schmerzpatienten empfehlen, die Schmerzen ernst zu nehmen und etwas dagegen zu unternehmen und nicht (wie ich es so lange getan habe) den Schmerz einfach hinzunehmen, so unter dem Motto: „Ein echter Indianer kennt keinen Schmerz“. Derartige Leitsprüche (unter Burnout-Kandidaten sehr verbreitet) sind Unfug und führen letztlich (in Kombination mit anderen Faktoren, die noch erörtert werden) in die Erschöpfung.

Ich habe viele Versuche unternommen, etwas gegen meine Schmerzen zu unternehmen. Von klassischen Behandlungsmethoden mit Schmerzmitteln (wie z. B. Lyrika) und Schmerzpflaster (Voltaren) bis hin zu alternativen Methoden (Akupunktur, Osteopathie, Physiotherapie, Heilmassage, Hypnosetherapie). In meiner Verzweiflung habe ich auch Heilerinnen, die schamanistischen Methoden einsetzen, aufgesucht. Der entscheidende Durchbruch gelang mir nach sieben Jahren – und zwar mit einem einfachen Tape, das mir Dr. Stossier, mein behandelnder Arzt im Zuge eines Kuraufenthaltes im Viva-Gesundheitszentrum für moderne Mayr Medizin in Maria Wörth auf meine Schmerzstelle klebte. Das Tape reduziert den Schmerz, phasenweise bin ich sogar schmerzfrei (mehr darüber im Abschnitt: medizinische Behandlung). Die Wechselwirkung zwischen Schmerz und psychischem Befinden ist nicht von der Hand zu weisen, bei mir ist sie jedenfalls sehr deutlich spürbar: Je weniger Schmerz ich empfinde, desto besser fühle ich mich und umso geringer ist das Verlangen nach Alkohol. Umgekehrt: Je größer der Schmerz, desto größer sind die seelischen und körperlichen Verspannungen und umso höher ist das Verlangen nach Alkohol. Die Funktion des Alkohols ist in diesem Fall die Betäubung, die Schmerzreduktion, eine Art Selbstmedikation zur Vermeidung des Schmerzgefühls.

In der Zwischenzeit habe ich mehrere Wege gefunden, mit dem Schmerz zu leben. Jedenfalls bemühe ich mich zu verhindern, dass die Schmerzen den Rest meines Lebens dominieren – ein kleiner Teilerfolg im Kampf gegen den Schmerz. Die mentale Auseinandersetzung mit dem Thema Schmerz ist somit auch sehr wichtig. Aber den „Schmerz als Freund“, als „lieben Gast“ zu sehen, der bleiben kann, solange er will (wie es einige

Therapeuten empfehlen) – soweit bin ich noch nicht. Entscheidend im Kampf gegen den Schmerz ist, auf leise Signale des Körpers zu hören, hin zu spüren, rechtzeitig zu reagieren. Wie z. B. jetzt: nach mehreren Stunden des Schreibens spüre ich eine gewisse Verspannung und den von der OP verletzten Intercostalnerv. Überforderung oder Stress führen bei mir immer zu Verspannungen und aktivieren den Schmerz. Diese Reaktion wurde im Rahmen von klinischen Studien bei vielen Menschen beobachtet. Wie auch immer: Der Nerv nervt. Er sendet mir ein Signal: „Mach Pause".

Im folgenden Abschnitt beschäftigen wir uns mit den wichtigsten Ursachen und Gründen der Erschöpfung. Was führt ins Burnout und in weiterer Folge in die Depression und Sucht? Diese Frage soll anhand meiner „Krankengeschichte" beantwortet werden. Die folgende Ursachenforschung konzentriert sich daher primär auf die Entstehung der Erschöpfung und die damit zusammenhängende burnoutbezogene Depression und Abhängigkeit. Die Einnahme dieser Perspektive ist notwendig, weil wir uns sonst zu sehr im Detail der vielfältigen Ursachengeflechte verlieren würden.

5.) Ursachen: Wie Burnout entsteht und in die Depression und Sucht führen kann

"I have done too much

for too many for too long

with too little regard for myself."

Mit dem Eingangszitat (dessen Ursprungsautor sich nicht identifizieren lässt) könnte man die Ursachenfrage auch beantworten. *Markus, der Gärtner* sieht das übrigens ebenso. Auf die Frage, was ihn in die Erschöpfung und Alkoholsucht führte, meinte er knapp: *„Ich habe einfach zu viel für andere gearbeitet und zu wenig auf mich und meine Bedürfnisse geachtet."* So nebenbei erzählte er mir, dass in der Jugend seine große Liebe bei einem Autounfall tödlich verletzt wurde, was ihm fast das Herz gebrochen hätte. Das Leben sei sowieso ungerecht und müsse eben weitergehen, meint Markus. Einige Jahre später hat er eine andere Frau geheiratet und mit ihr zwei Kinder bekommen. Aber das hat irgendwie nicht funktioniert. In der Zwischenzeit sind sie geschieden. Den gut bezahlten Job als Monteur bei einer Pipeline in Sibirien musste er aufgeben, weil seine Eltern schwer erkrankten. Jemand müsse sie ja pflegen, meint er. Es ist sonst niemand da. Heute hält er sich mit Gelegenheits- und Hilfsarbeiten über Wasser. Markus kann und macht alles, meint er, und zeigt stolz auf seine kräftigen Hände, während er von der Zigarette einen tiefen Lungenzug macht. Vielleicht habe ich auch deshalb zu Trinken begonnen, weil damals alles so frustrierend und deprimierend war, meint er. Kein Geld, keine Frau, keine Wohnung und der viele Stress rundherum, der Druck von allen Seiten. Vor allem der Stress mit der „Ex", wie er seine geschiedene Frau nennt, und die Sorgen mit den Kindern, haben ihn sehr belastet. Seine Eltern sind in der Zwischenzeit gestorben. Ums Erbe hätte man ihn betrogen. Aber das war so hinterhältig, dass er nicht darüber reden möchte. Er wusste, wenn er nicht geht, dann bringt er sich um oder säuft sich zu Tode. Also packte er den Rucksack und marschierte los. Fürs erste wollte er nur nach Rom zum Papst, aber dann zog es ihn weiter über den Jakobsweg nach Santiago de Compostela.

Am Beispiel von Markus ist bereits zu erkennen, dass bei **Lebenskrisen** viele Ursachen im Spiel sind. Lebenskrisen können sich in verschiedenen Formen ausdrücken - in Form eines Burnouts, einer Depression oder einer Suchterkrankung. In vielen Fällen hat man alle drei Syndrome. Und jedes der drei ist für sich allein genommen schon extrem multifaktoriell, d. h. dass bei der Entstehung dieser Erkrankungen viele Faktoren eine Rolle spielen. In den Anfängen der Forschung ging man davon aus, dass die Ursachen der Erschöpfung primär in der beruflichen Überlastung (Überforderung, Überanstrengung) liegen. Heute weiß man, dass es viele Faktoren gibt, die für das Zustandekommen von Burnout und den damit zusammenhängenden Depressions- und Suchttendenzen verantwortlich sind. Neben den körperlichen und erblich bedingten sind es vor allem berufliche, private, personenbezogene und gesellschaftliche Faktoren.

Komplexe Syndrome haben komplexe Ursachen

Dennoch versuchen viele Buchautoren das multifaktorielle Ursachengeflecht in irgendeiner Form zusammenzufassen. Die meisten Autoren versuchen es mit den *inneren und äußeren Faktoren*. Die inneren Faktoren sind im Wesentlichen wir selbst - unsere inneren Antreiber, unsere Einstellungen und Haltungen, unsere Persönlichkeitsmerkmale. Mit den äußeren Faktoren sind die Lebens-, Arbeits- und Umweltbedingungen gemeint. Der Wiener Universitätsprofessor für Neurologie und Burnout-Experte Wolfgang Lalouschek erklärt das Wechselspiel wie folgt: „Im Wechsel zwischen inneren und äußeren Auslösefaktoren wird so in einem Kreislauf des Ausfalls von Erholung (Ressourcen) und inadäquaten Bewältigungsstrategien die Entstehung von Burnout begünstigt. Mit abnehmender Belastbarkeit verschärft sich der Konflikt zwischen Ressourcen und Anforderungen noch. So verläuft dieser Prozess als

dynamisches Wirkgefüge selbstverstärkend, langfristig und meist schleichend und aufschaukelnd." (Wolfgang Lalouschek 2012, S. 40).
Der deutsche Psychologieprofessor Matthias Burisch sieht das ähnlich. Das Ursachengeflecht ist ein Mix von inneren und äußeren Umständen, von individuellen Persönlichkeitsmerkmalen und Umweltbedingungen. Genau genommen müsste man zwischen folgenden Begriffen unterscheiden: Gründe bzw. Ursachen, Anlässe bzw. Auslöser, Bedingungen und Voraussetzungen. Eine derartige Differenzierung würde das ohnehin schon komplexe Beziehungsgeflecht noch komplizierter machen. Aber auch die Unterscheidung in innere und äußere Auslösefaktoren bleibt unscharf. Leistungsdruck beispielsweise kann sowohl von innen her entstehen, also in der Persönlichkeit verankert sein, als auch von außen kommen, vom Arbeitgeber bzw. von der Leistungsgesellschaft generell.
Ein weiteres Systematisierungsmodell besteht darin, zwischen *körperlichen und psychosozialen Ursachen* zu unterscheiden (vgl. Schmiedel, 2010). Als psychosoziale Ursachen werden die oben erwähnten inneren und äußeren Merkmale verstanden. Körperliche Ursachen sind etwa Nährstoffmangel, Vitamin- oder Hormonmangel, die mit biochemischen und neurobiologischen Prozessen zusammenhängen. Die genetischen, erblich bedingten Faktoren werden meist hier zugeordnet. Die größte medizinisch-wissenschaftliche Fachgesellschaft für psychische Erkrankungen, die Deutsche Gesellschaft für Psychiatrie, Psychotherapie und Nervenheilkunde verwendet wiederum das „bio-psycho-soziale Modell", welches das **Zusammenspiel von biologischen, psychologischen und sozialen Einflussfaktoren** bei der Krankheitsentwicklung hervorhebt (vgl. www.dgppn.de). Bei der Entstehung von Burnout, Depression und Suchterkrankungen spielen demnach diese drei Faktoren eine entscheidende Rolle. Die biologischen Faktoren, insbesondere die genetischen, werden als Risikokonstellationen bezeichnet, d. h. Personen mit einer genetischen Prädisposition reagieren bei belastenden Lebensereignissen wesentlich leichter depressiv und sind eher Burnout- und Suchtgefährdet. Die psychologischen Bedingungsfaktoren sind im wesentlichen die oben genannten individuellen Persönlichkeitsmerkmale.

Zu den sozialen Bedingungsfaktoren zählen die äußeren Lebens-, Arbeits- und Umweltbedingungen.

Meine persönliche „Ursachenforschung" (die Analyse der Gründe für das Ausbrennen) erfolgt primär im psychosozialen Bereich, beschäftigt sich also mit den inneren und äußeren Faktoren meiner „Krankengeschichte". Zur besseren Übersichtlichkeit werden die Kapitel in folgende vier Ursachenfelder gegliedert: *Beruf, Privat, Person, Gesellschaft*

Hier wird eine systemische Sichtweise vertreten. Sie geht davon aus, dass in der Regel eine Wechselwirkung zwischen den einzelnen Bereichen stattfindet. Erst wenn in mehreren dieser Felder Druck, Stress und Überforderung spürbar werden, wird es eng. Oder in Bezug auf das Eingangszitat formuliert: Es muss schon in mehreren dieser Ursachenfelder brennen, um auszubrennen.

Genau genommen lassen sich die vier Ursachenfelder nicht exakt trennen, die Überlappungen sind einfach zu groß. Beruf und Privat sind für viele Menschen nicht mehr eindeutig trennbar, ebenso Arbeit und Freizeit. Vor allem für alle sog. Ich AGs, die selbstständigen Kleinunternehmer, ist die Trennung dieser Bereiche besonders schwierig bzw. überhaupt nicht mehr sinnvoll. Für sie sind Arbeitsstätte und Wohnung, Beruf und Freizeit keine getrennten Lebensbereiche. Die Übergänge verlaufen gleitend. Aber auch wenn Job und Wohnen räumlich betrachtet noch getrennte Lebensbereiche darstellen, so gilt für immer mehr Menschen das Prinzip der ständigen Erreichbarkeit: mit PC, Laptop oder Handy immer online und abrufbereit. Viele nehmen ihre Arbeit mit nach Hause oder in die Ferien, bei uns Hochschullehrer ist dies beispielsweise der Fall. Wir arbeiten an der Universität und zu Hause, während der Zugfahrt zu einem Kongress und im Urlaub, ob mit oder ohne PC. Es ist gar nicht so einfach, nicht an die Arbeit (z. B. an das Buchmanuskript) zu denken, abschalten zu können. Meist entsteht die Erschöpfung gerade dann, wenn es in beiden Bereichen zur Arbeitsüberlastung, Überforderung kommt – im Job und im Privatleben. Ähnlich verhält es sich mit dem Thema Beziehungskonflikte: Diese können sowohl im Beruf (etwa mit Kollegen oder Vorgesetzten) als auch im Privaten (mit Partnern, Kinder oder Freunden) auftreten und belastend sein. Trotz der vielen Verquickungen und Überlappungen zwischen den einzelnen Ursachenfeldern werde ich im Folgenden den Versuch unternehmen, die Gründe für mein Burnout und die damit zusammenhängende Depression und Sucht in diesen vier Feldern zu verorten. Schon allein, um das ohnehin schon so komplexe und miteinander verwobene Ursachengeflecht etwas strukturierter darstellen zu können. Darüber hinaus werde ich zwei Themen separat behandeln, die in allen vier Feldern immer wieder vorkommen und auch bei meiner Erkrankung und Genesung eine zentrale Rolle spielten: *Sinn und Zeit.*

Die Frage nach dem Sinn des Lebens und Leidens sowie der Umgang mit der Zeit sind krankheitsfördernde und verhindernde Faktoren. Beide haben auch bei der Genesung eine wichtige Funktion. Der Sinnverlust scheint eine zentrale Begleiterscheinung bei Burnout, Depression und Sucht zu sein, ebenso der Umgang mit der Zeit. Die Beschleunigung des Lebenstempos ist in allen Lebensbereichen vorzufinden, in privaten wie in persönlichen. Die Zeit beinhaltet sowohl eine individuelle als auch eine gesellschaftliche Komponente. Sie wird hier als eine zentrale Ursache für das erschöpfte Selbst gesehen. Ein weiteres Systematisierungsproblem existiert bei den körperlichen Faktoren (Vitamin- oder Nährstoffmangel, Blutarmut, Schilddrüsenfunktion etc.) und den Stressfaktoren; diese lassen sich den vier Feldern nicht wirklich zuordnen. Außerdem können sie sowohl die Ursachen als auch Folgen von Burnout, Depression oder Sucht sein (Henne-Ei-Problem). Sie werden daher gleich im folgenden Abschnitt behandelt.

Körperliche Ursachen

Körperliche Ursachen, also erblich bedingte und biochemische Aspekte, werden in weiterer Folge nur kurz behandelt - auch wenn sie, wie neurowissenschaftliche Untersuchungen zeigen, bei der Entstehung vieler

Krankheiten eine wesentliche Rolle spielen können. So wird etwa die *Depression* aus neurobiologischer Perspektive vereinfacht ausgedrückt als Stoffwechselstörung im Gehirn gesehen, die vorübergehend zu einem niedrigen Seratoninspiegel führt. Seratonin ist ein wichtiger Botenstoff bzw. ein Hormon in unserem Körper (sog. Neurotransmitter). Seratonin wird auch als Glückshormon bezeichnet, weil es für das seelische Wohlbefinden verantwortlich gemacht wird, ähnlich wie das Dopamin oder die Endorphine, die Triebe und Gefühle regulieren und Schmerzgefühle unterdrücken. Sie blockieren bzw. stimulieren diverse Rezeptoren bzw. Nervenzellen im Gehirn. Unsere Gedanken und Gefühle (z. B. Glücksgefühle) sind also davon abhängig. Es gibt deutliche Hinweise darauf, dass ein Mangel an derartigen Botenstoffen depressive Zustände auslösen kann. Auch eine gestörte Darmflora oder Entzündungen im Darm haben ähnliche Effekte, hierbei handelt es sich nicht um eine Einbahnstraße (Darm beeinflusst die Stimmung), sondern um eine zweispurige Fahrbahn, d. h. die Psyche beeinflusst auch die Verdauung.

Das *Verlangen nach Alkohol oder Drogen* wird teilweise mit den Botenstoffen erklärt. So docken etwa die Endorphine bei den gleichen Rezeptoren im Gehirn an wie Opiate, was berauschende oder euphorische Glücksgefühle auslösen kann. Bei längerem Konsum von Alkohol und Drogen verringert sich der Seratonin- und Dopaminspiegel im Körper, was wiederum (so die Argumentation) Depressionen verursachen kann. Ähnliches gilt etwa für das Kortison bzw. Cortisol (Antistresshormon). Ein hoher Stressspiegel schwächt bekanntlich das Immunsystem, wirkt sich negativ auf die Botenstoffe (z. B. Seratonin) aus und fördert, so die Vermutung, die Entwicklung von Burnout und Depressionen. Der Alkohol wiederum aktiviert den Sympathikus (ein Teil unseres Nervensystems) und versetzt den Körper nachweislich in einen Stresszustand. Auch Nikotin und Koffein führen zur Ausschüttung von Stresshormonen in unserem Nervensystem und bringen unseren Körper in einen Alarmzustand (etwa in Form von erhöhtem Blutdruck oder Puls). Übertreibt man mit der Einnahme dieser Substanzen, kommt es zu gesundheitlichen Schäden. Weitere körperliche Ursachen für die Erschöpfung können etwa in einer

Schilddrüsenunterfunktion oder Blutarmut (Anämie) liegen. Wichtige Nährstoffe für die Blutbildung sind Eisen oder Vitamin B (12); ein Mangel kann Depressionen verstärken, wie überhaupt Nährstoffmängel zahlreiche Erschöpfungssymptome verursachen können. Ein Mangel an Melatonin (Schlafhormon), Magnesium (Anti-Stress-Mineral), Kalium, Zink etc. kann zu folgenden Symptomen führen: Erschöpfung, depressive Verstimmung, Unruhe, Schlafstörungen, Konzentrationsschwäche, Angstgefühle etc. (vgl. dazu ausführlich Volker Schmiedel, 2010).

Vor dem Hintergrund dieser Erkenntnisse und meiner persönlichen Erfahrungen (meiner Um- und Irrwege) empfehle ich eine ***Vollblutuntersuchung***. Die exakte Bestimmung der Laborwerte kann Nährstoffmängel aufdecken, die mit entsprechenden Präparaten relativ rasch behoben werden können - was in der Regel zu einer Verbesserung des körperlich, geistigen und seelischen Wohlbefindens führt. So war es jedenfalls bei mir. Nachdem ich ein halbes Jahr lang von einer Klinik zur anderen überwiesen worden war und mit Medikamenten (Antidepressiva, Blutdruckmittel, Cholesterintabletten etc.) vollgestopft wurde, zog ich die Reißleine. Ich suchte einen ganzheitlichen Alternativmediziner auf, der die entsprechenden Untersuchungen durchführte und mir passende Präparate verschrieb. Leider haben viele Ärzte keine Kenntnisse darüber und halten daher auch nichts von derartigen Untersuchungen. Bringt man nun auch noch die Proteine (wichtige Bausteine unseres Körpers und der Ernährung) ins Spiel und alle anderen Aspekte, mit denen sich die Genforschung beschäftigt (die Chromosonen, DNA etc.), würde dies den Rahmen der Arbeit völlig sprengen – und den Betroffenen nur bedingt weiterhelfen. Daher konzentrieren wir uns auf die Analyse der psychosozialen Ursachen und betrachten etwas näher, wie Arbeit, Alltag und Familie erschöpfen und welchen Anteil individuelle Persönlichkeitsmerkmale und gesellschaftliche Rahmenbedingungen bei der Entstehung von Burnout und den damit zusammenhängenden Syndromen Depression und Sucht haben können. Eine der wichtigsten Ursachen von Burnout, Depression und Sucht - so sind sich die Experten einig - stellt der psychosoziale Stress dar.

Die Rolle von Stress

Betrachtet man die medizinische Literatur genauer, wird mittlerweile schon fast jede Krankheit auf Stress zurückgeführt bzw. damit in Zusammenhang gebracht. Vor diesem Hintergrund ist heute von der Stress-Epidemie die Rede, meint der Stressforscher Patrick Kury (2012) in seiner Habilitationsschrift „Der überforderte Mensch. Eine Wissensgeschichte vom Stress zum Burnout". Vor allem lang anhaltender (chronischer) Dauerstress erhöht das Risiko für körperliche Erkrankungen (insbesondere des Herz-Kreislauf-Systems, des Magen-Darm-Bereiches, der Haut, der Atemwege u.v.a.m.) und für psychische Erkrankungen, von denen in diesem Buch die Rede ist. Stress kostet Kraft und macht krank, lautet die weitverbreitete Meinung. Dabei ist Stress für die Forscher im Grunde genommen ein neutraler Begriff. Aus Sicht der Hormonforscher etwa ist Stress nichts anderes als eine biochemische Reaktion des Organismus auf grundsätzlich jede körperliche oder seelische Herausforderung – positiv wie negativ. Daher wird auch zwischen *Eustress* und *Distress* unterschieden. Ersterer wird als etwas Positives, Stimulierendes, Motivierendes verstanden, letzterer als etwas Belastendes, Unangenehmes und Bedrohliches wahrgenommen (vgl. Kury, 2012, S. 11). *Stress spielt beim Zustandekommen von Burnout, Depression und Sucht eine zentrale Rolle.* Diesbezüglich sind sich alle Experten einig - insbesondere beim Burnout, das auch als eine Art Stressfolgeerkrankung gesehen wird. Für Patrick Kury ist der psychosoziale Stress eine der wichtigsten Ursachen von Burnout. „Als physiologisch-hormonelle Reaktion versetzt Stress den Organismus bei Bedrohung in einen Zustand höchster Leistungsfähigkeit. Hält der Stress länger an und fehlt die Erholung, führt dies zu teilweise massiver körperlicher und psychischer Schädigung und Erschöpfung, so auch zu Burnout." (ebd. S. 271) Auch beim Stress verhält es sich ähnlich wie bei den anderen Burnout-Faktoren. Wir können nicht von einem simplen „Ursache-Wirkung-Verhältnis" ausgehen. Die Forscher bezeichnen diesen Vorgang als zyklischen Anpassungsprozess. Sie sprechen von „einer verfehlten oder missglückten Anpassungsleistung" und betrachten **Burnout und Stress als „siamesische Zwillinge".**

Wodurch wird Stress überhaupt ausgelöst? Neben beruflichen Belastungen finden sich eine Reihe von Stressoren auch im privaten Lebensbereich. Die beruflichen und privaten Stressfaktoren wurden von der Wissenschaft penibel erhoben und identifiziert. Als die wesentlichen Faktoren werden immer wieder genannt: Alltagsbelastungen, Überforderungen, Konflikte, Spannungen, Unzufriedenheit, Zeitdruck, Reizüberflutung. Ein großes Problem scheint die berufliche Arbeitsbelastung zu sein: „Untersuchungen haben bestätigt, dass arbeitsbedingter Stress eine der größten Bedrohungen für die Gesundheit von Arbeitnehmern in den westlichen Ländern darstellt. Große Befragungen haben gezeigt, dass fast jeder dritte Beschäftigte unter arbeitsbedingtem Stress leidet." (Lalouschek, 2010, S. 12) Die Stressforschung (sowohl die physiologisch als auch die psychologisch orientierte) hat in ihren zahlreichen Untersuchungen aufgezeigt, wodurch Stress noch ausgelöst wird – vor allem, wenn unsere Ressourcen (Geld, Macht, Besitz, Status, Job, Ehe oder die Zuneigung wichtiger Personen) von Verlust bedroht oder gar verloren gegangen sind oder Investitionen nicht den erwarteten Ressourcengewinn erbringen. Eine weitere wichtige Unterscheidung sollte zwischen den Begriffen *Stress* und *Druck* gemacht werden, meint der ärztliche Leiter des österreichischen Instituts für angewandte Stressforschung Sepp Porta (2009, S. 5): „Zuerst ist nicht der Stress, sondern der Druck, die Belastung da, auf die dann erst mit Stress reagiert wird. Dauernder Druck führt zu chronischem Stress, der aber wieder zur Erschöpfung und schließlich zu Burnout." Der deutsche Psychologieprofessor Burisch (2010, S. 153), der ebenfalls einen umfassenden und kritischen Überblick über die Stressforschung liefert, unterscheidet zudem noch zwischen ***„Stress erster Ordnung"*** (verursacht durch die oben genannten beruflichen und privaten Stressfaktoren) und ***„Stress zweiter Ordnung"*** (verursacht durch die erfolglosen Versuche zur Bewältigung des Stresses erster Ordnung), d. h. Stress zweiter Ordnung ist ein Stress durch „erfahrbare Hilflosigkeit" - ein Stress also, der durch die erfolglosen Versuche der Stressbewältigung und der damit verbundenen „subjektiven Hilflosigkeit" entsteht, d. h. wenn man praktisch keinen Ausweg sieht.

Die wirklich burnoutrelevanten Stressfaktoren beziehen sich häufig auf den Stress zweiter Ordnung. Die Hilflosigkeit bezüglich der gescheiterten beruflichen Projekte oder im Umgang mit meinen Beziehungskonflikten, die gescheiterten Versuche, in verzweifelten Momenten keinen Alkohol zu trinken oder weniger zu rauchen - all diese Zielverfehlungen führten zu Frustration, Aggression, Ärger, Gereiztheit, Angst, Unlust und Niedergeschlagenheit, führten zu einem Gefühl der Lähmung, der Hilf- und Hoffnungslosigkeit, der inneren Leere – kurz: sie führten zu Stress zweiter Ordnung. Dass dabei das Selbstwertgefühl drastisch sank, ist nur allzu verständlich. Dieser Ausbrennprozess wird übrigens, so die theoretische Auffassung von Burisch (2010, S. 159), durch „Autonomieeinbußen" ausgelöst. Der Autor verwendet in diesem Zusammenhang den Begriff „subjektive Autonomie" und meint damit „Freiheit" - die Freiheit, sein Leben unter Kontrolle halten zu können, sein Leben im Griff zu haben.

Im Prinzip lässt sich der Stress oft beenden, indem eine Situation verlassen wird, Ziele neu definiert oder belastende Situationen in Zukunft vermieden werden. Das klingt in der Theorie zwar sehr einfach, die praktische Umsetzung ist schon etwas schwieriger, aber machbar. Stressige Situationen zu vermeiden bzw. zu verlassen ist tatsächlich der wirkungsvollste Weg aus der Burnout-Falle, so meine persönliche Erfahrung. Denn nichts anderes habe ich letztlich getan: Diverse Theorie-Projekte (die ich „nur" für mein EGO benötigte) einstweilen auf „Eis" gelegt, den Beziehungskonflikt (der mich innerlich fast zerrissen hätte) geklärt, den Alkoholmissbrauch (der mir fast das Leben gekostet hätte) gestoppt sowie neue Ziele (die mich motivierten und stärkten) formuliert und in die Tat umgesetzt. Auch das Vermeiden des Wortes „Stress" bringt nach meiner Erfahrung sehr viel. Früher habe ich oft gesagt *„Sorry, ich habe keine Zeit. Ich bin im Stress."* Heute sage ich: *„Nein, habe ich keinen. Viel zu tun vielleicht, aber Stress, nein"*. Die Wirkungsweise lässt sich mit der neurolinguistischen Programmierung (NLP) erklären. Mehr darüber im Kapitel „Macht positiv Denken gesund oder krank?".

5.1.) Ursachenfeld 1: Beruf

„Müde macht uns die Arbeit,

die wir liegen lassen,

nicht die, die wir tun."

(Marie von Ebner-Eschenbach)

Die eingangs zitierten Studien signalisieren eindeutig, dass immer mehr Menschen unter dem enormen Druck am Arbeitsplatz leiden und darauf mit psychischer Erkrankung reagieren. Allerdings ist es nicht die Arbeit an sich, die krank macht. Es ist auch nicht die berufliche Arbeitsbelastung, die zur Erschöpfung führt. Sie spielt zwar (wie die Forschung anhand von zahlreichen Untersuchungen aufgezeigt hat) eine wichtige Rolle. Wesentliche Faktoren sind unter anderem die eigenen Einstellungen, Erwartungen und Leistungsansprüche an die Arbeit sowie das Ungleichgewicht zwischen beruflichen Anforderungen und persönlichen Ressourcen.

Ich war (und bin es zum Teil immer noch) sehr streng mit mir, bin leistungsbereit und engagiert, stelle hohe Leistungsansprüche an mich und andere. Ich bin in der Regel mit großem Eifer bei der Sache, investiere viel Energie und Zeit in die Arbeit. Ich formuliere oft zu hochgesteckte Ziele und habe einen gewissen Hang zum Perfektionismus. All dies ist (wie die einschlägigen Fallbeschreibungen in der Literatur zeigen) typisch für Burnout-Patienten. Sie sind in der Regel engagiert und leistungsorientiert. Sie machen es gerne allen Recht, lassen sich (zu) viel gefallen, stellen ihre Bedürfnisse hintan, haben ein Problem mit dem „Nein-Sagen" und setzen sich selbst unter Druck. In frühen Burnout-Studien ist man davon ausgegangen, dass es vor allem jene Berufsgruppen trifft, die mit Menschen arbeiten (Ärzte, Pflegepersonal, Sozialarbeiter, Lehrer) und die hier skizzierten Persönlichkeitsmerkmale mit sich bringen. Für diese Gruppen wurden daher auch spezielle Diagnoseverfahren (Fragebögen) entwickelt.

Aufgrund der enormen Verbreitung des Erschöpfungssyndroms ist heute klar, dass Burnout nicht nur ein berufsgruppenspezifisches Problem ist, sondern in mehr oder weniger fast allen Berufen vorzufinden ist; sogar der oberste Hirte der katholischen Kirche ist nicht dagegen gefeit, allerdings (und das ist die gute Nachricht):

Burnout kann <u>nicht</u> jeden treffen!

Die in der Literatur und bei Vorträgen häufig gemachte Aussage, Burnout kann jeden treffen, stimmt meines Erachtens nicht. Mit dieser plakativen Meldung wollen die Autoren aufzeigen, wie schnell es einem „erwischen" kann – sogar den Papst. Faktum ist: Es müssen gewisse Voraussetzungen, innere und äußere Faktoren (individuelle Persönlichkeitsmerkmale und spezielle Umweltbedingungen) vorliegen, dass wir ausbrennen. Wir beginnen mit den beruflichen bzw. arbeitsplatzbezogenen Faktoren.

Sechs Burnout-Faktoren des Arbeitsplatzes:

Maslach und Leiter (2001) identifizierten sechs Faktoren, die maßgeblich darüber entscheiden, ob Menschen an ihrem Arbeitsplatz ausbrennen: (1) Arbeitsüberlastung, (2) Mangel an Kontrolle, (3) Mangel an Belohnung und Anerkennung, (4) Mangel an Gemeinschaft, (5) Mangel an Fairness, Respekt und Gerechtigkeit, (6) Wertekonflikte.

Bevor die Faktoren, die die beiden Autoren in ihrem Buch („Die Wahrheit über Burnout. Stress am Arbeitsplatz und was sie dagegen tun können") ausführlich beschreiben, auf meine Situation übertragen werden, fassen wir diese kurz zusammen.

Arbeitsbelastung wird von den Autoren als einer der Hauptfaktoren für Burnout ausfindig gemacht. „Wir müssen zu viel in zu wenig Zeit erledigen und haben dafür zu wenig Mittel zur Verfügung." (ebd. S. 11). Sie meinen, dass in den meisten Berufen weit über „die Grenzen der menschlichen Leistungsfähigkeit" hinaus gearbeitet wird; immer weniger Menschen müssen in weniger Zeit die gleiche Arbeitsmenge bewältigen. „Die Arbeitsbelastung nimmt mit dem Arbeitstempo zu. Das schnellere Tempo mindert die Qualität, zerstört Freundschaften unter Arbeitskollegen, bedeutet das Ende von Innovationen – und führt zu Burnout." (ebd. S. 12). Zum zweiten Faktor *Mangel an Kontrolle* stellen die Autoren fest, dass zwischen den Möglichkeiten (z. B. verantwortlich zu sein, Entscheidungen zu treffen, sich für den Betrieb einzusetzen etc.) und den Einschränkungen durch unumstößliche Richtlinien und straffe Überwachungsmaßnahmen durch die Unternehmen Welten liegen. Mangel an Belohnung für das Engagement der Mitarbeiter ist das dritte Problem. „Wenn wir keine Anerkennung bekommen, werden sowohl die Arbeit, die wir erledigen, als auch wir selbst als Arbeitnehmer abgewertet." (ebd. S. 14). Auch dieser Aspekt ist in vielen Organisationen zu beobachten, obwohl eigentlich jeder weiß, wie wichtig Belohnung ist. Der *Mangel an Gemeinschaft* entsteht, so die Autoren, wenn Menschen positive Kontakte zu anderen in ihrem Arbeitsumfeld verlieren. Dies geschieht vor allem dort, wo die Menschen isoliert werden, z. B. indem sie physisch getrennt werden und irgendwo alleine am PC arbeiten. „Was jedoch dem Gemeinschaftssinn am abträglichsten ist, sind chronische und ungelöste Konflikte." (ebd. S. 15). *Mangel an Fairness* am Arbeitsplatz zeigt sich auf vielfältige Art und Weise, beispielsweise durch Respektlosigkeit, unfaires Verhalten von Vorgesetzten (etwa bei Beförderungen oder Prämien), Schuldzuweisungen (indem man etwa für Dinge verantwortlich gemacht wird, die man nicht getan hat) u.v.a.m.

Der *Wertekonflikt* tritt überall dort auf, wo Menschen Dinge tun, die unethisch sind und nicht ihren persönlichen Wertevorstellungen entsprechen. Dies können die sogenannten Verkaufslügen sein, um ein Produkt an den Mann, die Frau zu bringen oder das Kaschieren von Fehlern und Missständen. Die *Führungskräfte* sind dabei die entscheidenden Player. Sie bestimmen maßgeblich mit, inwieweit die sechs Faktoren zum Leidwesen für die Mitarbeiter werden oder nicht. Und ich ergänze: Die Kommunikation der Führungskräfte, die Art und Weise, wie sie mit den Mitarbeitern kommunizieren, ist der ausschlaggebende Punkt. Das kommunikative Verhalten der Führungskräfte entscheidet wesentlich mit, ob und inwieweit Mitarbeiter vor Begeisterung brennen oder ausbrennen.

Laut Geyerhofer und Unterholzer (2012), die in ihren Therapien und Studien Patienten interviewt haben, stehen die Chancen, an Burnout zu erkranken gut, wenn in zumindest drei dieser sechs Faktoren Probleme auftreten. Ich identifizierte im Rahmen der Selbstanalyse in allen sechs arbeitsplatzbezogenen Feldern gewisse Belastungen. Die Arbeitsüberlastung ist dabei das offensichtlichste Problem.

Das Papst-Syndrom: Arbeitsüberlastung

„Man sieht nicht mehr, was man schon geleistet hat, sondern, was noch zu tun ist."

In dieser Lebens- bzw. Burnout-Phase habe ich beruflich (davon ist in diesem Abschnitt die Rede) eindeutig übertrieben: ich war mit zu viel Eifer bei der Sache, zu ehrgeizig. So habe ich mir zum Beispiel eingebildet, ich müsse neben der ohnehin schon sehr zeitintensiven und spannenden Tätigkeit als Studienprogrammleiter und stellvertretender Institutsvorstand unbedingt noch Fachartikel *publizieren,* bei internationalen Tagungen und Kongressen *referieren,* mich hochschuldidaktisch in der Lehre besonders *engagieren*, weiterhin Dutzende Diplomarbeiten *betreuen*, ein großes Forschungsprojekt (kumulative Habil) *realisieren* und meine freiberufliche Seminar- und Beratertätigkeit *aufrechterhalten.* Man kann hier durchaus von einer Arbeitsüberlastung, oder genauer gesagt von einer Mehrfach- bzw. Doppelbelastung sprechen, oder journalistisch formuliert: vom sog. *Papst-Syndrom.*

Papst Benedikt XVI legte sein Amt bekanntlich im Februar 2013 im 85. Lebensjahr mit der Begründung, dass er zu müde und erschöpft sei, nieder. Er scheiterte, wie er es selbst formulierte, nicht nur an den wachsenden Herausforderungen der schnelllebigen Welt, die sich so rasch verändert, sondern vor allem an den eigenen Ansprüchen: Neben den vielfältigen

Aufgaben als Papst verfasste der Theologieprofessor Joseph Ratzinger zahlreiche Schriften (insgesamt drei Bücher in seiner siebenjährigen Amtszeit) und konzentrierte sich auf das, was er am besten konnte, nämlich den Menschen in Form von Predigten und Reden, den Glauben zu erklären. Es war die Doppel- bzw. Vielfachbelastung, die Papst Benedikt XVI zu viel wurde. Er wollte unbedingt beides unter seinem Bischofshut bringen: als Gelehrter lehren, forschen und schreiben, als Manager eines großen Weltkonzerns das Schiff Petri steuern. Eindeutig zu viel für den Mann im vorgerückten Alter.

Auch wenn die Last bzw. Belastung des Papstes um ein Vielfaches höher ist als meine, so sind doch Parallelen zwischen den zwei Fällen erkennbar. Das Verhaltensmuster ist das gleiche. Anstatt mich voll und ganz auf meine Ämter zu konzentrieren, musste ich unbedingt noch mehr tun, als ob die eigentliche Aufgabe nicht genug wäre. Dieses Phänomen ist übrigens bei vielen Hochschulprofessoren zu beobachten, die Funktionen an der Universität (z. B. als Institutsvorstand, Dekan oder Rektor) übernehmen. Wenn sie ihre ohnehin schon anspruchsvolle Arbeit in Lehre und Forschung nicht aufgeben bzw. reduzieren, sind sie Burnout gefährdet und brennen früher oder später aus.

Das Absurde dabei ist, das all dies niemand von uns erwartet und uns (bis auf wenige Ausnahmen) unter Druck setzt. Es sind *primär* die eigenen, meist überzogenen Leistungsansprüche, die uns antreiben und die individuellen Werte (bei mir z. B. Gewissenhaftigkeit, Pünktlichkeit, Verlässlichkeit, Loyalität, Einhalten von Versprechungen um „jeden Preis“), die in die Burnout-Falle führen. Erst *sekundär* sind es die Ansprüche, Anforderungen und Erwartungen von Projektpartnern, Mitarbeitern, Studenten, bei denen man nicht so einfach „Nein“ sagen kann. Einige Beispiele aus der Kernphase des Burnout-Prozesses (siehe Krankengeschichte 2008 – 2010) zeigen auf, wie schnell man menschlich enttäuscht sein oder unter Druck geraten, ausbrennen kann.

Persönliche Erfahrungen: Fallbeispiele

Fallbeispiel 1: die Loyalitäts-Falle

Ich arbeitete in einem sogenannten Massenfach. Das Studium Publizistik und Kommunikationswissenschaft ist bei den Studierenden sehr beliebt. Einige wenige Professoren haben Hunderte Studenten zu betreuen. Das Betreuungsverhältnis an unserem Institut lag über viele Jahre bei 1: 190, d. h. ein Professor für 190 Studierende. Diese unzureichende Betreuungssituation trägt natürlich dazu bei, dass einzelne Hochschullehrer überfordert sind. Jedenfalls kann dies phasenweise ganz schön anstrengend werden, ist aber im „Normalfall“ mit den entsprechenden - nicht bezahlten - Überstunden und der üblichen Selbstausbeutung, die im Wissenschaftsbetrieb etwas völlig „Normales“ sind, durchaus zu bewältigen. Es sei denn, es fallen Kollegen aus, was in meinem Fachbereich der Fall war. Ein Kollege und eine Kollegin waren abwechselnd für einige Semester in Karenz, eine Vertretung wurde erst mit großer Verspätung installiert. In der Zwischenzeit hielt ich die Stellung, absolvierte neben meiner Lehrverpflichtung die Einführungsvorlesungen mit über 200 Studierenden, nahm die Prüfungen ab, betreute zahlreiche Diplomarbeiten und koordinierte den Fachbereich. Die Folge war: Ich nahm täglich die Arbeit mit nach Hause, saß (zumindest in den Spitzenzeiten) bis Mitternacht über den Prüfungsarbeiten oder korrigierte Dutzende Diplomarbeiten. Und das Tag für Tag, natürlich auch an den Wochenenden, Samstag, Sonntag. - Warum habe ich nicht ‚Nein‘ oder ‚Stopp‘ gesagt? Aus falsch verstandener Loyalität, aus Pflichtbewusstsein. Das natürliche Bedürfnis nach Anerkennung jedoch wurde nicht gestillt. Dank gab es dafür keinen, es wurde als Selbstverständlichkeit hingenommen. Das Absurde dabei ist, dass man die Emotionen nicht äußert, den Frust für sich behält, hinunterschluckt (im wahrsten Sinne des Wortes), die aufgestaute Aggression nach innen richtet und - was noch viel schlimmer ist - die versteckte Aggression seinen Nächsten, Liebsten zu Hause spüren lässt und weitermacht, bis man nicht mehr kann.

Fallbeispiel 2: ein verlockendes Angebot

Das Angebot einer Hochschule, einen österreichweiten Bundeslehrgang für Öffentlichkeitsarbeit durchzuführen, war zu verlockend: Ich konnte es nicht abschlagen. Das Projekt war einige Zeit vorher, als es noch etwas ruhiger zuging, von mir vorgeschlagen worden. Die Universität fungierte als offizieller Kooperationspartner und ich persönlich sagte die Durchführung zu. Es gab also einen gewissen Druck von beiden Seiten und natürlich Erwartungshaltungen von der besagten Hochschule in Ihrer Rolle als Auftraggeber: Sie wollte unbedingt meinen Kollegen und mich als Lehrgangsleiter, weil wir in den vergangenen Jahren mit großem Erfolg derartige Kurse und Lehrgänge durchgeführt hatten. Da packte mich der persönliche Ehrgeiz, mein ‚Ego' wurde gestreichelt. Außerdem wurden die entsprechenden Geldmittel vom Ministerium nur für das spezielle Studienjahr zur Verfügung gestellt, ein Verschieben des Projekts wäre schwierig bis unmöglich gewesen. Ich konnte das Projekt gemeinsam mit meinem Kollegen zwar sehr erfolgreich umsetzen, verbrauchte aber dabei meine letzten Kräfte und Ressourcen. Das Beispiel zeigt, wie sehr man sich die Verantwortung einreden kann. Das Abschieben der Verantwortung („was hätte ich tun sollen, ich hatte ja keine andere Wahl") ist und bleibt eine Ausrede. Natürlich hätte ich auch die Wahl gehabt, Nein zu sagen.

Fallbeispiel 3: Mein Ego wird gestreichelt

Wenn mich die renommierten Herausgeber eines internationalen Sammelbandes um einen Fachartikel bitten, weil ich gerade zufällig einer der wenigen Experten auf einem bestimmten Gebiet bin, fällt es ebenso schwer, Nein zu sagen. Außerdem wird mein Ego wieder gestreichelt. Hier kommen die oben erwähnten Werte wieder ins Spiel. Wenn ich einmal zugesagt habe, will ich das Projekt auch zu Ende führen - unter dem Motto „koste es, was es wolle". Auch das Phänomen „Image-Bewahren" spielt bei mir eine gewisse Rolle; darauf komme ich später noch zurück. Spätestens vor dem Abgabetermin des Manuskripts kommt man unter Zeitdruck, arbeitet bis spät in die Nacht, weil der Tag ohnehin mit anderen Arbeiten (Lehre, Administration, Verwaltung, Betreuung von Diplomarbeiten, Planung diverser Zusatzprojekte) ausgefüllt ist. Rückblickend betrachtet sehe ich das Durchziehen des Projekts ambivalent: *Einerseits* bin ich froh und stolz darüber, den Artikel verfasst zu haben, *andererseits* frage ich mich, ob der Preis dafür nicht zu hoch war.

Fallbeispiel 4: berufliches Kernereignis des Ausbrennens

An diesem Beispiel wird das Kernelement des Ausbrennens deutlich, nämlich eine „alles verzehrende Zielbindung (absorbing commitment) und frustrierte Anstrengung zur Zielerreichung“, wie es der deutsche Psychologieprofessor Burisch (2010, S. 62) in Anlehnung an den schwedischen Burnout-Forscher Lennhart Hallsten formuliert. Damit ist gemeint, dass die eigenen Kompetenzen oder verfügbaren Ressourcen nicht ausreichen, um die ambitionierten Ziele zu erreichen. Das Ziel, das ich mir zu diesem Zeitpunkt (Sommer 2011) gesteckt hatte, war die Fertigstellung der kumulativen Habilitation, d. h. einer wissenschaftlichen Schrift, in der eine Auswahl der von mir bislang veröffentlichten Publikationen zusammengefasst und einer Kommission zur Begutachtung vorgelegt werden sollten. Diese Schrift ist in manchen europäischen Ländern eine Art „Eintrittskarte für die wissenschaftliche Karriere“ bzw. für junge Wissenschaftler eine notwendige „Qualifikationsprüfung“ zur Erlangung der Lehrbefugnis. In meinem Fall wäre dies nicht notwendig gewesen, weil ich ohnehin schon seit mehr als 30 Jahren im wissenschaftlichen Dienst, in der Lehre und Forschung tätig war. Also ein typisches Ziel, das unter die Kategorie persönlicher bzw. falscher Ehrgeiz eingeordnet werden kann. Wie auch immer: Im Sommer 2011 begann ich mit dem Verfassen des dazu notwendigen, theoretischen Einleitungstextes, konnte ihn jedoch aufgrund der hier skizzierten beruflichen Belastungen und der privaten Umstände nicht mehr fertigstellen. Die vorläufige Nichterreichung des ambitionierten Zieles führte zu frustrierter Anstrengung, „der Kernphase eines Ausbrennprozesses“ (Burisch 2010, S. 63). Ein tiefes Gefühl der

Enttäuschung, Machtlosigkeit, aber auch alle anderen Symptome der bereits beschriebenen Burnout-Phasen machten sich bemerkbar, vor allem die Symptome der Depression (vgl. Phase 11), wie z. B. niedergeschlagene Stimmung, Lust- und Antriebslosigkeit, Energiemangel, Pessimismus, Reduzierung des Selbstwertes sowie Wert- und Sinnverlust. Die alles verzehrende Zielbindung und frustrierte Anstrengung zur Zielerreichung kann - so die Theorie - direkt ins Burnout führen. Dabei spielt die persönliche Vulnerabilität (Verletzlichkeit) eine wichtige Rolle. Diese Vulnerabilität, bedingt durch ein labiles Selbstbild und geringe Selbstachtung, wird für den Burnout-Kandidaten zum Manko. „Eigene Kompetenzen und verfügbare Ressourcen reichen nicht aus, die ambitionierten Ziele zu erreichen – es gibt Frust.“ (Burisch 2010, S. 62) Und so war es auch bei mir.

Fallbeispiel 5: ungelöste Konflikte

Auch das letzte Beispiel passt gut zur oben skizzierten Theorie des Ausbrennens und steht exemplarisch für viele Konflikt-Situationen, in die man hineingeraten kann. Hier spielt die erwähnte Verletzlichkeit ebenfalls eine gewisse Rolle. Es handelt sich um einen Konflikt, der sich im Jahr 2008 zutrug und nicht befriedigend gelöst wurde.
Was war passiert? Der Club, in dem ich mich seit der Gründungsphase über 25 Jahre lang aktiv engagiert hatte (zum Teil auch als Obmann), wurde von einigen Kollegen und anderen Mitspielern - ohne mich in den Prozess einzubinden - aufgelöst. Wie wir wissen, gibt es bei Konflikten die verschiedensten Ursachen, Ziele, Sichtweisen und Positionen. Im Grunde genommen spielen sie sich aber immer (verkürzt gesagt) auf zwei Ebenen ab, auf der Sach- und der Beziehungsebene. Auf der Sachebene ging es um unterschiedliche Vorstellungen bezüglich der Clubführung und um die Zukunft des Vereins. Auf der Beziehungsebene ging es im Grunde genommen um das „Nicht-Eingebunden-Sein“ oder anders formuliert, um das „Ausgeschlossen-Werden“ von wichtigen Entscheidungsprozessen. Die Konfliktpartner verweigerten einfach lange Zeit das Gespräch. Der

Konflikt wurde nicht bearbeitet, sondern unter den Tisch gekehrt, zu den Akten gelegt, einfach weggelegt. Der Konflikt bedeutet für mich zweierlei: einerseits die Weglegung des „Kindes“ (des Clubs), das ich mit „aufgezogen“ hatte, andererseits die Weglegung des Konflikts.

Die „Nicht-Lösung“, die Verdrängung, das „Nicht-Austragen“ von Konflikten, führt in der Regel zu gemischten, meist unangenehmen Gefühlen und kann, wie bereits oben bei der Theorie der Erschöpfung aufgezeigt wurde, in die Burnout-Falle führen. Die Auffassung, dass ungelöste Konflikte ein Kern des Ausbrennens sind, vertreten viele Wissenschaftler, so auch der französische Soziologe Alain Ehrenberg in seinem Buch „Das erschöpfte Selbst“ (2008). Für ihn ist „der verlorene Bezug auf den Konflikt“ (S. 22) sogar eine der zentralen Thesen für das Zustandekommen von depressiven Störungen in unserer Gesellschaft.

Mobbing am Arbeitsplatz: Schikane und Intrigen

Gemobbt wird in allen Berufen, Schichten und auf allen Hierarchiestufen – auch an der Universität, bei den „gebildeten“ Leuten. Vorgesetzte können ebenso in die Schusslinie geraten wie „normale“ Mitarbeiter. Lt. Angaben der *Bundesanstalt für Arbeitsschutz und Arbeitsmedizin* werden allein in Deutschland jeden Tag mehr als 1, 6 Millionen Arbeitgeber gemobbt. In Österreich ist lt. Auskunft des *Statistischen Zentralamtes* die Mobbingrate sogar noch höher, sie liegt mit 7,2 Prozent drastisch über dem EU-Durchschnitt (4,1 Prozent), Tendenz steigend. Die volkswirtschaftlichen Schäden sind fatal. **10 Prozent aller Krankschreibungen hängen mit Mobbingfällen zusammen** - ein ziemlich kostspieliger „Produktionsausfall“.

Mobbing wird in Anlehnung an den bereits verstorbene Pionier der Mobbingforschung Heinz Leymann ganz allgemein als eine „*konflikthafte Kommunikation am Arbeitsplatz unter Kollegen oder zwischen Vorgesetzten und Untergebenen*“ verstanden. Mobbing ist nicht mit alltäglichen Konflikten oder Streitereien gleichzusetzen. Die wesentlichen Merkmale sind:

> Schikane (man wird von einem zum anderen hin und her geschickt), Diffamierung (gezielte Verleumdung durch Unterstellungen), Denunzierung (gezielte öffentliche Beschuldigung, anonyme Anzeige), Intrige (Versuch, anderen Schaden zuzuführen oder gegeneinander auszuspielen), Diskriminierung (Benachteiligung, Herabwürdigung), gezielte Angriffe gegenüber Mitarbeitern oder Vorgesetzen, üble Nachrede und Gerüchte, sexuelle Belästigungen, Verstoß gegen die Gleichbehandlung, unfaire Verhaltensweisen, Schuldzuweisungen, soziale Ausgrenzung.

Aus arbeitsrechtlicher Perspektive spricht man von Mobbing, wenn mehrere der oben genannten Merkmale regelmäßig über die Dauer von mindestens einem halben Jahr auftreten. Mobbing-Handlungen sind - das weiß ich aus leidvoller Erfahrung - entwürdigend, beleidigend und demütigend.

Die *Ursachen* sind vielfältig: Eine entscheidende Rolle spielt der zunehmende Arbeits- und Konkurrenzdruck in unserer Leistungsgesellschaft, insbesondere auch die Struktur der Arbeitswelt, fehlerhafte Betriebsstrukturen, schlechtes Arbeitsklima, ein zu hohes Arbeitspensum, mangelnde Arbeitsorganisation mit unklaren Aufgaben und Verantwortungsbereichen, Kompetenzstreitereien, fehlende Gesprächsbereitschaft, geringe Bewertung der Tätigkeit, fehlende Anerkennung für erbrachte Leistungen, Neid und Missgunst und (last but not least) mangelhaftes Führungsverhalten von Vorgesetzen. Die Rolle der Vorgesetzten (z. B. die Verletzung der Fürsorgepflicht, das Wegschauen und stillschweigende Dulden von Mobbing-Aktivitäten) wird in den Studien als zentraler Faktor bewertet. Auch diese Studienergebnisse decken sich mit meinen persönlichen Erfahrungen. Sehr häufig sind die Motive schlicht und einfach **Schadenfreude und Sadismus**.

Die *Folgen* von Mobbing sind fatal. In zahlreichen Untersuchungen wurde belegt, dass Mobbing nachweislich krank macht. Die psychosozialen und physischen Folgen für die Opfer sind etwa: Demotivation, Verzweiflung, Misstrauen, sozialer Rückzug, Schlaf- oder Essstörungen, verstärkter Konsum von Alkohol oder Medikamenten, Magengeschwüre, Herz-Kreislauf-Probleme, Angstzustände, Zittern, Nervosität etc. Die Symptome sind ähnlich wie beim Burnout und der Depression.

Ob und inwieweit bei einem Mobbing-Opfer derartige Symptome auftreten, ob jemand ausbrennt oder depressiv wird, hängt – wie wir ausführlich erörtert haben – von vielen Faktoren ab. Neben den oben genannten gesellschaftlichen und organisationsbezogenen Faktoren können auch individuelle Persönlichkeitsmerkmale Mobbing fördern, wie etwa die Vulnerabilität (Verwundbarkeit, Verletzbarkeit), Rigidität (Sturheit, Starrheit, Unbeweglichkeit), Unnachgiebigkeit sowie ein zwanghaftes Festhalten an der eigenen Position. Aber auch das individuelle Wertgefüge und Diskrepanzen zu den vorherrschenden Werten der Organisation spielen eine entscheidende Rolle. Mobbing-Opfer empfinden die Angriffe und Unterstellungen als ungerecht und entwürdigend. Es entstehen ärgerliche Gefühle, die viele nicht zeigen können, die man zu unterdrücken versucht. Nun wissen wir seit Sigmund Freud, dass man die Aggression, die man unterdrückt, in der Regel gegen sich selbst wendet. Die Wut ist ja nicht weg, sondern frisst sich hinein. Das Gefühl des Ungenügendseins, Schuldgefühle und Selbstwertprobleme sind die Folge.

Fazit: Jeden Tag schuldig ins Bett

Was zeigen uns die Fallbeispiele aus meiner beruflichen Praxis? **Ein 12 Stunden-Arbeitstag ist nicht so belastend wie ein Konflikt am Arbeitsplatz oder ein Mobbing-Fall.** Die Gründe sind immer wieder die gleichen und sind in den eingangs erwähnten sechs arbeitsplatzbezogenen Faktoren zu verorten. Die fünf Fallbeispiele haben aber auch gezeigt, dass die individuellen Persönlichkeitsmerkmale eine wesentliche Rolle spielen, ob man in die Burnout- und Mobbing-Falle tappt. In meinem Fall waren dies: übertriebenes Pflichtbewusstsein und falsch verstandene Loyalitäten (Fb 1), falsch verstandener Ehrgeiz (Fb 2), der Wunsch, das Image um jeden Preis aufrecht zu erhalten (Fb 3), energiefressende Zielbindungen und frustrierte Anstrengungen zur Zielerreichung (Fb 4) sowie die individuelle Verwundbarkeit und Verletzbarkeit im Zusammenhang mit Konflikten und Mobbing-Angriffen.

Allen fünf Fallbeispielen liegt die **Fehleinschätzung des Machbaren** zugrunde. Man bildet sich ein, alles schaffen zu können und ist sogar noch stolz darauf. In diesem Zusammenhang passt die Aussage des Journalisten Alwin Schönberger, der im Leitartikel des Wissenschaftsmagazins der profil-Redaktion (profil-wissen 2, Juni 2012, S. 7) unter der Headline „Brandbeschleuniger“ über Burnout und andere Seelenleiden schreibt: *„Alwin Schönberger arbeitet zumeist sieben Tage pro Woche, ist gegen halb zwei Uhr morgens per E-Mail gut erreichbar und hat eher nicht das Gefühl, Burnout-Kandidat zu sein.“* Dieses Gefühl hatte ich auch. Ich war sogar stolz darauf, dass ich Hunderte e-Mails pro Tag sofort beantwortete, ständig erreichbar war – natürlich auch im Urlaub. Aber plötzlich sah ich nur mehr das, was noch zu tun ist und nicht, was ich schon geleistet hatte (vgl. Eingangszitat zu diesem Kapitel). Man beginnt, die Arbeit überall hin mit zu schleppen - ob in den Urlaub oder mit nach Hause. So geht es nicht nur mir, sondern auch vielen anderen Kollegen an der Universität. Dieses Phänomen ist vor allem bei den sogenannten „privilegierten“ Berufen (Lehrer, Künstler, Journalisten, Hochschulprofessoren) und den modernen „Ich-AGs“, den Selbständigen, zu beobachten. Sie sind ständig *bei der* Arbeit oder mit PC und Handy *mit ihrer* Arbeit verbunden. Die Folge ist, dass viele (im wahrsten Sinne des Wortes) nicht mehr abschalten können, ausbrennen. Die *Vermischung zwischen Beruf und Privat*, zwischen Arbeit und Freizeit ist mittlerweile ein Phänomen, das mit dem gesellschaftlichen Wandel (den neuen Informations- und Kommunikationstechnologien, den veränderten Arbeitsbedingungen etc.) zusammenhängt. Darauf gehen wir noch gesondert ein. Zum Problem wird es erst dann, wenn Sie jeden Tag schuldig ins Bett gehen.

„Jeden Tag schuldig ins Bett!“ Mit dieser Aussage trifft der Soziologe Hartmut Rosa (Autor des Theoriebestsellers „Beschleunigung“) das Problem auf den Punkt und spricht mir aus der Seele. Mit diesem Gefühl bin ich tatsächlich eine Zeit lang ins Bett gegangen und habe dementsprechend schlecht geschlafen (vgl. Zeit-Online-Redaktion-Interview mit H. Rosa, 4.11.2011). Die hier skizzierten beruflichen Herausforderungen und zum Teil auch Überforderungen reichten zumindest bei mir noch nicht aus, um auszubrennen bzw. total zusammenzubrechen. Man muss schon über eine längere Zeit hinweg an der Grenze der Belastbarkeit arbeiten, um auszubrennen. „Körper und Geist halten überraschend lange mit - bis auf einmal nichts mehr geht.“ (Geyerhofer und Unterholzer, 2012, S. 8) Außerdem müssen mehrere Faktoren zusammenkommen, damit es (um in der Metapher des Trichtermodells zu bleiben) „eng“ wird. Und es ist, wie bereits erwähnt, nicht der berufsbedingte Stress (erster und zweiter Ordnung) allein für das Ausbrennen verantwortlich. Der Stress im privaten bzw. außerberuflichen Bereich (in der Familie, mit der Partnerin, mit den Kindern, mit Freunden, beim Ausüben von Hobbys, Sport etc.) spielt bei vielen Burnout-Patienten eine ebenso große Rolle, wie die Ausführungen im nächsten Kapitel zeigen.

5.2.) Ursachenfeld 2: Privat

Ob als Single oder in einer Partnerschaft:

Stress im privaten Umfeld gibt es genug!

Wer sich im Job überfordert, hat mit großer Wahrscheinlichkeit auch ein Problem mit der Arbeit zu Hause. Aufgrund der starken Fixierung auf den Beruf wird der private Bereich in der Regel vernachlässigt (vgl. Burnout-Phase 7). Dies berichten viele Patienten. Bei mir war dies ebenfalls so. Die häuslichen Aufgaben bleiben (im Gegensatz zu früher) liegen und stauen sich auf, wie z. B. Post- oder Bankerledigungen, Einkäufe, Haushalt, Reparaturen etc. Dies führt nicht nur zu einer gewissen Unzufriedenheit und Frustration, sondern in der Regel auch zu Konflikten mit dem Partner (sofern man in einer derartigen Lebensgemeinschaft ist) und/oder mit Freunden. Denn man vernachlässigt nicht nur die häusliche Arbeit, sondern auch die nahestehenden Menschen. Dies hängt auch damit zusammen, dass man immer stärker „ego-zentriert“ (auf sich und seine Probleme fixiert, auf sich bezogen) wird, gleichzeitig den Kontakt zu sich selbst und zum sozialen Umfeld verliert. Spätestens hier beginnt der Rückzug von Arbeitskollegen, Freunden und Familienmitgliedern (vgl. Burnout-Phase 8). Letztere wiederum fühlen sich in Stich gelassen, sind zurecht stark gekränkt und leiden ebenso. Es ist auch für sie als Betroffene eine extrem belastende Situation, neben einer an Burnout, Depression oder Sucht erkrankten Person zu leben.

Familie und Job unter einen Hut bringen

Das größte Problem für die meisten berufstätigen Menschen heutzutage ist, Familie und Job unter einen Hut zu bringen. Vor allem für Frauen ist dies eine große Herausforderung, denn sie sind in der Regel immer noch diejenigen, die neben ihrem Job die Verantwortung für die Familie, die Kinder und den Haushalt tragen. Natürlich helfen heute immer mehr

Männer zu Hause mit, aber das Prinzip „halbe-halbe“ ist bei den wenigsten Partnerschaften vorzufinden. Bei uns war dies über weite Strecken der Fall. Als Ende der 70-er Jahre unsere Tochter zur Welt kam, fand gerade ein Paradigmenwechsel in der Gesellschaft statt. Die Männer übernahmen häusliche Aufgaben, die bis dahin jahrhundertelang als Domäne der Frauen galten: Einkäufe erledigen, Kinder vor und nach der Arbeit in die Schule oder zum Sport bringen, Haushalt führen, Kochen, Bügeln etc. waren plötzlich auch auf der To-do-Liste von Männern – so auch auf meiner. Vor diesem Hintergrund kenne ich persönlich das Phänomen der Doppelbelastung. Diese spielten jedoch bei meinem Ausbrennprozess keine wesentliche Rolle, wohl aber bei vielen anderen Menschen (hauptsächlich bei Frauen), wie in den einschlägigen Studien hingewiesen wird. Als weitere Faktoren im außerberuflichen, privaten Umfeld werden genannt: die überhöhten Leistungsansprüche in Familien, Druck von Partnern, Konflikte bzw. Sorgen mit Partnern und/oder Kindern, Krankheiten, Pflege- oder Todesfälle, Freizeitstress bei der Ausübung von Sportarten oder Hobbies. Und diese Faktoren analysieren wir jetzt an Hand meines Falles etwas genauer.

Wie meine „Krankheitsgeschichte“ zeigt, hatte auch ich in dieser Lebens- bzw. Burnout-Phase (2004 – 2011) eine nicht ungefährliche Operation und sechs Todesfälle in der Familie. 2008 kam in meiner Ehe ein intensiver Diskussions- und Wandlungsprozess bezüglich unserer Vorstellungen von Beziehung und Ehe (Partnerschaft, Sexualität, individuelle Freiheiten etc.) ins Rollen. Wir stellten die bisherige Beziehungsform in Frage und diskutierten über unsere neuen Rollen (als Opa und Oma) und fragten uns, was dies wohl für unsere Paarbeziehung bedeutet? Wir gingen sogar soweit anzudenken, ob es eventuell für uns beide sinnvoller wäre, nach 35 Jahren Ehe und Partnerschaft nur mehr als Eltern und Freunde verbunden zu bleiben, wohl für unsere Familie weiterhin da zu sein, aber als Liebespartner neue Wege zu suchen. Ein solcher Prozess ist nicht einfach und kann sehr anstrengend sein, er geht an die Substanz. Wie auch immer, 2009 fand ich bei einer Geliebten Zuflucht - der Beginn einer knapp eineinhalb jährigen Affäre, einer leidenschaftlichen Liebesbeziehung.

Wie ich mich dabei fühlte, soll mit diesen Zeilen zum Ausdruck gebracht werden: Sie stammen von dem amerikanischen Autor Andrew Solomon (2006), der selbst an einer schweren Depression erkrankte und seine Erfahrungen in seinem Buch „Saturns Schatten“ schildert: „Liebesfähig zu sein heißt, im Fall des Verlustes verzweifeln zu können, und die Verzweiflung schlägt sich in Depressionen nieder. Wenn diese uns überkommen, fühlen wir uns völlig erniedrigt und verlieren letzten Endes das Vermögen, lieben oder geliebt werden zu können. Als radikalste Vereinsamung zerstören sie sowohl die Bindungen an andere als auch die Fähigkeit, im Frieden mit uns selbst zu leben.“ (ebd. S. 15).

Außerdem hielt ich den Druck nicht mehr aus - sowohl den *inneren* (schlechtes Gewissen, Loyalitätskonflikt, innere Zerrissenheit) als auch den *äußeren* Druck (Erwartungen der Freundin und der Ehefrau hinsichtlich einer Entscheidung, wie es weitergehen soll). Die Dreiecksbeziehung brachte allen zwar gewisse Vorteile und auch einen Nutzen, aber auch viel Leid, Kummer und Schmerz. An dieser Stelle passen die angekündigten Gedanken und Reflexionen zur Rolle der Geliebten in der Dreiecksbeziehung.

Hera, Zeus und seine Geliebte

Der deutsche Psychotherapeut Hans Jellouschek (2008) macht anhand von Figuren der klassischen Mythologie (Göttervater Zeus, seine Gattin Hera und seine Geliebte Semele) die Rollen der Beteiligten begreifbar. Er deckt die tiefer liegenden Ursachen von Dreiecksbeziehungen auf und bringt für jemanden wie mich, der so eine Beziehung erst EINMAL erlebt hat, etwas Klarheit in die Verwirrung der Gefühle, insbesondere das Kapitel „Die Geliebte als stabilisierender Faktor“.

„Für ihn wird sie zum Ventil, durch das der wachsende Konfliktdruck aus seiner Beziehung [mit seiner Frau, Anm. d. Verfassers] entweichen kann. Bei der Geliebten kann er seinen Aggressionsstau loswerden [...] und seinen Bedürfnisstau abbauen, weil er mit ihr schläft und zärtlich ist.“ (ebd.

S. 50). Aber auch das Konfliktpotenzial zwischen Mann und Frau, das seiner Meinung nach von gefährlicher Sprengkraft werden kann, wird damit abgebaut. „Bei seiner Frau hat er Sicherheit und Geborgenheit, bei einer Geliebten Verständnis und Befriedigung." (ebd. S. 50). Mit diesen Worten bringt Jellouschek meine damalige Position, die des „Fremdgehers Göttervater Zeus" auf den Punkt. Die Geliebte hilft somit, das gefährdete Gleichgewicht zwischen Mann und Frau herzustellen bzw. aufrechtzuerhalten, zumindest vorübergehend. „Auch dann, wenn Dreiecksbeziehungen offen gelebt werden, wenn die Frau also darum weiß, die Geliebte kennt und man darüber unter Umständen sogar miteinander im Gespräch ist, ist das sehr oft die Funktion der Geliebten." (ebd. S. 51). Dies war bei uns beispielsweise von Anbeginn an der Fall. Meine Frau kannte die Geliebte und wir sprachen oft über die Beziehung. „So kann es sein, dass die Hera-Frau froh ist, dass der Zeus-Mann bei der Semele-Frau Sexualität lebt und sie damit in Ruhe lässt, und der Zeus-Mann erleichtert ist, aus dem vielleicht chaotischen Haushalt seiner Semele-Geliebten zur sicheren Ordnung der Hera-Frau zurückkehren zu können, und die Semele-Geliebte ist vielleicht ganz zufrieden, dass sie ihn dort mit seinen Alltagsallüren >aufgehoben< weiß." (S. 51). Diese Beschreibung passt zu unserer damaligen Situation. Der Autor geht auch auf die weiteren Funktionen und Emotionen für die Geliebte und die Ehefrau ein. So etwa darauf, was Semele mit ihrer Lebendigkeit, Intensität und Hingabe bei sich und Zeus alles bewirkt bzw. erweckt, beispielsweise den Enthusiasmus und die Exstase der Liebe. Jellouschek beschreibt auch, dass es der Geliebten in der Regel eine Zeitlang gerade recht ist, dass der Mann beruflich und familiär gebunden war. Sie wollte daher vorerst auch kein „legales Verhältnis", keine fixe Bindung auf Dauer. Im Gegenteil, diese Art der Beziehung hatte viele Vorteile für sie. Allerdings nur vorerst, denn nach und nach (lt. meinen Tagebuchaufzeichnungen im Herbst 2009, also nach ca. einem halben Jahr) wurde es für sie immer schmerzhafter, wenn ich nach Hause ging. Sie fühlte sich, um die Worte des besagten Autors zu verwenden, „mit offenem Herzen einfach stehen gelassen" und so entstand in ihr das Bedürfnis nach „Verbindlichkeit, Dauer, Öffentlichkeit" (ebd. S.

37). Sie wollte den „Zeus in seiner wahren Gestalt sehen“ und sich als „Unsterbliche an seiner Seite“. Zu diesem Zeitpunkt bekam ich übrigens „von Semele“ das hier zitierte Buch als Lektüre. Dies war zugleich der Anfang vom Ende der (Dreiecks-)Beziehung.

Im fortgeschrittenen Burnout-Stadium wurde mir diese Konstellation auf Dauer zu viel. Der Druck von innen und außen wurde immer größer und unerträglich. Hinzu kam die viele Arbeit an der Uni, die vielen Projekte, Lehrgänge, Tagungen, Kongresse etc. Die Burnout-Symptome zeigten sich in unterschiedlicher Ausformung und Intensität: der Nervenschmerz in der linken Brust, Schlafstörungen, erhöhte Reizbarkeit, Herzrasen, innere Unruhe und Getriebenheit, Schuldgefühle. Trotz der Turbulenzen fühlte ich mich halbwegs stabil und ausgeglichen, geistig und körperlich fit. Die Überlastung und Schmerzen wurden mit Schmerz- und Beruhigungsmitteln (Benzo) und mit Alkohol „bekämpft“.

Leistungsansprüche und Stress in Partnerschaften

Es ist immer wieder der **Druck**, den man von außen erlebt oder sich selbst macht. Viele Paarbeziehungen scheitern aus diesem Grunde. Jeder Partner hat unterschiedliche Vorstellungen von Ehe oder partnerschaftlicher Beziehung, unterschiedliche (Leistungs-) Ansprüche an sich selbst und an den anderen. Auch wenn man sich noch so gut kennt bzw. ähnlich „tickt“ und (wie in unserem Fall) gemeinsam durch „dick und dünn“ gegangen ist, die eigenen Kinder aufgezogen, familiäre Krisen und Probleme getragen und gemeistert hat. Man glaubt, dass die Belastbarkeitsgrenze des Partners ähnlich ist wie die eigene. Das ist ein großer Irrtum. Das versteht der Partner oft nicht und will dem anderen sein Bild, seine Maßstäbe, Vorstellungen regelrecht aufdrücken. Er/Sie hat das trügerische Gefühl, mit dem Partner bzw. der Partnerin einer Meinung zu sein. Faktum aber ist, dass jeder Mensch unterschiedlich belastbar ist und graduell mehr oder weniger Abgrenzung, Freiheit, Individualität braucht. Und hier kommt noch ein burnoutspezifischer Aspekt hinzu - man lässt sich viel gefallen, will dem anderen gerecht werden - und zwar aus Angst.

Die Angst, dass man den Ansprüchen des anderen nicht gerecht wird, erzeugt (so zumindest meine persönliche Erfahrung) emotionalen Stress. Man unternimmt dies oder jenes mit dem Partner, der Partnerin, obwohl man eigentlich keine Lust dazu hat. Man wagt es nicht, früh genug ‚Nein' zu sagen, entwickelt Aggressionen nach innen und/oder außen, was wiederum zu Streitereien und Konflikten führen kann. Man hat Angst, dass das gemeinsame Gefüge zusammenbricht, dass man aus dem sozialen Rahmen (Familie, Partnerschaft) hinausgestoßen wird oder (wie in meinem Fall) sich regelrecht selbst eine Zeitlang heraus katapultiert. Und noch ein Aspekt, der im Zusammenhang mit Beziehungen relevant ist: **Erwartung erzeugt Druck**, insbesondere Erwartungen des Partners in Bezug auf Entscheidungen. Burnout erkrankte Menschen sind in der depressiven Phase 8 (siehe: 12-Stufen-Modell) nicht nur insgesamt geschwächt, sondern auch besonders entscheidungsschwach. Wenn nun die Partner konkrete Entscheidungen erwarten und man ist aus gesundheitlichen Gründen dazu nicht in der Lage (siehe „mentale Symptome"), kommt es zu einem Problem; dieses Dilemma wiederum erlebt man als frustrierend und deprimierend. Ein „Teufelskreis", aus dem man erst herauskommt, wenn man sich von der Erschöpfung erholt hat. Hier kann es hilfreich sein (so meine persönliche Erfahrung), wenn der Partner den Erwartungs-Druck reduziert, das Druckventil öffnet, loslassen kann – was meine Frau schließlich getan hat.

Eine weitere Gefahr für Beziehungsburnout sehe ich darin, dass sich Paare zu sehr isolieren, zu viel gemeinsam unternehmen, zu wenig auf sich und ihre eigenen Bedürfnisse achten, sich gemeinsam als Paar vom Familien- oder Freundeskreis zurückziehen, sich von der Außenwelt abschotten. Diese Tendenz ist zwar in meiner Partnerschaft nicht vorhanden, soll aber erwähnt werden, weil sie häufig in Paarbeziehungen zu beobachten ist und viele gerade aus diesem Grund scheitern. Ihr System ist zu geschlossen, um es systemtheoretisch auszudrücken. Es wird nichts Neues, Fremdes im sprichwörtlichen Sinn hereingelassen. Im Gegenteil, es wird ausgesperrt. Nun ist es aber so, dass ohne das „Fremde“ Familiensysteme krank werden oder sterben. Das gilt natürlich auch für alle anderen Systeme der Gesellschaft (Politik, Wirtschaft, Bildung, Kultur). Viele Kulturen sind in der Vergangenheit untergegangen, weil sie sich zu sehr isolierten, abschotteten, Fremdes ausgrenzten.

Es sei darauf hingewiesen, dass es neben diesen Beziehungsfallen noch weitere gibt, die ins Burnout von Beziehungen führen kann. Der Psychoanalytiker Herbert Freudenberger beschreibt in seinem mit Gail North (einer Journalistin aus New York) veröffentlichten Buch drei weitere Arten des Beziehungs-Burnout, die sich teilweise mit meinen hier angestellten Überlegungen decken bzw. diese ergänzen: Intensitäts-Burnout, ansteckender Burnout, Burnout mit Sogwirkung (vgl. Freudenberger/North 2008, S. 254).

Intensitäts-Burnout: Beziehungen, die aufgrund ihrer emotionalen Intensität ausbrennen, erkennt man daran, dass sie irgendwann vom wirklichen Potential Ihres Partners enttäuscht wurden. *Ansteckender Burnout*: damit meinen die Autoren, dass die lähmende Wirkung des Burnout des Partners häufig die eigene Vitalität bedroht. Es besteht die Gefahr, dass man selbst auch abstumpft. *Burnout mit Sogwirkung*: Hier überträgt der Burnout-Erkrankte seine Reizbarkeit und innere Distanz auf den Partner. Die Burnout-Symptome breiten sich aus und entwickeln eine Sogwirkung auf den gesamten persönlichen Lebensbereich. Wie sich diese drei Beziehungs-Burnouts im Detail auswirken und wie man sie verhindern kann, beschreiben Freudenberger und North ausführlich in ihrem Buch.

Wir halten fest: Die hier beschriebenen Problembereiche sind eine große Herausforderung für Paarbeziehungen generell und zugleich eine zentrale Aufgabe der Burnout-Intervention bzw. Therapie. Es geht darum, die individuellen (oft nur graduellen) Unterschiede, Begrenzungen, Belastungen, Erwartungen wahrzunehmen, zu akzeptieren und dementsprechend zu handeln. Auf diese Weise könnte nicht nur emotionale

Überlastung (Burnout) verhindert, sondern zugleich ein konfliktfreieres und zufriedenstellendes Zusammenleben von Partnern ermöglicht werden – was meiner Frau und mir mittlerweile weitgehend (d. h. einmal besser, einmal weniger gut) gelingt.

Trauerarbeit: Abschied nehmen

Aus psychoanalytischer Sicht münden Trennungen von geliebten Partnern, Todesfälle sowie menschliche Verluste aller Art häufig in depressiven Phasen, vor allem, solange Menschen in Trauerprozessen gefangen sind und der „geglückte Abschied“ noch nicht gelungen ist. Grundsätzlich braucht man für diese Prozesse eine gewisse Zeit. Psychoanalytiker meinen, dass man ein halbes oder ein ganzes Jahr benötigt, um Verluste zu verdauen. Früher war es völlig normal, dass der Trauernde ein Jahr lang schwarze Kleidung trug und sich damit eine Auszeit verschaffte. In unserer schnelllebigen Gesellschaft ist dafür kaum mehr Zeit. Womit wir wieder beim Hauptthema sind: der Hektik – ohne Zeit für Trauerprozesse. Das ist nicht gesund und tut der Seele nicht gut. Das Absurde dabei ist, dass man laut *Internat. Klassifikation psychischer Störungen (ICD oder DSM)* bereits nach zwei Wochen im Stimmungstief für psychisch krank erklärt wird und offiziell bereits an einer Depression leidet. Nach den heutigen Diagnosekriterien wird praktisch jeder, der den Verlust eines Menschen betrauert, nach kurzer Zeit zum Patienten erklärt. „Das ist ein gefährlicher Unfug“ meint der amerikanische Psychiater Allen Francis, der bei der englischen Ausgabe *(DSM, Diagnostic and Statistical Manual of Mental Disorders)* noch aktiv mitwirkte und inzwischen als Kritiker dieses Instrumentes gilt (vgl. Profil 25, 17. Juni 2013, S. 75). Für den renommierten Psychiater sind eher jene Menschen als krank zu bezeichnen, die nicht länger als zwei Wochen um einen verlorenen Partner trauern. „Gelungenes Verabschieden“ ist eine wesentliche Bedingung für die seelische Weiterentwicklung, meinen alle namhaften Sterbeforscher, allen voran die Pionierin dieses Feldes, Elisabeth Kübler-Ross.

Ich konnte mich von vielen meiner liebsten Angehörigen „langsam“ verabschieden, bei ihnen sein, ihre Hand halten, bis sie starben. Das ist zwar auch schmerzlich, aber letztlich gut und beruhigend und liefert Gewissheit über den Tod. Der sanfte Abschied ermöglicht es, das eigene Leben wieder leichter fortzusetzen, als beim plötzlichen, unerwarteten Ableben, wie ich es etwa bei meinem Vater oder bei meiner Nichte erlebt habe. Das Ableben meines Vaters ist zwar bereits 40 Jahre her und dennoch muss ich eingestehen, dass das bewusste Abschiednehmen, wenn man beim Sterbeprozess unmittelbar dabei ist, tatsächlich leichter fällt. Dies war bei meiner Mutter und bei meiner Schwester der Fall. In diesen beiden Fällen kann man durchaus vom „geglückten“ Abschied sprechen. Was die Trauerarbeit betrifft, bin ich mir nicht sicher, ob ich mir dafür genug Zeit gelassen, mich wirklich darauf eingelassen habe. Ich glaube, dass ich eher versucht habe, der Trauer zu entkommen – und zwar mit Arbeit und Aktivitäten aller Art. Man kann die Trauer vielleicht wegschieben, kann ihr aber nicht entkommen. Sie kommt unweigerlich immer wieder hervor.

„Was zu schnell verabschiedet wurde, kommt gleich wieder bei der anderen Tür herein, man wird es nicht los. Man kann sich auch vornehmen, sich nicht zu ärgern, nicht traurig zu sein, also Gefühlen keinen Zeitraum in näherer Zukunft zu gewähren. Selten gelingt dies. Und wenn, dann auch nicht mit dem erwarteten Erfolg [...] Der Abschied kann nicht befohlen werden, er wird auch nicht geschenkt. Man selbst ist durch die Trennung auch ein anderer geworden und braucht Zeit, sich neu zu entdecken“, schreibt Philosophieprofessor Peter Heintel (1999, S. 92) im Kapitel „Eigenzeiten der Seele“.

Psychoanalytiker und Sterbeforscher sind sich darüber einig: Wer der Trauerarbeit zu entfliehen versucht, läuft Gefahr, in einen Zustand der Schwermut oder Depression zu verfallen. Dies könnte eventuell auch bei mir der Fall gewesen sein. Auch wenn ich der Institution Kirche sehr kritisch gegenüberstehe, hinsichtlich der Trauerarbeit leistet sie mit ihren Begräbnisritualen einen wichtigen Beitrag. In unserer Familie werden diese Traditionen gepflegt. Wenn geliebte Menschen uns verlassen, rücken wir näher zusammen, sind füreinander da. Wir beten, trauern, weinen. Das ist wichtig und tut gut. Durch die Tränen fließt die Trauer ab. Dadurch wird Raum für Neues geschaffen. Der Friedhofbesuch ist ebenso ein wichtiges Ritual für mich. Er ist ein Ort des Innehaltens, ein geeigneter Ort für Zwiegespräche mit den Verstorbenen - auch wenn mir bewusst ist, dass sie tot sind und nicht als wiedergeborene Wesen „herumgeistern“, wohl aber in unseren Gedanken, Gefühlen, im Herzen weiterleben.

Ähnlich verhält es sich mit den hier beschriebenen Beziehungsproblemen im privaten Umfeld, mit Trennungen von geliebten Personen. Diese können aus psychoanalytischer Perspektive für sich allein betrachtet bereits ein Grund für Burnout, Depression oder Suchtverhalten sein. Was meinen konkreten Fall betrifft, so glaube ich, dass mein Totalzusammenbruch erst in der zeitgleichen Kombination mit den berufsbedingten Faktoren erfolgte. Ob es zum Seeleninfarkt überhaupt kommt, ist unter anderem auch von den individuellen Persönlichkeitsmerkmalen abhängig. Diesen widmet sich das nächste Kapitel.

5.3.) Ursachenfeld 3: Person

„Sei perfekt. Streng dich an.

Beeil dich. Sei stark.

Mach's den anderen recht!"

In den bisherigen Ausführungen, insbesondere in den autobiographischen Beschreibungen, dürfte deutlich geworden sein, welche Rolle die personenbezogenen Faktoren spielen. Liest man die in der Literatur beschriebenen Fallbeschreibungen von Burnout-Patienten genauer, stellt man fest, dass diese mit bestimmten Persönlichkeitsmerkmalen ausgestattet sind. Einige Forscher (wie etwa Burisch, 2010, S. 199) sind zwar der Meinung, dass es die „Persönlichkeit des Ausbrenners" wahrscheinlich nicht gibt und dass sich in Zukunft vielleicht aus empirischen Analysen verschiedene Typen destillieren lassen. Aus der bisherigen Literatur zu entnehmen ist folgendes Persönlichkeitsbild:

Burnout-Kandidaten sind in der Regel sehr engagiert und leistungsorientiert, d. h. sie haben hohe Leistungsansprüche an sich selbst und einen Hang zum Perfektionismus. Sie stellen ihre Bedürfnisse zu sehr hintan, haben ein Problem mit dem „Nein-Sagen", setzen sich selbst unter Druck oder sind sehr mit ihrer Wirkung auf Menschen beschäftigt. Sie haben ein stark ausgeprägtes Bedürfnis nach Anerkennung und Einzigartigkeit. Sie sind Weltmeister im Verdrängen und ignorieren Warnsignale ihrer Umwelt oder des eigenen Körpers.
Nun sind das Persönlichkeitsmerkmale, die auch Menschen aufweisen, die kein Burnout bekommen. Inwieweit diese Faktoren bei Burnout-Patienten stärker ausgeprägt sind als bei jenen, die nicht davon betroffen sind, ist nicht bekannt. Derartige Vergleichsstudien liegen bis dato nicht vor. Für die therapeutische Praxis ist diese Forschungslücke nicht so relevant. Entscheidend ist, dass sich der Patient in seiner Therapie oder Selbstreflexion kritisch hinterfragt - insbesondere die persönlichen

Karrierebilder und Leistungsansprüche. Die Experten nennen dies „Dekonstruktion eindimensionaler Karrierebilder und ungesunder Leistungsbegriffe“ (vgl. Geyerhofer, Unterholzer 2012, S. 12). So ist es zum Beispiel sinnvoll danach zu fragen, was der Begriff „Karriere“ ermöglicht und woher die Leistungsansprüche kommen. Dies führt unweigerlich in die frühe Kindheit und Jugend. In dieser Zeit entwickeln sich bestimmte Verhaltens- und Einstellungsmuster.

Woher die Leistungsansprüche kommen

Im Zuge meiner Selbstanalyse konnte ich feststellen, dass mein Karrierebild und die überzogenen Leistungsansprüche mit meinem Elternhaus zusammenhängen. So hatte ich bereits ab meinem zwölften Lebensjahr im elterlichen Betrieb (Tankstelle, Gasthaus, Pension, Zubehörgeschäft) mitzuarbeiten. Aufgrund des frühen Ablebens meines Vaters (ich war 16 Jahre alt) musste ich meine Mutter bei der Betriebsführung unterstützen und somit in der Rolle des „Juniorchefs“ relativ früh Verantwortung übernehmen, was rückblickend betrachtet vielleicht eine gewisse Überforderung darstellte. Nachdem unsere Tankstelle Tag und Nacht geöffnet war, kam es nicht selten vor, dass ich rund um die Uhr arbeitete, insbesondere in den Sommerferien: von der Nachtschicht auf der Tankstelle in die Tagschicht ins Restaurant. In der Schulzeit (ich besuchte die HAK) ging es ähnlich turbulent zu: gleich nach der Schule (meist ohne Mittagessen) hieß es, entweder die blaue Montur anziehen, um auf der Tankstelle zu arbeiten, oder die Kellnerschürze anlegen, um im Gasthaus zu helfen. ***Die Alternative zur Arbeit war die Arbeit:*** entweder in der Pension die Feriengäste betreuen (bekochen, animieren) oder im Zubehörgeschäft das Lager räumen.

Die Überforderung hatte viele Gesichter. Sehr deutlich wird sie beim Großeinkauf, den ich häufig tätigen musste. Für die Lieferung füllte ich einen Klein-LKW mit einer großen Ladefläche voll mit Waren (Essig, Öl, Zucker, Butter, Fleisch, Gemüse usw.), alles natürlich noch handschriftlich notiert und eigenhändig auf- und abgeladen. Dass ich dabei ohne Führerschein in die nächste Stadt (Villach) gefahren bin, ist nur eine kleine Anekdote nebenbei. Um eines klarzustellen: Ich fühlte mich zu diesem Zeitpunkt nicht überfordert, sondern eher stolz auf die vollbrachten Leistungen. Trotzdem: Pubertäre Wünsche und Bedürfnisse mussten hintangestellt werden. In der Übergangsphase zwischen Pubertät und Erwachsenensein konnte ich vermutlich aufgrund der Umstände einen wichtigen Entwicklungsschritt nicht machen - nämlich Protestieren, Loslassen und Nein-Sagen, so die psychotherapeutische Interpretation. Mein Psychiater meinte, ich verharre in einem Zustand der permanenten Adoleszenz: „Es wird Zeit, dass Sie erwachsen werden", so eine seiner Aussagen.

Die eigenen Karrierebilder und Leistungsansprüchen hängen natürlich auch mit jenen der Eltern zusammen. Auch die Erwartungen der Eltern an die Kinder, ihre Wünsche bzw. Vorstellungen, was die Kinder beruflich werden sollen, spielen eine nicht unwesentliche Rolle. Aber auch die Mutter-Vater-Kind-Beziehungen, Konflikte, Ängste, Krankheiten in der Familie u.v.a.m. Auf all diese sozialisationsbedingten Aspekte hier einzugehen, würde den Rahmen sprengen. Um den roten Faden beizubehalten und die burnoutrelevanten Faktoren sichtbar zu machen, stelle ich das **Leistungsmuster** meiner Eltern kurz vor:

Die Eltern: freiwillige Selbstverknechter

Meine Eltern (Vater: 1927 – 1973, Mutter: 1927 - 1985) haben vor der italienischen Grenze in Arnoldstein aus einem kleinen Lebensmittelgeschäft und einer Tankstelle, das meine Großeltern (Großvater: 1880 – 1946, Großmutter: 1885 – 1959) aufbauten, den bereits erwähnten Gewerbebetrieb gemacht - in Form einer „Großtankstelle" (so die tatsächliche Bezeichnung) mit dazugehörigem Zubehörgeschäft, eines Gasthauses („Cafe-Restaurant Dreiländereck") und einer Ferien- bzw. Appartementanlage (als „Landhaus Nessmann" bezeichnet). Meine Eltern waren also, wie das Beispiel zeigt, bereits sehr leistungs- und erfolgsorientiert. Sie haben zweifelsohne viel geschaffen, waren fleißige Unternehmer bzw. Kaufleute. Man könnte sie auch als „freiwillige Selbstverknechter“ bezeichnen, ein Begriff, den der Philosoph und Psychotherapeut Martin Poltrum im Rahmen seiner gesellschaftlichen Analyse des Burnouts (die wir im nächsten Kapitel behandeln) verwendet. Er meint damit, dass der „Herr-Knecht-Antagonismus“ obsolet wurde und dass sich unter der Kategorie der „Gewinn-, Macht- und Anerkennungsvermehrung“ Herren und Knechte „freiwillig“ selbst ausbeuten, „dazu übergehen, sich selber zum Knecht ihrer Arbeit zu machen – bis hin zur totalen Erschöpfung und zum Burnout“ (ebd. S. 90). Und das trifft meines Erachtens auch auf meine Eltern, die ja als erfolgreiche Unternehmer zur „Herrschaft“ zählten, ebenso zu wie auf viele Menschen in unserer heutigen Zeit. Meine Eltern sind vielleicht an ihren hohen Ansprüchen gescheitert, früh erkrankt und gestorben (Vater an Herzinfarkt, Mutter an Krebs). Faulenzen, Urlaub, Muße oder Kunst waren keine wichtigen Kriterien, wohl aber die Arbeit. Diese „**Botschaften aus der Kindheit**“ haben mich geprägt und führten unter anderem zu den hohen Leistungsansprüchen. Bei vielen Kindern aus ähnlichen Familienverhältnissen kam es zur gegensätzlichen Entwicklung. Ihr Weg führte sie über den Widerstand gegen die Eltern zur Muße, zu den Künsten, zu einer gewissen (nachträglich betrachtet) „gesunden“ Faulheit. Sie wurden von uns oft als „Aussteiger“ bezeichnet. Wie auch immer, mein Lebensweg war - ähnlich dem meiner Eltern - auf Leistung und Erfolg ausgerichtet. Die folgende Geschichte aus meiner Kindheit soll aufzeigen, woher die Leistungsansprüche und das Bedürfnis nach Anerkennung kommen und wie „doppeltgenäht“, vielschichtig und subtil sich bestimmte Erlebnisse auswirken können.

Zu wenig Lob und Anerkennung

Ich war 10 Jahre jung und hatte am Dreiländereck gerade ein Skirennen gewonnen. Voller Stolz und Freude über den Sieg marschierte ich zu Fuß über ein großes Schneefeld zur Almhütte, wo mein Vater (der zu diesem Zeitpunkt bereits getrennt von meiner Mutter lebte) sein Domizil hatte. Ich klopfte an. Mein Vater öffnete die Tür. Im Hintergrund war eine Frau (seine Freundin bzw. Geliebte) zu sehen. Sie fühlten sich von meinem Überraschungsbesuch gestört und wiesen mich mit der Bemerkung *„Lass' uns in Ruhe. Du störst"* ab. Diese Situation ging mir durch Mark und Bein. Mit Tränen in den Augen marschierte ich traurig und enttäuscht, mit meiner Medaille um den Hals, über das weite Schneefeld zum Skilift zurück.

Solche Erlebnisse sind prägend und senden ein doppeltes Signal: Du wirst auch für Top-Leistung (1. Platz) bestraft und musst noch mehr leisten, um Anerkennung zu bekommen. Nun weiß man aus der Psychologie, dass die Suche nach Anerkennung durch die anderen in extremen Fällen zur Abhängigkeit werden kann. Je weniger Lob und Anerkennung von den Eltern, desto höher der Leistungsanspruch der Kinder und das Bedürfnis nach Anerkennung – auch im Erwachsenenalter. Vor diesem Hintergrund sind viele große Leistungen (in Politik, Wirtschaft, Sport etc.) entstanden. Kinder sind von der Liebe und Anerkennung der Eltern abhängig. Psychotherapeuten würden eventuell das oben geschilderte Kindheitserlebnis als „Traumatisierung" bezeichnen, die (je nach Schmerzintensität) entweder psychoanalytisch behandelt werden muss oder (wie bei mir) durch selbstheilende Kräfte verarbeitet werden kann. Ich bildete mir ein, dieses Erlebnis insofern verarbeitet und kompensiert zu haben, indem ich in meiner Rolle als Vater mit Sohn und Tochter einen wertschätzenden Umgang pflegte und ihnen (so hoffe ich zumindest) ausreichend Anerkennung und Liebe gab/gebe.

Mit den Beispielen aus der Kindheit haben wir uns auf die Spur gemacht und an einzelnen Beispielen aufgezeigt, woher die Leistungsansprüche und das übertriebene Bedürfnis nach Anerkennung, Beifall kommen können. Daraus lässt sich folgende These ableiten:

Personen mit einem stark ausgeprägten Bedürfnis nach Anerkennung können aufgrund ihrer übertriebenen Leistungsansprüche zwar Großartiges leisten, tappen jedoch auch eher in die Burnout-Falle und in die Abhängigkeit (von Personen und/oder Substanzen). Menschen hingegen, die sich von der Meinung und Kritik anderer nicht so beeindrucken lassen, denen es in gewisser Hinsicht „egal“ ist, was die anderen über sie denken, sind nicht so burnout- und suchtgefährdet.

Diese These wird von mehreren Forschern vertreten. Die Motivationskategorie „Wirkung auf Menschen“, die im Zusammenhang mit der „Theorie der Effektanzmotivation“ mehrfach untersucht wurde, scheint eine bedeutsame Rolle zu spielen. „Wer psychisch davon lebt, bei anderen bestimmte Resonanzen hervorzurufen - im wesentlichen Anerkennung und Zuneigung - , lebt sicher riskanter als etwa der Techniker, dem es primär um die Kontrolle der dinglichen Umwelt geht (>Wirkung auf Dinge<)“ (Burisch 2010, S. 10). In diesen Kontext passt folgendes Zitat: *„Für seine Arbeit muss man Zustimmung suchen, aber niemals Beifall.“* (Charles-Louis de Montesquieu)

Anspruch auf Einzigartigkeit erzeugt Stress

Meine These dazu lautet: Ein hoher Anspruch auf Einzigartigkeit kann zur Erschöpfung führen, er erzeugt jedenfalls Druck und in weiterer Folge Stress.

Ich hatte tatsächlich das Bedürfnis, etwas Besonderes aus meinem Leben zu machen und suchte immer wieder nach beruflichen Herausforderungen, die Pioniercharakter hatten. So initiierte und leitete ich das *erste* Projektstudium „Umweltpädagogik“ an der Universität Klagenfurt, den *ersten* „Hochschulkurs für Öffentlichkeitsarbeit“, den *ersten* österreichweiten „Public Relations Lehrgang für Schulen“, den *ersten* europaweiten „Kompaktlehrgang Personal Communication Management“. Der Leser, die Leserin erkennt bereits das olympische Muster: *immer schneller, höher, stärker*. Das ist an und für sich nichts Schlechtes. Im Gegenteil: die Initiativen und Projekte waren für meine persönliche Entwicklung wichtig und sind durchaus auch wertvolle Beiträge zur

Weiterentwicklung dieser Forschungsfelder. Und es ist auch völlig in Ordnung, wenn man eigene Spuren hinterlassen, den eigenen Weg gehen möchte. Wichtig dabei ist, so meine Erfahrung, sich nicht zu sehr an den anderen zu orientieren. Nichtsdestotrotz: Der Anspruch, „besonders und einzigartig zu sein“ und der Anspruch „immer perfekt zu sein“ führten in meinem Fall in Verbindung mit den anderen beschriebenen Faktoren zur Erschöpfung, ins Burnout.

Und ich bin immer in Gefahr: Auch jetzt mit der vorliegenden Publikation habe ich wieder den Anspruch, den Ehrgeiz, etwas Neues, bisher noch nicht Dagewesenes zu schaffen - die bislang *erste* Publikation zum Thema Burnout, Depression und Sucht, die eine persönliche Krankengeschichte mit Theorien und empirischen Forschungsergebnissen in Verbindung bringt und möglichst viele Ursachenfelder analysiert, die wissenschaftlich fundiert und zugleich praxisbezogen ist. Wie sehr der Anspruch auf Einzigartigkeit, der Perfektionismusanspruch und der Optimierungswahn mit unserem Gesellschaftsmodell zusammenhängt, wird im Kapitel „Gesellschaft“ noch einmal aus der soziologisch-philosophischen Perspektive behandelt.

Wenn die Maske zerbricht

Personen, die sich sehr stark nach außen orientieren, sich zu sehr mit ihrem Image beschäftigen (also wie sie auf andere wirken), setzen sich unter Druck, reagieren mit Stress und überfordern sich dabei. - Ich habe jedenfalls bei mir festgestellt, dass ich in der Vergangenheit zu sehr darauf Bedacht genommen habe, was die anderen von mir denken, wie sie mich bzw. meine Arbeit beurteilen, welchen **Eindruck** ich hinterlassen. Die Impression Management Forschung, also die Erforschung der Eindruckssteuerung (vgl. Mummendey 1995, 2006) hat in zahlreichen Untersuchungen nachgewiesen, wie wichtig den Menschen das Image ist (d. i. das Bild, das andere von uns haben) und was wir alles unternehmen, um einen guten Eindruck (Impression) zu hinterlassen: *„Individuen kontrollieren (beeinflussen, steuern, manipulieren etc.) in sozialen*

Interaktionen den Eindruck, den sie auf andere Personen machen."
(Mummendey, 1995, S. 111)

Der amerikanische Soziologe Irving Goffman (1959) hat in seinem Buch „Wir alle spielen Theater" das menschliche Verhalten analysiert und eindrucksvoll dargelegt, dass die Menschen dazu neigen, ihre Leistungen in idealisierender und beschönigender Form zu illustrieren, um einen positiven Eindruck zu hinterlassen. Goffman hat mit seiner einleuchtenden Beschreibung der nur zu menschlichen Tendenz, sich beim Publikum ins „rechte" Licht zu rücken und den Eindruck, den andere von der eigenen Person gewinnen, zu steuern, die Grundlage für eine psychologische Erforschung menschlichen Verhaltens gelegt. Er wählte dazu die Metapher des Theaters. Wie ein Schauspieler durch seine Handlungen, Worte, Kleidung und Gestik einen bestimmten Eindruck vermittelt, so inszenieren auch wir im Alltag „Vorstellungen", um unsere Mitmenschen von den eigenen (echten oder vorgetäuschten) Fähigkeiten zu überzeugen. Diese Form der Selbstdarstellung ist ein notwendiges Element des menschlichen Lebens. Wir alle spielen Theater und demnach mehr oder weniger bewusst mehrere Rollen im Leben – „die Rolle, die wir zu erfüllen trachten, ist die Maske unseres wahres Selbst: das Selbst, das wir sein möchten." (Goffman, 2001, S. 21)

Der italienische Schriftsteller Tiziano Terzani antwortete auf die Frage seines Sohnes „Wer bist du dann, Papa?" wie folgt: „Meine Güte, wie viele Rollen du im Leben spielst, wie viele Masken du trägst. Bis du irgendwann keine Luft mehr kriegst und sagst: >jetzt werfe ich sie fort – hopp!< Du fragst mich, Folco, wer ich bin. Gut. Lange Zeit bin ich eine unendliche Folge von Masken gewesen, jede einzelne wahr, jede einzelne falsch, denn mit der Zeit wandeln sie sich, und immer wieder geht eine in die nächste über."

Der Facharzt für psychotherapeutische Medizin Manfred Nelting meint dazu in seinem Buch „Wenn die Maske zerbricht" (S. 219), dass nichts dagegen einzuwenden sei, „ein bewährtes Set an Masken zur Verfügung zu haben und sie in den passenden Situationen aufzusetzen. Doch man sollte keinesfalls vergessen, sie danach auch wieder abzunehmen, sonst läuft man Gefahr, beim Leben in seiner Maske zu erstarren und an ihr zu ersticken. Dann muss die Maske im Interesse des Lebens zerbrechen, auch wenn wir dies erst einmal als Krise erleben. Wenn die Maske zerbricht, ist nicht das Leben zu Ende, sondern das Wesen hinter der Maske bekommt wieder eine Chance zum Leben."

Eine zu starke Orientierung bzw. Fixierung nach außen, eine übertriebene Selbstdarstellung kann in die Erschöpfung führen. Eindruck erzeugt Druck und Stress. Es kann ganz schön anstrengend werden, sein Image aufrechtzuerhalten. Diese Anstrengung allein kann schon zur Quelle des Zusammenbruchs, eines Burnouts werden. Wenn *die Fassade zu wahren* zur wichtigsten Sache des Lebens wird, und der Betroffene seine ganze Energie dafür investiert, dann wird es problematisch. Aber auch der „Hunger" nach Anerkennung, dessen Ursache ja meist in der Kindheit bzw. in der Eltern-Kind-Beziehung liegt, ist ein typisches Persönlichkeitsmerkmal von Burnout-Kandidaten. Hinter diesem Bedürfnis, so die Vermutung, steckt primär die „Notwendigkeit, sich periodisch der eigenen Autonomie, ja Großartigkeit, zu versichern, d. h. die Verfügbarkeit der Ressourcen zu prüfen", meint Psychologieprofessor Matthias Burisch (2010, S. 202). Auch das habe ich auf alle Fälle gemacht: Beruflich in Form meiner oben skizzierten Großprojekte, die „selbstverständlich" das sog. U.S.P. (Unique Selling Proposition, Alleinstellungsmerkmal) aufweisen mussten. Eine äußerst effiziente und zugleich druckreduzierende Frage in diesem Zusammenhang fand ich im Buch des Rhythmusforschers Bruce Werber (2008): *„Will ich imponieren oder leben?"*

Salvataggio und das Helfersyndrom

Salvataggio, so wird der Bade- bzw. Strandmeister an der Adria genannt, der Mann mit der roten Badehose, der für die Badegäste die Liegen am

Strand aufstellt, am Abend wieder wegräumt, die Funktion des Rettungsschwimmers einnimmt und sofort zur Stelle ist, wenn etwas passiert und wenn er gebraucht wird. Salvataggio bzw. Salvamento, der (so die Übersetzung) R*ettungsschwimmer, Retter, Beschützer, Helfer in Not*. Und damit sind wir schon bei einem zentralen Faktor von Burnout, dem sog. Helfersyndrom.

Dieses ist unter uns Menschen weit verbreitet. Wer kennt sie nicht, die Freunde oder Kollegen, die immer zur Stelle sind, wenn etwas passiert, wenn sie gebraucht werden, die Helfer in Notlagen. Ich gehöre auch zu diesen Typen, die gern anderen helfen, die andere unterstützen. Das ist an und für sich nichts Verwerfliches. Im Gegenteil, es ist gut so, für andere da zu sein - wichtig, wertvoll und sinnvoll. Ich wurde oft als der „Fels in der Brandung“ bezeichnet. Vor allem in schwierigen Situationen, bei Unfällen, in Krisensituationen, bei den tragischen Todesfällen in der Familie war ich (gemeinsam mit meiner Frau) stets zur Stelle, als Retter in der Not, als Feuerwehrmann, als Krisenmanager, als Sterbebegleiter, als Organisator (beispielsweise von Festen, Feierlichkeiten oder Begräbnissen).

Aber man kann sich dabei auch übernehmen, übertreiben und letztlich ausbrennen. Vor allem, wenn man, wie ich es häufig in der Vergangenheit getan habe, sofort aufspringt, Hilfe anbietet, auch wenn man selbst gar nicht mehr kann, wenn man selbst ohnehin am Limit ist, erschöpft ist, unter dem Motto „koste es, was es wolle“ bzw. „um jeden Preis“ (auch den der eigenen Gesundheit). Darin liegt der wunde Punkt. Die Selbstaufopferung führt zur Überforderung. So geht es vielen Menschen in den sogenannten „helfenden Berufen“, z. B. im medizinischen Bereich (Ärzte, Pfleger, Krankenschwestern) oder im Sozialdienst (Sozialarbeiter, Bewährungshelfer, Drogenberater, Fürsorger); auch Lehrer und Erwachsenenbildner gehören zu dieser Gruppe. Die „helfenden Berufe“ wurden bisher am häufigsten beforscht. Mit den *„hilflosen Helfern“* fing die Burnout-Forschung an. In diesen Gruppen sind in den 70-er Jahren des letzten Jahrhunderts die Erschöpfungssymptome als erstes aufgefallen und untersucht worden. In der Zwischenzeit ist bereits von einer Burnout-

Epidemie die Rede. Mittlerweile sind alle Berufsgruppen (von Managern über Hausfrauen bis hin zu den Arbeitslosen) von diesem „psychischen Virus“ erfasst, die helfenden Berufe ganz besonders, wie z. B. das Buch „Burnout und Prävention. Ein Lesebuch für Ärzte, Pfleger und Therapeuten“ von Menschik-Bendele u.a. (2012) zeigt. Nachdem es nun nicht an den Berufen liegt, was ist es dann, was ist das Gemeinsame, der Kern des Burnout dieser Berufsgruppen? Eine möglicher Erklärungsversuch neben der „Erschöpfung durch Überforderung“ ist das Muster „Geben-müssen-und-nicht-nehmen-Können“ (vgl. Burisch 2010, S. 11).

Nachdem Burisch an dieser Stelle keine weitere Erklärung dazu abgibt, versuche ich es: „Geben: Ja, gern - Nehmen: Nein danke, nicht notwendig.“ So etwa verhalten sich viele Menschen: Stets für andere da sein und die eigenen Bedürfnisse hintanstellen. Ich habe zwar nicht den Eindruck, dass ich meine Bedürfnisse (etwa in Bezug auf den Beruf oder die Freizeit) zu sehr zurückgesteckt hätte, aber gegeben habe ich viel und überfordert habe ich mich aufgrund von begrenzten Ressourcen und zu vielen „Baustellen“ sehr wohl. Und Hilfe annehmen? Das ist so eine Sache... - In diesem Zusammenhang sei noch auf weitere personenbezogene Faktoren hingewiesen, nämlich auf:

Zuflüsterer und innere Antreiber

So werden in der Psychologie (Transaktionsanalyse) die inneren Stimmen, die sich regelmäßig zu Wort melden, genannt. Diese Phänomene sind wahrscheinlich vielen bekannt: Ein guter Ehemann, eine gute Frau, ein liebevoller Vater, eine liebevolle Mutter, ein guter Freund, Geliebter etc. sein wollen. Für die Familie ebenso da sein wie für den Job. Vor allem Frauen kennen das Problem: Alles „unter einen Hut“ bringen wollen, sich für alle und alles verantwortlich fühlen. Keine Bitte abschlagen können, everybody’s Darling sein, es allen Recht machen wollen. Und wo bleibt man selbst dabei? Ist noch genug Platz, Freiraum? Diese Frage sollte man sich zwischendurch stellen. Fest steht: Diese Prinzipien können sehr anstrengend, überfordernd sein. - Ich wollte meinen Job an der Universität gut machen, meine Frau in familiären Belangen unterstützen, für meine Kinder als Coach und Begleiter da sein, für meine Enkelkinder der Salvataggio sein, Buch schreiben, und vielleicht noch etwas Freizeit genießen (z. B. mit Freunden segeln oder wandern). Man muss sehr aufpassen, mit den vielen Ansprüchen nicht „unter die Räder" zu gelangen, in die Burnout-Falle zu tappen.

Nicht-nein-sagen-können

Auch auf dieses Phänomen wird in allen Burnout-Büchern als entscheidender Persönlichkeitsfaktor, der für das Ausbrennen mitverantwortlich ist, hingewiesen. Im Grunde genommen handelt es sich um das Problem, sich nicht gut genug abgrenzen zu können. „Nicht-nein-sagen-Können" wurzelt häufig in sog. Zuflüsterern aus der Vergangenheit: *„Du musst mit allen gut auskommen! Mach der Familie keine Schande! Bewahre eine weiße Weste! Höre, was die Leute sagen!"* Diese Beispiele bringt der Mediziner, Berater und Coach Klaus Michael Ratheiser in seinem Buchbeitrag „Selbstwerden – leben von innen her" (2011, S. 212). Und nicht zuletzt sind es die zu Beginn dieses Kapitels genannten Zuflüsterer bzw. inneren Antreiber, die in unserem tiefen Inneren dieses paradoxe Verhalten bewirken: *Sei perfekt, streng dich an etc.* „Das Gefühl, nicht so stark zu sein, wie man gern sein möchte, drückt sich häufig in Begriffen der >Erschöpfung< aus", meint Alain Ehrenberg (2008, S. 171). Darum empfinden solche Menschen oft Scham über ihre Unzulänglichkeiten. Die Analyse meiner Lebensgeschichte hat ergeben, dass all dies weitgehend auf mich zutrifft.

Blöd und willensschwach?

Bin ich tatsächlich so blöd, so willensschwach? Was ist mit meinem Verstand und der „Kritik der reinen Vernunft?" (Immanuel Kant). Was ist mit den guten Vorsätzen, dem *guten Willen*, dem *kategorischen Imperativ*, wie es der berühmte Philosoph Kant formulierte. „Handle stets so, dass die Maxime deines Willens jederzeit zugleich als Prinzip einer allgemeinen Gesetzgebung gelten könne". Der Philosoph meinte damit, dass der Mensch in der Lage ist, gut sein zu *wollen* und daher auch in der Lage ist, gut sein zu *sollen*. Bei einem gravierenden Rückfall stellt sich natürlich die Frage: Ist der Wille stärker als der Verstand? *Kann ich wollen, was ich will?* Diese Frage stellte sich der berühmte Philosoph Arthur Schopenhauer in seinem Hauptwerk „Die Welt als Wille und Vorstellung". Er vertrat eine völlig konträre Meinung zu Kant. Für ihn war der Wille des Menschen nicht frei und die Vernunft (der kategorische Imperativ, das moralische Gesetz unseres Verstandes) spielt nicht die entscheidende Rolle. „Die Kommando-Zentrale im Gehirn ist nicht die Vernunft, sondern der Wille. Es ist das Unbewusste, das unser Dasein und unseren Charakter bestimmt. Der Wille ist der Herr, und der Verstand ist sein Knecht." So fasst der Philosophieprofessor Richard David Precht (2007, S. 149) in seiner „philosophischen Reise" Schopenhauers Kernaussagen zusammen. Mittlerweile beschäftigt sich auch die Hirnforschung mit diesen Fragen und versucht in Experimenten Schopenhauers Auffassung empirisch zu bestätigen (z. B. mit dem berühmten Libet-Experiment). Zu brauchbaren Ergebnissen ist sie noch nicht gekommen. Bis dahin muss ich mich wohl oder übel mit meiner eigenen Strategie „durchkämpfen" und von der Vorstellung ausgehen, dass es zumindest einen „freien Unwillen" (Precht 2007, S. 154) gibt, mit dem ich das Schlimmste immer noch verhindern kann, mit dem ich immer noch die Chance habe, „Stopp!" zu sagen.

Fixierung auf Sein und Schein führt zu Stress/Druck

Ich definiere hier Sein als ein nach innen und Schein als ein nach außen gerichteten Prozess. Dem *Schein* geht es darum, wie eine Person nach außen scheint, auf seine Umwelt wirkt (Image, Eindruck). Dem Sein geht es um die innere Haltung, innere Werte. Das *Sein* beschäftigt sich mit dem ICH bzw. SELBST, also mit klassischen Identitätsfragen, wie z. B. Wer bin ich? Wofür stehe ich? Was ist mir wichtig? Der *Schein* beschäftigt sich mit Fragen, wie z. B. Wie möchte ich wirken, er-scheinen, gesehen, wahrgenommen werden? Dem *Sein* ist die Meinung anderer nicht so wichtig, es lässt sich von anderen nicht so sehr beeindrucken. Dem *Schein* ist die Meinung anderer sehr wichtig und möchte bei anderen einen guten Eindruck hinterlassen. Meine Thesen in diesem Zusammenhang lauten:

Sein und *Schein* sind burnoutrelevante Faktoren. Eine zu intensive Beschäftigung mit dem ICH (Sein) sowie eine zu starke Orientierung nach außen (Schein) können Druck und Stress erzeugen, in die Überforderung und Erschöpfung führen – und in manchen Fällen sogar in die Depression und Abhängigkeit.

Dahinter steckt die These: Menschen, die besonders hart und engagiert arbeiten, hohe Erwartungen haben, viel Idealismus mit sich bringen und ruhelos auf Erfolgssuche (beruflich wie privat) sind, können leichter ausbrennen, als Menschen, die es gelassener angehen, nicht so übertrieben ehrgeizig bzw. erfolgssüchtig sind.

Selbst- oder fremdbestimmte Ausbrenner

Liegt sie an mir oder an den Lebensumständen, an den inneren oder äußeren Faktoren? Ich habe bereits eingangs darauf hingewiesen, dass es sich dabei um ein Scheinproblem handelt und den Vergleich mit der gerissenen Segelleine gebracht. „Wenn beim Segeln eine Leine reißt, können wir uns fragen, ob die Leine zu schwach oder der Wind zu heftig war, oder ob es am nicht fachgerechten Handling lag?“ Aber so ganz zufriedenstellend ist diese Argumentation für mich noch nicht. Für meinen Totalzusammenbruch, für den Seeleninfarkt passt eher der Mastbruch. Dieser kommt dem Totalzusammenbruch, den ich erlitten habe, am nächsten.

Ich frage mich, warum manche Menschen - wie etwa meine Frau, die phasenweise das Doppelte von mir leistet - trotz schwierigster Umstände nicht ausbrennen. Demnach müsste es zumindest zwei Formen des Ausbrennens geben: *selbst- und fremdbestimmte Formen des Burnouts.* Letztere entstehen primär durch äußerst ungünstige Umweltbedingungen (z. B. unerträgliche Arbeitsbedingungen, berufliche Extremsituationen, schwierigste familiäre Verhältnisse, tragische Ereignisse, Todesfälle etc.). Die selbstbestimmten Formen werden eher durch individuelle Persönlichkeitsmerkmale (innere Antreiber, überzogene Leistungsansprüche, Hang zum Perfektionismus, innere Einstellung und Haltung, z. B. wie man das Leben sieht bzw. gestaltet und wie man mit Problemen generell umgeht bzw. umgehen gelernt hat etc.) ausgelöst. Dieser These weiter nachzugehen und sie empirisch zu untersuchen, wäre eine lohnende Aufgabe für zukünftige Burnout-Forschung.

Die Übernahme der Eigenverantwortung führte bei mir letztlich auch dazu, die theoretische Debatte zum Thema „krank oder gesund“ eher aus einer praktischen Perspektive zu betrachten. Nachdem ich durchschaut habe, wie unsicher die diagnostischen Verfahren sind, habe ich mich dazu entschlossen, mich nicht mehr als psychisch krank bzw. psychisch gestört bezeichnen zu lassen. Und schon gar nicht als Alkoholiker – weder von den Ärzten, noch von mir selbst. Mit dem Krankheitsbegriff wirst du nur zum Patienten gemacht, ohne tatsächlich krank im klassischen Sinne zu sein. Ich persönlich sehe mein Burnout, die damit verbundene Erschöpfungsdepression und das damit zusammenhängende Suchtverhalten als eine Art Lebenskrise, als eine Reaktion auf meine Lebensumstände. Nach den leidvollen Erfahrungen mit den negativen Nebenwirkungen der Medikamente habe ich mich dazu entschlossen, keine Antidepressiva mehr einzunehmen. Mein Weg aus der Krise führte über gesunde Ernährung, richtige Atmung und ausreichende Bewegung, über positive Gedanken, Einstellungen und Verhaltensweisen.

Bruce Werber (2008, S. 20), der sich mit der Gehirnforschung ausführlich beschäftigt hat, erklärt die komplexen Zusammenhänge wie folgt: „Bildlich gesprochen schaffen wir einen Trampelpfad in unserem Nervensystem, einen Saumpfad, der ausschließlich durch Benutzung entsteht. Es sind unsere Gedanken, die darüber entscheiden, welche Verbindungen aufgebaut werden, und es sind auch unsere Gedanken, die durch den Aufbau dieser Vernetzungen Heilungsprozesse begünstigen können."

Fazit: Persönlichkeitsfaktoren zusammengefasst:

Zu hohe Leistungsansprüche/ein zu starkes Bedürfnis nach Lob und Anerkennung/die Motivationskategorie „Wirkung auf Menschen" (Selbstdarstellung)/der Anspruch auf Einzigartigkeit/der Perfektionismus/das Prinzip „Geben: Ja, gerne. Nehmen: Nein danke, nicht notwendig!"/die Muster „Es allen recht machen" und „Alles unter einem Hut bringen"/der Mangel „Nicht-Nein-sagen-können" bzw. sich nicht abgrenzen können/die inneren Antreibe*r*, wie z. B. „Sei perfekt. Streng dich an. Beeil dich. Sei stark. Mach's den anderen recht!"

Die Ursachenforschung hat ergeben, dass sich viele Persönlichkeitsmerkmale bereits in der Kindheit und Jugend entwickeln und festigen. Aber auch die individuellen *Werte* und die persönlichen *Leitbilder bzw. Glaubenssätze* entstehen hier, wie z. B. „Ein echter Indianer kennt keinen Schmerz. Durchhalten um jeden Preis. Alles ist machbar."

Die Persönlichkeitsmerkmale, Motivationskategorien, Werte, persönlichen Leitbilder und Antreiber haben sowohl positive als auch negative Auswirkungen auf unser Verhalten und können, wenn sie zu einseitig sind, Burnout fördernd sein. Daher ist die Analyse bzw. Rekonstruktion im Rahmen der persönlichen Ursachenforschung wertvoll. Dabei ist es gar nicht so wichtig, woher all diese Ansprüche kommen (ob genetisch oder sozialisationsbedingt, ob vererbt oder durch Erziehung erworben). Wichtig ist, sie zu erkennen und die Karrierebilder, Motive, Werte, Leitbilder, Antreiber von Zeit zu Zeit an die jeweilige Lebenssituation anzupassen. Wie das funktionieren kann, wird im Kapitel „Wege aus der Krise" aufgezeigt.

Zum Abschluss dieses Kapitels möchte ich noch ein Passage eines Gedichtes, das der Schriftsteller Jorge Luis Borges im Alter von 85 Jahren verfasst hat, zitieren:

> *Wenn ich mein Leben noch einmal leben könnte, im nächsten Leben würde ich nicht so perfekt sein wollen, mich mehr entspannen, viel weniger Dinge so ernst nehmen, mehr reisen, mehr Sonnenuntergänge betrachten, mehr bergsteigen, mehr in Flüssen schwimmen ...*

Im nächsten Kapitel wird untersucht, welche Einflüsse gesellschaftliche Faktoren beim Ausbrennen von Personen spielen. Wir gehen der Frage nach, ob und inwieweit Burnout, Depression und Sucht eine „Krankheit der Gesellschaft" sind und welche Rolle die gesellschaftlichen Bedingungen spielen.

5.4.) Ursachenfeld 4: Gesellschaft

„Je mehr wir tun, desto wichtiger erscheinen wir.

Dabei verbrennen wir nicht nur unsere Kräfte,

wir finden auch keine Zeit zum Träumen."

(Gregor Sieböck, Weltenbummler)

Mein persönliches Burnout-Muster ist kein Einzelfall. Der Anspruch auf Einzigartigkeit, der Wunsch nach Anerkennung und Wirkung, die Glaubenssätze und inneren Antreiber sowie alle anderen bereits beschriebenen, persönlichkeitsbezogenen Faktoren, sind nicht nur eine Marotte von mir, sondern bei vielen Menschen erkennbar. Auch die speziellen Beispiele aus meinem Beruf als Wissenschaftler und Hochschullehrer sind nicht nur ein individuelles Problem, sondern ein Phänomen des gesamten Berufsstandes der Hochschullehrer. Wie sehr dies mit dem erkrankten *System Universität* zusammenhängt, kommt in zahlreichen Berichten zum Ausdruck. Die Zeit-Online-Redaktion, um eine der renommierten Medienplattformen zu nennen, veröffentlichte in der jüngsten Vergangenheit mehrere Artikel, die sich mit dem kranken Universitätssystem beschäftigen. Drei Beispiele: „*Prof. Dr. Depressiv. Lehrende an deutschen Hochschulen sind so produktiv wie nie – gleichzeitig häufen sich psychische Probleme.*" (11/2011). *Hochschulreform brennt die Lehrenden aus. Bildungsforscher: Belastungsgrenze bei Hochschulreform erreicht.*" (3/2011). „*Burn-out in der Wissenschaft*" (11/2011). In diesen Medienberichten wird unter Bezugnahme auf empirische Studien drastisch aufgezeigt, wie sehr sich die psychischen Probleme bei den Lehrenden an den Hochschulen häufen und welcher **Raubbau** betrieben wird. Die **Überlastung** in der Lehre (überfüllte Hörsäle, Hunderte Klausuren und Abschlussarbeiten etc.) und der **Druck** ständig publizieren zu müssen, werden in den Umfragen als die wichtigsten Ursachen für die **Erschöpfung** von Professoren genannt. Dies hängt wiederum mit dem **kranken** (Universitäts)-**System** zusammen.

Peter Weichhart, Professor am Institut für Geographie und Regionalforschung der Universität Wien, spricht in diesem Zusammenhang sogar von „***Exzellenz-Stalinismus***". Mit diesem Kampfbegriff führt er zwei Themenbereiche zusammen: Die sog. Exzellenzinitiative der Hochschulpolitik, mit der eigentlich die Qualität der wissenschaftlichen Praxis gesteigert werden sollte (was aber nicht der Fall ist; im Gegenteil: die Qualität sinkt); Stalinismus steht bekanntlich für eine diktatorische Form von Herrschaft, für ideologischen Dogmatismus und Totalitarismus. Der Autor verweist in seinem kritischen Artikel auf „eine Reihe verblüffender Ähnlichkeiten zwischen der politischen Doktrin des Stalinismus und der aktuellen universitätspolitischen Praxis" (Weichhart, 2012, S. 51). Auf diese hier einzugehen, würde den Rahmen sprengen. An dieser Stelle soll nur eine Aspekt erwähnt werden, der für unser Thema und meinen Fall relevant ist, nämlich „ … die Selbstausbeutung der am Produktionsprozess beteiligten Akteure, die in besonders hohem Maße ihre Ich-Identität mit ihrer Forschungstätigkeit verknüpft." (ebd. S. 53). Diese Form der ***Selbstausbeutung*** dürfte anhand meiner Fallbeschreibung deutlich zum Ausdruck gekommen sein. „Der Exzellenzstalinismus ist also dabei, das Kostbarste zu vernichten, das das Wissenschaftssystem besitzt: die kreativen Potenziale, die Schaffensfreude und den bis zur Selbstausbeutung vorangetriebenen Einsatzwillen der beteiligten Forscherinnen." (ebd. S. 54). Und ich ergänze: natürlich auch bei den Studierenden. Denn sie leiden ebenso unter Leistungsdruck. Immer mehr sind erschöpft und ausgebrannt (vgl. dazu auch www.zeit.de/Uniland, ausgebrannt, 4.8.2010 oder den Blog von Professor Andreas Klein, Universität Wien „Stress an der Uni", derStandard.at, 5. 2. 2013).

Nun könnte man noch viel mehr über diese brisante Uni-Thematik schreiben, aber im Moment geht es darum aufzuzeigen, dass das Ausbrennen von diversen Gruppen nicht nur ein individuelles, sondern auch ein gesellschaftliches Phänomen ist. Die bisherige Analyse erfolgte primär auf der Mikroebene (Individuum) und teilweise auf der Mesoebene (berufliches Umfeld, Organisation). Der deutsche Psychologieprofessor Matthias Burisch (2010, S. 218) stellt in seinem Buch zur Theorie der Erschöpfung fest, dass die Literatur von Behauptungen über „Umweltfaktoren“ und „gesellschaftliche Einflüsse“ nur so überquillt, aber die Empirie zu solchen Faktoren erstaunlich mager sei. Er bringt in dem sonst so umfassenden über 300 Seiten starken Standardwerk über Burnout nur ein paar Beispiele, die sich auf den gestressten Amerikaner oder auf das japanische Tempo beziehen. In Patientenberichten findet man konkretere Hinweise darauf, dass gesellschaftliche Faktoren eine Rolle spielen (vgl. Geyerhofer/Unterholzer 2012, S. 9). Die befragten Patienten verspüren einen zunehmenden Verantwortungsdruck aufgrund von organisatorischen oder gesellschaftlichen Rahmenbedingungen. So erwähnen sie die Gewinnmaximierung, den Wettbewerb, den Konkurrenzkampf, das Mobbing, die neuen Informations- und Kommunikationstechnologien, die ständige Erreichbarkeit via Internet, Handy, iPad und soziale Medien (wie facebook, twitter etc.) - alles Faktoren bzw. Bedingungen, die Mitschuld am Ausbrennen hätten. Solche Hinweise findet man in fast allen Burnout-Büchern und vor allem in den Medienberichten.

Sozialforscher wie der Brite Richard Wilkinson behaupten, große Einkommensunterschiede in einer Gesellschaft drücken auf die Psyche: „Je größer die Schere zwischen Arm und Reich, desto größer der Leidensdruck einer Gesellschaft“ (vgl. profil-wissen 2/Juni 2012, S. 31). Der britische Sozialwissenschaftler liefert zahlreiche Belege für seine These und macht die großen Einkommensunterschiede für die psychischen Probleme der Menschen (Ängste, Depressionen, Drogen- oder Alkoholkonsum etc.) mitverantwortlich. Die Betonung liegt auf *mit*-verantwortlich. Soziologen und Philosophen steuern meines Erachtens wesentliche Gedanken und Thesen zu unserer Debatte bei. Sie versuchen, die Themen Burnout, Depression und Sucht ein Stück weit zu entprivatisieren und argumentieren schlüssig, dass diese Phänomene nicht nur als Problem des „arbeitssüchtigen Individuums“ abzuhandeln sind.

Beschleunigung des Lebenstempos und gesellschaftlicher Wandel

Der Soziologe Hartmut Rosa (2005) untersucht im Rahmen seines Werkes („Beschleunigung. Die Veränderung der Zeitstrukturen in der Moderne“) die Dynamisierung gesellschaftlicher Verhältnisse und unterscheidet drei Dimensionen sozialer Beschleunigung: (1) Technische Beschleunigung, (2) die Beschleunigung des sozialen Wandels, (3) die Beschleunigung des Lebenstempos. Letzteres ist für unser Thema relevant. Rosa meint damit die Erhöhung des Tempos des Lebens als Steigerung der Handlungs- und/oder Erlebnisepisoden pro Zeiteinheit. Er unterscheidet hierbei in eine objektive und eine subjektive Komponente. Konkrete Beispiele für die objektive Beschleunigung des Lebenstempos sind etwa die Verkürzung der Essens- oder Schlafensdauer und der durchschnittlichen Kommunikationszeit in der Familie, die Verringerung von Pausen und Leerzeiten zwischen diversen Aktivitäten, die simultane Ausführung mehrerer Tätigkeiten (Multitasking) etc. Unter subjektiver Beschleunigung versteht der Autor etwa die „Zunahme von Empfindungen der Zeitnot, des Zeitdrucks und des stressförmigen Beschleunigungszwangs sowie in der Angst, >nicht mehr mitzukommen<“ (ebd. S. 136). Daraus erklärt sich auch das Gefühl, die Zeit selbst vergehe schneller. Empirische Studien belegen dieses Phänomen. Die Menschen fühlen sich in zunehmendem Maße unter Zeitdruck und beklagen sich massiv über die Knappheit der Zeit.

Lebensbeschleuniger

Das Lebenstempo hat sich durch das Internet und die Nutzung der neuen Medien wie etwa Smarthphones nochmals beschleunigt. Damit sind wir geradezu überall, Tag und Nacht per E-Mail oder via facebook erreichbar. Eine aktuelle, repräsentative Umfrage des IMAS-Marktforschungsinstituts ergab, dass mehr als drei Viertel der österreichischen Bevölkerung den Eindruck haben, dass sich durch das Internet und die digitalen Medien wie E-Mail etc. das Tempo in unserer Gesellschaft erhöht. Sie wünschen sich eine Entschleunigung. Die Menschen erleben somit eine deutliche

Diskrepanz zwischen gefühlter und gewünschter Geschwindigkeit. Der aktuelle Eindruck der Lebensgeschwindigkeit ist in allen soziodemografischen Gruppen nahezu identisch ausgeprägt, ohne Unterschiede nach Alter, Bildungsgrad oder Schichtzugehörigkeit. In den Augen der Internet-User ist das gesellschaftliche Tempo zu hoch und der Wunsch nach Entschleunigung konstant. Die „neuen“ Informations- und Kommunikationstechnologien gelten demnach als wesentlicher Lebensbeschleuniger.

Jeder Dritte liest Job-Mails im Bett

So lautet das Ergebnis einer Studie, die meine Kollegin Caroline Roth vom Institut für Medien- und Kommunikationswissenschaft der Universität Klagenfurt (2013) durchgeführt hat. Sie befragte über 400 Berufstätige online und fand heraus, dass ein Drittel der Befragten ihre beruflichen E-Mails vor dem Schlafengehen und nach dem Aufstehen abrufen. Ihre Studie zeigt auf, wie stark neue Medien (insb. Smartphones) die Arbeitswelt dominieren. Interessant dabei ist, dass 40 Prozent der Online-Verbundenen angeben, freiwillig erreichbar zu sein, sich über ihre Erreichbarkeit jedoch kaum beschweren. Wohl aber verspüren immer mehr die Mehrfachbelastung durch Handy und Computer. Die Hinweise darauf verdichten sich, dass die ständige Alarmiertheit seelische Konsequenzen haben könnte. Zumindest für jene Menschen, die z. B. ihr Smartphone nicht nur den ganzen Tag über bei sich haben, sondern sogar auch nachts, die das Gerät nicht mehr abschalten können und somit auch selbst nicht mehr abschalten, zur Ruhe kommen können. Für viele Menschen ist der Anspruch, sich sofort und andauernd zu melden, enorm hoch. Die **ständige Erreichbarkeit** bedeutet permanenten Stress, durch das ständige Kommunizieren verliert man das Gefühl für das eigene Zentrum, so die Befürchtungen der Kulturkritiker, wie etwa der Journalistin und Soziologin Nina Pauer: „Kommunikation wird zum Fulltimejob“, meint sie in einem Interview in der Zeitschrift Profil (Heft Nr. 40, Oktober, 2012, s. 106) . „Dadurch, dass Kommunikation keinen Anfang und kein Ende mehr kennt, verlieren wir die Ruhe und das Gefühl, mental konzentriert an einem Ort und im Hier und Jetzt zu sein. **Ein Gefühl der Nervosität, das kein Ende kennt**."

Inwieweit die ständige Erreichbarkeit durch die neuen Medien auch gesundheitliche Folgen hat, darüber sind mir bislang keine repräsentativen Studien bekannt. Die arbeitsmedizinischen Institute warnen jedoch, dass der Druck, ständig auf dem Laufenden zu sein, auch krank machen kann. Immer mehr Arbeitnehmer beklagen sich über die ständige Erreichbarkeit und die damit verbundene Überforderung. Diese äußert sich in hohem Blutdruck, Schlaflosigkeit und Nervosität, meint die Arbeitsmedizinerin Sigrun Maier in einem Interview in der Kleinen Zeitung (25. Juni 2013, S. 12/13). Die Gewerkschaften reagieren bereits mit breit angelegten Informationskampagnen und Aktionstagen und weisen darauf hin, dass der „Stand-by-Modus" das soziale Leben massiv verändert und auch arbeitsrechtliche Probleme (z. B. keine Entlohnung bzw. Vergütung für den ständigen Bereitschaftsdienst) mit sich bringt. Die Tatsache, dass sich viele Mitarbeiter gewissermaßen „freiwillig" versklaven, indem sie ständig erreichbar sind und jedes berufliche E-Mail sofort öffnen, bringt immer mehr Unternehmen dazu, ihre Systeme zeitweilig auszuschalten. Hier ist ein Rückkehrschwung zu beobachten. Inwieweit sich die „freiwilligen Selbstverknechter" dadurch bremsen lassen, wird sich zeigen.

„Das Leben besteht aus mehr, als immer nur die Geschwindigkeit zu erhöhen." (Mahatma Gandhi)

Für den „philosophischen Diagnostiker", Burnout-, Depressions- und Suchtforscher Martin Poltrum, der die Gedanken von Hartmut Rosa und anderen Autoren ebenfalls in seine gesellschaftskritische Analyse mit aufnimmt, sind jedenfalls mit den oben genannten drei Dimensionen der Beschleunigung spezielle Faktoren genannt, „welche die Leistungs- und Selbstausbeutungsbereitschaft der postmodernen Subjekte erklärt" (2012, S. 91). Der Autor stellt weiters eine „Hyperaktivität des Tätigseins bzw. des Erscheinens" fest und meint in diesem Zusammenhang, dass die Phänomene in der Spätmoderne insgesamt von einer **„hyperaktiven**

Aufmerksamkeitsgeilheit" getrieben sind. Zu diesem Thema haben sich in der Vergangenheit viele namhafte Wissenschaftler geäußert. So hat beispielsweise der Klagenfurter Philosophieprofessor und Begründer des „Vereins zur Verzögerung der Zeit" Peter Heintel bereits 1999 in seinem Buch „Innehalten. Gegen die Beschleunigung – für eine andere Zeitkultur" festgehalten, dass „alles immer schneller wird, immer konzentrierter aufeinanderfolgt, dass Hektik und Aktionismus unseren Alltag in Arbeit *und* Freizeit immer mehr durchdringen [...] Es ist auch eine gewisse Müdigkeit und Erschöpfung bemerkbar".

„Hast ist der Feind des Lebens." (Thornton Wilder)

Diese Form der Beschleunigung und damit verbundenen Hyperaktivität beschreiben fast alle Patienten. Auch ich habe sie in Ansätzen bei mir beobachtet. Für mich spielte die Beschleunigung bzw. der Faktor „Zeit" eine ganz entscheidende Rolle – und zwar in mehrfacher Hinsicht: burnoutfördernd und burnoutverhindernd. Aber auch beim Weg heraus spielt der Faktor „Zeit" und die damit zusammenhängende Be- bzw. Entschleunigung eine Schlüsselrolle. Aufgrund der vielfältigen Wechselwirkungen mit den anderen Ursachenfeldern und Anwendungsbereichen sind meine persönlichen Reflexionen zum Thema Zeit in einem eigenen Kapitel dargelegt. Neben der Beschleunigung des Lebenstempos spielen noch weitere Aspekte eine wesentliche Rolle, die in der Soziologie unter den Begriffen „Strukturwandel der postmodernen Subjektivität" bzw. „Strukturwandel der Psyche in der Postmoderne" diskutiert werden. Vereinfacht ausgedrückt bedeutet dies, dass der *gesellschaftliche Wandel* auch Folgen für die menschliche Seele und die Identitätsfindung hat. Prominente Vertreter dieser Auffassung sind die Soziologen Alain Ehrenberg (2008) und Byung-Chul Han (2010). In ihren Büchern werden die kulturhistorischen Hintergründe der Erschöpfungskrankheiten durchleuchtet und brisante Thesen aufgestellt, in denen Burnout, Depression und Sucht als „Krankheit der Gesellschaft" diagnostiziert werden.

Für *Ehrenberg* sind die psychischen Volkskrankheiten Burnout, Depression, Sucht in den westlichen Industriestaaten nichts anderes als Reaktionen des Menschen auf die gesellschaftliche Erwartung eigenverantwortlicher Selbstverwirklichung. Es sind Krankheiten einer Gesellschaft, „deren Verhaltensnorm nicht mehr auf Schuld und Disziplin gründet, sondern auf Verantwortung und Initiative. Das moderne Individuum befindet sich im Krieg mit sich selbst" (Ehrenberg, 2008, S. 20 - 22). Der Mensch ist erschöpft von der Anstrengung, er selbst werden zu müssen, ständig für sich selbst entscheiden zu müssen, sich selbst verwirklichen zu müssen. Verkürzt ausgedrückt: Die hohe Eigenverantwortung für sein Leben, die Selbstfindung und Selbstverwirklichung sind für viele Menschen eine Überforderung und führen in die Erschöpfung. *Han* wiederum kritisiert, dass Ehrenberg die Volkskrankheiten lediglich aus der Perspektive der „Ökonomie des Selbst" betrachtet und die Prinzipien der Leistungsgesellschaft übersieht. „Nicht der Imperativ, nur sich selbst zu gehören, sondern der Leistungsdruck verursacht die Erschöpfungsdepression. So gesehen, bringt das Burn-out-Syndrom nicht das erschöpfte *Selbst,* sondern eher **die erschöpfte, ausgebrannte Seele** zum Ausdruck." (Hahn, 2010, S. 22) Der Autor betont also die Leistungsgesellschaft, den Leistungsdruck und die damit verbundene Selbstausbeutung.

Burnout und Depression werden zunehmend zum Gegenstand soziologischer Gegenwartsanalyse gemacht. Im Sammelband des Suhrkamp Verlages „Leistung und Erschöpfung – Burnout in der Wettbewerbsgesellschaft (vgl. Sighard Neckel, Greta Wagner 2013) werden die Thesen von Ehrenberg, Hahn u.a. aufgenommen, präzisiert und in einen theoretischen Rahmen gebracht. Die beiden deutschen Soziologen Sighard Neckel und Greta Wagner (2013) sprechen in ihrem Beitrag von der **Wettbewerbsgesellschaft**. Sie zeigen auf, dass Wettbewerbe Ausscheidungskämpfe sind, die nicht nur Gewinner, sondern auch Verlierer produzieren, die bei dem Nullsummenspiel unter Aufbietung all ihrer Kräfte völlig ihre Ressourcen verschleißen und dabei vollkommen leer ausgehen. Burnout und Depression erscheinen vor diesem Hintergrund „als die psychische Seite solch destruktiver Wettbewerbsformen, als Menetekel einer Ressourcenvernichtung, die schließlich die Subjektivität erreicht" (ebd. S.17). Günter Voss und Cornelia Weiss (2013) betrachten Burnout und Depression als „Leiterkrankung des subjektivierten Kapitalismus", der mit dem Strukturwandel der Arbeit, mit der Entgrenzung und der Subjektivierung zusammenhängt. Sie sprechen in diesem Kontext vom „Arbeitskraftunternehmer": „Die Beschäftigten übernehmen jetzt wichtige Anteile der zentralen Managementfunktion der Steuerung von Arbeit selbst und wandeln sich dabei tendenziell von passiven Befehlsempfängern zu proaktiven Auftragnehmern mit unternehmerähnlichen Eigenschaften" (ebd. S. 34). Typische Merkmale der **Arbeitskraftunternehmer** sind:

* Selbstkontrolle (Notwendigkeit der aktiven Selbststeuerung, d.h. Menschen müssen ihre Arbeits- und Lebensbedingungen aktiver in die Hand nehmen),

* Selbstökonomisierung (Zwang zur Selbstproduktion und Selbstvermarktung, d.h. Menschen müssen ihre Fähigkeiten gezielt auf eine verstärkt marktvermittelte Nutzung hin entwickeln und vermarkten),

* Selbstrationalisierung (zunehmende Rationalisierung des persönlichen Lebensrahmens, Auflösung der traditionellen Teilung von Arbeit und Freizeit hin zur Vermischung von Arbeit und Leben).

Der Strukturwandel der Arbeit führt dazu, dass Menschen in höchst widersprüchliche Situationen geraten. Sie sollen „selbstverantwortlich", „innovativ" oder „unternehmerisch" handeln und können nicht mehr so recht einschätzen, wann „es genug" ist, wann die erbrachte Leistung „ausreichend" ist. „Faktisch reicht es nie! Konsequenz solcher Mechanismen ist eine Selbstüberforderung" (ebd. S. 36), die zu mentalen und seelischen Erkrankungen führt. Die Autoren verstehen Depression und Burnout als Leiterkrankung der entgrenzten und subjektivierten Arbeitswelt. Den dadurch entstandenen Chancen der Selbstbestimmung, Selbstentfaltung, Selbststeuerung und Selbstverwirklichung stehen neuartige Risiken gegenüber, insbesondere Selbstentfremdung,

Selbstausbeutung und Selbstüberlastung. Besonders tragisch dabei ist die „prekäre Selbstverstrickung: Man kämpft mit widerstreitenden Anforderungen und Bestrebungen der eigenen Person und erlebt sich dabei selbst als Gegner. Man interpretiert auftretende Probleme und vor allem jedes Scheitern (das angesichts der Anforderungen oft unausweichlich ist) als selbstverursacht und reagiert mit noch größeren Anstrengungen. Aus diesem fatalen Teufelskreis der >Selbstgefährdung< finden viele Menschen keinen **Ausweg** – außer dem der **Krankheit**." Derartige Hinweise zum gesellschaftlichen Wandel sind natürlich nicht neu. Im Zusammenhang mit der Kritik am neoliberalen Wirtschaftsmodell sind in den letzten Jahren zahlreiche Theorien und Modelle entstanden, die auf bestimmte gesellschaftliche Entwicklungen hinweisen. Neben der bereits oben genannten „Subjektivierung der Arbeit" spielen noch weitere Faktoren eine Rolle. So etwa der „Trend zur Individualisierung" (vgl. Beck 1994), die neuen Anforderungen des Arbeitsmarktes (Bridges 1994/1996), der neoliberale Kapitalismus mit seinen negativen Auswüchsen der Globalisierung, der den „flexiblen Menschen" (Sennet 1998) hervorgebracht hat. In den westlichen Industriestaaten ist ab den 80-er Jahren ein Trend zur Individualisierung bemerkbar. Werte wie Selbstverwirklichung spielen in allen Lebensbereichen eine immer wichtigere Rolle, insbesondere die Selbstverwirklichung in und durch Arbeit (vgl. Honneth 2002 sowie Hartmann/Honneth 2004) ist zu einer gesellschaftlichen Anforderung geworden, die neue Formen der Unterdrückung und Ausbeutung mit sich bringen. All diese Theorien erklären im wesentlichen die massive Zunahme psychischer Krankheiten in der westlichen Welt.

- Die Merkmale des Arbeitskraftunternehmers treffen durchaus auch auf mich zu: Formen der Selbstkontrolle, Selbstökonomisierung und Selbstrationalisierung sind sicher wesentliche Merkmale, die auch bei mir als Arbeitnehmer verstärkt zu beobachten waren. Meine beruflichen Tätigkeiten erfolgten weitgehend in Eigenregie, ebenso die Selbstvermarktung. Arbeit und Freizeit waren/sind bei mir keine getrennten Bereiche, sondern eher eine Einheit bzw. stark vermischt. Die

Hauptfaktoren des flexiblen Menschen trafen auf mich nicht so sehr zu: Als Beamter im wissenschaftlichen Dienst musste ich nicht ständig den Job und damit den Arbeits- und Lebensmittelpunkt wechseln; nicht dem permanenten Drift ausgesetzt, der mit ständig wechselnden Anforderungen einhergeht. Die Bildung einer stabilen Identität und der Aufbau verlässlicher sozialer Beziehungen sind aufgrund meiner Arbeitsbedingungen nicht gefährdet. Dafür sind meine Lebens- und Arbeitsbedingungen zu stabil. Sehr wohl aber zu beobachten ist die prekäre Selbstverstrickung, der Kampf gegen mich selbst. Ebenso die paradoxe Selbstbestimmung, der maximale Einsatz und die hohe Motivation einerseits und der dadurch entstandene Druck andererseits. Eine äußerst gefährliche Verknüpfung von Selbstentfaltung und Selbstüberforderung. Dementsprechend empfinde ich auch das Scheitern als selbstverschuldet und sehe auch beim Weg aus der Krise eine hohe Eigenverantwortung. Psychotherapeuten würden mein Verhalten höchstwahrscheinlich als „Identifikation mit dem Aggressor" bezeichnen. Darauf gehe ich im Kapitel „Verantwortung" noch einmal ein. An dieser Stelle wird noch der Frage nachgegangen, ob und inwieweit der hohe Anspruch auf Einzigartigkeit und der Zwang zur Selbstvermarktung in die Erschöpfung führt.

Der Anspruch auf Einzigartigkeit und der Zwang zur Selbstvermarktung

Dass ein zu hoher Anspruch auf Einzigartigkeit zur Erschöpfung führen kann, haben wir an meinen Fallbeispielen im Ursachenfeld Person bereits verdeutlicht. Es dürfte mittlerweile klar sein, dass es sich dabei nicht um eine Marotte von mir handelt, sondern dass es sich um ein weitverbreitetes Phänomen handelt. Warum der Optimierungswahn uns schadet und wer wirklich davon profitiert, zeigt anschaulich und essayhaft der deutsche Journalist Klaus Werle (2010) in seinem Buch „Die Perfektionierer" auf: „Wenn alle besonders sein wollen, ist es gar nicht so einfach, man selbst zu sein." (S. 246). Poltrum (2012, S. 97) fasst die Debatte zu dieser Thematik zusammen: In der heutigen Leistungsgesellschaft gehe es darum,

„ … etwas ganz Besonderes aus unserem Leben zu machen, unendlich viel zu leisten, eine Ich-AG zu werden und im Konkurrenzkampf mit den wenigen zur Verfügung stehenden Ressourcen sich selbst und sein Leistungspotenzial zu steigern, sich zu optimieren und die Bereitschaft zur Selbstausbeutung aufzubringen […] Der Imperativ, besonders und einzigartig zu werden, führt zur Kapitulation und Erschöpfung vor diesem permanenten Anspruch.“

Der hohe Anspruch auf Einzigartigkeit und die permanente Arbeit am sog. ICH führt zur Überforderung. Schon Pablo Picasso soll gesagt haben: „Die größte Herausforderung des Lebens ist die Arbeit am eigenen ICH.“ Dieses Zitat schmückt viele Ratgeberbücher zu den Themen ICH-Marke, ICH-AG, EGO-Marketing, Selbstmarketing, Selbst-PR, Personal Branding etc. Diese Thematik beschäftigt mich schon lange in Lehre und Forschung. Dazu habe ich auch einige wissenschaftliche Artikel veröffentlicht (vgl. z. B. Nessmann 2003, 2005, 2010). In diesen Publikationen wurde unter anderem darauf hingewiesen, dass das neoliberale Wirtschafts- und Gesellschaftsmodell die Phänomene der Selbstdarstellung beschleunigt hat, dass der Motor der Individualisierung auf vollen Touren läuft, der Kampf um die Aufmerksamkeit immer härter wird, die magische Kraft der Beachtung neue Dimensionen erhält, die Anforderungen des Arbeitsmarktes sich radikal ändern, der Wettbewerb insbesondere unter den Jobsuchenden immer stärker, die Auswahlverfahren immer härter werden und dass der neue Kapitalismus mitsamt seinen negativen Auswirkungen der Globalisierung den flexiblen Menschen fordert, der sich ständig neu erfinden, behaupten, positionieren, vermarkten muss. In diesem Kontext habe ich die skurrilen Blüten der auf Publicity ausgerichteten Selbstvermarkter und deren dahinterstehendes Menschenbild kritisiert sowie vor einer **Degradierung des Menschen zu einer puren ökonomischen Größe** gewarnt. Immer mehr Menschen sehen sich als Schlüsselfigur in der alltäglichen Inszenierung und übersehen dabei die **Risiken der Individualisierung**. 2005 habe ich ein wertorientiertes, sinnstiftendes und identitätsstärkendes Bild personenbezogener Öffentlichkeitsarbeit entworfen und ein praxisbezogenes *Handlungskonzept* *von Personality PR* vorgelegt. Bei meinem Konzept geht es nicht um billige Verkaufstricks, um schrille Aufmerksamkeit, wie es in der Seitenblicke-Gesellschaft praktiziert wird. Es geht vielmehr darum, das persönliche Leitbild (Werte, Ziele, Stärken, Kompetenzen) zu transportieren, Beziehungen und Kontakte zu pflegen, berufliche und private Netzwerke zu knüpfen, Kommunikationschancen wahrzunehmen, auf sich und seine Leistungen aufmerksam zu machen, Vertrauen zu gewinnen u.v.a.m. Das Personality-PR-Konzept wird mittlerweile von vielen Beratern erfolgreich angewendet. Ich bin davon überzeugt, dass Formen der Selbst-PR und des Selbstmarketings bei vielen Berufsgruppen bis zu einem gewissen Grad notwendig und für den Selbstwert vorteilhaft sind. Salopp formuliert könnte man sagen: Das Klappern gehört zum Geschäft und tut dem Ego gut. Aber nicht zu jedem Preis und schon gar nicht bis zur Selbstaufgabe. *„Ich bin der Größte. Ich bin einzigartig. Schaut her, wie gut ich bin "* – diese Form der Selbstdarstellung meine ich nicht. Sie ist keine empfehlenswerte PR-Strategie. Dies sind eher narzisstische Kampfparolen bzw. Hinweise auf ein narzisstisches und egoistisches Verhalten.

Narzissten und flexible Selbstvermarkter

„Narzissmus ist zur allein selig machenden Überlebenstechnik geworden" lauten die einleitenden Worte eines Artikels zur „Ich-Sucht" von Michaela Ernst (profil, 25.2.2013). Die Journalistin beschreibt, wie das gesellschaftliche Klima täglich rauer wird. „In der neuen Ellenbogen-Gesellschaft gelten Begriffe wie Respekt, Fairness, Empathie und Solidarität als durchaus vernachlässigbare und dem eigenen Fortkommen hinderliche Größen." (ebd. S. 74). Ihr journalistischer Stil passt sich der ökonomischen Realität an. So ist etwa von der „kollektiven Verrohung" oder vom „Raubtierkapitalismus" die Rede. Es werden auch klinische Langzeitstudien zitiert, wonach bei Jugendlichen konstant steigende Narzissmuswerte zu beobachten sind.

Der österreichische Psychiater Reinhard Haller stellt in seinem Buch „Die Narzissmusfalle“ (2013, S. 14) eine Zunahme von „Egoismus, Eigenbezogenheit, Gier und übersteigertem Selbstwert“ fest. Er warnt vor einer Gesellschaft, in der Egoismus, Selbstdarstellung und Gefühlskälte zu erfolgversprechenden Strategien werden. Natürlich braucht der Mensch zur Entwicklung von Selbstvertrauen ein gesundes Maß an Narzissmus. Die Rede ist hier vom krankhaften Narzissmus im Sinne einer psychischen Störung. Eine solche liegt vor, wenn zumindest diese vier Komponenten zusammentreffen: Egozentrizität, Empfindlichkeit, Empathiemangel, Entwertung (ebd. S. 40). Demnach haben narzisstisch gestörte Persönlichkeiten eine starke Bezogenheit auf das Ego und sind von der eigenen Grandiosität überzeugt. Sie sind aber auch sehr empfindlich und verletzlich. Ihnen fehlt das Einfühlungsvermögen in ihre Mitmenschen und sie tendieren dazu, andere zu entwerten. Der Narzissmus führt zur „Entsolidarisierung und letztlich zur Ausgrenzung und Vereinsamung des narzisstischen Egoisten“ (ebd. S. 14). Reinhard Haller ist nicht nur Psychiater, sondern auch Chefarzt einer Suchtklinik und bezeichnet krankhaften Narzissmus als Sucht. Vor diesem Hintergrund spricht er von der „Ich-Sucht“ oder „Selbst-Sucht“: **„Ich, Icher, am Ichsten“** (ebd. S 41). Immer mehr Menschen sind von sich so eingenommen, dass für andere kein Mitgefühl übrig bleibt. Sie sind in ihr Spiegelbild verliebt. Narzissten bekommen allerdings früher oder später, so die Meinung des Experten, einen Höhenrausch: *Ich kann alles! Ich darf alles! Ich bin der Größte!* Menschen, die so hoch hinaus wollen, können auch tief fallen.

Allerdings (und das ist die gute Nachricht) betrachten viele Experten den Ego-Trip der westlichen Welt als vorübergehendes Phänomen. Sie sehen die Tendenz zur persönlichen Selbstverwirklichung eher als eine Zeiterscheinung. Noch gibt es Gegenbewegungen zum epidemischen Ich-Kult – allerdings in einer eher kleinen, elitären Bildungsschicht. Immer mehr Menschen wollen aus den bestehenden Verhältnissen ausbrechen. Im Windschatten des Turbo-Narzissmus entsteht wieder so etwas wie eine Ressourcen-Solidarität, meint die oben zitierte Profil-Journalistin. Sie bringt einige Belege dafür: „Tauschkreise, Talentebörsen, Kostnix-Läden und Transportgemeinschaften entstehen im Hinterhof der immer brüchiger werdenden Selbstbespiegelungs- und Hochleistungswelt" (ebd. S. 80).

Die flexiblen Selbstvermarkter brennen aus

Eine zu starke Orientierung nach außen (Image) kann zur Überforderung führen. Dies spüren vor allem prominente Persönlichkeiten aus dem Showbusiness. Viele von ihnen halten den Zwang zur Selbstvermarktung, den öffentlichen bzw. medialen Druck nicht mehr aus, vor allem, wenn sie von einem aggressiven Journalismus beschädigt, bloßgestellt, schlecht gemacht oder verfolgt werden. „Manchmal macht Öffentlichkeit auch krank", meint der Schweizer Psychiater und Psychoanalytiker Mario Gmür in seinem Buch „Das Medienopfersyndrom". Dies äußere sich in Angstzuständen, Selbstwertverlust, Hilflosigkeit, Isolation, innerer Unruhe, Schlaf- und Konzentrationsstörungen etc. Seine Auflistung der Symptome ähneln stark den Symptomen des Burnouts und der Depression. Seine Beobachtungen decken sich mit meinen. Daher wage ich die These: Flexible Selbstvermarkter brennen aus und werden abhängig - entweder von den Medien und/oder von Drogen. Aber auch ganz „normale" junge Menschen, wie etwa die Studenten zeigen eine unglaubliche Flexibilität und Kreativität der Anpassung und Selbstdarstellung. Sie bewegen sich wie Fische im Wasser und bleiben nach allen Seiten hin offen und anschlussfähig. Die Grenzen zwischen Selbstverleugnung und Selbstverwirklichung verschwimmen zusehends. Viele halten diesen Zwang zur Selbstverwirklichung und Selbstvermarktung nicht mehr aus und brennen aus.

Ich bin zwar nicht aufgrund meiner Selbstdarstellung, meiner Eigen-PR-Aktivitäten und schon gar nicht aufgrund eines Medienopfersyndroms ausgebrannt, erschöpft und abhängig geworden. Aber übertrieben habe ich gelegentlich schon, indem ich auf die Medien und die Öffentlichkeit hinschielte, mir in der Rolle des „PR-Gurus" (wie mich manche Journalisten bezeichneten) gefiel und Medienberichte sammelte, die in mehreren vollgefüllten Ordnern mit der Bezeichnung „Pressespiegel" abgelegt sind. Heute ist es mir peinlich, aber eine spannende Erkenntnis. Eine gewisse Parallelität zum Burnout-Fall meiner Kollegin, der Kommunikationswissenschaftlerin Miriam Meckel, ist nicht von der Hand zu weisen. Sie findet, dass sie unter einer Störung ihrer „beruflichen Kernkompetenz – der Kommunikation" leidet (vgl. Meckel, 2010, S. 70). Vielleicht habe auch ich unter einer Störung zumindest einer meiner beruflichen Kernkompetenzen gelitten - der strategischen Kommunikation (Personen-PR, Personal Branding, Personal Communication Management).

Einfluss der Medien: Chancen und Gefahren

In den bisherigen Ausführungen war oft die Rede von den „neuen" Informations- und Kommunikationstechnologien (Internet, E-Mail-Kommunikation, facebook etc.). Diese werden als wesentliche Lebensbeschleuniger bezeichnet. Die ständige Erreichbarkeit via Handy bzw. i-phone und die intensive Nutzung der Social Media (facebook, youtube, twitter etc.) hätten Mitschuld am Ausbrennen. Die enorme Informationsflut, der Kommunikationsterror führen zu Überforderung, Stress, Burnout und Sucht. Die Rede ist von Internetsucht, TV-Sucht oder Handy-Sucht. Experten sprechen vom „**Digital-Syndrom**", der Abhängigkeit von derartigen Medien. Solche Hinweise findet man in fast allen Burnout-Büchern und vor allem in den Medienberichten. Aber was ist wirklich dran an diesen Behauptungen? Machen Medien wirklich aggressiv, depressiv, nervös, abhängig? Sind sie tatsächlich „schuld" am Ausbrennen? Als Medien- und Kommunikationsforscher möchte ich dazu kurz Stellung beziehen.

Wir leben in einer Informations- und Kommunikationsgesellschaft. Die Medien, allen voran das Internet, beschleunigen unser Lebenstempo. Sie beeinflussen unser Denken und Handeln. Unsere persönliche Meinung zu bestimmten Themen ist geprägt von der öffentlichen Meinung und wir lassen uns in gewisser Hinsicht auch von den Medien (wie auch von Personen) im Sinne arglistiger Täuschung manipulieren, in jedem Fall aber in unserem Denken und Handeln beeinflussen. Allerdings lassen sich (wie zahlreiche Studien belegen) vorgefertigte Meinungen durch Medien kaum verändern. Bei Themen, zu denen wir uns noch keine eigene Meinung gebildet haben, ist der Medieneinfluss hingegen sehr stark. Unser Zugang zu den Medien ist von selektiver Wahrnehmung geprägt, d. h. wir konsumieren vorzugsweise solche Medieninhalte, die zu unserer eigenen Meinung, zu unserem Weltbild passen.

Der Tisch wird von der Werbung gedeckt, damit wir Appetit bekommen.

Medien greifen gesellschaftliche Themen auf, spiegeln gewissermaßen unsere Wünsche, Sehnsüchte, Ängste, Verhaltensweisen. So gesehen sind Medien ein Spiegelbild der Gesellschaft, sie verstärken Trends und sie konstruieren Wirklichkeit. Sie schaffen neue Realitäten, sie prägen die Bilder, die wir in unseren Köpfen haben, z. B. das Frauen- oder Männerbild, die Vorstellung von Schönheit, Karriere, Leistung etc. Medien (und hier insbesondere die Werbung) geben uns vor, was wir essen, trinken oder anziehen sollen und was nicht, was *in* und was *out* ist, was sich gehört und was nicht, worüber wir uns aufregen und was uns kalt lässt. Im Grunde genommen ist es die dahinterstehende Industrie (wie etwa die Mode-, Pharma-, Auto-, Elektronik-, Genussmittelindustrie etc.), die solche Ansichten verbreitet, um letztlich ihre Produkte zu verkaufen. Mit Hilfe von Werbung und PR werden Sehnsüchte und Bedürfnisse geweckt - natürlich auch Versagens- und Defizitgefühle, die schließlich mit dem Konsum, dem Kauf von diversen Gütern befriedigt werden sollen. Der Tisch wird gedeckt, damit wir Appetit bekommen. So weit, so gut. Die Medien in ihrer Rolle als Vermittler sind es letztlich, die mit ihren Zeitungs- oder TV-Formaten, mit ihren offensichtlichen oder versteckten Werbeeinschaltungen diverse Ideale (z. B. Schönheits- oder Leistungsideal) propagieren und damit auch für den Schönheitswahn und die Leistungsvorstellungen in der Gesellschaft mitverantwortlich sind. So gesehen beeinflussen Medien und die dahinter stehende Industrielobby unser Denken und Fühlen, unser Bewusstsein - auch das Gesundheitsbewusstsein. Ob wir uns krank fühlen oder nicht, ob wir uns burnoutgefährdet fühlen oder nicht, ob wir zum Arzt zu einer Gesundheitsuntersuchung oder zu einem Fitness-Check gehen, ob wir uns in der Apotheke Nahrungsergänzungs- oder Kosmetikartikel kaufen, oder zum Schönheitschirurgen gehen – all dies ist tatsächlich von der Intensität der Medienberichterstattung beeinflusst und insbesondere davon, was **Opinion Leader (Meinungsführer),** Freunde, Bekannte, Experten etc. dazu sagen. In vielen Fällen kommen wir ja erst auf Grund eines Berichtes in der Zeitung oder im Fernsehen auf den Gedanken, dies oder jenes zu tun - oder einen bestimmten Begriff in unserem **Wortschatz** aufzunehmen, wie etwa Burnout. Dieser wurde mit der zunehmenden medialen Verbreitung in Büchern, Zeitungen, Zeitschriften, TV, Radio, Internet etc. in den allgemeinen Sprachgebrauch aufgenommen. Medien prägen auch das Sozialverhalten, unser Konsumverhalten, das Ess-, Kauf- oder Sexualverhalten. Medien können unser Verhalten beeinflussen und verstärken. Durch den Medienkonsum können unter gewissen Umständen aber auch innere Spannungszustände entladen, aufgestauter Frust abgebaut werden. Medienberichte können zu Protest oder Widerstand führen. Es existieren zahlreiche Hypothesen und empirische Befunde zur Medienwirkung. In der breiten Öffentlichkeit am meisten diskutiert wird die verstärkende Wirkung der Medien auf unser Denken und Verhalten. Diese ist tatsächlich nicht zu unterschätzen, aber eben auch begrenzt.

Zur Wirkung und Nutzung von Medien

Bis zum Ende des letzten Jahrhunderts bzw. Jahrtausends behaupteten die meisten Medienwissenschaftler, dass es keinen ursächlichen Zusammenhang zwischen Medienkonsum und Verhalten gebe. Vor allem im Hinblick auf die vieldiskutierte Frage, ob Mediengewalt bei Jugendlichen zu erhöhter Aggressivität bzw. Realgewalt führe, waren die Wissenschaftler der Meinung, dass man hier nicht von einer Kausalität im Sinne eines simplen Reiz-Reaktionsschemas, eines monokausalen Zusammenhangs zwischen Mediennutzung einerseits und Verhalten andererseits ausgehen kann. Die Forscher verwiesen dabei immer wieder auf die sogenannten intervenierenden Variablen, wie etwa auf lebensgeschichtliche Umstände, auf das soziale Umfeld, die Erziehung, das Bildungsniveau, Probleme in der Schule, Familie oder Arbeit etc. In der Zwischenzeit konnte die Medienwissenschaft die Frage „nur Korrelation oder doch Kausalität“ anhand zahlreicher Quer- und Längsschnittstudien sowie mit modernen statistischen Verfahren klären (vgl. Helmut Lukesch, 2010). Um beim Beispiel der Mediengewalt zu bleiben: „Gewalthaltiger Medienkonsum hat einen gewaltstimulierenden Einfluss auf die Rezipienten, genauso wie auch nachzuweisen ist, dass von prosozialen Inhalten auch prosoziale Effekte ausgehen können.“ (ebd. S. 197). D. h. durch die Rezeption von medialen Gewaltdarstellungen nehmen beim Betrachter Gewaltgedanken zu, sie steigern auch feindseliges, aggressives Verhalten und beeinflussen sehr stark die Einstellung zur Realgewalt (z. B. dass Streit und Gewalt im Alltag als normal angesehen werden). Natürlich spielen hierbei die oben genannten sozialen Bedingungen bzw. Faktoren eine große Rolle. Aber der **Mythos der „harmlosen bzw. wirkungslosen Medien“ ist überholt**. Einer der renommiertesten deutschen Medienwissenschaftler Michael Kunczik (2004, S. 11) meint dazu in seiner Bilanz zu diesem Thema, dass die Kausalitätsrichtung belegt sei und „dass die Annahme einer generellen Ungefährlichkeit von Mediengewalt fast nicht mehr vertreten wird.“

Wie sieht der Zusammenhang zwischen Medienkonsum und psychischen Störungen (wie Burnout, Depression und Sucht) aus? Diese Frage ist aufgrund der hohen Komplexität (insb. der Komorbiditäten, Doppel- und Mehrfachdiagnosen) etwas differenzierter zu betrachten. Ich möchte dies exemplarisch an zwei Syndromen erklären. Vom ersten sind überwiegend Frauen betroffen, vom zweiten überwiegend Männer.

Der ***Schönheitswahn***, die *Körperdysmorphe Störung (KDS)* betrifft jene Menschen (großteils Frauen), die sich übermäßig mit einem körperlichen Makel (etwa im Gesicht oder an den Brüsten) beschäftigen. Sie fühlen sich meist hässlich und leiden sehr darunter. Ihre Gedanken kreisen um Haarausfall, Falten oder Narben, um Nase, Ohren oder Zähne. Immer mehr Menschen versuchen den dysmorphen (missgestalteten, entstellten)

Körperteil mit Hilfe einer OP zu verschönern, was nicht immer zum gewünschten (intersubjektiv empfundenen) Erfolg führt. Die KDS-Betroffen fühlen sich trotz vieler OPs oft weiterhin hässlich und sind unglücklich. Es leiden ca. zwei Prozent der Bevölkerung an der eingebildeten Hässlichkeit. 70 Prozent davon werden im Laufe ihrer Erkrankung depressiv (vgl. Wissenschaftsmagazin „Gehirn & Geist", 3/2009, S. 13 – 17), aber nicht wegen des Medieneinflusses. Das von den Medien bzw. der Gesellschaft vermittelte Bild zum Schönsein spielt dabei eine gewisse Rolle, keine Frage. Die Schönheitsideale werden durch Filme, Shows (wie etwa *Germany's Next Topmodel*), Berichte in Zeitungen etc. wesentlich mitgeprägt. Die Tatsache, dass Hunderttausende Frauen Schönheitsoperationen durchführen lassen, hängt ebenfalls mit der massiven Berichterstattung und der vielen Werbung zusammen. Aber die psychische Erkrankung selbst, das KDS-Syndrom, ist primär auf psychosoziale Faktoren, individuelle Persönlichkeitsmerkmale (wie etwa den Sinn für Ästhetik, den Anspruch auf Perfektionismus etc.), das soziale Umfeld (Einfluss von Eltern, Geschwistern, Freunden) zurückzuführen.

Ähnliches gilt für die ***Mediensucht*** *(TV-, Computer- oder Online-Sucht).* Davon sind ca. zwei bis drei Prozent der Spielenden (überwiegend Männer) betroffen. Schätzungen zufolge haben bis zu acht Prozent der Jugendlichen einen derart exzessiven Umgang mit diesen Medien, dass man von einer Sucht sprechen kann. Auch wenn es noch keine exakten Erhebungsdaten dazu gibt, die Ambulanzen für Onlinesucht berichten, dass sich die Nachfrage vervielfacht hat (vgl. pro mente austria, 2/Juli 2013, Lit.verz: Zeitschrift des Dachverbands der Vereine und Gesellschaften für psychische und soziale Gesundheit, vgl. auch: dgppn, Februar 2013, Deutsche Gesellschaft für Psychiatrie und Psychotherapie, Psychosomatik und Nervenheilkunde, Positionspapier „Verhaltenssüchte und ihre Folgen"). Bei Online-Süchtigen führt dies zu einer Reihe von Symptomen, etwa zum unwiderstehlichen Verlangen zu spielen, zu Kontrollverlust (was die Häufigkeit und Dauer des Spielens angeht), zu Entzugserscheinungen (Unruhe, Nervosität, Gereiztheit, Schlaf- oder Konzentrationsstörungen) und zur Vernachlässigung anderer Interessen (Kontakte zu Familie und

Freunden). Die Ursachen für das Suchtverhalten sind, wie wir bereits dargelegt haben, äußerst komplex und vielfältig. Die Entstehung der Mediensüchte wird auf eine Reihe von psychologischen und neurochemischen Ursachen zurückgeführt, erklärt der österreichische Suchtexperte Haller (2007, S. 161) und listet die Faktoren auf. Der Medienkonsum selbst kommt in der langen Liste der möglichen Ursachen nicht vor. Er bemerkt jedoch: „Man muss allerdings bedenken, dass der Computer oft nur benützt wird, um eine andere Form der Verhaltenssucht, etwa Sex- oder Kaufsucht, zu befriedigen." Für die Forscher, die speziell die Computersucht untersuchen, stellt sich die Sachlage etwas differenzierter dar. Sie folgern aus den zahlreichen Studienergebnissen, „dass dem Medienkonsum wie auch bestimmten Persönlichkeitsfaktoren ein besonderer Stellenwert zukommt. Dabei ist [...] darauf hinzuweisen, dass das Spielen einiger Genres (Ego-Shooter, Online-Rollenspiele) sowie spezifische Nutzungsweisen (Spielen auf LAN-Parties) das Risiko der Ausbildung einer Abhängigkeit deutlich erhöhen." (Baier/Rehbein, 2010, S. 263); vor allem das Onlinespiel „World of Warcraft" löse sehr starke Suchtmechanismen aus, meint etwa der Primar der Suchtabteilung der Linzer Landesnervenklinik Kurosch Yazdi (2013) in seinem Buch „Junkies wie wir". Er meint übrigens, dass die Wirtschaft bzw. die Unternehmen, die derartige Spiele produzieren, stärker in die Verantwortung gezogen werden müssen; sie hat die menschlichen Suchtmechanismen durchschaut und benützt sie, um ihre Produkte zu verkaufen. Die Spielindustrie programmiere bereits Kinder auf ihre Produkte als „Beziehungsersatz", meint der Suchtexperte. Wie auch immer: zu exzessives Computerspielen hat vielfältige, negative Auswirkungen auf das Verhalten Jugendlicher. Daher fordern die Experten umfassende Präventionsmaßnahmen seitens der Politik, die regulierend eingreifen müsse.

Warum sind diese neuen Online-Medien für Jugendliche überhaupt so interessant? Für die Medienforscher sind die Motive der Mediennutzung sehr vielfältig. Es gibt unendlich viele Verhaltensformen bzw. Reaktionen auf die Medien und ebenso viele Motive für die Nutzung, wie etwa das Bedürfnis nach Information, Unterhaltung oder Entspannung (um nur drei von Dutzenden Motiven zu nennen). Besonders spannend ist die Frage, was die Medieninhalte, z. B. die oben genannten Computerspiele, für Heranwachsende so attraktiv macht. Denn immerhin nutzen etwa ein Drittel der Jugendlichen zwischen 12 und 19 Jahren täglich bzw. mehrmals pro Woche elektronische Spiele. Tendenz steigend. Meine Kollegin vom Institut für Medien- und Kommunikationswissenschaften der Universität Klagenfurt, Christina Schachtner (2012, S. 197) erklärt die Faszination wie folgt: Die modernen, digitalen Spielwelten (Computer- und Konsolenspiele, Online-Spiele) sind als Spiel-Räume zu begreifen, in denen „die Spieler und Spielerinnen agieren, kommunizieren, reflektieren, abwägen, entscheiden, gestalten.“ **Digitale Spielräume** sind demnach Räume, in denen die Spieler sich untereinander austauschen und eine Gemeinschaft bilden. Sie fühlen sich frei in ihrem Handeln. Zudem eröffnen sie insbesondere für Kinder und Jugendliche Chancen zum Erwerb zahlreicher Qualifikationen (z. B. kreative Lösungen finden, schnelles Reagieren, Entscheidungen treffen, Verantwortung übernehmen). Digitale Spielräume fördern die Identitätsbildung und decken das menschliche Bedürfnis nach Humor und Spaß. Natürlich dienen Medien auch dazu, in eine Fantasiewelt zu flüchten, um dort Stress, Frust, Ärger und Unsicherheiten zu vergessen. „Problematisch wird das aber erst, wenn das Abtauchen in die Parallelwelt die einzig verfügbare und wirksame Strategie gegen negative Emotionen ist“, meint Klaus Wölfling, Leiter der Ambulanz für Spielsucht der Universitätsklinik Mainz (vgl. Wissenschaftsmagazin „Gehirn & Geist“, 2/2009, S. 29 – 33). Das Suchtmittel „Medium“ dient für zwei Drittel der Suchtkranken als eine Art Bewältigungsstrategie für psychische Störungen wie etwa Depressionen. Auf rund ein Drittel der Betroffenen trifft das aber nicht zu: „Sie waren vorher symptomfrei und werden erst auf Grund der Eigenschaften des Spiels süchtig,“ erklärt der Suchtexperte. Die Tatsache, dass es überhaupt zu einem intensiven und exzessiven Spielverhalten kommt, hängt wiederum mit zahlreichen lebensgeschichtlichen Umständen zusammen, z. B. Probleme in Schule, Familie oder Arbeit, Konflikte mit Freunden, Familienmitgliedern oder Vorgesetzen, soziale Belastungen, Schicksalsschläge etc. Wenn solche

Menschen mit dem Spielen aufhören, meint der Suchtexperte, werden viele von ihnen aufgrund der Entzugserscheinungen kurzfristig depressiv. In diesem Fall ist die Depression die Folge der Suchtproblematik.

Henne-Ei-Problem

Was war zuerst? Was ist Verursacher, was ist Folge? Die Henne (die psychische Störung) oder das Ei (der exzessive Medienkonsum)? Beim jetzigen Stand der Forschung kann gesagt werden, dass Depressionen und Suchterkrankungen nur in wenigen Ausnahmefällen (etwa bei ganz bestimmten „Massen-Mehrspieler-Online-Rollenspielen“) auf den Medienkonsum im Sinne eines ursächlichen, monokausalen Zusammenhanges zurückgeführt werden können. Es sind primär die psychischen Komponenten, die individuellen Persönlichkeitsmerkmale und die sozialen Umstände, die in die Mediensucht führen. Natürlich hat der exzessive Medienkonsum gravierende Folgen, negative Auswirkungen auf Körper und Seele. *Körperliche Folgen* sind etwa muskuläre Verspannungen, Bewegungsarmut, erhöhte Herzfrequenz, Schlafmangel, Ermüdung, gestörtes Essverhalten u.v.a.m. Die Forscher können mittlerweile die hirnphysiologischen Prozesse messen. „Das Gehirn eines Spielsüchtigen reagiert auf einen Screenshot seines Lieblingsspieles ähnlich wie das eines Alkoholikers auf den Anblick von Bier“, erklären Berliner Hirnforscher (Gehirn & Geist, 3/2009, S. 31). *Psychosoziale Folgen* sind beispielsweise die Vernachlässigung von Interessen, schlechtere Schulnoten, der soziale Rückzug, die Isolation, kurz gesagt: alle Symptome, die wir bereits beim Burnout und der Depression festgestellt haben. Und damit sind wir wieder bei der Negativspirale, beim Kreisprozess. Wenn jemand völlig ausgebrannt, erschöpft oder depressiv ist, dann leidet er in der Regel unter Antriebsschwäche, Energie- und Antriebslosigkeit. Er zieht sich zurück, schottet sich von seinen Mitmenschen ab und greift im Sinne der „Selbstmedikation“ zu allerhand Hilfsmitteln, zu Medikamenten, Drogen, Alkohol – und/oder Medien.

Medienerziehung oder Suchtberatung

Die zwei Beispiele (KDS-Syndrom und Mediensucht) zeigen, welche Gefahren lauern und welche Motive und Funktionen Medien generell für Menschen (Kinder, Jugendliche und Erwachsene) erfüllen können. Als Medienpädagoge und Medienerzieher ist mir zum Thema Medienwirkung und Mediennutzung noch folgende Bemerkung wichtig: Es ist letztlich eine Frage des Umgangs mit den Medien. Ein verantwortlicher Umgang kann bis zu einem gewissen Grad erlernt und zum Teil durch Erwachsene vorgelebt werden. Medienerzieherische Programme in der Schule und Jugendarbeit sind hier sicherlich von großer Bedeutung (vgl. Klagenfurter Projektgruppe Medienerziehung, 1991). Allerdings nicht im bewahrpädagogischen Sinn durch Ablehnung, Verbote und Reglementierungen, sondern durch Aufklärung, aktive Auseinandersetzung und Diskussion über die Gestaltung, Wirkung und Nutzung der Medien, über Gefahren, Motive, Bedürfnisse und Sehnsüchte. Eine solche Vorgehensweise bedeutet, e*inerseits* die Jugend darüber aufzuklären, wie die Medien uns beeinflussen, wie sie ticken, täuschen, tarnen, selektieren, manipulieren etc. und *andererseits* mit den Jugendlichen über ihre Medieneindrücke (Erlebnisse, Erfahrungen) zu sprechen, sie gemeinsam zu hinterfragen, zu reflektieren etc. Übergeordnetes Ziel all dieser Bemühungen ist, so meine Erfahrung aus über 30 Jahren medienpädagogischer Tätigkeit, der **eigenverantwortliche, selbstbestimmte und kritische Umgang mit den Medien** (vom TV über Computer bis hin zum Handy). Sollte der Medienkonsum in ein Suchtverhalten ausarten, dann ist dringend eine Suchtberatungsstelle aufzusuchen.

Fazit: Citius, altius, fortius: schneller, höher, stärker!

In diesem Kapitel wurden einige gesellschaftliche Faktoren benannt, die für die kollektive Erschöpfung mitverantwortlich gemacht werden. Es handelt sich weniger um primäre *Ursachen*, sondern vielmehr um *Bedingungen* für das Ausbrennen. Die hier kurz skizzierte Entwicklung der Gesellschaft (insb. die spätkapitalistischen Wirtschaftsbedingungen, die postsozialen Lebens- und Arbeitsverhältnisse der Spätmoderne, der Neoliberalismus) üben einen nachhaltigen Einfluss auf die Menschen aus und erklären zum Teil die massenhafte Verbreitung der psychischen Erkrankungen wie Burnout, Depression und Sucht. Mit dem olympischen Motto lässt sich die gesellschaftliche Burnout-Misere ganz gut zusammenfassen: *immer schneller, höher, stärker*. Es ist unübersehbar: Wir leben in einer Zeit der Beschleunigung. Das olympische Motto wurde zum vorherrschenden Marktprinzip. Wer auf dem Markt gewinnen möchte, muss in kurzer Zeit mehr und besser sein als sein Konkurrent. Dieses Phänomen ist in allen Bereichen des gesellschaftlichen Lebens zu beobachten. Die Zeit wird verdichtet, Abläufe werden beschleunigt. *Immer schneller*: Wir steigern das Tempo, beschleunigen die Zeit, wollen immer schneller vorankommen - und merken dabei nicht, dass der Motor bereits stockt. *Immer höher*: Wir stecken uns immer höhere Ziele, wollen hoch hinaus, sind mit dem Erreichten nicht mehr zufrieden, wollen immer mehr – und merken dabei nicht, dass der Gipfel längst erreicht ist, dass es bereits bergab geht. *Immer stärker*: Wir trainieren und arbeiten noch härter. Aus dem Bedürfnis, einzigartig zu sein, sich in der Welt zu behaupten, entsteht der Zwang sich zu beweisen – und wir merken dabei nicht, dass uns dabei die Kraft ausgeht. *Fazit:* Körper, Geist und Seele brennen aus. Nicht nur die Muskel brennen, sondern auch unsere Seele brennt (zuerst vor lauter Begeisterung, dann vor lauter Schmerz). Und schließlich geben wir den Geist auf. Citius, altius, fortius!

Die vier wichtigsten Ursachenfelder (Beruf, Privat, Person und Gesellschaft) wurden nun ausführlich analysiert. Im Folgenden werden zwei weitere Themen betrachtet: die *Sinnfrage* und der Umgang mit der *Zeit*. Der Sinnverlust scheint eine zentrale Wurzel für die drei Syndrome (Burnout, Depression und Sucht) zu sein, ebenso die Beschleunigung des Lebenstempos, kurz: der Faktor „Zeit“.

6.) Die Suche nach dem Sinn des Lebens, Leidens - und nach Gott

Ist die Suche nach dem
Sinn des Lebens wirklich sinn-los?

In der wissenschaftlichen Literatur wird häufig darauf hingewiesen, dass Menschen, die an Burnout oder Depression erkranken und Suchtverhalten entwickeln, unter anderem auch am Sinn des Lebens zweifeln. Einige Autoren sehen in der frustrierten Suche nach dem Sinn in der Arbeit eine zentrale Wurzel für diese Syndrome. Dies hängt, so die Theorie, mit dem bereits erwähnten Kernelement des Ausbrennens zusammen, nämlich der „frustrierten Anstrengung zur Zielerreichung"; d. h. die Sinn-Frage tritt gehäuft nach Zielfrustrationen, Fehlschlägen auf – aber auch, so meine Erfahrung und Beobachtung, bei Krankheiten, Leiden aller Art und in bestimmten Lebensabschnitten, wie etwa in der Pubertät, in der Lebensmitte oder beim Übergang vom Berufsleben in die Pension. In solchen Lebensphasen gilt es, sich neu zu orientieren, sich nach dem Sinn des Daseins zu fragen. Im Alltag spielt die Sinnfrage kaum eine Rolle. Wir spielen unsere Rolle, bewältigen unsere Aufgaben und funktionieren. „Im Alltag nach dem Sinn des Lebens zu fragen ist in etwa so passend und mutig, wie im Schlafanzug zu einem Empfang des Bundespräsidenten zu gehen", meint etwas salopp formuliert die Kommunikationswissenschaftlerin Miriam Meckel (2010, S. 89) in ihrem Burnout-Buch.

Wie so viele Patienten habe auch ich mich im Zuge der Erkrankung mit der Frage nach dem Sinn der Krankheit, nach dem Sinn des Lebens beschäftigt, Gott gesucht und um Hilfe gebeten. Es scheint eine besondere Eigenheit von erkrankten Personen zu sein, sich speziell mit diesen Fragen auseinanderzusetzen und sich auf die Suche nach Gott zu machen. Es gibt anscheinend Menschen (zu denen zähle auch ich), denen muss es erst so richtig schlecht gehen, um sich diesen essentiellen Fragen anzunähern. Auch die eingangs erwähnten Outing-Autoren, die ihr Leiden, ihre

Krankheit in Büchern veröffentlichten, berichten, dass sie sich auf die Suche nach Gott gemacht - und ihn über viele Um- und Irrwege gefunden hätten. Allerdings empfehle ich, die Sinnfrage nicht in der akuten Krise zu stellen. Wenn man völlig zerstört am Boden liegt, ist es nicht empfehlenswert, den Sinn in der Krankheit zu suchen oder sich auf die Suche nach dem Sinn des Lebens zu machen. In dieser Phase ist es das Wichtigste, diese zu überstehen und zu überleben. Und um wieder auf die Beine zu kommen sind vorerst (alternativ-)medizinische Behandlungen und die weiter hinten beschriebenen Übungen für Körper, Geist und Seele sinnvoll.

Der Glaube an Gott und der Glaube an mich

Zeit meines Lebens habe ich gerne Kirchen aufgesucht, mich dort beeindrucken lassen, die Kunstschätze bestaunt, aber auch das Zustandekommen der Bauten und das System Kirche hinterfragt, die Raub- und Kreuzzüge oder die Sexualethik der christlichen Kirche kritisiert. Trotz der historischen Verbrechen kann ich die Ruhe in den Gotteshäusern genießen, beten, Zwiesprache mit Gott halten, ihn um Hilfe bitten und mich bei meinen Schutzengeln bedanken bzw. sie um Schutz für meine Familie bitten. Derartige Rituale haben mir immer schon gut getan. So gesehen dürfte ich ein gläubiger Mensch sein, obwohl mir klar ist, dass die Religion nicht vom Himmel fiel, sondern eine Erfindung des Menschen ist (vgl. dazu ausführlich Klaus Boeckmann: *Conditio humana. Das widersprüchliche Erbe der Menschen*). Ich glaube zumindest an irgendeine Form von Gott, auch wenn ich – wie viele Menschen – keine so rechte Vorstellung davon habe, was „er" ist. Zumindest aber glaube ich an übersinnliche Kräfte, an die kosmische Energie, an das globale Bewusstsein.

Im Zuge meiner Krankenhausaufenthalte fuhr ich oftmals in den Dom von Maria Saal (in der Nähe von Klagenfurt) oder ließ mich, wenn es mir besonders schlecht ging, von Freunden oder Familienangehörigen hinbringen. Dort zog ich mich für einige Zeit allein zurück, betete mein „Vater unser ...“ und bat Gott um Hilfe: *Lieber Gott, bitte hilf mir! Ich bin so verzweifelt. Ich kann und will nicht mehr. Was soll ich tun?* Stille, keine Antwort, nichts wie Stille rund um mich. Auch wenn ich keine Antwort erhalten habe, war es doch beruhigend, dort zu sitzen, zu meditieren, zu beten, zu bitten, zu hoffen, zu weinen, zu lauschen oder einfach nachzudenken; nachzudenken über meine Situation, mein momentanes Leiden, mein Leben, nachzudenken über quälende Fragen: *Warum? Warum ich? Wozu die Krankheit? Welchen Nutzen hat sie? Wie komme ich da wieder raus? Was soll ich tun?* Ich denke an die „Dame in Schwarz“ und frage sie, was sie mir zu sagen hat.

Fragen über Fragen und keine Antworten bzw. doch, zwar nicht von Gott, aber von dir selbst. Im Laufe der Zeit findest du Antworten auf einige dieser Fragen, machst dir Notizen, denkst darüber nach und gehst wieder in die Kirche. Manchmal ging ich in die LKH-Kapelle zum Gottesdienst, lauschte den Worten des Priesters, der die Botschaft Gottes bzw. Jesus Christus verkündete und aus der Bibel vorlas. Auch diese Impulse, Gedanken, „Worte Gottes“ (wie der Priester sie nennt) sind in der Situation hilfreich, tröstend. Da vergesse ich dann schon für einen Moment die Tatsache, dass vieles was in der Bibel steht, heute nicht mehr zeitgemäß ist, wie etwa die Schöpfungsgeschichte. Und der Besuch von Gottesdiensten hat noch einen großen Vorteil: Du bist nicht allein, sondern in der Gemeinschaft von „Gläubigen“ oder besser gesagt, Suchenden, Bittenden, Zweifelnden. Im Zuge meiner Krankenhausaufenthalte habe ich auch Kontakt zu einer Gruppe von „echten“ Gläubigen gefunden. Sie sind in einer evangelischen Freikirche aktiv (ich bin römisch-katholisch getauft). „Echt“ für mich deshalb, weil sie immer wieder darüber berichteten, wie sie Gott gefunden haben, dass sie mit ihm „Bekanntschaft“ geschlossen haben, wie „er“ sie erlöst habe, dass er ihnen Trost schenkte, welche Wunder er vollbracht habe. Wie sehr ich an Wunder glaube, ist aus dem Eingangszitat beim Kapitel „Wege aus der Krise“ zu entnehmen. Wie auch immer, diese gläubigen Menschen nahmen mich zu ihren Gottesdiensten und Gebetsrunden mit. Ich bin ihnen dankbar für die Stunden, für die gemeinsamen Gebete, für die moralische (sie würden sagen „göttliche“) Unterstützung, die ich in den schweren Stunden von ihnen bekommen habe.

Ich war einmal sogar auch bei einer Heilungsmesse dabei. Meine Intercostal-Nervenschmerzen in der linken Brust hatten mich wieder einmal „genervt“, mein seelischer Schmerz war unerträglich. In solchen Ausnahmesituationen nimmt man gerne jeden „Strohhalm“ auf, ergreift jede Chance. Die Inszenierung der Messe war großartig. Der Priester bzw. Pastor vollbrachte eine rhetorische Meisterleistung, berichtete von zahlreichen Wundern, vom Schicksal von Jesus Christus und seiner Leidensgeschichte und brachte all dies mit Texten aus der Bibel in Verbindung. Trotz meiner ursprünglich distanziert-kritischen Haltung gegenüber der Inszenierung verfiel ich bald in eine Art Trance-Zustand, einen Ausnahmezustand voller Emotion, Glück, Trauer, Zuversicht. Der Priester und seine „Helfer“ berührten mich, meine Schmerzstellen, beteten für mich. In diesem Moment war ich sehr gerührt, es kamen mir die Tränen, ich fühlte mich als Teil einer Gemeinschaft: Du bist nicht alleine mit deinem Schmerz, mit deinem Schicksal. Auch wenn die Schmerzen nicht weg sind, es tut einfach gut, gibt Kraft, Energie, Zuversicht, Glaube, Liebe, Hoffnung.

Die Suche nach dem Glauben, die Suche nach Gott ist (zumindest für mich ganz laienhaft ausgedrückt) zugleich die Suche nach mir selbst, nach meinem Leben. Der Glaube an einen Gott bewirkt unter anderem, dass man auch an sich zu glauben beginnt. Der Glaube an sich selbst und der Glaube an Gott - der Zusammenhang ist nicht von der Hand zu weisen. Wenn es gelingt, dies miteinander in Verbindung zu bringen, dann wird vieles möglich, dann entsteht Hoffnung, Zuversicht und das Gefühl, dass der Glaube Berge versetzen kann.

„*Wenn es einen Glauben gibt, der Berge versetzen kann, so ist es der Glaube an die eigene Kraft.*“ (Marie von Ebner-Eschenbach)

Und wenn die Suche „nur“ dazu dient, wieder verstärkt an sich zu glauben, sich selbst zu vertrauen, das Selbstvertrauen zu stärken, hat es sich schon gelohnt. All diese Wege zu Gott, oder besser gesagt, in die Gotteshäuser (egal welche auch immer: katholische, evangelische, buddhistische, islamische) sind zugleich Wege zu dir selbst, Wege nach innen - und damit auch: Wege aus der Krise. **Am Ende des Tunnels ist immer Licht**.

Natürlich gibt es weitere Möglichkeiten, sich mit diesen essentiellen Fragen auseinanderzusetzen, die diversen Gottesbücher (z. B. die Bibel) und natürlich auch spirituelle (Ratgeber-)Bücher. Sobald ich wieder lesen konnte (das war ja fast ein halbes Jahr aufgrund der Erschöpfung oder Depression nicht möglich, nicht einmal die Zeitung konnte ich lesen), begann ich mit der Bibel und einigen spirituellen Ratgeberbüchern (insbesondere von Anselm Grün und De Mello). Auf all diese Bücher und die Gedanken, Anregungen und Schlussfolgerungen, die ich daraus gezogen habe einzugehen, würde den Rahmen sprengen. Aber ein Buch möchte ich dennoch erwähnen, das mir bei der Beantwortung der Frage nach dem Sinn des Lebens und Leidens am meisten geholfen hat: *„... trotzdem Ja zum Leben sagen“* von Viktor E. Frankl (2009), Psychotherapeut und Begründer der Logotherapie. Er beschreibt in diesem Buch seine Erlebnisse im Konzentrationslager und wie er überlebte. Er stellte fest, dass jene Lagerinsassen, die ein Lebensziel vor sich sahen, die einen Lebensinhalt hatten, in ihrem Leben einen Zweck erblickten. Diese waren dem furchtbaren „Wie“ des gegenwärtigen Daseins, den Schrecken des Lagerlebens innerlich besser gewachsen, als jene Gefangenen ohne jegliche Perspektive. Die so häufig von verzweifelten Lagerinsassen getätigte Aussage „Ich hab ja vom Leben nichts mehr zu erwarten“ brachte Frankl dazu, die Frage nach dem Sinn des Lebens neu zu formulieren.

Was das Leben von uns erwartet

„Wir müssen lernen und die verzweifelnden Menschen lehren, *dass es eigentlich nie und nimmer darauf ankommt, was wir vom Leben noch zu erwarten haben, vielmehr lediglich darauf: was das Leben von uns erwartet!"* (ebd. S. 117). Er meint damit, dass wir nicht mehr einfach nach dem Sinn des Lebens fragen sollen, sondern dass „wir uns selbst als die Befragten erleben, als diejenigen, an die das Leben täglich und stündlich Fragen stellt – Fragen, die wir zu beantworten haben, indem wir nicht durch ein Grübeln oder Reden, sondern nur durch ein Handeln, ein richtiges Verhalten, die rechte Antwort geben. Leben heißt letztlich eben nichts anderes als: Verantwortung tragen für die rechte Beantwortung der Lebensfragen, für die Erfüllung der Aufgaben, die jedem einzelnen das Leben stellt, für die Erfüllung der Forderung der Stunde." (ebd. S. 117/118)

Hiermit wird deutlich, dass die Sinnfrage ganz stark an das Soziale geknüpft ist, an das soziale Miteinander und an die Eigenverantwortung. Viktor Frankl weist in diesem Kontext darauf hin, dass der Sinn des Daseins von Mensch zu Mensch, von Augenblick zu Augenblick wechselt und nie allgemein beantwortet werden kann. Das Leben ist jeweils etwas Konkretes und so auch die Forderung nach dem Sinn. In jeder Situation ist der Mensch zu anderem Verhalten aufgerufen, z. B. indem er sein Schicksal tätig zu gestalten versucht oder sein Schicksal eben schlicht auf sich nehme. Und das Schicksal des Menschen ist für jeden ein einmaliges und einzigartiges. „Sofern nun das konkrete Schicksal dem Menschen ein Leid auferlegt, wird er auch in diesem Leid eine Aufgabe, und ebenfalls eine ganz einmalige Aufgabe, sehen müssen." (ebd. S. 118)

An dieser Stelle bringt Frankl eine weitere Dimension ein, die für das Verständnis wichtig ist, nämlich dass bei der Frage nach dem Sinn des Lebens auch der Tod mit einbezogen werden muss und somit auch die Frage nach dem Sinn von Leiden und Sterben. Und dieser Aspekt ist für kranke Menschen und all jene, die Suizidgedanken haben, was ja auch bei Burnout und Depression der Fall ist (siehe Phase 11), besonders relevant; den Sinn des Leidens zu erkennen und das Leiden als Leistung bzw. Aufgabe zu sehen. Frankl spricht in diesem Zusammenhang von „Leiden als Leistung" bzw. „Mut zum Leiden". Vielleicht war es für mich notwendig, in das tiefe Loch zu fallen, die Hölle und das Grauen kennenzulernen, um heute das Leben mit Demut und Dankbarkeit annehmen zu können. (Demut im Sinne von Mut und nicht verstanden als göttliche Ergebenheit oder Selbstunterwerfung). Jedenfalls führten die schrecklichen Krankenhausmonate und Zwischenphasen letzten Endes zu mehr Lebensqualität. Die Dankbarkeit, die körperlichen und seelischen Schmerzen nicht mehr so oft und intensiv erleiden zu müssen, schafft positive Gefühle. So gesehen erhielt ich im Laufe der Zeit verschiedene Antworten auf die Frage nach dem Sinn des Leidens, dem Sinn der Krankheit. Sie sind im Abschlusskapitel „Fluch oder Segen" zusammengefasst.

Nun zurück zur Ausgangsfrage: **Was erwartet das Leben von mir persönlich?** Erst die von Frankl angeführten Fallbeispiele brachten mich auf die Spur. Der Autor schreibt: Auf den einen Mensch wartet ein Kind, eine Frau, eine Liebe. Auf den anderen „wartet" vielleicht nicht eine Person, sondern eine Sache, ein „Werk", z. B. die Vollendung einer wissenschaftlichen Arbeit. An dieser Stelle begann ich zu verstehen, worum es geht, was das Leben von mir erwarten könnte bzw. wer oder was im Leben, in der Zukunft, auf mich wartet - nämlich meine Frau, meine Kinder, meine Enkelkinder, meine Familie, meine Freunde sowie die Vollendung meiner Arbeiten in Forschung, Lehre und Beratung, z. B. dieses Buch und noch viele andere Projekte, die auf ihre Realisierung warten. Und damit erfolgte auch bei mir jene Einstellungsänderung, die Frankl abschließend beschreibt.

„Ein Mensch, der sich dieser Verantwortung bewusst geworden ist, die er gegenüber dem auf ihn wartenden Werk oder einem auf ihn wartenden liebenden Menschen hat, ein solcher wird nie imstande sein, sein Leben hinzuwerfen. Er weiß eben um das ‚Warum' seines Daseins – und wird daher auch fast jedes ‚Wie' zu ertragen vermögen." (ebd S. 121/122)

Spiritualität und Wissenschaft: Glaube und Gesundheit

Spielen Glaube, Spiritualität und Religiosität für unsere Gesundheit eine Rolle? Sind Spiritualität und Wissenschaft unüberwindbare Gegensätze? Mit dieser Fragen beschäftigten sich mittlerweile nicht nur die Religionswissenschaft, sondern auch zahlreiche andere Forschungsrichtungen: Psychobiologie, Psychosomatik, Psychotherapie ebenso wie die Neurobiologie, Hirnforschung und Quantenphysik. Im Wissenschaftsmagazin „Gehirn & Geist“ (2/2011) findet man einen kompakten Überblick dazu. So zeigten etwa Studien, dass der Glaube vielen Menschen ein Gefühl der Sicherheit gibt und dass gläubige Menschen mit Problemen besser umgehen können – und sogar länger leben. Zumindest fühlen sich die Probanden gesundheitlich umso besser, je „persönlicher“ sie ihre Gottesbeziehung beschreiben.

„Gläubige Menschen, die in Gott einen Freund sehen, empfinden durch das Gebet tiefe Zufriedenheit und Freude. Ihre spirituelle Haltung ist zudem häufig gekennzeichnet von Akzeptanz, Achtsamkeit und Vertrauen – dementsprechend leiden sie weniger und lassen eher zu, was mit ihnen passiert. Psychologen bezeichnen diese Ergebenheit als >paradoxen Weg des Kontrollierens<“ (ebd. S. 46).

Der innere Friede und die Überzeugung, Gott nahe zu sein und von ihm geführt zu werden, scheint sich demnach positiv auf unsere Gesundheit auszuwirken. Hat sich also Sigmund Freud geirrt? Der Begründer der Psychoanalyse hielt religiöse bzw. spirituelle Menschen für zwangsneurotisch und infantil. Die aktuellen Studien deuten eher darauf hin, dass Spiritualität und Religiosität dem Wohlbefinden im Allgemeinen eher förderlich sind. Wer das Leben in hohem Maße als sinnvoll empfindet und sich möglicherweise mit einer höheren Macht verbunden fühlt, der fühlt sich in der Regel auch besser. Dabei spielt es keine Rolle, ob Sie sich einem Gott besonders nahe, mit einer Kirche sehr verbunden fühlen oder sich als kirchenfern bezeichnen. Laut einschlägigen Studien „sind spirituelle Menschen gelassener und entspannen sich nach Stress und

Belastung leichter, was unter anderem dazu beitragen dürfte, dass diese Zeitgenossen im Schnitt bessere Herz-Kreislauf-Werte und eine höhere Lebenserwartung haben", schreibt der Psychologe Anton Bucher im Wissenschaftsmagazin Gehirn & Geist (2/2011, S. 13). Solche Menschen neigen seltener zu Depressionen und bewältigen kritische Lebenssituationen häufig besser.

Neuropsychologische Studien belegen, dass bereits intensive spirituelle Erfahrungen wie beispielsweise beim Meditieren oder Rezitieren von Mantras (ständiges Wiederholen eines Leitsatzes, einer Melodie oder eines Songs) ausreichen, um bestimmte Gehirnregionen zu aktivieren, die ein Wohlbefinden auslösen. Vereinfacht ausgedrückt passiert Folgendes: Durch das ständig wiederholte Singen, Beten oder das „Vor-sich-Hersagen" von kraftvollen Leitsätzen (z. B. „Ich bin gesund. Ich schaffe das") oder einzelnen Wörtern (z. B. Glaube, Liebe, Hoffnung, Zuversicht und Vertrauen) werden Gehirnstoffwechselprozesse - und damit Heilungsprozesse - im ganzen Körper ausgelöst. Die dadurch entstehenden Gefühle zählen zu den stärksten körpereigenen Hilfsmitteln, die die Menschheit kennt. So stellten die Forscher in den Gehirnen von Mönchen, die bestimmte Mantras rezitierten, eine geradezu unglaubliche Zunahme der Gamma-Wellen fest. Diese und zahlreiche weitere Forschungsergebnisse beschreibt der Rhythmusforscher Bruce Werber in seinem spannenden Buch „Mantras. Die heilende Kraft der Stimme" (2008). „Menschen, die meditieren und Mantras rezitieren, erleben ein sehr starkes Verbundenheitsgefühl mit allem, was sie umgibt" (ebd. S. 26). Dadurch steigt auch das Glücksempfinden. Bruce Werber (2008) bringt in seinem Buch zahlreiche Beispiele und empirische Belege für die heilende Kraft spiritueller Methoden, insbesondere für die heilende Kraft von Mantras bei leichten bis mittelschweren Depressionen. Darauf wird später im Kapitel „Methoden für Körper, Geist und Seele" noch detailliert eingegangen. An dieser Stelle ist es mir wichtig darauf hinzuweisen, dass **Spiritualität und Wissenschaft heute keine Gegensätze mehr sind**. Dies ist durch die moderne Forschung längst bewiesen.

Fazit: Den Lebenssinn finden

Ich habe mich bewusst nicht mit der Frage nach einem Sinn außerhalb unseres irdischen Lebens auseinandergesetzt, also mit Fragen nach dem Jenseits, etwa was nach dem Tod auf uns wartet (ob Himmel oder Hölle, Wiedergeburt etc.). Darüber denken Philosophen und Religionsgelehrte seit Urzeiten nach und haben bis heute keine für mich zufriedenstellende Antwort gefunden. Am ehesten finde ich die Antwort von Albert Camus (französischer Schriftsteller und Philosoph) passend:

„Wir müssen den Fels immer wieder auf den Berg schieben, auch wenn das sinnlos scheint. Wir können nur das Fehlen eines höheren Sinnes und die Begrenzung unseres Lebens akzeptieren und trotzdem das Leben bejahen, so wie es nun einmal ist. Wir können uns damit abfinden, dass wir >geboren werden, um zu sterben<, dass wir nur für eine kurze Gastrolle am Experiment Leben teilnehmen und keine andere Aufgabe im Universum auf uns wartet!“ (zitiert nach Boeckmann, 2011, S. 83/84).

Für mich steht die Frage nach dem Sinn des Lebens im Hier und Jetzt im Vordergrund. Die Frage nach dem Sinn des Lebens kann letztlich nur jeder Einzelne für sich, auf seine eigene Art stellen und beantworten. **Sinn kann nicht gegeben, sondern muss gefunden werden.** Es sind in der Tat viele Lebensziele möglich. Letztlich muss jeder für sich selbst herausfinden, was für ihn wichtig ist.

7.) Der entscheidende Faktor: Zeit

„Der Mensch besitzt nichts

Wertvolleres als seine Zeit.“

(Ludwig van Beethoven)

Auch darüber denken seit Urzeiten Philosophen und Gelehrte aller Wissenschaftsrichtungen nach. Es gibt unzählige Abhandlungen zum Thema Zeit, aber keine für mich brauchbare im Zusammenhang mit Krankheit und Genesung. Der Faktor Zeit ist meines Erachtens so elementar, dass wir der Zeit ein eigenes Kapitel widmen. Der Faktor Zeit ist in allen Ursachenfeldern (Privat, Beruf, Person, Gesellschaft) vorzufinden und dementsprechend mit ihnen verzahnt. Die Zeit und die damit zusammenhängenden Themen Be- und Entschleunigung sind sowohl krankheitsfördernde als auch verhindernde Faktoren. Der Umgang mit der Zeit spielt eine Rolle, ob wir in die Krankheit schlittern oder ob wir sie verhindern. Auch beim Weg aus der Krise spielt die Zeit eine zentrale Rolle. *Meine These lautet*: Beschleunigung erzeugt Stress und führt zu Energieverlust, in die Erschöpfung. Entschleunigung verringert bzw. verhindert Stress und führt zu Energie und Lebenskraft. Aus den bisherigen Ausführungen müsste deutlich geworden sein, dass die Zeit eine individuelle und eine gesellschaftliche Komponente hat. Die gesellschaftliche Dimension wurde bereits erörtert. Die Beschleunigung des Lebenstempos wurde als eine wesentliche Bedingung für die kollektive Müdigkeit und Erschöpfung diagnostiziert. Die individuelle Komponente betrachten wir im Folgenden.

Die ZEIT rennt mir davon

Ein typisches Charakteristikum von Burnout Patienten ist, dass sie (zumindest in den ersten Phasen) fast alles im Alltag beschleunigen. Auch ich machte bei mir diese Beobachtung. Alles wurde schneller, sowohl in der Arbeit als auch in der Freizeit: *„Du verschlingst ja das Essen"*, war eine häufige Aussage von Mitgliedern meiner Familie. Dies fiel sogar meiner vierjährigen Enkelin auf, indem sie fragte: *„Opa, warum isst du so schnell?"* Eine häufig getätigte Frage von Kolleginnen und Kollegen an der Universität, wenn ich wieder einmal mit einem enormen Tempo durch die Gänge eilte, war: *„Herr Kollege, haben wir es eilig?"* Die elektronische Eingangstür war für mein Tempo gelegentlich ein Hindernis. Es passierte nicht nur einmal, dass ich gegen die Glastür rannte, weil sie sich zu langsam öffnete – oder ich zu schnell unterwegs war. Aber auch beim Lesen von Seminar- bzw. Diplomarbeiten war ich im Eilzugstempo unterwegs. Das Tempo wurde beschleunigt - und zwar in allen möglichen Situationen: beim Arbeiten, Laufen oder Autofahren. Man könnte sagen, ich raste ungebremst durchs Leben. Der Drehzahlmesser (um bei der Autometapher zu bleiben) bewegte sich permanent im roten Bereich. Der Fuß stand voll am Gaspedal. Das Motto hieß: Vollgas auf allen Ebenen (siehe Krankengeschichte). Das vorherrschende Gefühl war: **Die Zeit rennt mir davon.** Im fortgeschrittenen Burnout-Stadium (Phase 6 – 8) verringerte sich das Tempo aufgrund der zunehmenden Erschöpfung, zum Schluss (Phase 9 – 12) kam der Motor ins Stocken, der Antrieb war geschwächt, die Leistung ließ nach (siehe Burnout-Definition: der defekte Verbrennungsmotor). Das Leben wurde zur einzigen Hast und diese ist der Feind des Seins. *„Sorry, ich habe keine Zeit!"* Ein Satz, den ich nur allzu oft gesagt habe; keine Zeit für dies, keine Zeit für jenes. Diese Einstellung ist weit verbreitet. Der österreichische Schriftsteller Ernst Ferstl bringt das Problem in einem Aphorismus auf den Punkt: *„Die modernste Form menschlicher Armut ist das Keine-Zeit-Haben"*.

Der irrige Versuch, ZEIT zu gewinnen

Das nächste Problem im Zusammenhang mit der Zeit als krankheitsfördernder Faktor ist, dass man sich immer weniger Zeit für die Erholung, zur Regeneration nimmt, obwohl der Körper mit zunehmender

Belastung eigentlich immer mehr verlangt. Keine Zeit zum Innehalten. Das Absurde dabei ist, dass mir die Notwendigkeit des *Innehaltens* durchaus bewusst war. Immerhin gönnte ich mir in der Vergangenheit immer wieder eine kurze Auszeit, zog mich allein in ein Thermenhotel oder ans Meer zurück, um Zwischenbilanz zu ziehen, hielt Rückschau, hinterfragte Ziele und Glaubenssätze. Nicht erreichte Ziele oder „ungesunde" Glaubenssätze wurden über Bord geworfen oder den neuen Gegebenheiten angepasst, mein Stärken- und Schwächenprofil aktualisiert usw. Aufgrund dieser regelmäßigen Auszeiten bzw. Unterbrechungen konnte ich wahrscheinlich so lange durchhalten und mich aus den ersten, „kleineren" Burnouts aus eigener Kraft herausholen bzw. Schlimmeres verhindern. Mit zunehmendem Alter und steigender Belastung benötigt man wahrscheinlich längere Auszeiten, vielleicht eine Woche oder länger, so wie Markus, der Gärtner. Ich hätte jedenfalls erkennen müssen, dass mein Körper, mein Geist und meine Seele mehr Zeit für Regeneration und Erholung benötigen. Vor allem **die Seele braucht Zeit.** Zeit für die Verarbeitung von Gefühlen wie Freude, Trauer oder Schmerzen aller Art. Wir benötigen aber auch genügend Zeit für das soziale Miteinander: für Partner, Kinder, Familie, Freunde, Arbeitskollegen. Beim letzten, „großen" Burnout-Prozess (der hier Gegenstand der Betrachtungen ist) habe ich mir irgendwann zu wenig Zeit für all diese wichtigen Dinge im Leben gegönnt, mir keine Auszeit mehr geleistet, keine Zeit mehr für das Innehalten genommen. In dieser Phase beschäftigte ich mich primär damit, wie ich Zeit gewinnen kann.

„Man verliert die meiste Zeit damit, dass man Zeit gewinnen will." (John Steinbeck)

Die Zeit ist nicht nur ein krankheitsfördernder Faktor, sondern auch ganz wesentlich beim Weg aus der Krise beteiligt. Die Rolle der Zeit beim Weg heraus hat wiederum mehrere Aspekte - positive wie negative. Zu Beginn der Erkrankung nahm ich mir zu wenig Zeit für die Genesung, ich drängte immer wieder aus dem Krankenhaus heraus. Ich redete mir ein, dass ich mir einen so langen Reha-Aufenthalt (6 Wochen) nicht leisten könne - und dies obwohl meine KollegInnen mir die Zeit gaben, mich nicht drängten. Es waren also wieder die inneren, ureigensten Leistungsansprüche *(„das schaffst du schon, das muss doch gehen, ein so langer Krankenstand darf nicht sein“*) die mich behinderten. Ich bildete mir ein, in ein paar Wochen wieder fit zu sein und arbeiten zu können. Den ersten Reha-Aufenthalt brach ich bereits nach drei Wochen ab.

Wenn der Akku leer ist lässt er sich nicht einfach in kurzer Zeit wieder aufladen. Wie lange ein an Burnout erkrankter Patient benötigt, um die Batterie wieder aufzuladen, wieder auf die Beine zu kommen, ist von Person zu Person verschieden, hängt von vielen Faktoren ab, z. B. in welcher Burnout-Phase man sich befindet, wie schwerwiegend die Symptome sind etc. Jedenfalls ist dieser **permanente Auf- und Entladeprozess** stressig und man empfindet sich subjektiv als Versager. Dieses Misserfolgserlebnis führte bei mir im Krankenhausjahr 2011 zu Frustration, Selbstzweifel und zu Rückfällen beim Alkohol- und Medikamentenmissbrauch. Der gefährliche Cocktail hat verheerende Wirkungen auf Körper, Geist und Seele. Meine Selbstwahrnehmung bzw. Selbsteinschätzung wurde gestört. Ich war zu diesem Zeitpunkt aufgrund von emotionalen Belastungen (Beziehungskrise, Entscheidungsdruck etc.) einfach noch zu stark gestresst. Der Wendepunkt kam erst später.

Freund, du hast ZEIT

Erst als ich es erkannte und mir eingestehen konnte, dass die Genesung ihre Zeit braucht, ging es bergauf. Ich nahm den Faktor Zeit in meine täglichen Autosuggestionen, Affirmationen auf und sagte mir: *„Jetzt lasse ich mir mit der Genesung Zeit – egal wie lange es dauert. Ich habe alle Zeit der Welt“*. Und Peter Handke's Satz aus seinem Roman „Die Wiederholung“, den er bei einer seiner Wanderungen durch den slowenischen Karst verfasst bzw. zu sich selbst gesagt hat, prägte sich bei mir immer tiefer ein: *„Freund, du hast Zeit!“* (zitiert aus dem Wander-Reise-Lesebuch „Das Weite suchen“ von Gerhard Pilgram, Wilhelm Berger und Gerhard Maurer, 2006, S. 228).

Die Verinnerlichung der Autosuggestionen zeigte Wirkung. Nach meinem Krankenhausaufenthalt im Oktober 2011 ging ich, wie im Kapitel „Krankengeschichte“ angedeutet, trotz des Abratens der Schulmediziner für zwei Wochen in ein Gesundheitszentrum (*Viva Zentrum für moderne Mayr Medizin*, Maria Wörth). In mir reifte die Einsicht und Überzeugung, dass mir die schulmedizinischen Methoden nicht mehr weiterhelfen, dass ich Eigenverantwortung übernehmen und alternative Wege beschreiten muss – medizinische Wege, bei der meine Selbstheilungskräfte aktiviert werden (mehr darüber im nächsten Kapitel). Ich war, wie Psychotherapeuten vielleicht sagen würden, endlich wie ein Pubertierender: trotzig und selbstbewusst: Ich nahm mir endlich die Zeit. Zeit zur Genesung. Zeit zum Innehalten. Zeit zum Nachdenken, was in diesem für mich so schrecklichen Jahr 2011 alles passiert war. Zeit zum Reflektieren, warum ich ausgebrannt, depressiv und abhängig wurde, welche Ursachen eine Rolle gespielt haben mögen, welchen Nutzen die „Krankheit“ eventuell haben könnte. Zeit zur Entspannung und Regeneration. Endlich Zeit, über die verschiedenen Zeiten nachzudenken: die Lebens-Zeit, Arbeits-Zeit, Schaffens-Zeit, Weiterbildungs-Zeit, Schlafens-Zeit, Aus-Zeit. Kurz gesagt: **ZEIT fürs WESENTLICHE**. Ich begann damit, das Tempo aus meinem Leben herauszunehmen, einen Gang herunterzuschalten, das Tempo auf meinem Weg selbst zu bestimmen und erkannte Folgendes: Das, wofür ich mir Zeit nehme, zeigt an, was oder wer mir im Leben wichtig ist.

Die ZEIT braucht ZEIT

„Man muss der Zeit auch Zeit geben“, meinte der spanische Schriftsteller Miguel de Cervantes. Alles hat seine Zeit. Auch wenn wir uns noch so sehr bemühen, möglichst rasch zum Ergebnis zu kommen und die Dinge zu beschleunigen, müssen wir doch immer wieder feststellen: „*Gut Ding braucht Weile*“. Dieses alte Sprichwort bringt einen wesentlichen Aspekt ins Spiel: Was gut werden soll, braucht Zeit. Das gilt für uns Menschen genauso, wie für die Natur. „*Gras wächst ja auch nicht schneller, wenn man dauernd daran zupft*“, lautet ein Sprichwort, das angeblich von

chinesischen Bauern stammt. Mein Therapeut in der Suchtklinik meinte in einer Sitzung, als wir über das Phänomen der Depersonalisation (über mein Gefühl der Gefühls- und Beziehungslosigkeit) sprachen, dass sich das mit der Zeit legen werde und ich mir einfach genug Zeit nehmen müsse. Er erzählte mir folgende Geschichte: *Ein alkoholabhängiger Patient fragte seinen Therapeuten, wann er sich wieder mit einer Frau einlassen kann. Der Therapeut antwortete: Gehen Sie in ein Gärtnerei und kaufen Sie sich eine Pflanze bzw. eine Blume. Kümmern Sie sich um sie, pflegen und gießen sie die Pflanze und genießen Sie den Anblick der Blume. Im zweiten Jahr gehen Sie in eine Tierhandlung und kaufen sich ein Haustier, entweder eine Katze oder noch besser einen Hund. Gehen Sie mit ihm täglich spazieren, spielen und tollen Sie mit dem Hund. Und wenn Sie im dritten Jahr immer noch trocken sind und keinen Alkohol trinken, dann können Sie nach einer Frau Ausschau halten.* Mein Therapeut wollte mit der Geschichte nicht nur zum Ausdruck bringen, dass die Abstinenz für einen Alkoholkranken eine wichtige Voraussetzung für eine funktionierende Partnerschaft sei, sondern auch, dass es eine gewisse Zeit dauert, bis ein erschöpfter Mensch (egal aus welchen Gründen) wieder beziehungsfähig wird. Bis der Verlust des Gefühls für die eigene Persönlichkeit und der Beziehungsverlust generell in Lust umgewandelt wird, braucht es Zeit. Nach zwei Jahren Genesungszeit spüre ich mich immer besser: meinen Körper, meine Gefühle, meine Mitmenschen, meine Umwelt. Etwas Geduld benötigen wir schon, um ans Ziel zu gelangen. Die Bauern säen bekanntlich im Frühjahr und ernten erst im Herbst. Ich werde oft danach gefragt, ob ich mit dem Verfassen des Buches schon fertig sei bzw. wann ich endlich damit abschließe. Die Betonung liegt auf *endlich*, oft mit dem Zusatz, dass ich ohnehin schon Jahre daran schreibe und es wohl an der Zeit wäre, das Werk fertigzustellen. In solchen Situationen denke ich mir dann „Was sind schon ein oder zwei Jahre?“ und argumentiere, dass es schon mehrere Jahre erfordert, bis ein gutes Buch fertig ist. „Gut Ding will Weile haben.“ Eine solche Haltung bzw. innere Einstellung zur Zeit zu gewinnen, ist nicht einfach. Vor allem, wenn man durch äußere Umstände an der Zielerreichung behindert wird, wenn es zu

Zeitverzögerungen kommt. Meine Frau und ich investierten in den letzten Monaten viel Zeit in die Familie. Wir nehmen uns Zeit für das Wesentliche im Leben. Wir verbringen viel Zeit mit unseren Enkelkindern. In Bezug auf das Buchprojekt habe ich gelegentlich das Gefühl, *die Zeit rennt mir davon*. Ich werde ungeduldig und kompensiere dieses Gefühl, indem ich früh am Morgen vor der Arbeit und am Abend nach der Arbeit am Buch schreibe. Umso mehr genieße ich dann die Tage in Grado, an denen ich scheinbar *endlos Zeit* habe, den ganzen Tag ca. 12 Stunden lang ungestört und völlig konzentriert schreiben kann. Auch das ist ein Geschenk.

Und noch ein interessantes Detail sei erwähnt, das beim Genesungsprozess eine Rolle spielt: die Einstellung zur Zeit im Zusammenhang mit Entspannungsübungen. Solche wurden auch in den Krankenhäusern angeboten. Warum zeigten sie bei mir damals keine Wirkung und jetzt schon? Warum war ich da noch so unruhig, hektisch, gestresst? Lag es am Umfeld oder an mir? Es lag an der Zeit, genauer gesagt: an meiner Einstellung zur Zeit. Eine weitere *These* dazu lautet daher: Entspannungstechniken funktionieren erst dann, wenn man sich die Zeit-Erlaubnis dafür gibt, wenn man innerlich dazu bereit ist. Durch die bewusste Entschleunigung, Verlangsamung wurde ich von Tag zu Tag ruhiger, entspannter, gelassener, effektiver, kraftvoller. Durch die innere Ruhe und Gelassenheit konnte ich immer leichter loslassen, mich einlassen. In diesem Kontext gewannen für mich die folgenden Zitate eine sehr praktische Bedeutung: *„In der Ruhe liegt die Kraft.“* Oder: *„Geh langsam und du findest zu dir selbst.“*

In der Psychiatrischen Abteilung steht auf die Wand geschrieben folgender Spruch:

Ich wünsche dir ZEIT, um zu Dir zu finden, jeden Tag, jede Stunde als Glück zu empfinden. Ich wünsche Dir ZEIT, auch, um Schuld zu vergeben. Ich wünsche Dir: ZEIT zu haben zum LEBEN.

8.) Ursachen für meine Erschöpfung – und mein Anteil daran

„Alles hängt irgendwie miteinander zusammen!

Die Frage ist nur: Wie?"

In den bisherigen Ausführungen dürfte deutlich geworden sein, dass jeder der hier genannten Faktoren der vier Ursachenfelder für sich genommen das Erschöpfungssyndrom nicht erklärt. Derart komplexe Syndrome wie Burnout und die damit zusammenhängende Depression und Sucht lassen sich weder auf einzelne Ursachen zurückführen, noch einfach erklären. So können beispielsweise *Unterforderung* (Arbeitslosigkeit) ebenso zu Depression und Sucht führen, wie etwa *Überforderung* (Arbeitsüberlastung); simple Erklärungsmodelle greifen demnach zu kurz. Komplexe Phänomene haben komplexe Wurzeln. Daher sind die drei hier behandelten Syndrome Burnout, Depression, Sucht nur in einer systemischen Perspektive erklär- und verstehbar. Journalisten geben sich mit solchen Aussagen meist nicht zufrieden. Sie erwarten häufig eine kurze Antwort, möglichst in einem Satz zusammengefasst. Derartige Verkürzungen bergen in sich die Gefahr der Vereinfachung, aber auch die Chance der Pointierung und Verdichtung auf das Wesentliche. Die Frage nach den Ursachen, Bedingungen und Auslösern ließe sich demnach grob zusammengefasst damit beantworten, dass wir es im Wesentlichen mit *inneren Faktoren* (z. B. Merkmale der Person, innere Antreiber) und *äußeren Faktoren* (z. B. Sachzwänge, Arbeits-, Lebens- und Umweltbedingungen) zu tun haben.

Die vielfältigen Ursachen für *Burnout* werden überwiegend mit individuellen, überzogenen Leistungsansprüchen und mit der hektischen, reizüberfluteten Leistungsgesellschaft in Verbindung gebracht. Als wichtige Ursache wird der dadurch entstehende psychosoziale Stress genannt. Für die *Depression* wiederum werden neben den äußeren

Bedingungen (gesellschaftlicher Wandel) primär lebensgeschichtliche Ereignisse (Verlust von Arbeit oder Menschen, Abschied, Trennungen, Tod von Angehörigen oder engen Bezugspersonen, Umzug, Entlassungen, Konflikte, Traumata) verantwortlich gemacht. Die *Sucht* wiederum steht bei zwei Dritteln der Betroffenen mit Burnout, Depression und anderen Persönlichkeitsstörungen in Verbindung (sog. Komorbidität: Doppel- bzw. Mehrfachdiagnosen). Diese können in die Sucht führen - und natürlich auch umgekehrt (Henne-Ei-Problem). Das Suchtverhalten, etwa zu hoher und regelmäßiger Alkoholkonsum, hängt sehr stark mit den Lebens- und Arbeitsbedingungen der Person und dem damit verbundenen Stress zusammen (z. B. Probleme mit Eltern, Partnern oder Vorgesetzten, Liebeskummer, Komplexe, Ängste, Verlust, Trennung etc.). Das Abhängigkeitssyndrom selbst (z. B. Dosissteigerung, Toleranzentwicklung, Kontrollverlust) ist bislang noch nicht vollständig geklärt. Hierfür werden genetische, biochemische und neurobiologische Prozesse verantwortlich gemacht.

Bei allen drei Syndromen scheinen neben den psychosozialen (inneren und äußeren) Faktoren auch körperliche Ursachen (Nährstoffmangel, Sauerstoff-, Vitamin- oder Hormonmangel etc.) eine nicht unwesentliche Rolle zu spielen. Solche Mängel können zahlreiche Symptome auslösen, etwa Herzbeschwerden, Kopf- oder Rückenschmerzen, Verspannungen aller Art, Verdauungsprobleme, Müdigkeit, Konzentrationsstörungen, Lust- und Antriebslosigkeit, Unruhe u.v.a.m. - Symptome, die auch bei Burnout, Depression und Suchterkrankungen auftreten können. Zur Abklärung der vielfältigen Ursachen ist daher neben der psychiatrischen Diagnose *eine medizinische Untersuchung (Labor-, Vollblutanalyse)* meines Erachtens unabdingbar. Diese wird allerdings in den seltensten Fällen gemacht, nicht einmal in den Krankenhäusern.

In diesem Buch wird die überaus komplexe Thematik primär aus dem Blickwinkel des Burnouts betrachtet und die vielfältigen Faktoren des Ausbrennens den vier Ursachenfeldern zugeordnet. Diese grobe Einteilung hat den Vorteil der Übersicht. Allerdings kommen viele der hier diskutierten Faktoren in allen vier Ursachenfeldern (Beruf, Privat, Person, Gesellschaft) vor, wie etwa die Zeit. So ist etwa die Beschleunigung der Lebenszeit in allen Lebensbereichen vorzufinden - in privaten wie beruflichen. Die Zeit beinhaltet sowohl eine individuelle als auch eine gesellschaftliche Komponente. Ähnlich verhält es sich mit den Beziehungskonflikten. Diese finden sich sowohl im beruflichen als auch im privaten Umfeld. Andere Faktoren lassen sich nicht wirklich zuordnen, sie sind von übergeordnetem Charakter, wie etwa die Sinnfrage. Die verschiedenen Systematisierungsversuche der Wissenschaftler (und somit auch meiner) bleiben demnach unscharf. Aber auch die Unterscheidung in innere und äußere Auslösefaktoren ist problematisch. Der Leistungsdruck beispielsweise hängt sowohl mit den äußeren Bedingungen der Leistungsgesellschaft als auch mit den individuellen Persönlichkeitsfaktoren und inneren Antreibern zusammen. Der bereits mehrfach erwähnte Autor Matthias Burisch sieht die Wechselwirkung wie folgt: Es müssen stets zwei Komponenten zusammentreffen, „die einzeln genommen notwendige, aber nicht hinreichende Bedingungen sind: ein *Misfit* von gefährdetem Individuum und gefährdenden Umweltbedingungen. Und gefährdet sein kann selbst ein äußerst widerstandsfähiges Individuum, z. B. dann, wenn einer aktuellen Situation eine lange Kette von frustranen Episoden vorangegangen ist, die die verfügbaren Coping-Ressourcen soweit erschöpft haben, dass nur noch der gewisse Tropfen fehlt, um das Fass zum Überlaufen zu bringen." (Burisch, 2010, S. 198)

Wie sieht nun die lange Kette von frustranen Episoden an meinem Fallbeispiel aus?

- Körperliche Ursachen: Chronische Schmerzen, Nährstoffmangel (Eisen, Vitamin B, Magnesium, Kalium, Zink etc.)

- Medikamente, Alkohol, Nikotin und Koffein

- Stress in Arbeit, Partnerschaft, Familie, Freizeit (Stress erster und zweiter Ordnung), ungelöste Konflikte, Sorgen und Ängste

- Verlust von Menschen, Trennungen, Todesfälle, fehlende Trauerarbeit, tragische Ereignisse, Beziehungskrisen, Sinnkrisen

- Berufliche Faktoren: Arbeitsüberlastung, schlechtes Arbeitsklima, Mobbing, Konflikte mit Kollegen, Mangel an Belohnung, Anerkennung, Fairness, Respekt und Gerechtigkeit

- individuelle Persönlichkeitsmerkmale: Hang zum Perfektionismus, übertriebenes Pflichtbewusstsein, Ehrgeiz, Optimierungswahn, Sofortismus, innere Einstellung und Haltung, Nicht-nein-sagen-Können, Salvataggio Helfersyndrom

- überzogene Leistungsansprüche: zu hoch gesteckte Ziele, unrealistische Karrierebilder, Anspruch auf Einzigartigkeit, Wunsch nach Lob, Anerkennung und Bewunderung, Wirkung auf Menschen (Image bewahren), Zwang zur Selbstvermarktung, Narzissmusfalle

- innere Zuflüsterer und Antreiber: Sei perfekt. Streng dich an. Beeil dich. Sei stark. Mach's den anderen recht!

- Irrige Glaubenssätze: Ein echter Indianer kennt keinen Schmerz. Weitermachen - koste es was es wolle. Durchhalten um jeden Preis. Alles unter Kontrolle bringen. Everything goes

- Beschleunigung des Lebenstempos: Verkürzung der Essens- oder Schlafensdauer und der durchschnittlichen Kommunikationszeit, Verringerung von Pausen und Leerzeiten zwischen diversen Aktivitäten, die simultane Ausführung mehrerer Tätigkeiten (Multitasking), ständige Erreichbarkeit via Internet, Handy, iPad und sozialen Medien (wie facebook, twitter etc.)

- Gesellschaftlicher Wandel: Leistungsgesellschaft, Leistungsdruck, Konkurrenzkampf, Selbstausbeutung, Individualisierung, Flexibilisierung, Entsolidarisierung, gesellschaftlicher Zwang zur Selbstvermarktung, Eigenverantwortung und Selbstverwirklichung

- Citius, altius, fortius: schneller, höher, stärker!

Die Frage nach dem gewissen **Tropfen, der das Fass zum Überlaufen brachte,** ist schon schwieriger zu beantworten. Meines Erachtens spielten folgende drei Faktoren eine wesentliche Rolle:

- chronischen Schmerzen, verursacht durch die Intercostal-Nervenverletzung bei der Spontanpneu-Operation

- Konflikte in der Arbeit, Beziehungskrise mit meiner Frau und die Affäre mit der Geliebten

- Medikamenten- und Alkoholmissbrauch.

Genau genommen war es nicht der Stress erster, sondern der Stress zweiter Ordnung, der zur totalen Erschöpfung führte. Es war die Frustration aufgrund der nicht erfolgreichen Bewältigungs- bzw. Lösungsversuche, (a) die Schmerzen in den Griff zu bekommen, (b) die Konflikte am Arbeitsplatz und das Beziehungsproblem mit der Frau und der Freundin zu klären sowie (c) den Alkohol- und Medikamentenmissbrauch zu stoppen bzw. abstinent zu leben.

Zur häufig gestellten Frage, warum andere Menschen, die - subjektiv wahrgenommen - „objektiv“ viel mehr arbeiten und schwierigere Umstände haben (etwa familiäre Belastungen), nicht ausbrennen, depressiv oder abhängig werden, lässt sich mit dem oben erwähnten **Faktorenbündel** erklären, insbesondere mit den individuellen Persönlichkeitsmerkmalen, mit den genetischen Dispositionen, den Kraftquellen und Erholungs-Ressourcen. Solche Menschen können eventuell besser ihre inneren Kräfte mobilisieren und sich Freiräume und Erholungsphasen verschaffen, die andere wahrscheinlich nicht wahrnehmen, registrieren.

Ich denke dabei oft an meine Frau, die viel mehr leistet als ich – sowohl beruflich als auch familiär. Sie bewegt sich innerhalb der zwölf Burnout-Stufen immer wieder auf und ab. Gelegentlich schafft sie es bis zur Stufe 9. Dass sie trotzdem gut aussieht und voller Energie ist, hängt u.a. mit ihrer positiven Lebenseinstellung, Disziplin, Selbstachtung, Selbstakzeptanz etc. zusammen. Sie schaut gut auf sich, pflegt sich und lebt so manche Lebensweisheit, die wir später noch ausführlich vorstellen werden. Neben ihrer genetischen Disposition sind es vor allem ihre Kraftquellen und Ressourcen, mit denen sie den Erschöpfungsprozess bremsen und dadurch immer wieder einige Stufen von der Burnout-Leiter herunterklettern kann. Aber gefährdet bleibt auch sie allemal. Vergleiche mit anderen Personen drängen sich immer wieder auf, sind jedoch nicht empfehlenswert. Der ständige Vergleich der eigenen Leistung mit der anderer beeinträchtigt das subjektive Wohlbefinden. Daher sollte man sich grundsätzlich von Vergleichen fernhalten und sich primär auf die eigenen Stärken und Schwächen, auf die eigenen Kraftquellen und Ressourcen konzentrieren.

In der Einleitung wurde im Zusammenhang mit der Frage nach den Ursachen für die Erschöpfung das Reißen der Schott als Beispiel verwendet. Zum Abschluss des Ursachenkapitels greife ich wieder auf die Segel-Metapher zurück, verwende allerdings den Mastbruch; dieser kommt dem Totalzusammenbruch am nächsten.

Sturm auf hoher See, Mastbruch beim Segeln

Die äußeren Lebensumstände spielten eine gewisse Rolle. Sie waren recht stürmisch, an Bord ging es phasenweise ziemlich hektisch zu. Der starke Wind, das Wetter (die äußeren Umstände) waren meines Erachtens nicht allein ausschlaggebend für den Mastbruch, das Ausbrennen, den Seeleninfarkt, den Alkoholmissbrauch. Die Leinen waren schon etwas schwach, aber immer noch in halbwegs gutem Zustand - ebenso die Segel.

Vermutlich lag es am Handling, also am Kapitän, an mir; an meiner Wahrnehmung und Einschätzung bzw. Fehleinschätzung der Umstände, der Wind- und Wetterverhältnisse, an meinen überzogenen Leistungsansprüchen und Zielen, etwa unbedingt „hart am Wind" (d. i. ein Kurs gegen den Wind) segeln zu müssen, um so rasch wie möglich weiterzukommen. Erschwerend kam hinzu, dass ich alleine an Bord ging, obwohl am Horizont dichte Wolken aufzogen und ich bereits müde und geschwächt von der vielen Arbeit war. Ich wollte es einfach nicht wahrhaben, dass zu diesem Zeitpunkt die Kraft für ein derartiges Segelabenteuer nicht vorhanden war. Die warnenden Stimmen der Freunde vor dem herankommenden Sturm wurden abgewehrt. Stattdessen wollte ich mir beweisen, wie gut und toll ich war, nahm einen Manöverschluck und segelte mit verschwommenem Blick ins Unglück. Der Mast brach, das Schiff, mit dem ich durchs Leben manövrierte, hatte am Rumpf bereits ein Leck und war am Sinken. Das Schiff konnte den rettenden Zielhafen nur deshalb erreichen, weil ich mich den Wind- und Wetterverhältnissen anpasste, den Kurs (das Leben) änderte, die Segel nicht überstrapazierte, die Schotten bzw. Leinen fierte (d. h. lockerte) und mit „halbem Wind" (d. i. ein etwas gemächlicher Kurs) in Richtung Zielhafen segelte. Im Hafen hilft üblicherweise ein Lotse dem Kapitän, sein Schiff sicher an die Pier zu bringen. Ich ließ mich beim Anlegen im Zielhafen von Lotsen (Freunden, Ärzten, Therapeuten), die von der Materie etwas verstehen, begleiten, holte mir Hilfe und nahm diese an. In der Schifffahrt nimmt der Lotse üblicherweise dem Kapitän das Steuer nicht aus der Hand, sondern hilft ihm beim Anlegen. In meinem Fall war es anders. Ich musste kurz die Kapitänsrolle abgeben, weil ich dazu nicht mehr in der Lage war. Nach der Genesung konnte ich sie rasch wieder einnehmen und die Verantwortung für mein Schiff, mein Leben wieder selbst übernehmen. Mit der Metapher der Kapitänsrolle soll nicht gemeint sein, dass man immer in der Rolle des „Capitano" sein muss, im Sinne einer Führungskraft, eines Leiters, einer Chefin. Man kann auch als einfaches Crew-Mitglied, als Team-Mitglied gut und sinnvoll leben. Gemeint ist vielmehr, dass jeder der Kapitän des eigenen Lebens ist, egal welche Rolle er spielt. Es kann unter Umständen auch Sinn machen und entlastend sein, die Kapitänsrolle an eine höhere Instanz abzugeben, z. B. an Gott, indem man „ihn“ oder „sie“ (die Göttin) um Führung bittet, dass „er“ oder „sie“ die Kapitänsrolle übernimmt und die Richtung, den „Kurs“ zeigt, damit der Steuermann oder die Steuerfrau das Schiff über das stürmische Meer in den sicheren Hafen bringen kann. „Die Windrichtung können wir nicht bestimmen, aber wir können die Segel richtig setzen“, lautet ein vielzitiertes Sprichwort unter Seglern. Wie auch immer: entscheidend ist, man findet seinen ganz individuellen Zugang und übernimmt die Verantwortung für sein Tun.

Die große Frage der Verantwortung

Zum Abschluss der persönlichen Ursachenforschung soll noch auf die entscheidende Frage der Verantwortung eingegangen werden. Diese sollte sich meines Erachtens jeder Betroffene stellen. Bei den zahlreichen Patientenberichten fiel mir immer wieder *die Projektion der Verantwortung nach außen* auf. Allzugerne wird der **Fokus auf die äußeren Umstände gelegt**, etwa auf die ungünstige Windrichtung, auf die gesellschaftliche Entwicklung, auf die schwierigen beruflichen oder privaten Verhältnisse, auf die tragischen Ereignisse. So sehr dies auch zutreffen mag (vor allem die sozialen Ungerechtigkeiten), der einseitige Blick nach außen birgt Gefahren in sich. Er verstellt oft den notwendigen Blick nach innen. Genauso wenig ist es sinnvoll, Burnout, Depression oder Sucht als persönliches Problem wahrzunehmen. Die Ursachen von Ausbrennprozessen liegen nicht nur bei den Personen selbst, sondern auch im jeweiligen sozialen und beruflichen Umfeld.

Auch wenn die organisationalen und gesellschaftlichen Rahmenbedingungen (die moderne Arbeitswelt, die Technologien und zahlreiche „Beschleuniger“) eine noch so große Einflussgröße sind, so liegt es letztlich doch am Individuum, an jedem ganz persönlich, ob und wie er aus der Krise herauskommt. Die letzte Verantwortung, wie man mit den Problemen umgeht, liegt beim Betroffenen selbst. Er kann und muss letztlich entscheiden, ob er beispielsweise im Betrieb an einem Gesundheitsprogramm (z. B. Burnout-Prävention, Raucherentwöhnung, Anti-Stress-Seminar etc.) mitmacht oder im Falle eines Suchtproblems eine fachspezifische Beratungsstelle oder Klinik aufsucht. Im Falle unerträglicher Arbeitsbedingungen muss er sich entscheiden, ob er das Unternehmen verlässt oder ob er bleibt. In der Regel (bis auf den Kündigungsfall durch den Arbeitsgeber) liegt die Entscheidung beim Betroffenen, ob er weitermacht wie bisher und womöglich noch ausgebrannter wird und auf einen Totalzusammenbruch hinarbeitet. Auch im Krankheitsfall liegt eine gewisse Verantwortung beim Kranken selbst. Er muss die Ärzte oder Beratungsstellen für Burnout, Depression oder Suchterkrankungen aufsuchen, sich informieren und letztlich abwägen, welche der vorgeschlagenen Therapiemaßnahmen für ihn in Frage kommen. Die Experten können ihm in der Regel diese Entscheidung nicht abnehmen – außer es handelt sich um einen lebensbedrohlichen Akutfall. Es liegt letztlich an der Person selbst, ob sie Hilfe annimmt, etwas gegen die Krankheit bzw. für die Genesung unternimmt.

Kritiker könnten jetzt einwenden, dass es vielen Menschen gar nicht möglich sei, Eigenverantwortung für ihr Leben zu übernehmen, weil etwa genetische Dispositionen, soziale und kulturelle Faktoren sowie individuelle Persönlichkeitsfaktoren dies nur eingeschränkt möglich machen. Oder, dass der Krankheitsgrad so schwer ist, dass die Entscheidungsmöglichkeit der Person zu stark beeinträchtigt ist. Das ist richtig. Die **Betonung der Eigenverantwortung ist ein widersprüchliches Unterfangen**. Weiter vorne wurde im Zusammenhang mit den soziologischen Gesellschaftsanalysen darauf hingewiesen, dass der Mensch gerade von der Anstrengung, ständig für sich selbst entscheiden zu müssen, sich selbst verwirklichen zu müssen, erschöpft wird. Die gesellschaftlich bedingte Notwendigkeit der hohen Eigenverantwortung für unser Leben, der Selbstfindung und Selbstverwirklichung sind für viele Menschen eine große Herausforderung. Eine zu hohe Eigenverantwortung für sein Leben kann in die Erschöpfung führen. Aber es führt kein Weg daran vorbei. Der Appell an die Selbstverantwortung des Einzelnen ist auch

„aus gesundheits- und gesellschaftspolitischer Perspektive problematisch, da die Ratschläge zur Selbstoptimierung den Wettbewerb zwischen den Individuen mittelfristig zusätzlich verschärfen. Die Fixierung auf den Einzelnen, wie sie im Rahmen aktueller Stressmanagement-Ansätze insbesondere von der Psychologie propagiert wird, führt zu einer Entvergesellschaftung gesellschaftlicher Problemlagen [...]Auf diese Weise wird die Frage nach gesellschaftspolitischen Lösungen für die im Zuge von Deregulierung, Selbstoptimierung und Beschleunigung gewachsenen Belastungen ausgeblendet“, meint der Stress- und Burnout-Forscher Patrick Kury (2013, S. 125).

Dies sind sehr ernst zu nehmende Überlegungen. Aber wie soll der Einzelne nun agieren, was kann und soll er tun? Er kann ja nicht erwarten, dass seine individuellen Gesundheitsprobleme von irgendjemandem gelöst werden. Er kann auch nicht warten, bis die hier skizzierten gesellschaftlichen Probleme auf politischer Ebene gelöst werden. Wer sein Leiden lindern oder in irgendeiner Form in den Griff bekommen möchte, muss handeln und wird womöglich auf die von den Autoren so kritisierte Ratgeberliteratur zurückgreifen. Der Leidende wird auch, wenn es ihm möglich ist, Alternativen zu medizinischen Behandlungsmethoden in Erwägung ziehen, den Rat mehrerer Ärzte einholen. Er kann, wie wir an meinem Fallbeispiel gesehen haben, die Behandlung nicht den Ärzten überlassen bzw. sich nicht auf sie allein verlassen. Er muss in gewisser Hinsicht Eigenverantwortung übernehmen. Dies bedeutet ja nicht, dass wir für alles die Verantwortung übernehmen, für das ganze Elend auf dieser Welt. Für seine genetische Disposition, für den Erziehungsstil der Eltern muss man sich nicht verantwortlich fühlen. Ob und inwieweit ich in die Burnout-Falle tappe und wie ich wieder heraus komme, dafür fühle ich mich sehr wohl zuständig, zumindest **mit-verantwortlich**. Es geht darum, den eigenen Anteil zu erkennen und sich auf einen Prozess einzulassen, in dem man sich mit sich selbst und der Außenwelt auseinandersetzt, die Wechselwirkung zwischen äußeren Einwirkungen und den eigenen Befindlichkeiten bewertet.

Ver-antwort-ung beinhaltet das Wort „Antwort". Es geht darum, **Antworten** für sich selber zu finden, Antworten für die Ursachen und Bedingungen der Erkrankung, Antworten für mögliche Wege aus der Krise. Diese Sichtweise bringt uns in eine wesentlich aktivere Position. Wir sind nicht Opfer der Umstände, sondern Mitgestalter unseres Schicksals. Es bringt den Einzelnen nicht wirklich weiter, sich als „Opfer der Umstände" zu sehen. Vor allem für die Behandlung psychischer Leiden ist die subjektive Perspektive letztlich vorrangig. Denn die hier skizzierten objektiven, gesellschaftlichen Gegebenheiten lassen sich nur schwer behandeln und ändern. „Für die Behandlung eines Burnout-Patienten sind die Fragen vorrangig, welche Anteile an der Störung die Persönlichkeitsstruktur des Patienten hat", meint der philosophische Diagnostiker und Psychotherapeut Martin Poltrum (2012, S. 79) - und ich ergänze: Dies gilt ebenso für die Behandlung von vielen psychischen Leiden (auch für Depressionen und Suchterkrankungen). Neben der Persönlichkeitsstruktur sollte man auch untersuchen, welchen Anteil das unmittelbare (berufliche und private) Umfeld, auf das man mehr oder weniger einwirken kann, hat.

9.) Wege aus der Krise

„Viele Wege führen nach Rom"

In diesem Abschnitt wird geschildert, wie ich persönlich dem Burnout, der Depression und Sucht entkommen bin, was man dagegen unternehmen und wie man zu neuer Lebenskraft, Freude und Energie finden kann. Wege aus der Krise gibt es viele. Dass viele Wege nach Rom führen, ist allgemein bekannt. Markus, der Gärtner, entschied sich für einen Gewaltmarsch. Er ging von Klagenfurt zu Fuß nach Rom und von dort über den Jakobsweg nach Santiago de Compostela in Spanien. Tausende Kilometer zu Fuß ohne Geld, ausgerüstet mit einem kleinen Rucksack und voll Selbstvertrauen. Für Markus war es der einzig mögliche Ausweg aus seiner Lebenskrise. Er sagte zu mir, die Depression hätte ihn verschluckt und er hätte sich zu Tode gesoffen, wenn er nicht gegangen wäre. Einfach weg, alles hinter sich lassen, war seine Devise. Mein Weg verlief anders. Ich kontaktierte Ärzte, war in diversen Krankenhäusern und musste viele Um- und Irrwege gehen, bis ich meinen Weg aus der Krise fand. Streckenweise kam ich mir vor wie eine Blume in der Steinritze, die mit aller Lebenskraft und der Kargheit zum Trotz sich entfaltet, wächst, blüht und gedeiht.

Zum Aufbau des folgenden Kapitels nutze ich die bewährte Vorgangsweise, wie bei meinen kommunikationswissenschaftlichen Publikationen zum Thema Public Relations (PR): Analyse, Strategie, Taktik, Evaluation. Vorweg kurz eine Erklärung für den nicht fachkundigen Leser. Der *Analyseteil* besteht im Wesentlichen aus der Stärken-Schwächen-Analyse und der Ursachenforschung – diese ist bereits im ersten Teil des Buches dokumentiert. Der *Strategieteil* besteht aus der Formulierung von Grundsätzen, Zielen, Zielgruppen, Botschaften und strategischen Leitlinien. Im *Taktikteil* werden die einzelnen Maßnahmen und Instrumente des Therapieplans dargestellt. Im *Evaluationsteil* (sog. Erfolgs- und Wirkungskontrolle) geht es um die Frage, inwieweit die (Genesungs-)Ziele erreicht wurden bzw. ob man auf dem richtigen Weg ist.

9.1.) Meine Strategie

Zunächst werden einige Grundsätze, Voraussetzungen für die Genesung und Heilung genannt. Dann werden die Ziele, die ich mir gesteckt habe, die Menschen, die mir wichtig waren und die Botschaften bzw. Leitsätze, die mir am Herzen lagen, benannt. Die persönlichen Eigenschaften, Werte und Verhaltensweisen, die ins Burnout führen, sind zugleich eine wertvolle Ressource beim Weg heraus. „Wer es gewohnt ist, viel zu leisten, ist oft bereit, viel an sich zu verändern, um dem Burnout zu entkommen", meinen die beiden Psychotherapeuten Stefan Geyerhofer und Carmen Unterholzer (2012, S. 12). Ein wichtiger Grundsatz für die „Heilung" war für mich folgender: Arztbesuche und Medikamente allein reichen nicht aus. Die Wege zur Genesung führen vor allem über die *Eigenverantwortung*. Aber auch das Wissen über die Erkrankung und das Akzeptieren der Situation sind wichtige Faktoren. Letzteres ist eine besonders wichtige Voraussetzung für die Genesung: erst wenn Sie die „Krankheit" annehmen bzw. akzeptieren wie sie ist, bewegt sich etwas, erst dann sind Sie offen für Therapiemaßnahmen. Und diese bestehen natürlich nicht nur in der Einnahme von Tabletten; dies reicht nicht aus, um gesund zu werden – Arbeit an sich selbst und ein gewisses Ausmaß an Disziplin sind erforderlich. Das Leitmotto, das mich beim Weg aus der Krise begleitete, lautet:

Im Sturm des Lebens die Segel setzen und die Kapitänsrolle einnehmen

Entscheidend ist, die Verantwortung bzw. die „Kapitänsrolle" selbst zu übernehmen: Auch wenn man das Schicksal in Gottes Hände legt und Gott die Kapitänsrolle zuweist, macht es Sinn, als Steuermann Verantwortung für sein Tun, sein Handeln, sein Leben zu übernehmen. Verantwortung für sich und seine Mitmenschen. Die amerikanischen Burnout-Pioniere Elliot, Pines und Kafry (1983, S. 19) fassen die **Grundsätze zur Bekämpfung des Ausbrennens** wie folgt zusammen:

„Erstens muss man erkennen, dass ein Problem besteht. Zweitens muss man sich entschließen, in eigener Verantwortung etwas dagegen zu tun. Drittens muss man sich um möglichst klare Erkenntnisse über dieses Problem bemühen und, viertens, Bewältigungsmaßnahmen entwickeln, die umfassender anwendbar und wirksamer sind als die bisherigen.“

Sogar die Suchtexperten vertreten die Auffassung, dass der Weg der Heilung über die Eigenverantwortung erfolgt. „Ein ganz erheblicher Anteil der Heilungsarbeit kann oder muss vom Süchtigen selbst geleistet werden.“ (Haller, 2007, S. 186). Die wesentlichen Schritte der Behandlung sind: Selbstreflexion (kritische Betrachtung der Bedürfnisse und Gewohnheiten, radikale Ehrlichkeit zu sich selbst), Erkennen und Bearbeiten der Verdrängungsmechanismen (Wer ist stärker: ich oder ich?), das Eingeständnis der Krankheit („Ja, ich bin süchtig, ich habe ein Abhängigkeitsproblem“) und der Verzicht (süchtiges Verhalten zu vermeiden und abstinent zu leben). Professor Haller fügt hinzu, dass die tatsächliche Umsetzung dieser Vorsätze allerdings ein hartes Unterfangen ist. Das sehe ich auch so.

In diversen Studien (vgl. Profil-Wissen, Heft 2, Juni 2012, S. 27) werden immer wieder die folgenden drei Faktoren genannt, wie Menschen aus Krisensituationen herauskommen können: *Verstehbarkeit* (gibt es erklärbare Gründe für das, was passiert ist), *Handlungsspielraum* (ich kann etwas dagegen tun, mir z. B. Hilfe holen) und *Sinnhaftigkeit* (das Weiterleben hat einen Sinn, z. B. in Form einer Lebensvision noch Wesentliches vollbringen zu wollen). Nachdem diese drei Voraussetzungen bei mir vorhanden waren, konnte ich wahrscheinlich aus der großen Krise (2011) gestärkt herauskommen. Aber vielleicht auch deshalb, weil ich zu den sogenannten resilienten Menschen gehöre. Der deutsche Psychologe Ulrich Siegrist erklärt den Begriff **Resilienz** so: „**Gedeihen trotz widriger Umstände**. Resiliente Menschen besitzen eine mentale Widerstandskraft, die es ihnen ermöglicht, Krisen besser zu verarbeiten und ihnen auch etwas Positives abzugewinnen“ (Interview in Pressesprecher 03/13, S. 32 – 34). Widerstandsfähige Menschen können demnach mit Krisen und

Schicksalsschlägen erfolgreich umgehen, ja sogar in der Krise wachsen. Sie stehen zu ihrem Schicksal und schämen sich nicht dafür. Sie aktivieren in Krisen ihr soziales Netzwerk und suchen sich Menschen, die sie unterstützen, um rasch wieder auf die Beine zu kommen, beschreibt die Psychotherapeutin Silvia Dirnberger-Puchner (2013) in ihrem Buch „Die Kunst, selbstbestimmt sein Leben zu gestalten“. Widerstandsfähige Menschen verleihen Krisen im Nachhinein einen konstruktiven Sinn. Für mich besteht er etwa darin, dass ich dadurch wachsen und reifen konnte.

Krise als Chance

Krisen haben einen Sinn und einen Nutzen. Diesen erkennt man allerdings meist erst im Nachhinein. Krisen können tatsächlich **als Chance gesehen** und genutzt werden, man kann ihnen etwas Positives abgewinnen - auch wenn man sich das zum Zeitpunkt der akuten Krise nicht vorstellen kann. Mein Primarius sagte dies immer wieder zu mir, damals ging er mir damit jedoch ziemlich auf die Nerven. Letztlich hatte er Recht, auch mit der Aussage *„Hinter den Wolken scheint immer die Sonne.“* Sobald Sie erkennen, dass die „Krankheit“ einen Nutzen bzw. Sinn hat und durch geeignete Gegenmaßnahmen bewältigt werden kann, geht es bergauf. Die drei amerikanischen Burnout-Forscher beschreiben dies wie folgt:

„Es kann den Weg zu klaren Einsichten in das Selbst weisen, das Einfühlungsvermögen anderen Menschen gegenüber verfeinern und wichtige Lebensveränderungen, Wachstum und Entwicklung einleiten. Menschen, die das Ausbrennen erlebt und überwunden haben, finden fast ausnahmslos zu allgemein besseren, anregenderen und weniger einengenden Lebensbedingungen.“ (Elliot, Pines und Kafry, 1983, S. 13)

Derartige Aussagen von so renommierten Forschern geben doch Hoffnung und Zuversicht. Übrigens: die Fähigkeit der Resilienz kann man trainieren und am persönlichen „Resilienz-Haus“ bauen. Wie das funktioniert, beschreibt Silvia Dirnberger-Puchner in ihrem oben genannten Buch (2013). Die acht Säulen und Bausteine dafür sind kurz zusammengefasst:

Im Hier und Jetzt leben. Aus der Opferrolle steigen. Den eigenen Fähigkeiten vertrauen. Hilfe aus dem sozialen Umfeld annehmen. Die Krise und damit verbundene Gefühle akzeptieren. Auf die eigenen Bedürfnisse achten. Humor und Zuversicht bewahren. Nach Lösungen suchen. Und ich ergänze:

Nicht über vergossene Milch jammern

Dies sagte meine Tante aus Tirol, bei der ich als kleiner Junge meine Ferien verbrachte, zu mir, wenn ich beim Bauern die Milch holte und sie verschüttete. Wie ich das gemacht habe? Ich habe mit der vollen Milchkanne kreisförmige Armbewegungen gemacht und dabei versucht, sie durch möglichst viel Schwung nicht zu verschütten. Das war eine meiner Lieblingsbeschäftigungen beim Milchholen. Die Schwungkraft reichte aber nicht immer aus. So passierte es eben, dass ich manchmal die Milch verschüttete. Diese Episode und die verständnisvolle Reaktion meiner Tante fällt mir ein, wenn ich an meine fehlgeschlagenen Bewältigungsversuche, die im ersten Teil ausführlich beschrieben wurden, zurückdenke. Es hat keinen Sinn, über verschüttete Milch zu jammern. Sie können das Geschehene ohnehin nicht ändern. Nehmen Sie es, wie es ist. Halten Sie sich nicht allzu lange mit Warum-Fragen auf („Warum passiert das gerade mir?"), sondern wenden Sie sich eher solchen Themen zu: „Wie kann ich es besser machen? Was kann ich aus der Krise lernen? Wozu fordert sie mich auf?" Seien Sie nicht zu sehr vergangenheits- sondern vielmehr **gegenwarts- und zukunftsorientiert**, oder noch besser, **handlungs- und lösungsorientiert**. Fragen Sie sich, was Sie tun können, um ihre Situation zu verbessern. Ich selbst habe jedenfalls mit dieser Strategie die besten Erfahrungen gesammelt.

Eine weitere Grundvoraussetzung zur Krisenbewältigung nennt die Klagenfurter Psychologieprofessorin, Lehrtherapeutin und Supervisorin Jutta Menschik-Bendele in ihrem Burnout-Buch (2011, S. 20), nämlich die *Bereitschaft zu unverstellter Selbstwahrnehmung*: „Das bedeutet, sich und anderen Fehler zuzugestehen, die eigenen Schwächen zu kennen, ein hohes Maß an Selbstverständnis zu haben, zu wissen, welche Ziele man verfolgen und welchen Werten man verpflichtet sein will."

Therapie, Supervision, Coaching (oder wie immer man es auch bezeichnen möchte) können diesen Prozess unterstützen. Entscheidend dabei ist jedoch (so meine Erfahrung), dass man seine Hausübungen selbst macht, ein hohes Maß an Eigenverantwortung übernimmt und bereit ist, sich zu verändern. „Die Wahrheit ist uns zumutbar und erfrischt unser Herz – auch wenn sie manchmal unbequem erscheint", meinte meine Schwester Patrizia in einer ihrer zahlreichen sms-Botschaften.

„Untersuchen Sie ihr Leben genau. Wenn Sie dies tun, wird es Ihnen schließlich schwerer fallen, Ihr Leben zu missbrauchen ..." (Dalai Lama).

Ich habe diese Grundsätze beherzigt, meine „Hausaufgaben" gemacht, persönliche Ursachenforschung betrieben und den Blick nach vorne gerichtet.

9.2.) Meine Ziele und Botschaften

Das Finden und Formulieren von Lebenszielen ist und bleibt eine wichtige Aufgabe für uns alle – und zwar in allen Lebensphasen, beruflich wie privat. Vor allem wenn man sich in einer Lebens- bzw. Sinnkrise befindet, sucht man Antworten auf Fragen wie:

Was will ich eigentlich? Was will ich nicht mehr? Wohin soll der Weg führen? Was bzw. wer ist mir wichtig im Leben? Was erwartet das Leben von mir? Worauf kann bzw. will ich verzichten?

Ich habe mich im Laufe meines Lebens immer wieder mit diesen Fragen beschäftigt und die enorme Wirkung klar formulierter Ziele kennengelernt, indem ich (zumindest für meine Verhältnisse) viel erreicht habe. Aber in einer depressiven Episode ist die Beantwortung dieser Fragen gar nicht so einfach. In einer derartigen Situation kann es durchaus Sinn machen, sich vorerst zu fragen, was man auf keinen Fall mehr will. Über diesen Umweg kommt man unter Umständen eher zu positiv formulierten Zielvorstellungen. Aber das muss jeder für sich selbst ausprobieren. So wusste ich beispielsweise, dass ich auf keinen Fall mehr in einem derartigen negativen Ressourcen-Zustand sein wollte, dass ich in jedem Fall den Medikamenten- und Alkoholmissbrauch stoppen musste. Mein persönliches Therapieziel in Bezug auf das Abhängigkeitssyndrom lautete: *Unabhängigkeit* – und zwar nicht nur von Substanzen, sondern auch von Personen. Unabhängig vom Urteil der Menschen, von Anerkennung und Lob. Natürlich ist mir klar, dass wir diesbezüglich nicht völlig unabhängig sein können. Es geht mir auch nicht darum, völlig frei davon zu werden, sondern darum, den durchaus legitimen Wunsch nach Lob und Anerkennung zu relativieren – und zwar so, dass ich davon nicht abhängig bin. Beruflich wollte ich unbedingt wieder an meinen Arbeitsplatz zurück und als Professor, Coach und Medienberater tätig sein: Lehren, forschen, schreiben sowie Studenten und Klienten betreuen und auf ihrem Weg unterstützen. Weiters war es mir wichtig, das Vertrauen wieder zurückzugewinnen, insbesondere mein Selbstvertrauen und das Vertrauen mir nahestehenden Menschen: meiner Familie, meiner Freunde, die ich mit meinem Verhalten, meiner Krankheit so sehr irritiert, ja vielleicht sogar enttäuscht habe. Die Botschaft war ebenfalls klar formuliert:

Gebt mir Zeit. Vertraut mir, vertraut meinen Entscheidungen, meinem individuellen Weg zur Genesung, meinen alternativen Therapiemaßnahmen. Ich werde wieder gesund.

Zu diesen Botschaften sind einige erklärende Anmerkungen notwendig. *Vertrauen* hat viel mit *trauen* zu tun, d. h. sich selbst trauen, sich etwas trauen, zutrauen und anderen zu-trauen, sich jemandem an-ver-trauen. Vertrauen ist zugleich auch eine Verpflichtung, indem wir z. B. Versprechen, Vereinbarungen (die man mit sich oder anderen getroffen hat) einhalten: Vertrauen verpflichtet. Als PR-Experte ist mir auch klar, dass man um Vertrauen nicht werben kann (wie es häufig Werbefachleute behaupten), sondern es er-werben, erarbeiten muss. Wie? Durch aufrichtiges, offenes und respektvolles Verhalten sich selbst und anderen gegenüber. Mir war es jedenfalls zu diesem Zeitpunkt wichtig, das Vertrauen zurückzugewinnen. Eine weitere Triebfeder für die Genesung war das Bedürfnis, für meine Liebsten wieder da zu sein, sie (wie früher) wieder voll und ganz unterstützen zu können. Dies war ein enorm kraftvoller Motivationsfaktor. Die Auseinandersetzung mit der Frage nach dem Sinn des Lebens hatte entscheidenden Einfluss auf diese Zielsetzung: Dem Leben Sinn geben. Mir wurde dabei erneut bewusst, was mir im Leben wichtig ist, was das Leben von mir erwartet, wer bzw. was auf mich wartet – nämlich meine Familie, Freunde und die noch nicht vollendeten Projekte zu Hause und im Beruf. Ein weiteres Ziel bestand darin, die Verantwortung für mein Leben wieder zu übernehmen und meinen Beitrag für die Familie und die Gesellschaft zu leisten. Zur Botschaft „Ich werde wieder gesund“ sei anzumerken, dass der Begriff Gesundheit, wie eingangs erwähnt, relativ ist. Die Experten sind sich darüber nicht einig. Es gibt keine zufriedenstellende Definition von Krankheit bzw. Gesundheit, auch nicht vom Begriff Heilung. Es kommt auch darauf an, wie der Einzelne für sich „gesund“ bzw. „krank“ definiert, ob man diese Begriffe als etwas Starres auffasst oder als etwas Fließendes, Veränderbares. In vielen Fällen muss letztlich jeder Einzelne für sich entscheiden, ob er sich als krank oder als gesund bezeichnet. Außerdem verändern sich auch die Einstellungen und Meinungen dazu. Ich habe mich während der Krankenhausaufenthalte tatsächlich als krank erlebt, fühlte mich ausgelaugt, leer, erschöpft und deprimiert. Ich hatte Schwierigkeiten, mich zu konzentrieren und mir Dinge zu merken. Die Blutwerte stimmten in vielen Bereichen nicht, einerseits hatte ich einen zu hohen Blutdruck und Cholesterinspiegel, andererseits einen zu niedrigen Seratonin- und Dopaminspiegel. Die Ärzte hatten mir ja gesagt, ich sei krank, und zwar schwer krank: depressiv und alkoholabhängig. So lauteten auch die diversen, wenn auch unterschiedlichen, Diagnosen. Mit der zunehmenden Auseinandersetzung über die drei „Krankheitsbilder“ (Burnout, Depression und Sucht) erkannte ich zunehmend, wie relativ der Krankheitsbegriff ist und dass es für das subjektive Empfinden sehr wohl ausschlaggebend ist, ob ich selbst mich als krank oder als gesund bezeichne. In diesem Zusammenhang war die Passage zum Thema Heilung in Ehrenberg's Buch für mich sehr hilfreich:

„Es geht hier also darum, die Beziehung zu sich selbst neu zu organisieren, und nicht darum, sich möglichst wohl zu fühlen. Das Ziel der Heilung relativiert die Rolle des (animalischen) Wohlbefindens zugunsten der (menschlichen) Freiheit. Der Kranke ist ein leidendes Subjekt, das sich nur als geheilt ansehen kann, wenn es die Krankheit in seine eigene Erfahrung und Geschichte integriert." (Ehrenberg, 2008, S. 268) Mir wurde klar, dass Heilung nicht Rückkehr ist und dass ich mich von der Vorstellung bzw. Bindung an einen früheren Zustand befreien muss. „Es ist wie es ist", sagt oft mein Freund Erwin, der an MS erkrankt ist. Ihm ist klar, dass er mit seiner unheilbaren Krankheit leben muss. Diese Einsicht hilft ihm beim täglichen Umgang mit den Schmerzen und Behinderungen. Die Akzeptanz der Situation, das Annehmen der „Krankheit" als Teil von mir, das Leiden zu tolerieren – all dies war tatsächlich für mich befreiend, heilend und brachte mich auf den Weg. Mir war es wichtig, die Macht über mich selbst zurückzugewinnen, die es mir ermöglichte, mich für dies oder jenes zu entscheiden. Und ich entschied mich nach diesen mehrmonatigen Krankenhausaufenthalten, die (wie gesagt) die Situation noch verschlechtert haben, dafür, alternative Wege zu gehen.

„Haben Sie schon einmal versucht, ein Puzzle zusammenzusetzen, ohne das vollständige Bild zuvor gesehen zu haben?" (Anthony Robbins).

Die Formulierung von Zielen ist nicht nur für das Leben allgemein, sondern auch für eine Prophylaxe unverzichtbar. Denn Ziele mobilisieren Energie und erhöhen die Aufmerksamkeit im Sinne der selektiven Wahrnehmung, d. h. wir nehmen plötzlich viele relevante Informationen, die für die Zielerreichung notwendig sind, wahr. Gleichzeitig geben sie unserem Gehirn ein klares Bild davon, welche der Informationen, die das Nervensystem erhält, Vorrang haben. Daher macht es auch tatsächlich Sinn (wie es in den zahlreichen Ratgeberbüchern empfohlen wird), dass Ziele bildhaft visualisiert und schriftlich festgehalten werden, positiv und so präzise wie möglich formuliert sind. Nur wer sein Ziel kennt, kann es auch erreichen. Und Ziele dürfen durchaus auch eine spirituelle Komponente enthalten.

„Mit Engelsflügeln zu den Zielen", sagte unlängst meine Frau mit strahlendem Gesicht zu mir, als sie sich gerade neue Ziele für den nächsten Lebensabschnitt setzte. Dadurch gewinnen Ziele unter Umständen für Sie noch mehr Kraft und Emotion. Probieren Sie es einfach aus. Machen Sie sich ein möglichst vollständiges Bild davon, was Sie beruflich, privat und vor allem in Bezug auf Ihre Gesundheit erreichen wollen. Und Sie werden sehen, das Zusammensetzen der Puzzle-Elemente, die vor Ihnen liegen, wird leichter von der Hand gehen. Mit dem Puzzle meine ich im Übrigen die vielen Therapiemaßnahmen, die im nächsten Abschnitt vorgestellt werden.

9.3.) Mein Therapieplan

„Du kannst aus unendlich vielen verschiedenen Möglichkeiten wählen. Probiere aus, was dir gut tut. Prüfe, was für dich stimmt. Finde heraus, was zu dir passt. So bekommt dein Leben die >rechte< Würze" (aus der Zitatensammlung von Ashley Lippert „Gehe deinen eigenen Weg").

Die Literatur zu den Maßnahmen (im Fachjargon auch Interventionen genannt) ist mittlerweile umfangreich. In den einschlägigen Fachbüchern und auf den Internetseiten existieren viele Empfehlungen zur Prävention und Bekämpfung von Burnout, Depression und Sucht. Einige wurden bereits mit wissenschaftlichen Methoden auf ihre Wirksamkeit hin untersucht. Es gibt keine allgemeinen Patentlösungen. Nicht alle der hier beschriebenen Methoden sind für jeden Menschen geeignet. Es gibt nur einen Weg, herauszufinden, welcher der geeignetste ist: learning by doing, ausprobieren und Erfahrungen sammeln.

Grundsätzlich werden heute drei Ebenen unterschieden, wo Interventionen ansetzen können: (1) am Individuum, (2) an der Schnittstelle zwischen dem

Einzelnen und der Organisation, sowie (3) an der Organisation selbst. Die modernen Präventionsansätze, die insbesondere die Organisationen (Unternehmen, Betriebe etc.) im Blickfeld haben, werden hier nicht näher erläutert. Dies würde den Rahmen und die Zielsetzung bei weitem sprengen. Ich konzentriere mich in den weiteren Ausführungen auf die individuellen, eigenen Lösungsmöglichkeiten, schildere meinen Weg aus der Krise und vertrete eine bestimmte Position, nämlich die der Eigenverantwortung.

Es stehen uns meistens immer mehrere Wege zur Verfügung. Entweder Sie packen - wie Markus, der Gärtner - den Rucksack und marschieren los, oder Sie gehen den klassischen Weg, den heute die meisten Experten empfehlen: Medizinische Behandlung (medikamentöse Therapie), Psychotherapie oder Coaching und die Anwendung von speziellen Methoden für Körper, Geist und Seele. Der Schwerpunkt der Behandlung sollte von einer umfassenden Diagnostik abhängen, denn Burnout, Depression und Sucht sind multifaktorielle Syndrome. Dementsprechend vielfältig und komplex sind die Symptome: man hat eventuell Schlafprobleme oder das Herz klopft zu schnell, der Blutdruck ist zu hoch, die Gedanken drehen sich im Kreis, man fühlt sich ständig unter Strom, kann sich nicht mehr entspannen, man spürt eine gewisse innere Leere und Unruhe, ist nervöser oder gereizter als sonst, zieht sich zurück, trinkt eventuell zu viel Alkohol. Daher sollten die Behandlungsmethoden auf all diesen Ebenen ansetzen: auf der körperlichen (physiologischen), geistigen (mentalen), seelischen (psychischen) sowie auf der Einstellungs- und Verhaltensebene. Das klingt im ersten Moment vielleicht kompliziert und aufwendig, ist aber einfacher als man denkt. Es geht darum, die folgenden drei Elemente in Einklang zu bringen:

Körper, Geist und Seele

Ich habe viel ausprobiert und experimentiert, verschiedenste Ärzte kontaktiert. Nach einigen Um- und Irrwegen und intensiven Recherchen gelangte ich schließlich zu der Erkenntnis, dass man auf der *körperlichen* und nicht etwa, wie viele Psychotherapeuten meinen, auf der psychischen Ebene ansetzen muss. Die Basis bilden die biochemischen Funktionen des Körpers, insbesondere der Blutkreislauf, der bekanntlich den Sauerstoff und die Nährstoffe in die Zellen unsers Körpers transportiert. Und wie funktioniert das? Durch Ernährung, Atmung und Bewegung (idealerweise in der freien Natur). Zuerst muss der Energiehaushalt wieder in Ordnung gebracht werden. Der entscheidende Treibstoff ist die Energie. Alle wissenschaftlichen Studien aus den Bereichen Ernährungswissenschaft, Neuropsychologie, Biochemie (auch „Chemie des Lebens“ genannt) und Bioenergetik („Wissenschaft der Energieversorgung“) kommen letztlich zu diesem Schluss. Mit gesunder Ernährung, richtiger Atmung und leichter Bewegung (idealerweise in der frischen Luft bei Sonnenschein) halten Sie die biochemischen Funktionen des Körpers in Schwung und gelangen zu mehr Energie, was bei Burnout (das sich ja letztlich in einer Art Energieverlust äußert), sowie bei Depressionen und Suchterkrankungen besonders wichtig ist. Energie ist der Treibstoff für Antrieb und Leistung, die bei Burnout und Depression in der Regel gering sind. Wie Sie zu mehr Energie gelangen können, zeige ich im Folgenden auf. Darüber hinaus wird der Versuch unternommen, einzelne Behandlungsmaßnahmen den Erschöpfungssymptomen zuzuordnen, d. h. eine Korrelation (Verbindung) zu ihnen herzustellen und Hinweise zur Wirkungsweise zu geben. Denn meine These dazu lautet:

Je besser der Patient den Sinn und Nutzen einzelner Behandlungsmethoden versteht, desto größer ist die Chance, dass er sie ausprobiert bzw. anwendet.

Zuvor noch eine Anmerkung: Menschen, die sich gerade in einer depressiven Phase befinden, tun sich in der Regel schwer mit solchen Empfehlungen und Übungen. Auch mir ist es so gegangen. Einige der hier vorgestellten Methoden wurden in den Krankenhäusern und Kliniken angeboten. Aber ich war einfach nicht in der Lage, diese zu nutzen; ich war einfach in einem zu schlechten Zustand (körperlich, geistig, seelisch).

Meine Einstellung war in dieser Zeit überwiegend negativ: zu hoch war der Frust, zu niedrig die Motivation. *„Es wird schon"*, sagte mein Psychiater und Psychotherapeut, der mich in der Krise phasenweise begleitete. *„Haben Sie Geduld, Herr Professor. Es wird schon."* Ich habe ihn oft ungläubig mit gesenktem Blick angesehen. Mit ausreichender Erholung, medizinischer (notfalls auch medikamentöser) Behandlung und therapeutischer Intervention kommt nach und nach die Energie, die Lebenslust zurück. Bald werden Sie sich besser fühlen, kraft- und energievoller, bereit für die persönliche Energiewende sein. Sobald der Impuls da ist und Sie diesbezüglich etwas spüren, nutzen Sie die Chance, ergreifen Sie das Angebot, probieren Sie das eine oder andere aus, step by step; und damit sind wir bei einem weiteren Grundsatz.

Schritt für Schritt

Im Eingangszitat zu diesem Kapitel wurde bereits hingewiesen, dass es unendlich viele verschiedene Möglichkeiten gibt, aus denen wir auswählen können. Jeder für sich muss ausprobieren, was ihm gut tut, prüfen, was für ihn stimmt, herausfinden, was zu ihm passt. Ashley Lippert hat in diesem Zusammenhang noch einen passenden Tipp:

„Wenn du spürst, dass es Zeit ist, etwas zu verändern, dann zögere nicht. Fang heute an, aktiv zu werden. Du musst ja nicht gleich die Welt aus den Angeln heben. Beginne mit einer Kleinigkeit und spüre, wie gut dir diese Erfahrung tut."

In diesem Zitat sind viele wichtige Elemente für die Heilungsschritte enthalten: Zögere nicht. Fang heute an. Beginne mit kleinen Schritten. Auf den idealen Tag zu warten, ist nicht zielführend. Bis der ideale Tag oder Moment kommt, muss ich womöglich lange warten. Wenn ich aber einmal anfange, auch wenn die Motivation oder die Kraft nur begrenzt vorhanden ist, dann kommt die Begeisterung, die Energie oft wie von selbst. Wer nur an schönen Tagen wandert, kommt schwer ans Ziel. Das mag jetzt für jemanden, der gerade im totalen Tief ist, noch weit weg und unrealistisch klingen. Ich kann das gut nachvollziehen, ist es mir doch auch eine Zeit lang so gegangen. Du liegst im Bett bzw. kommst nicht aus den Federn, wie es umgangssprachlich so schön heißt. Die Frau sagt: „Reiß dich doch zusammen! Steh auf!“ Und was machst du? Umdrehen, dich unter der Decke verstecken. Dasselbe im Krankenhaus: das Pflegepersonal sagt dir, stehen Sie auf, machen Sie mit, nutzen Sie das Angebot Ergo, Entspannung, Morgenspaziergang etc. Und ich bin nicht in der Lage mitzumachen. Du schämst dich für dein Unvermögen, deine Lust- und Kraftlosigkeit. Aber ich kann aus Erfahrung sagen: **Ohne „Ruck“ geht es nicht!** Zumindest probieren sollten Sie es, auch wenn es noch so schwer fällt und wenn es nur ein paar Schritte sind. Denken Sie dabei an einen schwer verletzten Menschen, der an das Krankenbett gefesselt ist und sich beispielsweise nach einer OP kaum bewegen kann. Auch er oder sie muss lernen, sich langsam wieder aufzurichten. Wenn Sie noch wackelig auf den Beinen sind, dann benötigen Sie vielleicht eine Zeitlang eine Krücke, einen Stock oder einen Menschen, der Sie stützt. Sobald es ohne Hilfsmittel geht, setzen sie langsam einen Fuß vor den anderen, Schritt für Schritt.

Der Weg aus der Krise setzt sich aus vielen kleinen Schritten zusammen. Manchmal kam mir so vor, als würde sich überhaupt nichts vorwärts bewegen. Man macht zwei Schritte vor, einen zurück. Wichtig ist die Einsicht, dass man trotzdem weiterkommt, eben Schritt für Schritt und dass ein Schritt zurück, z. B. ein Rückschlag, zur Heilung dazugehört. *„Die Kunst ist, einmal mehr aufzustehen, als man hingefallen is*t“ (Winston Churchill). Und es geht darum, den Blick auf das Erreichte zu fokussieren, zu erkennen, wie viel man schon erreicht hat. Mein Tipp lautet: Schau nach vorne! Das Um und Auf dabei ist es, den ersten Schritt zu tun.

„Selbst ein Weg von tausend Meilen beginnt mit einem ersten Schritt.“
(Aus Pattloch Zitatensammlung : Der Weg ist das Ziel)

Auch Markus, der Gärtner, der von Klagenfurt über Rom nach Santiago di Compostella zu Fuß marschierte, hat seine beschwerliche lange Reise mit einem ersten Schritt begonnen. Er hat gespürt, dass es Zeit ist, etwas zu verändern. Er nahm zwar keine medizinische und psychotherapeutische Behandlung in Anspruch, sehr wohl aber hat er einige der hier propagierten Bewältigungsstrategien angewendet, insbesondere das Prinzip der Bewegung: im Fluss bleiben, sich treu bleiben, seinen eigenen Weg gehen. Und noch ein wichtiger Ratschlag ist im Eingangszitat zu diesem Kapitel enthalten: *Du musst ja nicht gleich die Welt aus den Angeln heben. Beginne mit einer Kleinigkeit;* d. h. nehmen Sie sich nicht zu viel vor. Ich habe diesen Fehler gleich mehrmals nach dem Austritt aus dem Krankenhaus gemacht und mich dabei total überfordert. Hier ein kleiner Auszug aus einer meiner To-do-Listen:

Kinder und Enkelkinder besuchen; Freunde treffen (es standen insgesamt 20 Personen auf der Liste); Hausarzt: Krankenstand beenden; Arbeitgeber: zurückmelden und Gesprächstermine mit Vorgesetzten und Kollegen vereinbaren; Diplom- und Seminararbeiten lesen und begutachten; liegengebliebene Post aufarbeiten; Schmerzpflaster besorgen; Zahnarzt; Physiotherapeut; Psychotherapeut; offene Punkte klären: Haus verkaufen und in Wohnung ziehen? Wohnung renovieren oder vermieten? Gartenarbeit? Heizöl bestellen? Installateur? Diverses: Turn- und Wanderschuhe kaufen, Boot putzen und Leinen wechseln ...

Mit dieser Liste verließ ich, immer noch ziemlich geschwächt und erschöpft, die Entwöhnungsklinik und glaubte tatsächlich, dies alles in Angriff nehmen zu können. Vor allem die offenen Punkte sorgten für Kopfzerbrechen und Stress erster Ordnung. Die erfolglosen Bewältigungsversuche bewirkten Stress zweiter Ordnung. Die Folgen waren: ein fürchterlicher Rückschlag und die Ausnüchterung im Krankenhaus - allerdings in der Abteilung für Abhängigkeitserkrankungen, wo Symptome mittels Medikamenten und nicht deren Ursachen behandelt werden.
Wie auch immer: ich habe aus diesen Fehlern gelernt und mir beim nächsten Mal weniger vorgenommen – und zwar viel weniger. Ich setzte mir bescheidenere Ziele, unternahm kleinere Schritte, ganz nach dem Motto: *step by step, schön langsam, immer mit der Ruhe, eines nach dem*

anderen. Mein neuer Leitspruch lautete: *Was ich heute nicht schaffe, erledige ich eben morgen oder übermorgen.* Ein derartiger Paradigmenwechsel ist für einen Zwangsneurotiker und Perfektionisten eine große Herausforderung. Ich konzentrierte mich vorerst nur auf mich (Körperpflege, Spaziergänge, Qi Gong, Atemübungen etc.), auf den Haushalt (Kochen, Einkaufen, Putzen) und auf ganz wenige Kurzbesuche. Mir wurde klar, dass ich zuerst auf mich achten muss, um in weiterer Folge für die anderen wieder da sein zu können. Die Methode hat funktioniert. Ich kam tatsächlich wieder auf die Beine. Heute bereiten mir doppelt so lange To-do-Listen keine Kopfschmerzen mehr.

Im folgenden Abschnitt werden eine Reihe von Präventions- und Therapiemaßnahmen beschrieben. Wir gehen der Frage nach, wie Burnout eventuell verhindert werden kann, welche medizinischen Behandlungswege es bei Depressionen und Suchterkrankungen gibt und wie sinnvoll Psychotherapie ist. Es werden auch Methoden für Körper, Geist und Seele vorgestellt, die ich an mir mit Erfolg ausprobiert habe. Jahrtausende alte Lebensweisheiten runden diesen Teil ab. Im Gegensatz zu einiger meiner Wissenschaftskollegen, die am Ende ihrer theoretischen Ausführungen ebenfalls Entspannungsübungen und Lebensweisheiten wiedergeben, sage ich nicht dazu, dass wir jetzt den Boden der Wissenschaftlichkeit verlassen. So schreibt etwa der Burnout-Forscher Matthias Burisch (2010, S. 258) im Kapitel Umwege und Auswege: „Die Kollegen aus der >Wissenschaft< bitte ich, wegzuhören – Wissenschaft ist das nicht.“ Ich hingegen lade meine Kollegen und Kolleginnen von der Wissenschaft sehr wohl dazu ein, auch die folgenden Ausführungen zu lesen, insbesondere die sog. spirituellen Methoden. Spiritualität und Wissenschaft sind heute keine Gegensätze mehr. Die moderne Forschung (insbesondere die Hirnforschung, Neurobiologie und Psychologie) beschäftigt sich mittlerweile ernsthaft mit den verschiedenen Formen der Spiritualität. Die Wirksamkeit vieler Methoden (auch der spirituellen) ist längst bewiesen.

Und Sie brauchen sich auch nicht zu fürchten. Der renommierte Soziologe Ulrich Bröckling (2013) beendet seinen Artikel zur „Zeitkrankheit

Burnout“ mit folgendem Satz: „Am Ende weiß man nicht, was man mehr fürchten soll, die Zeitkrankheit oder die Vorschläge zu ihrer Therapie.“ (S. 198) Eine derart zynische Aussage kann anscheinend nur jemand treffen, der entweder das Leiden der Betroffenen und ihre Bemühungen, dieses zu überwinden, nicht nachvollziehen kann oder die einschlägige Literatur dazu nicht kennt. Letzteres trifft in jedem Fall zu, wie das magere Literaturverzeichnis des Autors belegt. Wie auch immer: Ich werde mich bemühen, die Sinnhaftigkeit und Wirkungsweise spiritueller, medizinischer und psychotherapeutischer Bewältigungsstrategien zu beschreiben.

9.4.) Medizinische Behandlung

Über Wirkung und mögliche unerwünschte Nebenwirkungen informieren Beipackzettel, Arzt oder Apotheker…

Den Spruch kennen die meisten wahrscheinlich aus der Radio- und TV-Werbung. Meine persönliche Erfahrung dazu ist, dass die behandelnden Ärzte sehr zurückhaltend sind, was die Information über Wirkung und Nebenwirkung von Medikamenten betrifft - auch bei hartnäckigem Nachfragen des Patienten. *„Lesen Sie den Beipackzettel am besten nicht. Was da drinnen steht ist übertrieben, können Sie vergessen, trifft nur auf wenige Patienten zu.“* Diese Aussage habe ich allzu oft von Ärzten gehört – auch wenn ich sie konkret auf negative Nebenwirkungen, die ich bei mir feststellte, aufmerksam machte. Eine häufige Reaktion darauf lautete: *„Das ist nur am Anfang so. Das legt sich schon. Vertrauen Sie mir, Herr Nessmann.“* Das habe ich lange genug getan. Wie eingangs geschildert, wurden mir in dem Krankenhausjahr insgesamt neun verschiedene Antidepressiva, drei Beruhigungsmittel und einige Mittel gegen das Alkoholverlangen verabreicht. Bei jedem Krankenhaus- bzw. Arztwechsel wurden auch neue Medikamente verschrieben - meist mit dem Hinweis, dass diese viel wirkungsvoller seien oder weil die neuen Ärzte eine andere Diagnose erstellt hatten (siehe Kapitel „Krankheitsgeschichte“). Die Einnahme der Medikamente wurde immer abrupt abgebrochen, obwohl in jedem Beipackzettel steht, welche negativen Auswirkungen der plötzliche Abbruch mit sich bringt.

Medikamente und Nebenwirkungen

Das Kleingedruckte auf den Beipackzetteln kann große Auswirkungen haben. Bei mir waren die *Nebenwirkungen* äußerst unangenehm. Konkret hatte ich Sehstörungen, Müdigkeit, Gewichtszunahme, Mundtrockenheit, Ohrensausen, Kopfschmerzen, Verstopfung, erhöhten Blutdruck, Unruhe, Benommenheit. Das Allerschlimmste war die Verschlechterung des psychischen Zustandes, insbesondere in Form von gedrückter Stimmung, reduziertem Antrieb, Konzentrationsschwierigkeiten, Schlafstörungen sowie zeitweise völliger Verwirrung und Erschöpfung. Im Beipackzettel steht unter „häufig" bis „gelegentliche" Nebenwirkungen schwarz auf weiß, dass „Gedanken, sich das Leben zu nehmen", auftauchen können sowie „Niedergeschlagenheit, Reizbarkeit, Ängstlichkeit, Verschlechterung der Depression". Ich bin sicher der Letzte, der nach dem simplen Ursache-Wirkungsprinzip monokausale Zusammenhänge herstellen will, aber die Zusammenhänge zwischen der Medikamenteneinnahme und der Nebenwirkungen waren offensichtlich. Außerdem wurden sie in den klinischen Studien beobachtet und sind im Beipackzettel vermerkt. Sie werden nur von den Ärzten völlig verharmlost und heruntergespielt. Für mich persönlich steht fest: Die Art der Behandlung war in meinen Fall kontraproduktiv - sowohl die Wahl der Medikamente als auch diverse Klinik-Aufenthalte. Dass es sich hier um keinen Einzelfall handelt, wird spätestens nach Durchsicht der Literatur deutlich. Viele Experten kritisieren, dass viel zu viele *Psychopharmaka* verabreicht werden, was medizinisch nicht gerechtfertigt ist. Die Krankenkassen beobachten schon seit Jahren deutlich vermehrte Verschreibungen von Psychopharmaka. Der Hauptverband der österreichischen Sozialversicherungsträger stellte in seiner letzten Erhebung 2011 fest, dass 840.000 Patienten Psychopharmaka verschrieben wurden, davon mehr als zwei Drittel ohne fundierte Diagnose von Hausärzten. Die Gesellschaften für Psychiatrie und Psychotherapie kritisieren diese „Wachstumsdynamik“ und „Verschreibungsepidemie“ (vgl. Profil-Artikel „Menschliche Verkehrsunfälle“, Heft 25, 17. Juni 2013, S. 72 – 81). Kritisiert werden auch die Diagnoseverfahren, insbesondere die internationalen Klassifikationsmanuals psychischer Störungen (wie etwa der ICD oder DSM). Hier wird ja geradezu schon die geringste Abweichung von der Norm zum medizinischen Fall erklärt und pathologisiert. Der Grat zwischen Verhaltensauffälligkeit und seelischer Störung ist sehr schmal und durchlässig (vgl. dazu auch die Stellungnahmen der Deutschen Gesellschaft für Psychiatrie und Psychotherapie, Psychosomatik und Nervenheilkunde: www.dgppn.de). Immer mehr Forscher und Mediziner zweifeln an der Wirksamkeit von Psychopharmaka und warnen vor den negativen Nebenwirkungen. Mittlerweile gibt es recht gute Übersichten über die positiven Wirkung von Antidepressiva (vgl. Lalouschek 2012, S. 43 f) sowie über deren negativen Nebenwirkungen (vgl. Spitzbart, 2012, S. 57 f oder Schmiedel, 2010, S. 56 f). Dasselbe gilt für Medikamente gegen die Alkoholsucht.

Das Angebot an *Medikamenten gegen die Alkoholsucht* ist enorm groß. Dutzende Medikamente sind allein im deutschsprachigen Raum zugelassen. In den bisherigen Ausführungen dürfte deutlich geworden sein, dass die Alkoholabhängigkeit eine Erkrankung des Gehirns und eine psychische Verhaltensstörung ist. Die meisten Medikamente zielen daher auf das Belohnungssystem im Gehirn ab, das bekanntlich unser Verhalten steuert. Die einen zielen auf eine Reduktion des Verlangens nach Alkohol ab (wie etwa sämtliche Anti-Craving-Mittel), andere wiederum vermindern die Alkoholverträglichkeit und machen den Genuss von Alkohol unattraktiv. Dies ist etwa beim Medikament Antabus (welches ich über lange Zeit einnahm) der Fall: bei gleichzeitiger Einnahme mit Alkohol kommt es zu Vergiftungserscheinungen (Übelkeit, Herz-Kreislaufproblemen etc.) und kann tödliche Auswirkungen haben. Die Einnahme solcher Medikamente ist sehr gefährlich und muss daher genauestens mit dem Arzt abgesprochen werden. Abgesehen von diesen lebensbedrohlichen Risiken haben diese Medikamente zahlreiche Nebenwirkungen (wie etwa die Schädigung der Leber und anderer Organe).

Neuere Medikamente versuchen die Trinkmenge zu reduzieren, wie etwa das im Jahr 2013 genehmigte Medikamt Selincro vom Pharmakonzern Lundbeck. Dieses wird vor allem jenen Patienten verordnet, die über 60 g Alkohol pro Tag konsumieren und damit den Alkoholkonsum senken wollen. Der Einsatz dieser Medikamente steht unter dem Motto „Reduktion statt Abstinenz“ (siehe dazu die Diskussion weiter vorne). Zu all den hier angeführten Medikamenten muss vollständigkeitshalber angemerkt werden, dass sie nicht bei allen Patienten wirken, im besten Fall bei einem Drittel. Aber dieser Sachverhalt gilt für die meisten Medikamente. Wie auch immer: Ob und inwieweit es jemals gelingen wird, das Verlangen, den Kontrollverlust oder die Toleranzsteigerung nachhaltig zu beeinflussen, werden zukünftige Forschungen zeigen. Allerdings sind bei diesem komplexen Krankheitsbild Medikamente allein ohnehin nicht erfolgversprechend, da die Alkoholkrankheit ja (wie bisher aufgezeigt wurde) nicht nur ein rein körperliches, sondern auch ein psychosoziales Problem ist, d. h. die Psyche, die Persönlichkeitsmerkmale, die Lebensbedingungen, Schicksalsschläge, das Umfeld etc. spielen eine ebenso große Rolle. Daher führt kein Weg an einer psychotherapeutischen Behandlung vorbei. Suchtkranke müssen allerdings zuallererst zwei wichtige Phasen hinter sich bringen: die *Entgiftungsphase* (körperlicher Entzug) und die *Entwöhnungsphase* (Erlernen neuer Verhaltensmuster mit dem Ziel der Abstinenz). Erst dann kann man sich im Zuge der sog. *Nachsorgephase*, die zur Aufrechterhaltung der Abstinenz und zur Reduzierung des Rückfallrisikos dient, die Kraftquellen mittels Psychotherapie erschließen.

Wann benötigen wir Antidepressiva?

Eine antidepressive Medikation ist notwendig, wenn Suizidgedanken vorhanden sind oder der Patient aufgrund deutlicher depressiver Symptome nicht mehr in der Lage ist, Lösungsschritte in seinem Lebenskontext anzugehen. Keinesfalls sollte eine antidepressive medikamentöse Therapie als „zeitsparende und unkomplizierte Symptom-Bekämpfung gesehen werden, die den Arzt vor ‚mühsamen‘ oder ‚unnötigen‘ Gesprächen bewahrt und den Patienten rasch wieder funktionsfähig macht.“ (Lalouschek 2012, S. 43) Sehr häufig ist es der Patient, der „rasch wieder funktionsfähig“ gemacht werden will. Ich war jedenfalls ein solcher Patient und habe mir daher zu Beginn meiner depressiven Episode vom Arzt Antidepressiva verschreiben lassen bzw. diese später im Krankenhaus trotz der negativen Nebenwirkungen eingenommen. Bei der Auswahl der Medikamente ist man natürlich von der Empfehlung des Arztes abhängig, der wiederum von der Pharmaindustrie beeinflusst wird. Aufgrund des Befundes von Professor Paul Unschuld (2011), der in seinem Buch „Die Ware Gesundheit“ das „moderne“ Gesundheitswesen kritisch analysiert und ihr ein Burnout attestiert, ist der Einfluss der Pharmaindustrie sehr hoch. „Wie sehr die Interessen der pharmazeutischen Industrie den Aufgaben der Medizin entgegenstehen können, zeigen nicht zuletzt die weitreichenden Manipulationen von Medikamentenstudien, die von der Pharmaindustrie finanziert wurden […] Der Medizin bleibt die Aufgabe, als Erfüllungsgehilfe an dieser pharmazeutisch-industriellen Verwertung der Länge und der Qualität des Lebens dienstbar zu sein.“ (ebd. S. 77).

Kommen wir zurück zu den Antidepressiva. Ihr Einsatz ist mittlerweile mehr als umstritten. Er wird aufgrund der widersprüchlichen Forschungsergebnisse in der Fachwelt äußerst kontrovers diskutiert. Gar nicht so wenige Forschergruppen bezeichnen Antidepressiva sogar als „Drogen“ ohne toxische (d. h. giftige) Eigenschaften. Ein weiterer Kritikpunkt ist, dass weltweit viel zu viele Menschen Antidepressiva einnehmen, um lediglich die Stimmung aufzubessern, d. h. sie sind nicht „wirklich“ depressiv, schlucken aber die „Aufheller“, wie diese Art von Psychopharmaka auch genannt wird. Solche Menschen halten sich für krank, weil sie sich nicht selbst verwirklichen können. In diesem Zusammenhang wird in der einschlägigen Literatur immer wieder der Vergleich mit Doping gemacht. Aber auch die angebliche Auswirkung auf den Serotoninspiegel, der Stimmungshormone für gute Laune, ist umstritten. Nach Auswertung der einschlägigen Studien kommt Ehrenberg (2008) zu folgendem Schluss: „Die bedeutendsten Biochemiker,

Neurobiologen und Psychopharmakologen sind sich einig: Sie wissen nicht, ob die Schwankungen des Serotoninspiegels für die antidepressive Wirkung verantwortlich sind, ob es sich um eine Begleiterscheinung handelt, oder ob sie nur ein Hinweis auf noch komplexere Mechanismen sind.“ (ebd. S. 236) Wie auch immer: Die Wirkweise der Antidepressiva besteht im wesentlichen darin, den Seratoninspiegel (und damit die Stimmung und gute Laune) zu erhöhen. Allerdings spricht nicht jeder auf Antidepressiva an: Bei 35 bis 50 Prozent der Patienten wirken sie nicht, behauptet auch der deutsche Mediziner Michael Spitzbart in seinem Fachbuch (2012, S. 55). Außerdem ergaben Langzeitstudien, dass zwischen 50 bis 80 Prozent der Betroffenen nach einer depressiven Episode in ihrem Leben Rückfälle haben, sobald sie die Antidepressiva absetzen und dass Depressionen chronisch werden. Nach Ende der Behandlung kehren die Symptome wieder zurück. Daher werden die Antidepressiva immer wieder aufs Neue verordnet. Damit verlängert sich die Dauer der Medikamenteneinnahme und die Zahl der Patienten, die nach der depressiven Episode Antidepressiva in kleinen Mengen einnehmen, steigt - ein gigantisches Milliardengeschäft für die Pharma-Industrie. In diesem Zusammenhang wird auch heftige Kritik an Ärzten und Psychiatern geübt, die Psychopharmaka verschreiben: „Die Psychotherapie wird damit zu einem Verstärker für die medikamentöse Therapie.“ (Ehrenberg, 2008, S. 259). Es wird befürchtet, dass die Langzeiteinnahme der Antidepressiva zu psychischen Abhängigkeiten führt. Noch weiß man nichts Genaueres über die Langzeitwirkungen - oder es wurde bislang noch nicht veröffentlicht. Und der für mich persönlich wohl gewichtigste Einwand gegen Antidepressiva lautet:

„Sie halten die Konflikte auf Distanz. Die Ausweitung ihrer Verwendung macht die Unterscheidung zwischen einer Gemütsstörung innerhalb einer depressiven Episode, einem neurotischen Symptom, das die unbewussten Konflikte einer Person zum Ausdruck bringt, einem Temperament, das aus den Zufällen der Vererbung resultiert oder einfach den verschiedenen sozialen Traumata, die der zeitgenössische Lebensstil mit sich bringt, sehr schwierig.“ (ebd. S. 266).

In diese Richtung geht auch die Hauptkritik vieler Psychotherapeuten: Das Medikament lindert ein Leiden, das auf einen inneren Konflikt der Person hinweist, es hält ihn aktiv, es unterdrückt den Konflikt, was meines Erachtens genau so problematisch ist. Denn, so meine Erfahrung, der Konflikt verschwindet ja nicht, man sieht ihn bloß nicht mehr so genau und (was noch problematischer ist) er ist nicht mehr so „lästig“. Antidepressiva unterdrücken nicht nur Konflikte, sondern auch Gefühle. Man wird „flach“ im Empfinden, sie „benebeln“. Ich fühlte mich tatsächlich (wie Michael Spitzbart es beschreibt) in „Watte gepackt“, ein Leben ohne Höhen und Tiefen, geprägt von emotionaler Teilnahmslosigkeit, ist die Folge.

Mein Fazit: Interpretiert man die Studien zur Wirkung der Antidepressiva optimistisch, dann helfen sie bei etwa der Hälfte der Patienten. Sie können diverse Symptome lindern, aber nicht „heilen“. Bestenfalls kompensieren sie individuelle Unzulänglichkeiten, im schlechtesten Fall unterdrücken sie innere Konflikte und Spannungen. Bei schweren Depressionen ist eine Medikation mit Psychopharmaka unvermeidlich. In diesen Fällen sind Medikamente existenziell wichtig. Sie können nicht nur Leben retten, sondern das Leben halbwegs lebenswert machen. Bei leichten und mittelschweren Depressionen wirken Bewegung und Sport (insbesondere in der freien Natur) und richtige Ernährung gleich gut wie Antidepressiva.

Gibt es ein „natürliches“ Antidepressivum?

„Ja! Natürlich“, lautet etwa die Werbe- und Marketingstrategie eines großen Lebensmittelkonzerns. Die Hersteller behaupten, dass die Produkte in der Bio-Landwirtschaft angebaut wurden und von Bio-Bauern stammen. Sie versprechen den Konsumenten, dass die Produkte gesünder seien als die herkömmlichen Massenprodukte. Bio-Schwein, Bio-Kühe oder Bio-Bienen garantieren für Bio-Fleisch, Bio-Milch oder Bio-Honig. Eine ähnliche Verkaufsstrategie ist bei Mitteln der Naturmedizin zu beobachten, bei den Naturheilmitteln, den homöopathischen Arzneimitteln, den natürlichen Nahrungsergänzungsmitteln etc. Auch hier behaupten die Hersteller, dass ihre Naturheilmittel aus rein pflanzlichen Rohstoffen produziert werden und frei von künstlichen Zusätzen sind. In Zusammenhang mit den hier beschriebenen Syndromen werden immer wieder die folgenden drei Arzneimittel genannt: *Baldrian* (das Beruhigungsmittel), *Passionsblume* (das Naturmittel gegen Angst) und *Johanniskraut* (der Stimmungsaufheller). Diese Naturpräparate werden auch in den Kliniken und Krankenhäusern verabreicht und versprechen Lösungen bei Einschlafstörungen, Unruhe, Gedankenkreisen, depressiven Verstimmungen etc. – kurz: bei allen Symptomen, die auch bei Burnout, Depression und Suchterkrankungen auftreten können. Sie versprechen mehr Lebensfreude, mehr Antriebskraft, bessere seelische Ausgeglichenheit etc. – kurz: Gesundheit, Wohlbefinden und Vitalität. Zu den Wirkungen dieser Präparate liegen unterschiedliche Forschungsergebnisse vor. Manche Studien gelangen zu dem Schluss, dass sie kaum besser wirken als Scheinpräparate (Placebos). Andere Studien wiederum bescheinigen diesen pflanzlichen Mitteln Effekte, die durchaus mit Psychopharmaka (etwa Antidepressiva) vergleichbar sind. Die Wirkung ist auch von der Dosierung und Art der Anwendung abhängig. Bei den Nebenwirkungen sind die Forschungsergebnisse schon eindeutiger. Die Einnahme dieser Naturheilmittel kann die Wirkung von anderen Medikamenten eindeutig beeinflussen (entweder verstärken oder reduzieren). Baldrian kann z. B. die Wirkung von Narkosemitteln verstärken und muss daher vor Operationen abgesetzt werden. Johanniskraut wiederum verstärkt im Körper die Bildung bestimmter Enzyme und somit die Wirkung von Antidepressiva, daher wird von der gleichzeitigen Einnahme abgeraten. Johanniskraut kann aber auch phototoxische Reaktionen der Haut (Sonnenbrandneigung) hervorrufen. Daher ist es für Menschen, die häufig extremer Sonnenstrahlung ausgesetzt sind, bedenklich und nicht empfehlenswert. Ich kann dies aus eigener Erfahrung bestätigen. Durch meine sportlichen Aktivitäten im Winter (Skitouren) und im Sommer (Segeln und Wandern) bin ich häufig in der Sonne und spürte die negativen Nebenwirkungen sehr deutlich: Kopfschmerzen, Müdigkeit, Schwindel, Muskelkater etc. Nachdem ich die

Einnahme von Johanniskraut abgesetzt hatte, verschwanden die Nebenwirkungen. Hier waren also eindeutig monokausale Zusammenhänge feststellbar. Nun könnte man noch zahlreiche andere Nebenwirkungen nennen (wie etwa die Beeinträchtigung von hormonellen Verhütungsmitteln, der Anti-Baby-Pille u.v.m.) Auch während Schwangerschaft und Stillzeit darf Johanniskraut nicht eingesetzt werden. Wie auch immer: Mit diesen Beispielen soll deutlich gemacht werden, dass nicht alles, wo „Ja, Natürlich" oder „Bio-Naturprodukt" draufsteht, gesund ist. Ein relativ unbedenkliches und sehr wirkungsvolles Mittel gegen depressive Stimmungen ist Tryptophan.

Tryptophan ist eine Aminosäure, die vom menschlichen Körper nicht gebildet wird und daher mit der Nahrung zugeführt werden muss, z. B. mit Sojabohnen, Haferflocken, Erbsen, Nüssen (insb. Walnüssen), Fleisch (insb. Hühnerbrust), Fisch (insb. Lachs). L-Tryptophan wird nachgesagt, dass es stimmungsaufhellend und beruhigend zugleich wirkt. Die stimmungsaufhellende Wirkung beruht auf der Tatsache, dass es im menschlichen Körper zu Serotonin umgewandelt wird. Serotonin ist ein sog. Neurotransmitter, mit vielfältigen Auswirkungen auf den Magen-Darm-Trakt, das Herz-Kreislauf-System und Nervensystem (insb. auf das Gehirn und die Stimmungslage). L-Tryptophan ist somit eine Art „natürliches Antidepressivum". Zusätzlich zur bewussten Ernährung wird die zeitlich befristete Einnahme von Kapseln (insb. 5HTP) empfohlen, da sie – vor allem in Verbindung mit Vitamin B - wesentlich effizienter zu Serotonin verstoffwechselt werden. Auch wenn die Kapseln nicht rezeptpflichtig sind, sollte die Dosierung unbedingt mit einem Arzt abgesprochen werden. Das gilt übrigens auch für die oben genannten Mittel Baldrian, Passionsblume, Johanniskraut. Wobei wir hier schon wieder beim nächsten Problem sind: Viele Schulmediziner halten nichts davon - auch nichts von alternativen Therapie- und Interventionsmaßnahmen. *„So ein Unsinn. Wozu soll das gut sein"*. Diese Aussage habe ich vom Psychiater in der Reha-Klinik oft zu Ohren bekommen, wenn ich mit speziellen Ideen gekommen bin, z. B. vollständige Blutbestimmung, bestimmte Schonkost, spezielle Vitamine oder Darmreinigung. Hormon- oder Vitaminmangel (insbesondere ein Mangel an B-Vitaminen) sowie Stoffwechselgifte im Körper können Antriebslosigkeit, Müdigkeit, Konzentrationsschwächen und depressive Stimmungen auslösen. Umgekehrt ist es so, dass pflanzliche Wirkstoffe einen günstigen Einfluss auf Erschöpfungssymptome ausüben. So weiß meine Großmutter Traude sehr wohl, dass Ginseng, Rosenwurz oder die Aminosäure Taurin für mehr Ausgeglichenheit und Belastbarkeit sorgt. Es ist auch allgemein bekannt, dass Zink, Eisen, Kupfer, Mangan und Vitamine des B-Komplexes leere Energie-Akkus wieder auffüllen, die Leistungsfähigkeit erhöhen und sich günstig auf einen erholsamen Schlaf auswirken; ernährungswissenschaftliche Studien belegen dies alles. Auch die Stress-Forscher konnten nachweisen, dass durch die Einnahme entsprechender Nahrungsmittel bzw. einschlägiger Präparate weniger Stresshormone im Körper ausgeschüttet werden. Zumindest versprechen die Nährstoffpräparate all die oben beschriebenen positiven Auswirkungen auf Körper, Geist und Seele.

Macht der Darm depressiv?

In medizinischen Handbüchern ist nachzulesen, dass die Erschöpfung vielfältige Auswirkungen auf den Verdauungsapparat hat und umgekehrt. Die Psyche schlägt nicht nur auf den Magen, auch der Darm beeinflusst die Stimmung. Die moderne Forschung geht nicht mehr von einer Einbahnstraße aus, sondern von einer Wechselwirkung in beide Richtungen. „Gehirn und Darm kommunizieren miteinander“, erklärt der Neurogastroenterologe Primarius Peter Holzer von der MedUni Graz. Der Darm ist ein eigenes, komplexes Nervensystem, ein „Hirn im Bauch“, das über Nervenbahnen mit dem Gehirn im Kopf verbunden ist und Informationen weitergibt. Somit ist jetzt auch wissenschaftlich geklärt, dass eine gestörte Darmflora oder Entzündungen im Darm depressive Verstimmungen auslösen und durch richtige Ernährung beeinflusst werden können. Es wird auch berichtet, dass bei leichten Depressionen und Erschöpfungszuständen oft schon eine Darmreinigung helfen kann (vgl.

Stossier/Hahn, 2002). Für die Schulmediziner ist das kein Thema. Derartige Wünsche werden einfach ignoriert. Keine Chance, da beißt man sich die Zähne aus oder man sucht einen Alternativ- bzw. Ganzheitsmediziner auf, was ich letztlich getan habe. „*Besser auf neuen Wegen etwas stolpern, als in alten Pfaden auf der Stelle treten*", lautet ein chinesisches Sprichwort. In diesem Sinne schlug ich einen neuen Behandlungsweg ein, da ich ja nicht nur auf der Stelle trat, sondern sich mein Zustand rapide verschlechtert hatte. Mir wurde klar, dass ich neue Wege gehen musste.

Alternativmedizinische Maßnahmen

Im November 2011 checkte ich im Viva Zentrum für moderne Mayr Medizin in Maria Wörth ein. In mir war die Einsicht gereift, dass die biochemischen Funktionen des Körpers (Stoffwechsel, Blutkreislauf etc.) für die Gesundheit enorm wichtig sind, die Hormonproduktion auf natürliche Weise angekurbelt und mein Energiehaushalt wieder hergestellt werden muss. Meine neue Behandlungsstrategie lautete: Der Körper heilt sich selbst – wenn ich etwas dafür tue. Mein Ziel war die Wiederherstellung meiner **Selbstreinigungs- und Selbstentgiftungsfunktionen**. Dazu passte die Philosophie der modernen Mayr-Medizin (vgl. Harald Stossier und Monika Baronin von Hahn, 2002 sowie: www.viva-mayr.com); durch die Mayr-Therapie werden die *Selbstheilungskräfte* mobilisiert. Wie das im Detail funktioniert, kann in dem Buch der beiden Mediziner nachgelesen werden. Aber so viel sei hier erwähnt: Im Gegensatz zur Schulmedizin beruht die Medikation und der gesamte Therapieplan auf einer gründlichen Diagnostik. Ich hatte jetzt einige Monate in diversen Krankenhäusern verbracht und war bis dahin noch nie so umfassend durchgecheckt worden. Die Untersuchung bzw. Standortbestimmung beinhaltete etwa einen vollständigen Bluttest, d. h. auch die Bestimmung von Spurenelementen wie etwa Natrium, Kalium, Calcium, Magnesium, Kupfer, Eisen, Zink etc. Derartige Tests werden vom praktischen Arzt, so meine Erfahrung, nur nach hartnäckigem Nachfragen durchgeführt. Im Krankenhaus ist das, wie bereits vorne angedeutet, überhaupt kein Thema. Als Ergänzung führte das Ärzteteam im Viva-Zenrum diverse Muskeltests durch (Applied Kinesiology), bestimmte den Säure-Basen-Haushalt u.v.a.m. Der individuell erstellte Therapieplan konzentrierte sich - ganz in meinem Sinne - auf Körper, Geist und Seele.

Die Antidepressiva wurden langsam ausgeschlichen. Stattdessen erhielt ich Aminosäure in Form von Nahrungsmitteln (z. B. Lachs), Tryptophan (5HTP Kapseln), Vitamine (z. B. Vitamin B3 und B12), Mineralstoffe (z. B. Magnesium), Spurenelemente (z. B. Zink), Basenpulver zur Regulierung des Säurehaushaltes im Körper, verschiedene Präparate zur Entgiftung (Legalon, L-Glutamin, reduziertes Glutathion u.v.a.m.) Den Kern der Therapie bildete das Fasten nach F.X. Mayr, allerdings nicht die „Milch-Semmel-Diät“ (was die meisten Menschen damit verbinden), sondern eine moderne Weiterentwicklung der Mayr-Kur. Es handelte sich um eine Form der „Milden Ableitungsdiät“, bei der ich ganz unter dem Motto „Fasten heißt nicht hungern“ auch kleine Mengen Essen durfte. Weitere Maßnahmen der Therapie waren Darmreinigung, Entgiftung, Entschlackung, Entsäuerung, Entspannung, Sport, viel frische Luft sowie zahlreiche Aktivitäten zur Entschleunigung: So lernte ich „einen Gang herunterzuschalten“ und ganz nach dem Motto „Gut gekaut ist halb verdaut“ das langsame Essen und richtige Kauen. Meditative Übungen wie Qi Gong, Yoga etc. rundeten das Programm ab.

Sogar meine *chronischen Schmerzen*, die ich seit meiner OP im Jahr 2005 habe, konnten auf einfache Art und Weise gemildert werden – phasenweise bin ich sogar schmerzfrei. Wie das möglich ist? Durch ein sog. Tape, ein Klebeband, wie es in der Physiotherapie häufig angewendet wird. Stellen Sie sich das vor: Da läuft man sechs Jahre lang von einem Arzt zum anderen, von einer Schmerzklinik zur andern, bekommt alle möglichen Medikamente verschrieben (Neurantin, Lyrika, Votaren, Lidocain etc.), nimmt starke Schmerzmittel, versucht es mit Akupunktur, Osteopathie, Physiotherapie, Kinesiologie, Heilmassage, Hypnosetherapie, Reiki, schamanistischen Methoden u.v.a.m. - und dann geschieht so etwas wie ein Wunder. Unglaublich, aber wahr. Ein einfaches Tape hilft!

Der zweiwöchige Kuraufenthalt war ein voller Erfolg. Es dauerte zwar noch einige Wochen, bis die Speicher mit den lebensnotwendigen Vitaminen, Mineralstoffen und Spurenelementen gefüllt waren. Nach und nach fühlte ich mich immer stärker und vitaler. Die Energie und die Lebensfreude kehrten langsam zurück. Ich kann jedem Ausgebrannten oder leicht Depressiven nur empfehlen, diesen medizinischen Weg der differenzierten Diagnostik und ganzheitlichen Therapie zu gehen. Für jene, die sich den relativ teuren Aufenthalt nicht leisten können, besteht die Möglichkeit der ambulanten Betreuung. Sollte auch dies nicht finanzierbar sein, dann wenden Sie sich an praktische Gesundheitsmediziner, die für alternative Methoden aufgeschlossen sind und die Behandlung über die Krankenkasse abwickeln. Gesundheit soll nicht am Geld scheitern. Investitionen zur Mobilisierung der Selbstheilungskräfte zahlen sich langfristig aus, sind nachhaltig und wirkungsvoll.

Bevor Sie Medikamente einnehmen oder sich auf eine psychotherapeutische Behandlung einlassen, klären Sie mit dem Arzt zwei Dinge: Untersuchen Sie mit Hilfe der psychiatrischen Diagnoseverfahren, welche Form der psychischen Störung vorliegen könnte und klären Sie medizinisch ab, ob eventuell körperliche Ursachen (Nährstoffmangel, Vitamin- oder Hormonmangel etc.) vorliegen. Bei übermäßigem Alkoholkonsum klären Sie ab, ob und inwieweit bereits ein Abhängigkeitssyndrom vorliegt. Sollte Letzteres der Fall sein, reichen die hier vorgestellten alternativen Maßnahmen nicht aus. Hier sind die weiter vorne skizzierten Therapiemaßnahmen (Entzug, Entwöhnung und Verhaltenstherapie) zwingend notwendig. Darüber hinaus sollten Sie ergänzende medizinische Maßnahmen ergreifen. Beim körperlichen Entzug etwa empfehlen Alternativmediziner die Einnahme von Basenpulver zur Regulierung des Säurehaushaltes (der durch den übermäßigen Alkoholkonsum sicher ins Ungleichgewicht geraten ist), Präparate zur Entgiftung der Leber (z. B. Legalon, Glutamin, Glutathion) sowie Vitamine (z. B. Vitamin B) und Mineralstoffe (Magnesium) zur Stärkung der Nerven. Aber auch Lymphdrainagen, Entgiftungsmassagen, Ohr-Akupunktur sowie spezielle Teesorten (z. B. Löwenzahn und Kamille gemischt) sind hilfreich und unterstützen die Genesung, ebenso homöopathische Mittel und/oder Schüssler-Salze (vgl. z. B. Tomicich/Lipautz 2011). Die öffentlichen Krankenhäuser können all dies oft aus Kostengründen nicht anbieten. Fragen Sie trotzdem danach, einige Mittel wird Ihnen der Arzt nach hartnäckigem Verlangen verschreiben, andere wiederum können Sie sich in der Apotheke besorgen. Die Kosten halten sich in Grenzen.

Fazit: Burnout und Depression sind mit alternativmedizinischen Maßnahmen sehr gut behandelbar, die Sucht hingegen nicht. Die Alkoholabhängigkeit selbst ist (wie weiter vorne ausführlich dargelegt wurde) bis lang noch nicht heilbar; hier gibt es nur einen sicheren Weg: die totale Abstinenz. Entzug, Entwöhnung und Verhaltenstherapie können jedoch sehr wohl mit den hier vorgestellten alternativmedizinischen Ergänzungsmaßnahmen wirkungsvoll unterstützt werden.

9.5.) Psychotherapie und Coaching

„Du brauchst mindestens 5 Jahre Psychotherapie und zwei Sitzungen pro Woche!“

Das hat mir ernsthaft eine bekannte Psychotherapeutin, die mich im Krankenhaus besucht hat, geraten. Sie ergänzte ihre Aussage mit dem Hinweis, dass es am besten wäre, einen Psychoanalytiker zu suchen, der sich an der Lehre von Sigmund Freud orientiere. Eigentlich hatte ich sie nur gefragt, ob sie mir einen Therapeuten für die Zeit danach empfehlen könne. Derartige Aussagen ohne eine Diagnose zu kennen bzw. zu erstellen, sind nicht nur Unsinn, sondern auch unverantwortlich. Sie irritieren den ohnehin schon verunsicherten Patienten. *5 Jahre Therapie! Bin ich so ein extremer Fall? Liegt es so im Argen mit mir? Bin ich noch zu retten?* Diese und ähnliche Gedanken können dem unwissenden Patienten dabei durch den Kopf gehen. Vorrausetzung für jede Behandlung ist, so die Meinung aller Experten, immer eine ärztliche und psychologische Abklärung möglicher Differenzialdiagnosen, organischer oder psychiatrischer Begleiterkrankungen und der Schwere des Zustandes.

Diese erfolgt in der täglichen Praxis, so meine persönliche Erfahrung, kaum. Die Therapeuten, die ich kontaktierte bzw. bei denen ich um Rat anfragte (es waren ungefähr ein halbes Dutzend), haben jedenfalls keines der offiziellen Diagnoseinstrumente verwendet, auch keine Bluttest oder sonstige medizinische Untersuchungen verlangt. Sie alle begnügten sich mit meiner Schilderung der Symptome. Was die eingangs gestellte Frage nach der geeigneten Therapie betrifft, meint Wolfgang Lalouschek, Facharzt für Neurologie der Medizinischen Universität Wien:

„Ähnlich wie bei der antidepressiven Behandlung ist es jedoch keineswegs so, dass alle Burnout-Patienten „automatisch" eine meist lange dauernde, sowohl zeit- als auch kostenintensive Psychotherapie benötigen. Länger dauernde Psychotherapien sind z. B. angezeigt, wenn sich lebensgeschichtliche Traumatisierungen oder ausgeprägte innerpsychische Anteile bzw. Persönlichkeitsmerkmale als relevant für das Zustandekommen der Burnout-Situation erweisen." (Lalouschek 2012, S. 45) Diese Therapie-Empfehlung gilt sowohl für leichte und mittelschwere Depressionen als auch für Suchterkrankungen. Auch hier ist in den seltensten Fällen eine langfristige Psychoanalyse oder psychoanalytische Behandlung erforderlich, sondern primär Beratung gefragt. Wer sich für eine Therapie entscheidet, sollte einen verhaltenstherapeutischen Zugang wählen, meinen so gut wie fast alle Experten, die sich mit Burnout, Depression und Sucht beschäftigen. Bei der *Verhaltenstherapie* wird zwar auch wie bei der Psychoanalyse auf „Ursachen" in der Kindheit geschaut, im Vordergrund stehen jedoch aktuelle (Fehl-)Verhaltensweisen oder dysfunktionale (störende, ungünstige, unvorteilhafte) Denkmuster. Ziel ist es, neue Einstellungen und Verhaltensweisen zu erlernen, neue Wege zu erkennen und zu gehen, kurz: eine bessere Lebensqualität zu ermöglichen. Im Grunde genommen zielen verhaltenstherapeutische Maßnahmen (ähnlich wie die Medikamente) auf das Belohnungssystem im Gehirn ab, das bekanntlich unsere Gefühle, unser Denken und Verhalten steuert. Wie bei jeder anderen Therapieform auch, wird hier die ganze Person zum Gegenstand der Betrachtung: die individuelle Lebensgeschichte, die spezifischen Persönlichkeitsmerkmale, das soziale Umfeld, berufliche und private Beziehungen etc. Bei *Alkoholabhängigen* sind neben der oben erwähnten Entgiftungs- und Entwöhnungsphase vor allem folgende zwei Therapie-Elemente wichtig: *Erstens* die Übung und das „Trocken"-Training, z. B. Ernstfälle proben, in Rollenspielen kritische Situationen möglichst realistisch durchspielen, gezielte Abstinenzgedanken formulieren etc. Ziel dieser Übungen ist es unter anderem, wiederholt zu erleben, dass selbst starkes Verlangen nach dem Suchtmittel mit der Zeit abklingt. *Zweitens* die Reflexion und Bearbeitung der Sucht-Beschleuniger (psychosozialen Faktoren) mit dem Ziel, die ungünstigen Rahmenbedingungen in positiver Weise zu verändern.

Die Reise zurück

In Anspielung auf das Eingangszitat (5 Jahre Therapie ...) möchte ich sowohl als Patient als auch als ausgebildeter Coach und Berater meine Meinung zur Intensität der psychotherapeutischen Aufarbeitung äußern. Psychoanalyse ist bis zu einem gewissen Grad notwendig und sinnvoll, vor allem wenn lebensgeschichtliche Traumatisierungen oder ausgeprägte innerpsychische Anteile bzw. Persönlichkeitsmerkmale unser gegenwärtiges Dasein behindern, blockieren. Die „Reise zurück" macht aber auch Sinn, wenn keine schwerwiegenden Probleme vorliegen. Wer die Geschichte nicht versteht, versteht auch das Heute nicht. Der Blick in die Vergangenheit bzw. in die Kindheit ermöglicht es, unsere Lebensgeschichte zu analysieren, unsere Lebensspuren zu erkennen. *Woher komme ich eigentlich? Warum bin ich so geworden, wie ich eben bin?* Solche Fragen eröffnen den Blick in die Gegenwart und Zukunft: *Wer bin ich eigentlich? Was will ich vom Leben? Welche Ziele will ich (noch) erreichen? Was ist mir wichtig, wertvoll? Wohin soll die Reise gehen?*

Ich habe mich immer wieder mit diesen Fragen beschäftigt, zum Teil auch berufsbedingt zur Vorbereitung für meine Seminare zum Thema „Identität & Personality PR". Man kann bei der Rückschau allerdings auch übertreiben, wie ich es oft bei Freunden und Bekannten, die in mehrjähriger psychotherapeutischer Behandlung waren, beobachten konnte. Sie erzählen permanent von ihrer Kindheit, von ihren Eltern, von ihrem Schicksal. Viele von ihnen sind regelrecht Gefangene ihrer Vergangenheit und tun sich sichtlich schwer mit der Gegenwart. Daher ist mir wichtig zu betonen: Das Leben findet im Hier & Jetzt, in der Gegenwart statt. Der Augenblick zählt. Eine gegenwarts- und zukunftsorientierte Strategie, eine handlungs- und lösungsorientierte Vorgehensweise (wie etwa in der Verhaltenstherapie) ist erfolgsversprechender, wie einschlägige Metaanalysen zur Untersuchung der Effizienz psychotherapeutischer Ansätze belegen (vgl. dgppn 2/2013).

Zur Auswahl der Therapeuten und der Therapierichtung

Wie finde ich den passenden Therapeuten? Welche Therapieform ist für mich die beste? Dies sind tatsächlich schwierige Fragen. Es bleibt einem nicht erspart, sich einen Überblick über das lokal verfügbare Angebot (das in Städten größer ist als auf dem Lande) zu verschaffen. Dabei kann es durchaus passieren, dass Sie bei der Selbstbeschreibung der Therapeuten im Branchenverzeichnis oder im Internet auf die verschiedensten psychotherapeutischen „Schulen" stoßen, wie etwa Gesprächstherapie, Logotherapie, Gestalttherapie, Körpertherapie, Kognitive Verhaltenstherapie, Transaktionsanalyse, Psychodrama, Katathymes Bilderleben, systemische Familienaufstellungen usw. Wie soll der Laie, der Betroffene, der Hilfesuchende dies überblicken? Welche Methode ist die für ihn und sein Problem die geeignetste? Erklärungen zu den verschiedenen Therapieverfahren liefert etwa Matthias Burisch (2010) in seinem „Anhang: Therapiemöglichkeiten für Ausbrenner". Allerdings benötigt man psychologisches Grundwissen, um seine Ausführungen verstehen und einordnen zu können. Außerdem ist meines Erachtens die Frage nach der „Passung" zwischen dem Therapeuten und dem Klienten stärker ausschlaggebend als die „Schulrichtung", d. h. es kommt auf die Persönlichkeit des Therapeuten an, die Chemie zwischen ihnen muss passen. Bezüglich der Therapierichtung ist es in der Praxis heute ohnehin schon so, dass die meisten Therapeuten die verschiedenen Ansätze (z. B.

Gesprächs-, Verhaltens oder Gestalttherapie) kombinieren und den Einsatz der Methoden mit dem Therapieziel abstimmen. Klären Sie gemeinsam mit dem Therapeuten, worum es Ihnen geht, was Sie primär bearbeiten (besprechen, analysieren) wollen. Davon sind dann letztlich die Dauer und Intensität der Therapie abhängig. Sehr häufig reicht eine kurze, lösungsorientierte Beratung (oder auch Coaching genannt) aus, um die eigene Lebensgestaltung wieder in den Griff zu bekommen. Meine Therapiesitzungen sind ganz in diesem Sinne verlaufen. Es wurden meist aktuelle Alltagsfragen und –probleme (z. B. Rückfälle) erörtert und bei Bedarf lebensgeschichtliche Erfahrungen bzw. Persönlichkeitsmuster psychotherapeutisch hinterfragt. Darunter fallen auch jene Fragen, die wir weiter vorne bereits unter dem Begriff „Dekonstruktion eindimensionaler Karrierebilder und ungesunder Leistungsbegriffe“ erwähnt haben, also Fragen wie: Woher kommen die Leistungsansprüche? Welche Rolle spielen dabei die Eltern? Etc.

Ein großes Problem bei der Suche nach dem richtigen Therapeuten ist unter anderem die Tatsache, dass manche Therapeuten es ablehnen, Sucht und Depression gleichzeitig zu bearbeiten. Dies ist für mich überhaupt nicht nachvollziehbar, zumal ja diese Syndrome (wie der Theorieteil gezeigt hat) miteinander zusammenhängen. Hinter fast jeder Sucht steht eine psychische Störung und wenn nicht, dann zumindest eine Sehnsucht, die es zu entdecken gilt. Diese absurde Situation hatte zur Folge, dass ich einige Zeit lang von einem Therapeuten zum anderen geschickt wurde. Letztlich bin ich auf eine Therapeutin gestoßen, die einen ganzheitlichen Ansatz vertritt. Diese Problematik wurde übrigens auch beim bereits erwähnten Suchtkongress in Wien im Frühjahr 2013 von den anwesenden Psychiatern und Therapeuten diskutiert und als untragbarer Zustand bezeichnet. Hier versagt das Gesundheitssystem gleich auf mehreren Ebenen, insbesondere bei der Ausbildung der Ärzte und Therapeuten. Dass Patienten oft jahrelang von einem Arzt zum anderen herumgeschickt werden, ist ein Problem unseres Gesundheitssystems, auf das namhafte Kritiker immer wieder hinweisen.

Kritische Anmerkungen zur Gruppen- und Einzeltherapie

Ein weiteres Problem liegt meines Erachtens im Bereich der *Therapiegruppen*. Egal ob Depressions- oder Suchtgruppe, beide gehören heute zum Standardprogramm bei der Behandlung derartiger Krankheiten. Allerdings ist die Qualität der Durchführung teilweise unter jeder Kritik. Vor allem bei den *Therapie- bzw. Selbsthilfegruppen*, die ich im Zuge meiner Krankenhausaufenthalte besuchen musste, fiel mir auf, wie sehr die Wirksamkeit von der Qualität der Referenten bzw. Gruppenleiter abhängt. Und diese ist teilweise beschämend schlecht. Als ausgebildeter Trainer und erfahrener Pädagoge, aber auch als Betroffener, der die wichtigsten Studien zu diesem Thema gelesen und in zwei verschiedenen Suchtkliniken praktische Erfahrungen gesammelt hat, kann ich mir diese Kritik erlauben. Die meist 1 ½ stündigen Gruppensitzungen werden in der Regel von Ärzten, Therapeuten oder Psychologen geleitet, die keine Ahnung haben, wie gruppendynamische Prozesse ablaufen und gesteuert werden können. Ihnen fehlt zum Teil das Gespür dafür, wie eine Gruppe ins Laufen kommt. Sie haben meist auch keine Ahnung, wie man Fachinformationen pädagogisch-didaktisch aufbereitet und vermittelt und wie man Gespräche moderiert. Was ich hier erlebt habe, schreit zum Himmel: Ein Psychologe im Krankenhaus las beispielsweise im Zuge der täglichen Gruppentherapie immer Passagen aus seiner Suchtbibel vor und präsentierte uns nicht lesbare Overheadfolien. Eine Psychologin der Selbsthilfegruppe wiederum versuchte die Zeit so auszufüllen, indem sie die Teilnehmer fragte, warum sie hier waren, wie es ihnen ginge, wie sie sich fühlen etc. Dies führte dazu, dass wir uns oft täglich die gleichen Vorstellrunden anhören mussten. Viel zu oft verließen die Teilnehmer völlig zermürbt und frustriert die Gruppensitzungen vorzeitig; wenn es sich um „Pflichtveranstaltungen“ handelte, harrten sie bis zum Schluss in totaler Verkrampfung aus - und machten anschließend kettenrauchend ihrem Ärger über den Verlauf der Veranstaltung Luft. Wer sich darüber aufregte oder beschwerte, dem wurde eine „Anpassungsstörung“ unterstellt. Die Mängel liegen nicht nur bei den einzelnen Referenten, sondern auch im System. In der Entzugsklinik beispielsweise fanden täglich sog. Gruppentherapien statt. Da kam es mitunter vor, dass die Gruppenleiter täglich wechselten und wir uns eine Woche lang immer das Gleiche anhören mussten, weil sich die Ärzte und Therapeuten untereinander nicht abgesprochen hatten. Es herrschte teilweise Chaos pur. Neben diesen systembedingten „Störvariablen“ gibt es noch eine Reihe von individuellen Persönlichkeitsfaktoren seitens der Patienten (wie etwa Geduld, Vorwissen, Vorurteile, persönliche Einstellung der Teilnehmer etc.), die die Wirksamkeit von derartigen Therapie- bzw. Selbsthilfegruppen mitbestimmen. Wie auch immer: während in den Suchtberatungsstellen, Ambulanzen und Kliniken so getan wird, als ob die Behandlungsmethoden (Psychotherapie und Selbsthilfegruppen) und Behandlungsziele (etwa Abstinenz) in Stein gemeißelt seien, werden diese von den Forschern sehr kontrovers diskutiert. Der Stein der Weisen ist noch nicht gefunden.

Ich kenne beide Seiten, die des Abhängigen und die des Helfers. Als kollegialer Coach und Begleiter von alkoholkranken Menschen kenne ich diese Ohnmacht, diese Hilfs- und Machtlosigkeit der hilflosen Helfer. Ich kenne aber auch die Eingangstore zu ihren Herzen, oder besser gesagt, den winzigen Spalt, der noch einen Zugang zur Person ermöglicht. Der Schlitz ist sehr klein, für den Außenstehenden kaum sichtbar, aber er ist vorhanden. Den richtigen Zeitpunkt zu erwischen, wenn der Spalt gerade geöffnet wird, ist nicht leicht, eher ein Zufall. Aber genau in diesem Moment, so meine Erfahrung, greifen therapeutische Interventionen. Wichtige Voraussetzungen, die sowohl Angehörige als auch Therapeuten neben dem fachlichen Wissen mitbringen sollten, sind daher: Geduld und Verständnis. Die vielen Ratschläge der Suchtberater (was man als Abhängiger alles tun sollte, könnte) kommen erst dann an, wenn die Beziehungsebene funktioniert, die Chemie zwischen Klienten und Therapeuten stimmt. Der Therapieerfolg ist keine Frage des Geldes, wie es die vielen „abhängigen Millionäre“ belegen. Da helfen die teuersten Suchtkliniken nichts. Wesentliche Voraussetzungen für erfolgreiche Intervention sind neben Geduld und Verständnis auch Vertrauen, Verpflichtung, tragfähige Beziehungen und die Eigenverantwortung. Erst wenn das *Vertrauen* (wieder) hergestellt ist, greifen therapeutische Maßnahmen wie etwa Entzug oder Entwöhnung.

Dem Klienten **ver-*trauen*** bedeutet, ihm ***zu*-trauen**, was aufgrund der Rückfälle und des hinterlistigen Verhaltens der Suchtkranken nicht gerade leicht ist. Das Risiko, hintergangen und enttäuscht zu werden, ist groß, aber es führt kein Weg daran vorbei. Wir müssen das Risiko eingehen und ihm etwas zu-trauen, ihm dabei helfen, sein Selbst-Vertrauen wieder zu stärken, indem wir die Möglichkeit bieten, sich uns an-zu-vertrauen. Er braucht das Gefühl und die Sicherheit, dass er sich auf uns verlassen kann, z. B. dass wir mit den Informationen, die er uns an-vertraut, vertrauensvoll umgehen. Vertrauen bedeutet somit Mut und Risiko zugleich. Vertrauen verpflichtet. Neben Geduld und Verständnis bedarf es auch der nötigen Strenge und Klarheit, daher sind klare Worte ebenso wichtig - Aufklärung über die sozialen und gesundheitlichen Folgen des Alkoholmissbrauchs, Aufklärung über die körperlichen bzw. biochemischen Reaktionen beim Entzug u.v.a.m. Oft reicht es, nur die Hand auszustrecken und sie dem Hilfesuchenden zu reichen. Noch besser und therapeutisch nachhaltiger ist es nach meiner Erfahrung, die Hand vom Patienten ergreifen zu lassen, als seine Hand zu fassen. Damit steigt die Chance, dass der Patient die Verantwortung übernimmt. Denn dies ist letztlich bei dem ganzen Prozess das Entscheidende: das Prinzip der *Eigenverantwortung*. Diese Auffassung vertreten fast alle Suchtexperten. Reinhard Haller (2007, S. 185), Chefarzt des Krankenhauses für Alkohol-, Medikamenten- und Drogenabhängige „Maria Ebene" in Vorarlberg, der Tausende Suchtkranke in seiner Klinik behandelte, bringt es auf den Punkt:

„Tatsächlich liegt der Schlüssel zur Heilung ausschließlich beim Patienten, nicht bei Beratern, Therapeuten und Suchtspezialisten […] Nur die Person selbst, das süchtige Individuum, kann sich heilen."

Therapeuten und Suchtpatienten können den Patienten dabei unterstützen. Wie das am ehesten funktionieren kann, bringt der ärztliche Direktor des

Anton Proksch Instituts in Wien, der ebenfalls Tausende Suchtkranke in seiner Klinik behandelt hat, auf den Punkt:

„Das Mögliche möglich machen, um damit die Kraftquelle des Möglichen wirksam werden zu lassen.“ (ebd. S. 185).

Neben der Gruppentherapie und den Selbsthilfegruppen ist die *Einzeltherapie* das wohl wichtigste Instrument bei der Bewältigung der Lebenskrise. In den sechs Kliniken, die ich im Jahr 2011 aufsuchte, gab es vereinzelte Therapiestunden. Aufgrund der vielen Stationen, die ich durchmachen musste (siehe Krankengeschichte), kam es zu keiner kontinuierlichen Begleitung. Das ist noch verständlich und nachvollziehbar. Besonders krass war die psychotherapeutische Betreuungslage in den beiden Reha-Kliniken für psychosomatische Erkrankungen und in der Klinik für Abhängigkeitserkrankungen. Dort dauert der Aufenthalt jeweils mindestens sechs Wochen und selbstverständlich bekommt man einen Therapeuten oder eine Therapeutin für Einzelsitzungen zugeordnet. Diese/r steht dem Patienten jedoch nur ein Mal die Woche für eine Stunde (45 Minuten) zur Verfügung. Mehr kann sich das Gesundheitssystem nicht leisten. Es kam allerdings nicht selten vor, dass meine Therapeuten nur eine halbe Stunde für mich Zeit hatten. Als Gründe wurden Terminkollisionen, Teamsitzungen und sonstige administrative Belange angeführt. So kam es, dass ich im Rahmen des sechswöchigen Aufenthalts in der Klinik für Abhängigkeitserkrankungen im Jahr 2011 auf insgesamt vier Einzelsitzungen kam. Und damit soll ein Burnout, eine Depression oder Suchterkrankung behandelt werden? Diese eklatante psychotherapeutische Unterversorgung ist ein systemrelevanter Schwachpunkt bei der Behandlung von Patienten in den Kliniken. Es wird zwar dem Patienten allerhand geboten, von der Ergotherapie (Malen, Basteln, Werken etc.) bis zur Entspannungstherapie (Qi Gong, Yoga, Jakobson Entspannung etc.) ist alles dabei, aber Einzelsitzungen mit dem Psychologen bzw. Therapeuten sind rar.

Erst nach meinem Austritt aus dem Krankenhaus im November 2011 begann ich mit einer neuen Therapeutin eine kontinuierliche Gesprächstherapie; am Anfang in kürzeren Abständen, also wöchentlich, dann 14-tägig, und später einmal im Monat. In jedem Fall werde ich die „psychotherapeutische fundierte Beratung und Supervision", weiterhin in Anspruch nehmen, damit ich ja nichts „anbrenne", nicht wieder „ausbrenne" und um die Rückfälle, die ja bekanntlich Teil der Erkrankung sind, rechtzeitig abfangen zu können.

„Das Wunder ist eine Frage des Trainings"

(Albert Einstein)

9.6.) Methoden für Körper, Geist und Seele

Ärzte und Therapeuten empfehlen beim Erschöpfungssyndrom Burnout oder bei psychischen Erkrankungen wie Depression oder Suchterkrankungen als Ergänzung zur medizinischen Behandlung in der Regel Methoden wie Qi Gong, Shiatsu, autogenes Training, Jakobson Entspannung, Atemtraining, Aufmerksamkeitsübungen, Meditation, Massage, Sport und Bewegung aller Art. Die meisten dieser Methoden wurden wissenschaftlich untersucht. Die Forscher sammelten viele Belege dafür, dass sich die genannten Aktivitäten positiv auf Körper, Geist und Seele auswirken. So beeinflusst etwa regelmäßiges Meditieren die neuronale Verarbeitung im Gehirn, die Sauerstoffzufuhr etc., was wiederum Auswirkungen auf unsere Wahrnehmung, Aufmerksamkeit und Konzentration hat. Meditationen, Atem- oder Aufmerksamkeitsübungen können nicht nur negative Emotionen wie Angst, Ärger oder Trauer kontrollieren, sondern auch positive Gefühle (z. B. Mitgefühl, Güte etc.) stärken und die Stressbelastung reduzieren (vgl. Gehirn & Geist 2/2011). Neuropsychologische Studien belegen, dass bereits intensive spirituelle Erfahrungen beim Meditieren ausreichen, um Gehirnregionen zu aktivieren, die Wohlbefinden auslösen. Wie wir weiter vorne festgehalten haben, sind spirituelle Menschen gelassener und entspannen sich nach Stress und Belastung leichter. Sie neigen auch seltener zu Depressionen und bewältigen kritische Lebenssituationen häufig besser. All diese positiven Auswirkungen auf Körper, Geist und Seele kann man auch durch lange Spaziergänge erreichen. Noch wirkungsvoller sind mehrwöchige Pilgermärsche, denn hierbei entstehen die nachhaltigsten Verbindungen, neuronalen Vernetzungen im Gehirn. Sie lösen zahlreiche positive Emotionen aus, vor allem, wenn man bei den Pilgerwanderungen Mantras spricht oder singt.

Seit Jahrhunderten pilgern Menschen aus den unterschiedlichsten Motiven. Die meisten sind auf der Suche „nach Gott, nach Ruhe, nach tief empfundener Hoffnung auf Antworten, nach Sinn und Orientierung, ja vielleicht auch nach sich selbst“, schreibt Friedhelm Grewe (2007, S. 8) in seinem Buch „Der Traum vom Pilgern“. Als Reaktion auf die schnelllebige, hektische Zeit begeben sich immer mehr Menschen auf einen der Pilgerwege oder in ein Zen-Kloster, in der Hoffnung, ganz persönliche Erkenntnisse zu gewinnen. Auch ich träume davon und hoffe, mich bald auf den Weg machen zu können.

Auch *Markus, der Gärtner* hat sich für eine Pilgerreise entschieden, allerdings nicht auf die touristische Art, wie es heute so viele Menschen tun - im Urlaub schnell in ein bis zwei Wochen eine Etappe des Jakobsweges zu gehen. Nein, Markus´ Weg war anders, eben sein Weg – und das ist das Entscheidende: seinen **eigenen Weg suchen, finden und gehen**. Die meisten der hier vorgestellten Methoden sind für Markus nicht wirklich brauchbar. Bei einigen Übungen würde er wahrscheinlich den Kopf schütteln und fragen, was das Ganze soll. Wozu sollte er Qi Gong machen oder laufen, wenn er sich ohnehin permanent bewegt, körperlich so hart arbeitet. Andere der hier vorgestellten Grundsätze und Prinzipien würde er voll unterschreiben, wie etwa dass gesunde Ernährung und ausreichend Bewegung zu den wirkungsvollsten Medikamenten zählen. Daher arbeitet Markus auch heute noch als Gärtner. Dabei hat er genug frische Luft und

Bewegung. Er macht sozusagen automatisch sog. aerobische Übungen (Bewegungsabläufe mit intensiver Atmung) und bleibt im Fluss.

Welche der hier vorgestellten Methoden die passende ist, können nur Sie selbst herausfinden. Allgemeine Empfehlungen zu geben, ist schwierig. Man muss die einzelnen Methoden einfach ausprobieren und überprüfen, was gut tut, was passt. Sie können dabei ruhig flexibel und kreativ sein. Experimentieren Sie. Die hier vorgestellten Übungen stammen aus meinem täglichen Trainingsprogramm. Sie dauern nur wenige Minuten, sind enorm wirkungsvoll und helfen dabei, die körperlichen, geistigen und seelischen Erschöpfungssymptome zu lindern oder gar zu „heilen“. Voraussetzung dafür ist, wie bei vielen Dingen im Leben, die regelmäßige Anwendung, das Training (siehe Eingangszitat) und bei manchen Übungen auch die exakte Anwendung. Gehen Sie nicht verkrampft an die Sache heran – und womöglich nicht zu zielgerichtet. Diese Meinung vertritt auch Professor Benson vom Institute for Mind Body Medicine in Massachusetts, USA: „Gewöhnen Sie sich an, Ihre Entspannungsübungen einfach aus Freude an der Sache zu machen und nicht, um irgendetwas zu erreichen.“ (zit. aus: Gehirn & Geist 2/2011, S. 47)

Atemübungen

Beginnen wir mit der wichtigsten, einfachsten und wirkungsvollsten Methode der Energiezufuhr, der *Atmung*. Sie versorgt den Körper bzw. unsere Zellen mit Sauerstoff. Die Atmung kontrolliert nicht nur die Sauerstoffversorgung der Zellen, sondern auch das Lymphsystem, in dem die weißen Blutkörperchen (die den Körper schützen) enthalten sind. Die Giftstoffe und die toten Zellen werden vom Lymphsystem neutralisiert, zerstört und ausgeschieden. Dieses wiederum wird durch die Atmung aktiviert. Es gibt nichts Besseres als die Atmung, um Ihren Körper zu reinigen und ihm Energie zuzuführen. Das Geheimnis der richtigen Atmung liegt im Bauch, genauer gesagt beim Zwerchfell. Daher ist es wichtig, bei den unten angeführten Übungen immer über die Nase in den

Bauch einzuatmen und über den Mund auszuatmen. Durch die Bauchatmung kann sich die einströmende Luft gleichmäßig in den Lungen verteilen und ihr Brustkorb bleibt entspannt. Und wie wichtig die Entspannung für Burnout-Patienten ist, wissen wir in der Zwischenzeit. Aber auch für Alkoholkranke ist die Atmung ein enorm wirkungsvolles Mittel, vor allem, wenn man das Graving spürt, das Verlangen nach Alkohol. Mit ein paar Atemzügen kann man das Verlangen reduzieren. Richtiges Atmen hilft auch, besser mit Stress umzugehen, weil Ihr Gehirn ausreichend mit Sauerstoff versorgt wird. Die Kraft des Atems ist enorm. Die Atmung ist ein sanfter und zugleich wirkungsvoller Weg, der uns mit dem Leben verbindet. Atem ist Leben.

Variante 1: einatmen (bis max. 7 Sekunden), Atem anhalten (viermal so lange wie Sie eingeatmet haben), ausatmen (doppelt so lang wie Sie eingeatmet haben) – mehrmalige Wiederholung, je nach Lust und Laune. Allerdings sollten Sie klein anfangen, z. B. vorerst mit 4 Sekunden einatmen beginnen (ganz tief unten im Bauch), dann – wie gesagt – viermal so lange den Atem anhalten (also 16 Sekunden) und doppelt so lange (8 Sekunden) ausatmen. Zwischendurch eine kurze Pause einlegen und normal aus- und einatmen, denn es ist ganz schön anstrengend. Finden Sie selbst heraus, wie viele Sekunden Sie ohne Anstrengung erreichen und steigern Sie sich dann langsam. Um eine optimale Wirkung zu erzielen, werden zehn Wiederholungen empfohlen. Und das Ganze zwei bis drei Mal pro Tag. Warum Sie zweimal so lange ausatmen wie einatmen sollen? Weil auf diese Weise das Blut mit Sauerstoff versorgt und ihr Lymphsystem aktiviert wird. Am besten, Sie beginnen gleich am Morgen beim Aufstehen mit der ersten Atemübung. Damit versorgen Sie den Körper gleich mit Energie. Die Übung ist auch bei Spaziergängen oder beim Autofahren gut anzuwenden.

Variante 2: Kerzen ausblasen, d. h. mehrmals hintereinander drei- bis viermal kurz ausatmen, ungefähr so: *pfh, pfh, pfh* und dann so lange ausatmen, bis die Luft ganz heraus ist. Dabei denke ich an eine Geburtstagstorte mit Kerzen. Diese Übung ist für den Stress- bzw.

Druckabbau besonders gut geeignet. Sie hat für mich im wahrsten Sinne des Wortes eine Ventilfunktion, mit der ich Druck ablassen kann. Die Übung ist fast jederzeit anwendbar und enorm wirkungsvoll. Ich mache sie mehrmals am Tag.

Bewegung

Neben der Atmung ist die *Bewegung* eine weitere entscheidende Komponente für Ihre Gesundheit - insbesondere für den Blutkreislauf, der bekanntlich Sauerstoff und Nährstoffe in jede Zelle unseres Körpers transportiert. Wenn Sie einen gesunden Blutkreislauf, ein gut funktionierendes Lymph- und Immunsystem haben wollen und die Stimmung positiv heben möchten, dann müssen Sie nicht nur richtig atmen, sondern sich auch bewegen – und zwar im wahrsten Sinne des Wortes mit *aerobischen Übungen*, d. h. wörtlich Übungen mit Luft bzw. Bewegungsabläufe mit intensiver Atmung. Laufen, Schwimmen oder Radfahren wird immer wieder von den Ärzten empfohlen, und das zu Recht. Die positiven Auswirkungen von Bewegung auf Körper, Geist und Seele wurden in zahlreichen Untersuchungen belegt. Am häufigsten ins Treffen geführt werden die positiven Folgen auf Stoffwechsel, Immunsystem, Gefäße, Verdauung, Leistungsfähigkeit, Stimmungslage. Regelmäßige Bewegung (3 x die Woche ca. 30 – 45 Minuten) hilft nachweislich gegen Schmerzen, Depressionen, Herz-Kreislauf-Erkrankungen, Krebserkrankungen etc.

Aber wer gerade in einem Tief steckt, in einem Motivationsloch bzw. mit einem Loch in der Seele herumläuft, tut sich mit solchen Empfehlungen sehr schwer. Dennoch: Es führt kein Weg daran vorbei. Wenn Sie aus dem Tief herauskommen wollen, dann müssen Sie sich bewegen. Und wenn es anfangs nur ein paar Schritte oder kurze Spaziergänge sind. Egal, in welchem körperlichen und seelischen Zustand Sie sich befinden. Der entscheidende Genesungsfaktor ist neben der Ernährung die *körperliche Bewegung* (idealerweise in der Natur) - und die geistige Beweglichkeit.

Auch hier gilt das gleiche Prinzip wie bei der Atmung. Finden Sie selbst heraus, welche Art von Bewegung für Sie passt und denken Sie dabei an das Zitat des deutschen Dichters Christian Morgenstern: „Der Körper ist der Übersetzer der Seele ins Sichtbare."

Ich habe auf meinem Weg aus der Krise vorerst mit leichten Spaziergängen begonnen – bei jedem Wetter, ganz im Sinne dieses Zitates: „Wer nur an schönen Tagen wandert, kommt schwer ans Ziel." Nach zwei, drei Monaten war ich wieder in der Lage, leicht zu joggen und kürzere Skitouren zu unternehmen. Folgende Aktivitäten bzw. Bewegungsabläufe gehören zu meinem täglichen Trainingsprogramm: Qi Gong, Zen-Bogenschießen, PEP und AEIOU. Dauer nach Lust und Laune: 5 – 15 Minuten.

Entspannungs- und Wahrnehmungsübungen

Qi Gong: Diese Methode ist über 4000 Jahre alt, stammt aus Asien und wird üblicherweise als chinesische Bewegungs-, Meditations- bzw. Konzentrationsform zur Kultivierung von Körper, Geist und Seele verstanden. „Qi" steht in der chinesischen Medizin für Atem, Energie bzw. die vitale Kraft des Körpers. „Gong" bedeutet „Arbeit", aber auch „Fähigkeit" oder „Können". Qi Gong kann somit verkürzt ausgedrückt als Energiearbeit bezeichnet werden. In jedem Fall soll die Methode den Energiehaushalt fördern und stabilisieren, die Lebensenergie stärken, die Lebenskraft in Fluss bringen. *„Atem verbindet sich mit der Klarheit der Gedanken und unser inneres Wesen verschmelzt mit dem kosmischen Ganzen.*" - Qi-Gong bemüht sich um die Harmonisierung der Kräfte. Ruhe und Bewegung, Spannung und Entspannung, Sinken und Steigen, Öffnen und Schließen, Halten und Lösen werden zu einer Einheit verbunden. Damit wird ein harmonisches Gleichgewicht im Menschen erzeugt. Qi Gong stärkt (ähnlich wie die Akupunktur) das Immunsystem, ist mittlerweile auch hierzulande von der Schulmedizin als Heilmethode anerkannt. Vor allem für Burnout- und Suchtpatienten, denen die Lebenskraft abhanden gekommen ist, sind Qi Gong und alle anderen

Bewegungs-, Meditations- und Konzentrationsübungen (wie z. B. Yoga) wichtige Stärkungsmittel.

Was in zahlreichen Untersuchungen wissenschaftlich nachgewiesen wurde, konnte ich persönlich am eigenen Leibe spüren – den Energiefluss. Und das mit einer ganz einfachen Qi Gong Variante im Stehen. Es handelt sich um eine Übungsform, bei der man mit der Bewegung den Ausdruck eines Baumes nachempfinden kann. Ich mache nur ein paar langsame, harmonische Bewegungen in konzentrierter Ruhe mit den Händen in Verbindung mit bewusster Atmung, klopfe die Meridiane des Körpers ab (die bekanntlich mit den Organen direkt in Verbindung stehen), reibe die Hände (um Energie aufzuladen), streiche sie mir durch das Gesicht (wie beim Gesichtwaschen), lege die energieaufgeladenen Hände auf diverse Körperteile (insb. auf die Nieren, die bekanntlich für die Entgiftung unseres Körpers zuständig sind) und nutze die Kraft der Gedanken (indem ich Zielbilder visualisiere, die mir im Moment wichtig erscheinen) sowie die heilende Kraft meiner Stimme (indem ich dazu „Om" bzw. „Aoum" summe, und zwar so: Aaaa, Oooo, Uuuu, Mmmm).

Derartige Bewegungsabläufe sind ideale Übungsformen, „um Stress, Anspannung und Aufregung wie auch psychosomatische Störungen zu behandeln. Mit der aufrechten Haltung besteht eine umfassende Anforderung an den Menschen, etwas >durchzustehen< oder etwas >zu bestehen<. Zudem ist das Bild des Baumes so umfassend, dass sich eine Harmonisierung von ganz alleine einstellen kann", beschreibt Ulla Blum in ihrem Artikel „Stehen wie ein Baum" (2006, S. 152). Diesen Effekt kann ich aus persönlicher Erfahrung bestätigen. Auch das Anlehnen an einen Baum oder die Umarmung eines Baumes kann sehr wohltuend und entspannend sein. Lange Zeit habe ich diese Empfehlung von meiner Schwester Patrizia als Spinnerei abgetan. Als „gesunder" Mensch benötigt man vielleicht derartige Rituale nicht. Aber wenn man fix und fertig am Boden liegt, am Ende seiner Kräfte ist, dann ist diese Form der Naturwahrnehmung durchaus heilsam und empfehlenswert. Weitere Übungsvariationen und Anwendungsfelder von Qi Gong finden Sie im

Handbuch „Stresskrankheiten. Vorbeugen und Behandeln mit chinesischer Medizin, hrsg. von Andreas Noll und Barbara Kirschbaum, 2006.

Mantras sprechen oder singen: Auch diese Methode ist uralt. Das ursprünglich im indischen Kulturkreis entstandene Wort „Mantram“ setzt sich aus den Silben „Man“ (Verstand, Geist) und „Tram“ (Schutz, Kraft) zusammen. Mantras können demnach als „helfende, schützende Kraft des Geistes“ übersetzt werden. Nachdem die Gedanken einen enormen Einfluss auf unsere Gefühle ausüben, wird Mantra von den meisten Vertretern auch als „schützende Kraft der Seele und des Geistes“ interpretiert. Unter Mantra versteht man in der Regel eine meist kurze, formelhafte Wortfolge (z. B. von Weisheitssätzen, Gebeten oder nur von einzelnen Silben), die oft repetitiv rezipiert, d. h. ständig sprechend oder singend wiederholt werden. Mantras werden seit jeher in allen Kulturkreisen und Weltreligionen praktiziert - von tibetischen Mönchen ebenso wie von indischen Gurus, von Priestern, Schamanen, Zen-Meistern - und seitdem die Wirksamkeit dieser spirituellen Methode wissenschaftlich belegt ist, neuerdings auch von Medizinern und Therapeuten in den Ambulanzen und Kliniken. Sie vermeiden in der Regel das Wort Mantra und übersetzen es mit Affirmation bzw. Autosuggestion. Wie auch immer, das ständige Wiederholen von Glaubenssätzen (z. B. Ich bin gesund, ich schaffe das, alles wird gut) oder einzelner Wörter (Amen, Halleluja, Om bzw. Aoum) reicht schon aus, um bestimmte Gehirnregionen zu aktivieren und damit ein Glücksgefühl oder Wohlbefinden auszulösen. Durch das ständig wiederholte Singen, Beten oder „Vor-sich-Hersagen“ von kraft- und energievollen Wörtern werden Gehirnstoffwechselprozesse und Heilungseffekte im ganzen Körper ausgelöst und eine Reihe von Angst hemmenden Hormonen freigesetzt, allen voran Dopamin. Der deutsche Rhythmusforscher Bruce Werber, der die verschiedenen Mantras auf der ganzen Welt studierte, beschreibt in seinem Buch „Mantras – die heilende Kraft der Stimme“ (2008) die Wirkung wie folgt:

„Mantras stimulieren das >Glücksareal< unseres Gehirns, indem sie Informationspakete für unsere Gehirnzellen anbieten und damit langfristig optimistische neuronale Vernetzungen aufbauen. Mantras wirken auf unser Gedächtnis und können in Lebenskrisen sowie bei Depressionen der >Abwärtsspirale< entgegenwirken: vor allem die Fähigkeit zu vergessen und loszulassen, nicht jene, sich zu erinnern, ist therapeutisch wertvoll, und genau dies können Mantas unterstützen.“ (ebd. S. 109). Demnach sind Mantras (wie viele andere Entspannungsmethoden und Achtsamkeitsübungen) ein äußerst wirkungsvolles Mittel bei Depressionen, insbesondere bei leichten und mittelschweren Depressionen. Sie ersetzen zwar nicht andere Therapiemaßnahmen (wie etwa Psychotherapie oder Medikamente), sind aber in jeden Fall wohltuend und versprechen eine Linderung des seelischen Leidens. Das ist wissenschaftlich abgesichert. Mantras haben – wie Musik generell – „einen messbaren Einfluss auf unseren Herzschlag und seine Zwischenräume, dies ist längst bewiesen und wird nur noch im Detail erforscht, die Tatsache an sich wird nicht mehr angezweifelt.“ (ebd. S. 110). Allerdings können Mantras (gesprochen oder gesungen) erst ab einer bestimmten Häufigkeit ihre Wirkung entfalten, anderenfalls sind sie wirkungslos. „Unter 160 bis 200 Rezitationen am Tag (innerlich oder äußerlich) wirken sie definitiv nicht.“ (ebd. S. 111).

Das „immer wiederholte Singen“ befreit die Menschen und kann sie in einen leichten Trance-Zustand bringen, vor allem in Kombination mit Tanzen und Trommeln. Dadurch kann eine „befreiende Fröhlichkeit“, innere Stärke und Friede, Ruhe, Vertrauen und Zuversicht entstehen. Im Grunde genommen handelt es sich um eine Art der Selbsthypnose. „Diese Selbsthypnosefähigkeit hat jeder Mensch in seinem Inneren, es ist seine ganz persönliche >innere Schamanenkraft<, meint der Mantraforscher Werber (2008, S. 117). Diese tiefe Erfahrung durfte ich auch während eines von Werber und seiner Lebensgefährtin Claudia Fried durchgeführten Workshops zum Thema „Die heilende Kraft des Trommelns“ machen.

Der Rhythmus- und Mantraforscher bringt in seinem Buch viele empirische Belege und praktische Beispiele zur Umsetzung im Alltag. Eine Übung, die einfach und leicht anwendbar ist, und mir persönlich sehr hilft, ist der *„Hier-und-Jetzt-Spaziergang"*. Bei jeden dritten Schritt sage ich >Hier< und nach weiteren drei Schritten >Jetzt<, so dass sich die Mantras einmal mit dem linken und dann mit dem rechten Schritt verbinden. Man muss es (wie alle anderen hier vorgestellten) Übungen einfach ausprobieren. Ich setze die Übung vor allem dann ein, wenn ich zu sehr grüble und mich Gedankenschleifen plagen. Wenn ich bestimmte Gedanken nicht mehr aus den Kopf bekomme, wenn sie sich wie in einer Endlosschleife im Kreis drehen, wenn immer wieder die gleichen Sätze oder Bilder vor dem inneren Auge auftauchen. Dann ist diese Übung besonders wirkungsvoll. Das Gehirn schaltet irgendwann vom Grübel- auf den Lösungsmodus um.

Wahrnehmungsübung 1: Diese Methode habe ich aus dem Standardwerk von Burisch (2010, S. 294), der sie wiederum aus dem Buch von Angelika C. Wagner übernommen hat. Er bezeichnet sie „Konstatierendes aufmerksames Wahrnehmen". Man kann sie überall praktizieren, bei Spaziergängen, in öffentlichen Verkehrsmitteln, in Leerphasen jeder Art. Wichtig dabei ist, dass Sie versuchen, an Nichts zu denken, die Aufmerksamkeit auf nichts Spezielles zu fokussieren, sondern einfach nur wahrnehmen: sehen, hören, spüren. *Was sehe ich gerade? Was höre ich gerade? Was spüre ich gerade in meinem Körper?* Der Effekt der Übung besteht darin, dass die visuellen, auditiven und kinästhetischen Sensoren trainiert werden. Sie werden dabei ruhig und gelassen. Die Übung ist besonders gut geeignet, wenn man zu viel im Kopf hat, wenn sich die eigenen Gedanken endlos im Kreis drehen oder wenn man sich ärgert, Angst hat und sich nicht entscheiden kann – alles Phänomene, die ich leider nur allzu gut kenne bzw. in der depressiven Episode erlebt habe. Probieren Sie es aus. Die Methode ist einfach und wirkungsvoll zugleich. Und sie dauert nur ein paar Minuten. Damit es Ihnen leichter fällt, beschreibe ich kurz, was ich vorhin beim Spaziergang am Meer gesehen, gehört, gespürt habe.

Ich sehe: *Das Glitzern des Meeres, das Spiegeln der Sonne in den schaumgekrönten Wellen, blau-türkis-weiß, am Horizont ein Segelboot und denke mir, wie schön wäre wieder einmal ein Segeltörn mit meinen Jungs.* Achtung. Stopp. Die Regel bei der Übung lautet: nicht denken, nur sehen, hören, spüren. Ok. Ich sehe weiter um mich herum: *Kinder, lachende, fröhliche Kindergesichter, Kinder beim Spielen im Sand, beim Schwimmen im Wasser ...* Ich höre: *die Kinderstimmen, das Rauschen des Meeres, das Rauschen des Windes, laut und deutlich saust er mir um die Ohren, einmal ist dies, dann wieder etwas anderes hörbar im Vordergrund oder Hintergrund der Wahrnehmung. Es wechselt sich ab ...* Ich spüre: *den starken Wind auf meiner Haut, das Wasser und den Sand unter meinen Füßen, meine Muskeln, die Beine, den ganzen Körper. Wow: ich spüre mich selbst* (für einen ehemals Ausgebrannten, der sich fast nicht mehr gespürt hat, der wenig empfinden konnte, der unter Gefühlslosigkeit litt, für so einen Typen ist dies ein großartiges Gefühl). *Ich spüre mich, meine Gefühle, bin gerührt von dem, was ich höre, sehe, spüre. Ich lebe, bin glücklich im Hier und Jetzt. Ein Gefühl der Dankbarkeit steigt in mir hoch. Dankbar für den Moment, für meine Gesundheit, meine Familie, meinen Beruf ...* Jetzt gleite ich ab, komm‘ von der Spur, beginne zu denken, an den Job, die Familie ... Aber das ist ok. Denn die Übung ist ja bereits vorbei. Und so ist diese Übung immer wieder für Überraschungen gut. In jedem Fall ein gutes Training, das auch Spaß macht, bei dem Sie immer wieder das eine oder andere neu entdecken, und vor allem sich selbst entdecken.

Wahrnehmungsübung 2: Auch mit dieser Übung können Sie sehr gut abschalten, sich entspannen, beruhigen, Sorgen und Belastungen für kurze Zeit vergessen. Diese Wahrnehmungsübung, die ich bei einem Spaziergang am Meer entwickelt habe, ist zugleich eine Konzentrations- und Gedächtnisübung, die Sie fast überall durchführen können. Betrachten Sie ein bestimmtes Foto und versuchen Sie es sich einzuprägen. Schließen Sie dann die Augen und rufen Sie das abgespeicherte Bild wieder ab. *Wie viele ... (Einzelheiten) sind auf dem Bild: Fünf, sechs oder sieben?* Wenn Sie nicht sicher sind, öffnen Sie die Augen und betrachten das Foto erneut und versuchen es nochmals. *Funktioniert es jetzt? Gut so. Aber wie groß sind die Details? In welche Richtung zeigen ...? Nach links oder rechts?*

Betrachten Sie das Bild erneut und achten Sie auf … die Abstände zwischen abgebildeten Gegenständen, auf den Vorder- und Hintergrund des Bildes usw. Sie können die Übung je nach Belieben fortsetzen und intensivieren und werden feststellen, dass sie beruhigend und entspannend wirkt und zugleich die Konzentration und das Gedächtnis stärkt.

Jakobson Entspannung: Die progressive Muskelentspannung ist mittlerweile eine weltweit bekannte und medizinisch anerkannte Entspannungsübung, bei der einzelne Muskeln bzw. Körperteile (Arme, Beine, Rücken etc.) kurz angespannt und dann wieder entspannt, losgelassen werden. Es handelt sich im Grunde genommen auch um eine Antistress-Übung und um eine gute Übung zum Loslassen. Sie atmen tief ein, spannen einzelne Muskeln an, halten diese kurz fest und atmen dabei ruhig weiter. Beim Ausatmen lassen Sie die Muskeln wieder locker bzw. los und versuchen sich dabei zu entspannen. Beobachten Sie aufmerksam ihre Empfindung bei der Anspannung und Entspannung. Versuchen Sie die Veränderung wahrzunehmen und zu spüren. Idealerweise empfinden Sie Ruhe, Schwere und Wärme. Man sollte mit der Aufmerksamkeit immer bei den Muskeln bleiben, die man gerade an- und entspannt (Fuß, Beine, Po, Rücken, Schulter, Nacken, Gesicht, Arme, Hände etc.). Es gibt unzählige Variationen von dieser Übung: mit und ohne Entspannungsmusik, sitzend oder liegend. Manche CDs dauern bis zu einer Stunde, es gibt aber auch 10 Minuten-Variationen davon. Sobald Sie darin geübt sind, reichen bereits ein paar Minuten, um sich entspannt zu fühlen. Ich mache die Übung meistens im Sitzen, zwischendurch in kurzen Pausen. Die Jakobson Entspannung wird mittlerweile auf Grund ihrer enormen Wirkung in allen Kliniken angeboten. Sie ist vor allem für Patienten mit psychischen Leiden (Burnout, Depression oder Sucht) sehr empfehlenswert. Für Menschen, die Alkohol, Medikamente oder Drogen vorwiegend dann konsumieren, wenn sie völlig ausgebrannt, verspannt bzw. angespannt sind, können derartige Entspannungsübungen sehr hilfreich sein.

Zen – Bogenschießen: Mix aus Qi Gong, Jakobson und Atemübung. Meine Variante: Ich nehme eine Körperhaltung wie beim Bogenschießen ein. Während ich den imaginären Bogen spanne, gehe ich leicht in die Hocke und richte mich auf, spanne meine Muskeln an (Beine, Bauch, Arme), atme tief ein, halte den Atem an, fixiere ein Ziel und schieße den Pfeil ab, öffne die Hände und atme so richtig intensiv und hörbar („pfffff") aus. Diese Übung eignet sich optimal zum Entspannen, aber auch die mentale Dimension der Ziel-Fixierung ist enthalten. Sie werden sehen: es ist eine unglaublich kraft- und energievolle Übung.

PEP - Prozessorientierte Energetische Psychologie, d. i. eine psychotherapeutische Zusatztechnik, die mir ein Therapeut in der Reha-Klinik für Gesundheit empfohlen hat. Mittels Klopfen auf Akupunkturpunkten werden negative dys-/parafunktionale Emotionen „verstört". Die Technik beinhaltet noch zwei Aspekte: Selbstakzeptanz und Verzeihen. Der Effekt dieser Übung: „Das gleichzeitige Klopfen, während an ein belastendes Gefühl gedacht wird, ist geeignet, jeglichen Stress bezüglich des belastenden Gefühls bzw. das Gefühl selbst zu reduzieren". Die Methode ist auch gut geeignet, eine der „big five" Blockaden der persönlichen Entwicklung zu lösen: (1) Selbstvorwürfe, (2) Vorwürfe anderen gegenüber, (3) Erwartungshaltung an andere, (4) inneres Schrumpfen bzw. Altersregression, (5) Loyalitäten, insb. Angst vor Verlust von Zugehörigkeit (Details dazu siehe: dr-michael-bohne.de). Auch diese Übung dauert nur wenige Minuten.

A-E-I-O-U: Das ist eine multifaktorielle Übung für Körper, Geist und Seele. Einzelne Fragmente habe ich in verschiedenen Workshops aufgeschnappt und daraus diese Übung entwickelt. Es handelt sich um eine Methode, bei der auch die Stimme mit einbezogen wird. Außerdem werden positive Affirmationen (Glaubenssätze, Gedanken) formuliert und Zielbilder visualisiert. Aufgrund der Komplexität ist sie allerdings schwierig zu beschreiben. Ähnlich wie beim Qi Gong werden einfache

Bewegungen mit den Händen gemacht, gleichzeitig dazu die Laute „a-e-i-o-u“ gesummt und - wie beim PEP - mit mentalen Affirmationen (Visualisierungen, Gedanken) in Verbindung gebracht. Der Ablauf im Detail: Sie stehen bei der ganzen Übung aufrecht, die Beine sind ab Schritt 3 leicht gebeugt. Sie atmen tief ein, beim Ausatmen machen Sie die fünf Bewegungen. Sie können anfangs bei jeder Station ein- und ausatmen und erst später die Übung in einem Atemzug durchführen.

(1) Sie strecken Arme und Hände gegen den Himmel, heben den Kopf, blicken dabei hoch, summen „aaaaa“ und denken dabei an J**A**, sagen innerlich z. B. *Ja zum Leben, ja zur Welt* oder formulieren einen lebensbejahenden Gedanken, visualisieren ein positives Bild oder wünschen sich ganz einfach vom Kosmos (oder von Gott) Kraft und Energie. Oder Sie denken daran, wie sehr wir mit der kosmischen Energie verbunden sind.

(2) Dann senken Sie die Arme seitlich bis zur Hüfte, summen „eeeee“, schwenken, pendeln mit den Armen leicht hin und her, so dass die Wirbelsäule gelockert wird. Die Beine bleiben unverändert fest am Boden, nur der Oberkörper und der Kopf drehen sich mit. Sie denken dabei an N**E**in, sagen innerlich z. B. N**e**in zu schädlichen Substanzen (Zigaretten, Alkohol, Drogen etc.) oder sie verwenden das Wort Abgr**e**nzung und sagen innerlich: *ich grenze mich von allem ab, was mir nicht gut tut, was für mich schädlich ist.* Dies können Dinge, Personen oder Substanzen sein.

(3) Jetzt richten Sie die Arme nach vorne und nehmen eine Haltung ein, als ob Sie auf etwas zielen würden, die Beine sind ab nun leicht gebeugt. Sie fixieren in der Ferne einen Punkt, summen „iiiii“ und denken dabei an ein Z**I**el bzw. visualisieren ein Ziel-Bild, sagen innerlich z. B. *meine Gesundheit ist im Moment das wichtigste Ziel.* Oder: *Ich werde gesund, unternehme alles, um gesund zu werden*. Oder ganz allgemein: *Ich erreiche, was ich mir vornehme, ich schaffe mehr als ich glaube. Alles wird gut!*

(4) Nun legen Sie die Hände auf den Bauch, senken den Kopf, blicken auf Bauch und Hände, die Beine sind leicht gebeugt, summen „ooooo“ und denken dabei an Ihre Intuiti**O**n, sagen innerlich z. B. *Ich verlasse mich auf mein Gefühl, mein Bauchgefühl. Ich vertraue meiner Intuiti**o**n, meiner Em**o**tion* etc.

(5) Abschließend strecken Sie die Arme und Hände zum Boden, zur Erde, senken den Kopf, blicken hinunter, summen „uuuuu“ und denken dabei an ihren persönlichen Untergr**U**nd, sagen sich innerlich z. B.: *Ich stehe fest mit beiden Beinen auf dem Boden, im Leben, bin fest verankert, gut verwurzelt* etc.

Diese Übung dauert nur ca. 15 – 20 Sekunden. Ich mache sie meistens am Morgen oder zwischendurch in den Pausen, bei Spaziergängen. Für mich ist diese Methode enorm wirkungsvoll. Sie liefert Kraft und Energie, wirkt entspannend und beruhigend zugleich. In der AEIOU-Übung werden fünf wichtige Themen- bzw. Problembereiche angesprochen, von denen Burnout- und Suchtpatienten besonders betroffen sind: mangelnder Selbstwert (negatives Denken), schlechte Abgrenzung (nicht Nein-Sagen können), mangelnde Zielvorstellungen (Ziel- und Orientierungslosigkeit), fehlende Intuition (Gefühlslosigkeit), unsicherer Halt (kein Grund und Boden unter den Füßen). Durch die positiven Affirmationen, durch das Refraiming entstehen positive Gefühle und Gedanken. Die Übung funktioniert wahrscheinlich am effektivsten unter Anleitung eines Trainers, der die Übung vorführt und auch korrigierend eingreifen und Feedback geben kann. Aber einen Selbst-Versuch ist sie allemal wert. Viel Glück und Erfolg.

Jede der hier vorgestellten Übungen dauert nur kurz. Sie werden im Laufe des Tages, wenn mir danach ist, durchgeführt. In den Pausen mache ich außerdem noch regelmäßig Stretching (Dehnen, Strecken) oder jongliere mit drei kleinen Bällen, um die körperliche und geistige Beweglichkeit und Koordination zu aktivieren.

Im Rhythmus des Lebens bleiben

Weitere Aktivitäten zur Aufrechterhaltung der Lebenskraft sind für mich Spaziergänge, leichtes Joggen oder Segeln am Wörthersee. Im Winter fahre ich gelegentlich Ski, unternehme mit Freunden Skitouren (aber nur mehr einfache zwei- bis dreistündige Touren) oder Schneeschuhwanderungen. Um der Herbstdepression zu entgehen, checke ich ab Oktober im Fitnessstudio ein, besuche dort den Zumba-Kurs und nutze die Sauna. Einmal im Jahr bin ich mit meinen Wanderfreunden, der Pilgerrunde „f & f", eine Woche lang unterwegs und tanke dabei auf – körperlich, geistig und seelisch. „*Begleitet von Engeln*" lautet unser Motto seit nunmehr über 15 Jahren. Wir lassen uns von spirituellen Texten der Autoren Anselm Grün (z. B. „50 Engel für die Seele") oder Anthony de Mello („Der springende Punkt") inspirieren und haben dementsprechend viel zu diskutieren. Humor und Spaß kommen auch nicht zu kurz. Dieser jährliche Kurzausflug mit der Herrenrunde ist für alle sieben Männer sehr kraft- und energiespendend.

Zum Ausgleich, zur Aufrechterhaltung der Lebenskraft, der „Ressource des Schönen", wie es Primarius Musalek (2012) treffend formuliert und für Burnout- und Suchtpatienten empfiehlt, besuchte ich zu Beginn meines Genesungsprozesses einen Workshop zum Thema „**Humor als Lebenskraft**". Hier wurden Übungen aus dem Bereich „Lachyoga" angeboten. Sie machten mich tatsächlich locker und frei im Kopf. Lachen hilft nachweislich bei vielen Erkrankungen, auch bei Burnout und Depression. Bei einem Lachvorgang werden bis zu 300 Muskeln belebt. Giftstoffe werden beschleunigt ausgeschieden, die Verdauung erleichtert, das Immunsystem gestärkt. Mehr über die zahlreichen biochemischen Wirkungen finden Sie im Buch „Haltung-fertig-los" der Kärntner Autorin Andrea Latritsch-Karlbauer (2009). Lachen kann man auch aus der spirituellen Ebene betrachten. Dazu passt das Sprichwort: „Nimm dich nicht zu ernst, lache über dich selbst." Zur Aufrechterhaltung der Lebenskraft habe ich das Tanzen und Trommeln (afrikanische Djembe) wieder entdeckt - und die „Lust am Leben". Mit diesen Aktivitäten bleibe ich im Takt, im Rhythmus. Denn in der fortgeschrittenen Burnout- und Trinkphase bin ich regelrecht aus dem *Takt* und damit auch aus dem *Rhythmus* des Lebens (insbesondere Tag-Nacht-Rhythmus, Herzrhythmus) herausgekommen. Der Takt (lat.: Berührung, Stoß) ist der Rahmen, der Grundschlag für das Musikstück und im übertragenen Sinn auch für das Leben. Der Takt, der Puls bestimmt den Rhythmus, das Leben. Tanzen und Trommeln sind für mich gute Übungen, um im Takt zu bleiben, auch wenn sich der Rhythmus ändert. Es ist zugleich eine wichtige Lektion für mein Leben, denn die äußeren Rahmenbedingungen ändern sich oft. Und dabei trotzdem im inneren Takt und Rhythmus zu bleiben, ist von Vorteil.

Die westliche Gesellschaft ist laut und hektisch geworden. Bruce Werber (2008), der international agierende Rhythmusforscher, meint in diesem Zusammenhang: „Unsere Gesellschaft lebt, im Gegensatz zu Naturvölkern, nicht im Rhythmus, sondern vorwiegend im Takt, der nichts natürlich Gewachsenes, sondern eine über die Jahre etablierte menschliche Erfindung ist. Folgerichtig schädigen die Schwingungen von Rhythmuscomputern unsere Herzratenvariabilität in beträchtlichem Maße“ (S. 110). Als Beispiele nennt er die heutige Techno- bzw. Disco-Musik, die uns in Form von Hintergrundmusik in Bars oder Shoppingcenters, in TV oder Radiowerbung tagtäglich berieselt und den Fluss unseres Herzschlages und Atems schädigt. Dieser Takt ist sehr hastig, zackig, laut und „rechtslastig“, weil er eher die rechte Gehirnhälfte anspricht. Ich erinnere mich an die Zeit, in der es mir nicht mehr so gut ging: Ich hielt diese Form der Unterhaltungsmusik tatsächlich nicht mehr aus, insbesondere die Radio- und TV-Sprecher, die Werbestimmen, ihre Geschwindigkeit, ihre Tonlage, ihre Hektik. Meine Atmung und mein Herzschlag reagierten darauf sehr sensibel. Mein Lebensrhythmus war bereits durcheinander geraten. Deshalb achte ich noch heute ganz besonders auf derartige Störvariablen und höre bewusst Musik, die wissenschaftlich getestet einen positiven Einfluss auf Körper, Geist und Seele ausübt; Musik, bei der man nachweislich ruhiger und ausgeglichener wird, z. B. klassische Musik, Mantras oder Trommelmusik. Wichtig bei der Musikauswahl ist die Professionalität der Produktion. (Ich bevorzuge daher Musik vom rhythmusverlag.de). Um im

Rhythmus zu bleiben, bin ich auch musikalisch aktiv und gehe einmal pro Woche in die Kärntner Trommelschule (taktgeber.at). Mit all diesen Aktivitäten versuche ich die Lebenskraft aufrecht zu erhalten und steigere auf natürliche Weise die Produktion von Melatonin und Serotonin.

Im Rhythmus leben bedeutet somit zumindest Dreierlei: *Erstens* das Gleichgewicht, die Balance zu finden - etwa von linker und rechter Gehirnhälfte, von Anspannung und Entspannung, von Arbeit und Pause. *Zweitens* in der Gegenwart zu leben, im Hier und Jetzt - indem wir etwa unsere Aufmerksamkeit auf den Moment fokussieren, auf den Augenblick, die unmittelbare Begegnung mit einem Menschen, auf die Arbeit oder die Natur. Und *drittens* sich weiterzuentwickeln, zu verändern – indem wir uns annehmen bzw. akzeptieren wie wir sind. Denn es hilft auf lange Sicht nicht, so zu tun, als wären wir jemand, der wir nicht sind. Wenn ich mich so, wie ich bin, akzeptiere, dann ändere ich mich.

Zur Aufrechterhaltung meiner Lebenskraft gehört auch das Spielen mit meinen drei Enkelkindern: Egal ob Zeichnen, Malen oder Bauen, ob Versteckenspielen, Eisenbahnfahren oder Tanzen, ob Spazierengehen im Schlümpfewald oder Kasperltheater spielen. Bei diesen Tätigkeiten kann ich voll und ganz im Hier und Jetzt sein, den Augenblick genießen, im Rhythmus bleiben. Es gehört für mich zu den ganz intensiven Glücksempfindungen. Die lachenden Kindergesichter, ihre großen schwarzen Augen, ihre Neugierde, ihr Interesse am Leben. Es ist wie ein zweiter Frühling. Denn ich hatte ja das Glück, dies schon einmal mit meinen eigenen Kindern zu erleben. Diese Art von Tätigkeit macht Sinn und Freude, es ist ein Geben und Nehmen. Du unterstützt deine Familie, gibst den Kindern Liebe und Geborgenheit und bekommst dafür ein herzhaftes Lächeln…

Übungen zur Entschleunigung und zur Stärkung des Selbstwerts

Im Viva-Zentrum für Gesundheit habe ich gelernt, bewusst zu kauen, langsam zu essen. Sie erinnern sich vielleicht noch daran, was meine

Enkeltochter mich diesbezüglich gefragt hat: „Opa, warum isst du so schnell?“ Das bewusste Kauen hat, abgesehen von den positiven Wirkungen auf die Verdauung, eben auch den Effekt der Verlangsamung. Für Burnout-Kandidaten, die mit einem Eilzugstempo unterwegs sind, empfiehlt sich auch das *bewusste, langsame Gehen*, das Reduzieren des eigenen Tempos, die Verlangsamung der Schritte, das bewusste Auftreten mit den Füßen auf dem Boden, das Abrollen der Fußsohlen – und der *aufrechte Gang*, die aufrechte Körperhaltung, die wiederum positiven Einfluss auf das Selbstbewusstsein haben.

All diese Entschleunigungs- und Entspannungsübungen sind zugleich unterstützende Übungen für den *Selbstwert*, wie z. B. der aufrechte Gang, der Blick nach vorne. Mir hat jedenfalls die bewusste, aufrechte Haltung geholfen, nicht nur meinen Rücken gestärkt, sondern auch meine innere Haltung. Auch in diesem Zusammenhang fand ich das Buch der bereits erwähnten Autorin Andrea Latritsch-Karlbauer „Haltung-fertig-los“ (2009) interessant und aufschlussreich. Sie liefert auf erfrischende Art und Weise praktische Tipps zur Körpersprache und Körperhaltung, aber auch zum Loslassen und Entspannen. Und sie schreibt: „Der Körper lügt nie. Nutzen Sie Ihren Körper als Werkzeug, als Ressource und Sie werden sehen. Ihr Körper erinnert sich!“

Diese Entspannungsübungen verändern das subjektive Zeitempfinden. Konzentriert man sich auf eine Sache (z. B. auf die Wahrnehmungsübung oder das Bogenschießen), so scheint die Zeit langsamer zu vergehen. Menschen, die meditieren, berichten ebenso von der Verlangsamung des Zeitgefühls. Manchmal hat man sogar das Gefühl, die Zeit bleibt stehen – und diese extreme Form der Entschleunigung ist äußerst heilsam. Dies alles mag für „gesunde“ Menschen trivial klingen, normal sein. Gestresste Typen müssen das langsam wieder erlernen, einüben - Schritt für Schritt.

Übungen zum Druckablassen

Zur Erinnerung: Burnout, Depression und Sucht entstehen unter anderem durch zu viel Druck. Vor diesem Hintergrund sind viele der hier vorgestellten Übungen zu sehen. Vor allem die Atemübungen, das bewusste Ausatmen, die Luft Herauslassen, den Druck Ausgleichen. Dies alles wirkt unglaublich entlastend, entspannend und beruhigend. Allerdings muss auch dazu gesagt werden, dass diese Methoden nicht immer ausreichen. Insbesondere wenn der Druck zu hoch ist und das Ventil zu wenig Luft herauslässt, besteht die Gefahr, dass wir ein anderes „Ventil" benutzen (z. B. Alkohol, Medikamente, Drogen). Dies ist natürlich kein adäquater Lösungsversuch... Wenn die genannten Methoden nicht ausreichen, um genügend Druck abzubauen, müssen Sie rasch reagieren und die Lösung in der Ursache finden. Die beste Prävention besteht darin, Überdruck zu vermeiden. Ich spreche jetzt nicht vom normalen Stress, der durch viel Arbeit entstehen kann. Ich meine den *Über-Druck*, den gilt es zu vermeiden. Wie? Indem wir rechtzeitig auf die Bremse steigen, das Tempo reduzieren, unsere Ansprüche hinterfragen („Ist das wirklich notwendig?"), die Einstellung zu den Dingen ändern. Damit wären wir bereits beim nächsten Themenbereich.

9.7.) Methoden, bei denen ein Notizblock oder ein Therapeut hilfreich sein kann

Markus, der Gärtner, hat zwar keinen Notizblock verwendet und keinen Therapeuten aufgesucht, wohl aber auf seiner langen und beschwerlichen Pilgerreise über sein Leben nachgedacht. Natürlich quälten auch ihn die Warum-Fragen (Warum ich? Warum muss das ausgerechnet mir passieren?). Zu den entscheidenden Wie-Fragen (Wie kann ich es in Zukunft besser machen? Wie kann ich dies oder jenes Problem lösen?) hat er teilweise Lösungen gefunden, z. B. dass es besser ist, keinen Alkohol zu trinken. Auf viele andere Fragen hat er trotz der langen Reise noch keine zufriedenstellenden Antworten. Er meint, dass sechs Monate viel zu kurz gewesen seien. Daher möchte er bei der nächsten Reise länger unterwegs sein, so etwa drei bis vier Jahre. Dann kommt vielleicht Ordnung in seinen Kopf und seine Seele zur Ruhe, sagte er zu mir. Diesmal will er zu Fuß in Richtung Osten marschieren. Sein Ziel ist Tibet. Er schätzt, dass er etwa 35.000 bis 40.000 km unterwegs sein wird und dass er diesmal mehre Paar Schuhe verbrauchen wird, bis er das Ziel erreicht. Wenn er nicht bald aufbricht, beginnt er womöglich wieder zu trinken und fällt in ein seelisches Loch. Außerdem müsse er noch zuwarten und genügend Geld sparen. Denn diesmal benötige er schon ein paar Hundert Euro Startkapital, meint er bescheiden. Es ist ja kein Spaziergang und zwischendurch sind lange, trostlose, menschenleere Etappen, bei denen er gut ausgerüstet sein will. Schließlich will er ja lebend wieder nach Hause kommen.

Die Basis für alle „Heilungsversuche“ ist ein gesunder Körper. Daher sind gesunde Ernährung, Bewegung und die hier vorgestellten körperbezogenen Übungen ein wichtiger Bestandteil des Therapieplans. Fitness, Körperübungen allein reichen nicht aus, um zu genesen. Völlig erschöpfte Patienten, die womöglich noch in einer depressiven Phase sind, können sich ohnehin kaum bewegen. Sie brauchen primär Schonung, Erholung, maximal leichte Bewegung, Spaziergänge. Der klassische Ausbrenner braucht eher einen *„Lichtblick“*.

Entscheidend ist die Reflexion, die selbstkritische Auseinandersetzung mit sich selbst: mit Gedanken, Gefühlen, Einstellungen, mit eigenen Stärken und Schwächen sowie die Beschäftigung mit den Sinn- und Identitätsfragen, mit Powerfragen, Burnout bezogenen Fragen. Aber auch Autosuggestionen (z. B. an positive Dinge denken), das Überarbeiten der alter Glaubenssätze und der inneren Antreiber (Botschaften aus der Kindheit), das Führen von Tagebüchern (der Dankbarkeit, der Entscheidungen und kleinen Erfolge) sowie die Beschäftigung mit Lebensweisheiten (spirituelle Ratschläge) können hilfreich sein.

Glaubenssätze und Antreiber

Im Theorieteil haben wir festgehalten, welchen Anteil Persönlichkeitsmerkmale und innere Einstellungen beim Zustandekommen von Burnout, Depression und Sucht haben können:

- die hohen Leistungsansprüche,
- der Perfektionismus,
- ein zu starkes Bedürfnis nach Lob und Anerkennung,
- die Motivationskategorie „Wirkung auf Menschen“,
- der Anspruch auf Einzigartigkeit,
- der innere Druck, einen positiven Eindruck zu hinterlassen,
- das Prinzip „Geben: Ja, gerne - Nehmen: Nein danke, nicht notwendig“ und
- das Muster „es allen recht machen wollen“ bzw. „alles unter einen Hut bringen“ sowie last, but not least: „Nicht-Nein-sagen-können“, sich nicht abgrenzen können.

Weiters haben wir festgestellt, dass die persönlichen Karrierebilder, Motivationskategorien, Werte, Glaubenssätze und inneren Antreiber sowohl positive als auch negative Auswirkungen auf unser Verhalten haben und Burnout fördernd sein können; es wurde auch aufgezeigt, woher sie kommen (meist aus der Kindheit). Daher ist es besonders wichtig, all die hier genannten Bereiche zu reflektieren. Sie müssen von Zeit zu Zeit an die jeweilige Lebenssituation angepasst werden. Beginnen wir mit den *Glaubensätzen*. Zur Erinnerung, einige meiner alten Leitsprüche lauteten: *Ein echter Indianer kennt keinen Schmerz - Durchhalten um jeden Preis - Alles ist machbar – Durchwurschtln, wird schon irgendwie gehen*. Bis auf den letzten Glaubenssatz, der meines Erachtens durchaus von praktischem

Wert ist, habe ich alle umformuliert. Die neuen Leitsätze lauten: *Auch ich kenne den Schmerz, er ist ein Teil von mir. Durchhalten ja, aber nicht um jeden Preis. Nicht alles ist machbar, aber vieles.*

Ein neuer Leitsatz zu diesem Themenbereich lautet: *Ich muss mir und anderen nichts mehr beweisen.* Dieser Satz wirkt entlastend und passt wahrscheinlich für viele Burnout-Kandidaten, vor allem für Personen, die im Leben bereits viel erreicht haben – beruflich wie privat. Der Leitsatz passt jedenfalls zu mir, zu meiner Lebenssituation. Er signalisiert mir, dass ich nicht mehr – wie in der Vergangenheit - beruflich die schwierigsten Projekte und Fälle annehmen muss oder privat hohe Berge erklimmen, steile Felswände hochklettern, oder Marathon laufen muss. All diese Dinge mache ich nur mehr, wenn sie mir auch wirklich Spaß machen und wenn genügend Kraft und Ressourcen dafür zur Verfügung stehen. Meine inneren Antreiber (Stimmen, die sich regelmäßig zu Wort melden) habe ich umformuliert:

- *Sei perfekt*: Ich muss nicht immer perfekt sein, nur dort, wo es wichtig ist, wo es sich lohnt. Ich darf auch Fehler machen und sie mir eingestehen. Locker bleiben.

- *Streng dich an*: Ja, das werde ich weiterhin tun, wo es notwendig ist. Aber ich darf es mir auch leicht machen, „intelligent" arbeiten, delegieren. In der Ruhe liegt die Kraft.

- *Beeil dich*: Wenn es notwendig ist, werde ich Gas geben, aber auch die Bremse rechtzeitig benutzen. Wenn ich es besonders eilig habe, sage ich zu mir: Immer mit der Ruhe. Ich habe genug Zeit. Setz dich einmal hin und atme tief durch.

- *Sei stark*: Ja, das möchte ich sein – und zwar wie ein Löwe (d. i. mein Sternzeichen), aber wenn ich mich schwach fühle, darf ich meine Gefühle zeigen…

- *Mach's den anderen recht*: Ich werde weiterhin für meine Liebsten da sein. Die Ansprüche der anderen nehme ich ernst. Aber ich achte auch auf meine Bedürfnisse.

Korrekturen diese Art sind sehr wichtig und wirkungsvoll. Hinter einigen dieser Antreiber versteckt sich der Anspruch auf Leistung und Perfektionismus, Faktoren, die nicht nur für den Erfolg, sondern auch für das Scheitern, für das Ausbrennen „zuständig" sind. Manche dieser Antreiber bestimmen wiederum indirekt unsere Gefühle und Bedürfnisse. Gefühle zu unterdrücken macht krank, das ist mittlerweile bekannt. Aus Patientenberichten ist zu entnehmen, dass viele ihre Gefühle unterdrücken und ihre Bedürfnisse nicht zeigen. Wenn Sie zu diesen Menschen gehören, ändern Sie das so rasch wie möglich. Zeigen Sie Gefühle, artikulieren Sie Ihre Bedürfnisse. Sagen Sie auch „Nein". *Sie lieben dich auch, wenn du einmal NEIN sagst.* So trivial das klingen mag, es funktioniert, dieser Satz wirkt. Probieren Sie es aus.

Allerdings, so meine persönliche Erfahrung: Das „Nein-Sagen" kann *Schuldgefühle* auslösen. Sie sind Gift für die Seele. Besonders schlimm sind die Schuldgefühle, wenn einem Fehler, Rückfälle, Irrtümer oder Ausrutscher unterlaufen. Ein wirkungsvolles Gegenmittel besteht darin, aus Fehlern und Rückschlägen zu lernen: Fehler einzugestehen, etwas Sinnvolles in den Rückschlägen zu erkennen, ihnen etwas Positives abzugewinnen und entsprechende Konsequenzen daraus zu ziehen. In diesem Kontext habe ich mir den Glaubenssatz notiert: *Rückschläge und Umwege in Kauf nehmen und dabei das Ziel nicht aus den Augen verlieren.*

Mein Mission Statement

Mein Lebensmotto, das ich in Anlehnung an das zitierte Buch von Thomas Cerny (2002) entwickelt habe, lautet: *Bewegen* – körperlich, geistig, seelisch in Bewegung bleiben, laufen, schreiben, lesen, entspannen, genießen, etwas im Leben bewegen, meinen Beitrag zum Wohle der Familie und Gesellschaft leisten. Meine Profession besteht darin,

Forschung, Spiritualität und Management zu vereinen. Diese drei Elemente versuche ich in meiner Arbeit umzusetzen. Von den vier Archetypen identifizierte ich die meisten Eigenschaften aus den Elementen Erde und Feuer. Erde steht für beständig, sachlich, bewahrend, produktiv, organisiert, umsichtig, verlässlich, aber auch für stur und bequem – lauter Eigenschaften, die auf mich zutreffen. Feuer steht für aktiv, willensstark, mutig, initiativ, zielorientiert, begeisternd, fordernd, aber auch für impulsiv, ungeduldig und rastlos. Natürlich verfüge ich auch über Eigenschaften aus den Elementen Luft (z. B. beweglich, vielseitig, flexibel, zerstreut, oberflächlich) und Wasser (z. B. empfindsam, gefühlvoll, beruhigend, kreativ, sozial, launenhaft). Aber als stärkste Verbindung erwiesen sich die Elemente Erde und Feuer. „Die Erde neigt dazu, alles zu sammeln und zu behalten. Manchmal ist es aber notwendig, aufzuräumen und Altes zu entsorgen – das übernimmt das Feuer nur allzu gerne […] Wenn das Feuer dabei aber zu rücksichtslos ist, wird die Erde verbrannt und es kann auf ihr nichts mehr weiterwachsen." (ebd. S. 66). Beinahe wäre ich durch das Burnout verbrannt. Die Alkoholsucht verstellte mir den Blick zu meinen Sehnsüchten. Gottseidank konnte ich den Brand löschen, die Sehnsüchte hinter der Sucht entdecken, Körper, Geist und Seele Nahrung geben und mich dadurch wieder weiterentwickeln. Mein Mission Statement ist jedenfalls für mich sehr stimmig und passend. Es gibt mir Kraft und Energie.

Autosuggestionen bzw. Affirmationen

Die Autosuggestion ist eine Methode, mit der unser Fühlen, Denken und Handeln beeinflusst werden kann. Sie zielt auf das Unterbewusstsein. Bekannte Anwendungsgebiete sind etwa das autogene Training oder das Mentaltraining im Sport. Die Suggestionstechnik wird aber auch bei der Behandlung von Krankheiten eingesetzt. Bei der Autosuggestion werden formelhaft umrissene Gedanken bzw. Sätze (Mantras) so lange hergesagt, bis sie ins Unterbewusste einsickern und zum festen Bestandteil unseres Denkens, Fühlens und Handelns geworden sind. Ein wichtiges Prinzip dabei ist die ständige Wiederholung (meist täglich, in manchen Fällen mehrmals täglich). Der Erfolg ist davon abhängig, wie lange und wie intensiv die Methode angewendet wird, denn die Wirkung verblasst im Laufe der Zeit. Daher müssen derartige „Behandlungen" immer wieder aufs Neue durchgeführt werden. Die Wirksamkeit kann durch Visualisierungen und Affirmationen (Bejahung, Bekräftigung der bildhaften Vorstellungen) erhöht werden. Mit der Visualisierungstechnik arbeiten viele Menschen, um bestimmte Ziele zu erreichen. Durch das Visualisieren des Zieles wird im Unterbewusstsein ein Bild des Ziels entwickelt. Diese geistige Vorstellung ist eine Art vorweggenommene Wirklichkeit. Dass diese Methode funktioniert, ist unbestritten und in zahlreichen neurolinguistischen Untersuchungen bestätigt worden. Ihr Einsatz ist aber auch umstritten, wie etwa NLP (Neurolinguistische Programmierung). Wie auch immer, mir haben diverse NLP-Methoden sowie die Autosuggestionen und Affirmationen sehr geholfen. Hier ein Auszug von meinen Ich-Sätzen:

> *Ich bin auf dem richtigen Weg. Ich vertraue mir und Gott. Ich spüre, wie mir Tag für Tag mehr Energie und Kraft zufließt. Ich habe genügend Erfahrungen, Talente, Fähigkeiten, Fertigkeiten und Wissen, um die Krisen und Herausforderungen des Lebens zu meistern. Ich verfüge über einen gesunden Körper, einen wachen Geist und eine sanfte Seele. Ich habe ein intaktes soziales Umfeld (Familie, Freunde, Kollegen). Ich freue mich auch heute wieder, mir und meinen Mitmenschen etwas Gutes zu tun. Ich akzeptiere mich, wie ich bin. Ich nehme mein Leben in die Hand.*

Das ist ein Auszug meiner Autosuggestionen bzw. Affirmationen aus der Krankenhauszeit. Diese veränderten sich im Laufe der Zeit. Die Formulierung solcher Sätze ist davon abhängig, was Sie stärken wollen. Es gibt viele Empfehlungen in den Büchern. Der Rhythmusforscher Bruce Werber etwa stellt in seinem Buch „Mantras – die heilende Kraft der Stimme" (2008) einige der elementarsten menschlichen Weisheitssätze vor, wie z. B. *Alles ist gut so wie es ist. Ich nehme es an, wie es ist. Ich lebe im*

Hier und Jetzt. Etc. Diese sind tatsächlich sehr wirkungsvoll. Allerdings, so meine Empfehlung, verwenden Sie nicht Formulierungen aus den Büchern, auch nicht die meinigen, sondern nur solche, die für Sie persönlich relevant sind. Wie mein Selbstvertrauen völlig am Boden lag, verwendete ich eine Zeit lang Suggestionen, die das SELBST stärkten: Selbst-vertrauen, Selbst-Akzeptanz, Selbst-Liebe, Selbst-Achtung etc. Diese ICH-Stärkung war für den Zugang zum DU, zu meinen Bezugspersonen, zu meiner Umwelt sehr wichtig. Mir war klar, dass ich zuerst wieder zu Kräften kommen musste, um für meine Liebsten da sein zu können. Denn ein wichtiger Leitspruch lautet:

Leben heißt geben

Daraus schöpfe ich besonders viel Energie und Kraft. Egal ob für die Familie, Freunde oder Kollegen. Für andere Menschen da zu sein, vor allem hilfsbedürftige zu unterstützen, ist meines Erachtens eines der wichtigsten Dinge im Leben. Dabei ist es (insb. für Burnout-Kandidaten) wichtig, auf die Balance zwischen Geben und Nehmen zu achten. Denn das Helfersyndrom ist gefährlich und kann den Ausbrennprozess unterstützen. Dennoch: ein Leben ohne Geben hat für mich keinen Sinn. Gib mit ganzem Herzen und ohne Erwartung einer Gegenleistung, lautet mein Grundsatz. Das Interessante dabei ist, dass mit dieser Einstellung reichlich zu dir zurückfließt. Dazu passen auch Aussagen von Mutter Teresa:

„Die Menschen sind egoistisch, launisch, vergesslich und uneinsichtig. Liebe sie trotzdem. Was du heute Gutes tust, wird morgen vergessen sein. Tu trotzdem Gutes.“

Autosuggestionen sind kein Allheilmittel, sondern lediglich ein kleiner Bestandteil der Gesamttherapie. Aber sie sind, wie die Forschungen zur neurobiologischen Programmierung zeigen, sehr effektiv. Sie funktionieren allerdings nur dann, wenn sie auf die Persönlichkeit und die Fähigkeiten des Einzelnen ausgerichtet sind. Es kommt auch auf die Art der Formulierung an, die Worte müssen für Sie einen Sinn ergeben. Suggestionen dieser Art können allerdings keine Defizite (mangelnde

Fähigkeiten, ungünstige Lebensbedingungen, psychische Erkrankungen etc.) beseitigen, sondern sind eher als unterstützendes Hilfsverfahren gedacht, das idealerweise von einer außenstehenden Person (Therapeut, Coach) begleitet wird.

Tagebücher: der Dankbarkeit, der Entscheidungen, der Erfolge

Tagebücher der Dankbarkeit, Entscheidungen und kleinen Erfolge tun dem Selbstwertgefühl und der Seele gut. Sie können eine enorme Wirkung entfalten. Man muss natürlich nicht für jedes Thema ein eigenes Tagebuch führen, die Notizen können ruhig in einem kleinen Büchlein gemeinsam notiert werden. Ich handhabe es jedenfalls so. Damit Sie sich darunter etwas vorstellen können, liefere ich Ihnen einige Beispiele aus meinen Aufzeichnungen. Für den „gesunden" Leser mögen diese Beispiele lächerlich wirken. Aber wer einmal im tiefen seelischen Loch gewesen ist, sieht dies anders. Für ihn können diese Tipps sehr hilfreich sein.

Im *Tagebuch der Dankbarkeit* können Sie alles festhalten, wofür Sie im Moment dankbar sind. Auch wenn Sie im totalen Tief sind, machen solche Aufzeichnungen Sinn. Während der Krankenhausaufenthalte habe ich mich beispielsweise dafür bedankt, dass ich ein Bett bekommen habe, dass sich ein Arzt um mich gekümmert hat. Ich war dankbar für das verständnisvolle Lächeln einer Krankenschwester, für das Gespräch mit einem Mitpatienten oder den Telefonanruf eines Angehörigen oder Freundes. Dankbar für die wärmenden Sonnenstrahlen oder für das Vogelgezwitscher im Park. Die Eintragungen können ruhig elementaren Charakter haben, z. B. dass ich atmen oder mich bewegen kann usw. Im Grunde genommen geht es bei all den Eintragungen um den **Dank an bzw. für das Leben**. Sie können sich bei Mitmenschen, bei der Natur, bei Gott oder den Schutzengeln bedanken und - last, but not least - bei sich selbst: für Ihre Geduld, für Ihr Durchhaltevermögen, für Ihre Disziplin, für die kleinen bzw. großen Erfolge und Entscheidungen, die Sie getroffen haben. Damit wären wir beim nächsten Tipp.

Ein *Tagebuch der Entscheidungen und kleinen Erfolge* macht vor allem dann Sinn, wenn Ihr Selbstwert aufgrund der Erschöpfung stark in Mitleidenschaft gezogen ist oder wenn Sie im Moment unter Entscheidungsschwäche leiden. Dies ist - siehe Theorieteil - bei Erschöpfungsdepressionen häufig der Fall. Auch hier gilt es, mit kleinen Schritten anzufangen, indem Sie sich symbolisch auf die Schulter klopfen und notieren, worauf Sie stolz sind. Das kann ein kurzer Spaziergang sein, zu dem Sie sich entschieden haben oder eine typische Alltagsentscheidung, z. B. dass Sie etwas von Ihrer to-do-Liste erledigt haben. Es kann auch ein Laster sein, z. B. dass Sie weniger als sonst geraucht haben usw. In diesem Zusammenhang macht es durchaus Sinn, sich zu notieren, was Ihnen gut tut, z. B. bewegen (laufen, spazieren, wandern), lesen, musizieren, tanzen, chillen, Musik hören, mit Freunden etwas unternehmen usw. Solche Eintragungen sind nicht nur wohltuend, sondern auch enorm stärkend. Je öfter und regelmäßiger Sie sich das schriftlich vor Augen führen, desto größer ist die Wahrscheinlichkeit, dass Sie das eine oder andere, was Ihnen gut tut, auch tatsächlich in die Tat umsetzen. Darüber hinaus ist es wichtig, die verschiedenen Entscheidungsmöglichkeiten gedanklich durchzuspielen. Grundsätzlich haben wir drei Möglichkeiten, um eine verfahrene Situation aufzulösen:

(1) Love it: Das ist der Versuch, sein Tun oder seine Lebenssituation wiederherzustellen bzw. zu lieben, indem man seine innere Einstellung dazu ändert.

(2) Change it: Das ist der Versuch, die Situation und die Umstände zu ändern, indem man selbst die Initiative übernimmt.

(3) Leave it: Das ist der Versuch, die belastenden Situationen oder Umstände, die uns krank machen, zu verlassen, indem man sich von einer Person / Arbeitsstelle trennt.

Diese Entscheidungsvarianten sind nicht als „Entweder-oder-Strategien“ zu verstehen, sondern durchaus auch als „Sowohl-als auch-Strategien“. Ich habe beispielsweise alle drei Varianten erfolgreich angewendet, indem ich

(1) meinen Job, meine engsten Verbündeten und mich selbst wieder lieben lernte, (2) einige meiner Verhaltensweisen änderte (z. B. das Trinken von Alkohol stoppte) und die Verantwortung für mein Leben übernahm und (3) mich von diversen Ämtern und Personen trennte.

Und noch eine abschließende Anmerkung zu den Tagebüchern. Die Eintragungen müssen nicht täglich erfolgen. Manches Mal genügt es schon, sich am Ende des Tages, vor dem Einschlafen etwa, für bestimmte Erlebnisse oder Erfahrungen zu bedanken. Oder Sie lassen den Tag einfach Revue passieren und stellen sich ein paar ....

... hilfreiche Fragen

Mit gezielten Fragen können wir unsere Aufmerksamkeit und Wahrnehmung auf wichtige Lebensbereiche fokussieren. Welche Bedeutung Fragen für unser Leben haben können, wurde bereits im Kapitel "Sinn des Lebens" deutlich. Allein die Tatsache, nicht danach zu fragen, was ICH vom Leben zu erwarten habe, sondern was das LEBEN von mir erwartet, ergibt einen anderen Zugang zur Sinnfrage. Die Art der Fragestellung ist entscheidend. Im Alltag stellen wir uns oft Warum-Fragen: *Warum ist mir das passiert? Warum ausgerechnet ich?* Solche Fragen führen häufig in eine Sackgasse. Sie liefern zwar Antworten zu möglichen Ursachen und Gründen für unsere „Krankheiten“. Man kann dadurch aber auch in Selbstmitleid versinken, das bekanntlich für die Genesung nicht hilfreich ist. Wie-Fragen sind in der Regel konstruktiver. *Wie mache ich das Beste aus einer Situation? Wie komme ich aus der Misere wieder heraus?* Solche Fragen zeigen uns eher die Wege aus der Krise und liefern Antworten darauf, welche Mittel zur Verfügung stehen, um die missliche Lage zu ändern. Fragen beeinflussen unsere Gedanken, Gefühle und in weiterer Folge unser Handeln. Fragen sind richtungsweisend dafür, worauf wir uns konzentrieren.

„Hochkarätige Fragen schaffen eine hochkarätige Lebensqualität,“ meint der amerikanische Erfolgscoach und Bestsellerautor Anthony Robbins

(1998, S. 190 f) und bringt zahlreiche Beispiele dafür. Er unterscheidet in aktivierende Fragen am Abend und solche am Morgen. In der Früh können Sie sich nicht nur fragen, was der Tag so bringen wird, sondern gezielt danach, was Ihnen heute besonders am Herzen liegt. Am Abend können Sie sich nicht nur fragen, wie der Tag so gelaufen ist, sondern gezielt danach, welche Ihrer Vorhaben und Ziele Sie auch tatsächlich erreicht haben. Ich habe einige Fragen von Anthony Robbins Checkliste übernommen und diese um eigene, selbstformulierte, Burnout-bezogene Fragen ergänzt.

Was habe ich heute dazugelernt? Was habe ich heute gegeben? Wen konkret habe ich heute unterstützt? Konnte ich für jemanden da sein? Welchen Beitrag zum Wohle der Familie oder der Gesellschaft habe ich heute geleistet? Worauf kann ich stolz sein? Welchen wichtigen Schritt zur Genesung und Weiterentwicklung habe ich gesetzt? War ich achtsam genug? Habe ich auf mich aufgepasst? Habe ich auf meine Bedürfnisse, meine Kraftquellen geachtet? Habe ich mir genug Zeit für wichtige Dinge genommen?

Bei der Formulierung dieser Fragen gilt das Gleiche wie bei den Ich-Sätzen (siehe Autosuggestionen, Affirmationen). Die Formulierung ist davon abhängig, was Sie stärken wollen. Verwenden Sie nicht nur vorgefertigte Standardfragen, sondern solche, die für Sie persönlich relevant sind. Meine Fragen, die ich mir gelegentlich am Abend oder in der Früh stelle, haben einen Ich- und Du-Bezug. Sie fokussieren die Aufmerksamkeit auf mich und meine Umwelt. Ebenso wie diese zwei entscheidenden Fragen: *Hast du in deinem Leben Freude gefunden? Hat dein Leben anderen Freude gebracht?*

Wolfgang Lalouschek (2012), Facharzt für Neurologie und medizinischer Leiter des Gesundheitszentrums *The Tree* in Wien, schlägt vor, sich die Frage nach dem Original zu stellen: *„Wie weit bin ich mein Original?"* (S. 47). Ich finde die Frage im Zusammenhang mit der Behandlung von Burnout, Depression und Sucht interessant. Denn jeder von uns hat seine Originalpersönlichkeit. Vor diesem Hintergrund ist auch die Frage spannend, woran ich merken würde, dass ich meiner Originalität ein Stück näher bin. Solche Fragen führen unweigerlich zu Identitätsfragen wie: *Wer bin ich? Woher komme ich? Wohin will ich? Was möchte ich vom Leben?* Oder noch besser: *Was erwartet das Leben von mir? Was kann ich besonders gut? Was weniger gut? Worin liegen meine Stärken und Schwächen?* Aber aufgepasst: die Auseinandersetzung mit derartigen Fragen kann anstrengend und energieraubend sein. Sie kann, wie der Soziologe Alain Ehrenberg warnt, in die Erschöpfung führen. In jedem Fall ist die Beantwortung solcher Fragen nicht einfach. Es kommt auch auf den richtigen Zeitpunkt an. Denn: *„Es braucht Zeit zu begreifen, wer du bist, so einfach ist das nicht." (Tiziano Terzani, S. 245)*

Fragen zu Burnout, Depression oder Sucht

Was habe ich selbst zu meinem Burnout, meiner Depression oder Sucht beigetragen? Welche belastenden Faktoren lassen sich in den vier Ursachenfeldern (Beruf, Privat, Person, Gesellschaft) erkennen?

Beruf: Welche Faktoren am Arbeitsplatz können dabei eine Rolle gespielt haben? Zu hohe Arbeitsbelastung, zu wenig Einfluss und Kontrolle, zu wenig Anerkennung für erbrachte Leistungen, Konflikte im Team mit Kollegen, unterschiedliche Auffassungen hinsichtlich ihrer Werte, Ungerechtigkeiten, Ungleichverteilung der Aufgaben etc. Welche dieser Faktoren kann ich beeinflussen, welche nicht?

Privat: Welche Faktoren im privaten Umfeld (Familie, Freunde, Partner etc.) können dabei eine Rolle gespielt haben? Überhöhte Leistungsansprüche in Freizeit oder Familie, Druck von Partnern, Konflikte bzw. Sorgen mit Partnern und/oder Kindern, Krankheiten, Pflege- oder Todesfälle, zu wenig Zeit und Muße für Trauerarbeit etc. Welche dieser Faktoren kann ich beeinflussen, welche nicht?

Person: Welche personenbezogenen Faktoren können dabei eine Rolle gespielt haben? Zu hohe Leistungsansprüche, Hang zum Perfektionismus oder Helfersyndrom, Bedürfnis nach Lob, Anerkennung oder Einzigartigkeit, übertriebene Selbstdarstellung, Glaubenssätze (z. B. alles ist möglich) oder innere Antreiber (z. B. Sei perfekt. Streng dich an. Beeil dich. Sei stark. Mach's den anderen recht!), nicht NEIN sagen können. Achte ich genug auf meine Bedürfnisse? Gebe ich genug (Liebe, Anerkennung, Unterstützung)? Bin ich sehr egoistisch, egozentrisch, selbstbezogen, entwertend, empfindlich? Tappe ich in die Narzissmusfalle? Woher kommen die Karrierebilder und Leistungsansprüche (Rolle der Eltern, Erziehung)? Welche dieser Faktoren kann ich beeinflussen, welche nicht?

Gesellschaft: Welche gesellschaftlichen Bedingungen tragen dazu bei, dass ich erschöpft, depressiv oder süchtig wurde? Was hat mir mein Verständnis von Leistung und Karriere ermöglicht? Wo liegen die persönlichen Grenzen und Gefahren? Zur Beschleunigung des Lebenstempos und zum Faktor Zeit: Bin ich ein Multitasking-Typ? Mache ich vieles gleichzeitig? Bin ich womöglich zu schnell unterwegs? Schlafe ich ausreichend? Mache ich genug Pausen? Nehme ich mir Zeit zum Nachdenken, Reflektieren, Innehalten? Zum Umgang mit Medien: Bin ich immer und überall per i-Phone (Handy, Internet, E-Mail etc.) erreichbar? Lese ich (Job-)Mails noch vor dem Schlafengehen oder gleich nach dem Aufstehen? Zur Selbstverwirklichung: Trage ich womöglich eine zu hohe Eigenverantwortung für mein Leben? Übertreibe ich mit meiner Selbstdarstellung, Selbstvermarktung? Will ich imponieren oder leben? Welche dieser Faktoren kann ich beeinflussen, welche nicht?

Im Sinne der Eigenverantwortung empfehle ich allen Betroffenen, sich irgendwann diese Fragen zu stellen, allerdings nicht gerade dann, wenn Sie total erschöpft und ausgebrannt sind. Zuerst müssen Sie wieder auf die Beine kommen, sich körperlich und seelisch erholen - etwa mit den empfohlenen Übungen für Körper, Geist und Seele. Denn die Auseinandersetzung mit all diesen Fragen kann sehr anstrengend sein. Sobald man sie jedoch für sich beantwortet hat, kann dies Blockaden lösen, befreiend und energiespendend wirken.

9.8.) Lebensweisheiten

„Lebensklugheit bedeutet: Alle Dinge möglichst wichtig, aber keines völlig ernst zu nehmen.“ (Arthur Schnitzler)

Im Folgenden werden Lebensweisheiten vorgestellt, die im Zuge der Burnout- und Suchtprävention sehr hilfreich sein können. Sie sind teilweise Tausende Jahre alt. Die Weisheitssätze stammen von philosophischen, psychologischen oder spirituellen Autoren. Während meiner Krankenhausaufenthalte erhielt ich einige dieser Lebensweisheiten von lieben Freunden und Familienangehörigen (insbesondere von meiner Schwester Patrizia) per *sms*. Eine Zeit lang habe ich sie als nutzlose, kindische Kalendersprüche abgetan. Mittlerweile sehe ich sie mit anderen Augen. Heute weiß ich, dass die in den Leitsprüchen propagierten Grundhaltungen entscheidend zur Genesung beitragen können, dass sie tatsächlich eine heilende Kraft beinhalten - sofern man das einleitende Zitat von Arthur Schnitzler beherzigt oder den folgenden Spruch, dessen Urheber nicht mehr ausfindig gemacht werden konnte: *„Nimm dich nicht zu ernst, lache über dich selbst.“*

Potschasn – nur mit der Ruhe

Im Kapitel „Zeit“ wurde bereits darauf hingewiesen, dass ich durch die bewusste Entschleunigung, Verlangsamung von Tag zu Tag ruhiger, entspannter, gelassener, effektiver und kraftvoller wurde. In diesem Kontext verwendete ich das Zitat: *In der Ruhe liegt die Kraft.* In der Tat, die Kraftreserven, die mit dieser inneren Haltung entstehen, sind beachtlich. Es ist erstaunlich, wie viel man dadurch leisten kann – beruflich wie privat. Durch die innere Ruhe und Gelassenheit konnte ich immer leichter loslassen, mich auf Neues einlassen. Mit dem slowenischen Wort „potschasn“, das in Kärnten, wo ich lebe, häufig zu hören ist, lässt sich diese Lebensweisheit ganz gut auf dem Punkt bringen. *Potschasn* bedeutet langsam, immer mit der Ruhe. Wenn sich Hektik rund um mich herum breit macht, und sich bei mir innere Unruhe, eine Art Stress bemerkbar macht, dann denke ich an dieses Wort und sage zu mir (und gelegentlich zu anderen): *„Nur mit der Ruhe"*, es funktioniert in den meisten Fällen. Wenn dies nicht ausreicht, muss ich eben eine Pause einlegen, womit wir bereits bei der nächsten Lebensweisheit wären.

„Wenn du es eilig hast, setze dich und mach eine Pause."

Auch diese Lebensweisheit macht Sinn und lässt sich gelegentlich in die Tat umsetzen, wie jetzt beim Schreiben dieser Zeilen. Ich habe heute Morgen bereits vier Stunden intensiv an diesem Text gearbeitet. Jetzt mache ich bewusst eine kurze Pause mit Essen, Trinken, Bewegen, Dehnen, Strecken, Atmen (tief Ein- und Ausatmen), ein paar Qi Gong und Entspannungsübungen. Nach weiteren drei bis vier Arbeitsstunden mache ich wieder eine Pause, diesmal eine längere (zwei bis drei Stunden). Auf diese Weise und unter Berücksichtigung aller anderen hier genannten Grundsätze und Copingmethoden kann ich nochmals einige Stunden arbeiten (z. B. schreiben, Gartenarbeit erledigen). Natürlich funktioniert das nur eine gewisse Zeit lang und man darf keinesfalls übertreiben, sich überfordern, da dauernde Anspannung mit zu wenigen Pausen in die Erschöpfung führt. Zwischendurch sollte man bewusst nichts tun, die Seele einfach baumeln lassen.

„Wenn du einen vollkommen nutzlosen Nachmittag auf vollkommen nutzlose Weise verbringen kannst, hast du gelernt zu leben." (Lin Yutang)

Ich bin zwar davon noch weit entfernt, diesen Ratschlag bezüglich „Nichtstun" umsetzen zu können, aber ich bin zumindest dabei, es zu üben. Ich tue mir (wie viele andere Burnout-Kandidaten) schwer damit, einen Tag bzw. einige Stunden auf „nutzlose Weise" zu verbringen. Dabei wird Faulenzen oder Chillen (wie die Jugendlichen das Nichtstun bezeichnen) als effiziente Burnout-Prävention und Schutzwall gegen Depression propagiert (Profil-Artikel, 1. Oktober 2012, S. 100). Entscheidend ist meiner Meinung nach, dass wir das Tempo selbst bestimmen, selbst entscheiden, wann es Zeit ist, sich niederzusetzen und eine Pause einzulegen, um danach mit voller Kraft wieder durchstarten zu können.

Wenn man sich voll im Burnout-Prozess befindet, ist es besonders schwierig, sich bewusst zu entspannen oder Pausen einzulegen. Auch wenn die private oder berufliche to-do-Liste immer länger wird und man womöglich an allen Seiten „gebraucht“ wird, ist es nicht so einfach, abzuschalten. Hier gibt es meines Erachtens nur ein wirksames „Medikament“ bzw. Gegenmittel. Bewusst aus dem Hamsterrad heraustreten, aussteigen, sich eine Auszeit gestatten und Innehalten.

Innehalten

Der dänische Philosoph Sören Kierkegaard hat in seinen Überlegungen zur Hektik und Schnellllebigkeit seiner Zeit bereits vor 200 Jahren auf die Notwendigkeit des Innehaltens hingewiesen: ruhig zu werden, nachzudenken und zuzuhören, über das eigene Dasein zu staunen und dessen Rätselhaftigkeit anzunehmen (vgl. Wiener Zeitung online, 3. Mai 2013). Der Klagenfurter Philosophieprofessor Peter Heintel versteht es in seinem Buch „Innehalten“ ähnlich wie der dänische Philosoph, nämlich als eine „Aufforderung zu halten, haltzumachen, zu verweilen, auszusteigen aus dem gewohnt-verpflichtenden Gang der Dinge. Sich im Fluss der Zeit eine ‚Auszeit‘ zu gestatten, am Ort zu bleiben, das Treiben rundherum für einen Augenblick zu verlassen, sein zu lassen“ (Heintel, 1999, S. 7). Innehalten ist kein bloßes Stehenbleiben, es ist auch eine Aktivität, die durchaus anspruchsvoll ist. Es ist nicht einfach, „herauszutreten aus der Ereigniskette der Notwendigkeit, sich selbst gegenüberzutreten und nachzuschauen, was sich denn alles so tut, darüber sich ein Urteil zu bilden, ihm Sinn zu geben“ (ebd. SS. 11). Darüber nachzudenken, wer oder was wir sind bzw. sein wollen, ist eine große Herausforderung und kann, wie ich ausgeführt habe, auch in die Überforderung führen. Dennoch: die Hoffnung des Haltmachens besteht darin, Halt zu bekommen. In jedem Fall lässt es Rückblick und Ausblick zu: „Vergangenes zu sichten, in ihm Pfade zu legen, die zu uns führen und in weiterer Zukunft eine gangbare Richtung weisen [...] Im Anhalten sehen wir, was an uns vorüberziehend seine Spuren in die Zukunft legt.“ (ebd. S. 9) Allerdings erzeugt Innehalten vorerst, so meine persönliche Erfahrung, Unsicherheit. Diese spricht auch Heintel an: „Man ist auf sich zurückgeworfen und weiß, wie unsicher und zweifelhaft gerade dieses Fundament sein kann." (ebd. S. 10). Die Wortkombination *Inne-Halten* verweist darauf, dass wir unseren Halt aus dem *Inneren* gewinnen.

Der Weg führt nach innen

Nach meinen vielen Krankenhausaufenthalten hatte ich das starke Bedürfnis, eine lange Reise zu unternehmen, weit weg. Ich hatte bereits zahlreiche Prospekte zu Hause liegen. Nach der langen „Gefangenschaft" (so hatte ich teilweise die Krankenhäuser, insbesondere jene mit Ausgangsverbot, erlebt) wünschte ich mir Freiheit bzw. eine Auszeit, die ich immer wieder schon vor der Erkrankung angedacht, aber nie realisiert habe. Irgendetwas hielt mich von der Umsetzung dieses Planes zurück - eine innere Stimme, die zu mir sagte: *Egal, wohin du auch gehst, du nimmst deine Probleme im Rucksack mit. Du kannst sie nicht zu Hause liegen lassen. Der Weg in die Freiheit, Unabhängigkeit führt nach innen.*

Diese in vielen philosophischen, psychologischen und spirituellen Ratgebern zu findende Lebensweisheit bedeutet, dass ich zuerst mit mir „inneren Frieden" schließen, mit mir ins Reine kommen muss. Dieser Prozess ist nicht von heute auf morgen abgeschlossen. *„Die längste Reise ist die Reise nach Innen."* (Dag Hammarskjöld) - Und Hermann Hesse meint dazu: *„Der wahre Beruf des Menschen ist, zu sich selbst zu kommen."*

Weitere wertvolle Tipps zum Thema „Innere Führungskraft" finden Sie im gleichnamigen Buch von Manfred Greisinger. Der niederösterreichische Wortsammler, Schreibabenteurer, selbstständige PR-Berater, Coach und Autor von zahlreichen Ratgeber-Büchern, kommt letztlich auch zu dem Schluss, dass die entscheidende Führung das Leben selbst inne hat. Er zeigt anhand zahlreicher Beispiele auf, wie „EigenFÜHRUNG" funktioniert und woher die „Führungs-Kraft ihre Kraft zur Führung" nimmt: „Nachhaltige

Kraft kann jede Führungskraft nur aus ihr selbst holen [...] Die Kraft ist in jeder und jedem. Vielleicht verschüttet. Aber sie ist vorhanden.“ (ebd. S. 15) „Das Maß ist in mir, die Kraft ist in mir, die Freude ist in mir.“ (ebd. S. 218)

Tiziano Terzani meint: „Wenn du ein Problem hast, halte ein. Horch in dich hinein und versuch´ die Antwort in dir selbst zu finden. Denn es gibt sie. Tief in deinem Inneren gibt es etwas, was dich hält, was dir hilft, eine Stimme. Hör ihr zu. Manche nennen sie >Gott<, manche haben andere Namen dafür, aber es gibt sie. Das ist meine ... ich will nicht sagen Hoffnung, nein, es ist meine tiefe Überzeugung, dass es so ist.“ (S. 395) Und meine auch. Mein Credo lautet daher: „Tiefer gehen“.

„Was hinter uns liegt und was vor uns liegt, sind winzige Kleinigkeiten verglichen mit dem, was in uns liegt.“ (Oliver Wendell Holmes)

Leben in Balance und im Rhythmus leben

„Im ganzen Königreich der Natur wechseln immer Perioden der Aktivität mit denen absoluter Ruhe ab.“ (Prentice Mulford)

Dieses Zitat könnte man auch als Definition für Life-Balance verwenden. Das Leben ist ein ständiges Auf und Ab, ein Wechselspiel zwischen Höhen und Tiefen, zwischen Freude und Trauer, depressiver Stimmung und Frohsinn, Erfolg und Misserfolg, Geben und Nehmen. Solange diese Dualitäten bzw. Polaritäten in Balance sind, ist meist alles im Lot. Für mich ist der Begriff Life-Balance auch mit Ebbe und Flut vergleichbar: ansteigendes und sinkendes, auflaufendes und ablaufendes Wasser. Daran denke ich oft bei meinen Spaziergängen am Meer, an die Gezeitenkräfte, an die Gezeiten - und nicht an die Gehzeiten. Die Gezeiten, die Zeiträume zwischen Hoch- und Niedrigwasser bzw. umgekehrt zwischen Niedrig- und Hochwasser. Und damit bin ich wieder beim Schlüsselfaktor Zeit. Ich denke an die Zeiträume. Sich Zeit nehmen für Anspannung und Entspannung. Die „rhythmisch redundante Anordnung von Arbeit und

Pause“ ist für den Leiter des Instituts für Stressforschung in Bad Radkersburg (Österreich, Steiermark) Sepp Porta (2009, S. 5) die wichtigste Präventivmaßnahme gegen Burnout. Der Ausgleich zwischen Arbeit und Freizeit, zwischen Aktivität und Ruhe ist allerdings (so meine persönliche Erfahrung) nur ein Baustein, um im Rhythmus zu bleiben. Ein weiterer Aspekt im Rhythmus zu leben liegt, wie weiter vorne schon kurz angedeutet, (a) im Hier und Jetzt - im Bemühen, unsere Wahrnehmung auf den Moment, auf den Augenblick zu fokussieren und (b) in der Veränderung, Weiterentwicklung. Dies geschieht am ehesten, wenn ich mich annehme bzw. akzeptiere, wie ich bin.

Im Rhythmus bleiben, Leben in Balance. Dies fällt nicht immer leicht. Oft sind die äußeren Umstände schwierig (z. B. Druck vom Arbeitgeber, Druck vom Partner) und nicht beeinflussbar (z. B. berufliche oder gesellschaftliche Rahmenbedingungen). Daher ist es wichtig, den Hebel dort anzusetzen, wo wir Veränderungen herbeiführen und etwas beeinflussen können – nämlich in unserem Denken, der individuellen Einstellung zu den Dingen, den persönlichen Ansprüchen etc. All dies können wir bis zu einem gewissen Grad eigenverantwortlich bestimmen, beeinflussen und regulieren. Zur Erinnerung: Die Ursachen für Burnout (und die damit zusammenhängenden Syndrome Depression und Sucht) liegen nicht nur in den beruflichen, privaten und gesellschaftlichen Umständen, sondern auch in der Person selbst. Der Heilungsprozess besteht nicht nur in der Behandlung der äußeren Umstände, sondern beginnt innen. Davon handeln die nächsten Lebensweisheiten.

Die Sorge um sich

Diese ursprünglich vom französischen Philosophen Michael Foucault geprägte Aussage steht für eine Grundhaltung, mit der das eigene Leben schöpferisch gestaltet und nicht an fremden Normen und Vorstellungen ausgerichtet wird. In Anlehnung an den Individualpsychologen Alfred Adler versteht die Klagenfurter Psychologieprofessorin Jutta Menschik-

Bendele (2011, S. 21) in ihrem Burnout-Buch unter dem Leitsatz „Die Sorge um sich“ einen, wie sie schreibt, gelungenen Lebensstil, „… eine der Welt zugewandte Haltung, die den Menschen befähigt, die von ihm ergriffenen Aufgaben so zu erledigen, dass er sein Bestes tut, freudig sein Werk beschauen kann und sich dabei nicht in Konkurrenz zu anderen, in einem neurotischen Machtstreben gefangen sieht.“ In diesem Kontext verstehe ich auch die psychologischen und spirituellen Ratschläge zur *Selbst-Liebe, Selbst-Akzeptanz, Selbst-Achtung*. In diese Kategorien lassen sich auch einfache, alltägliche Elemente wie etwa die Körperpflege einordnen. Schon beim Eincremen der Haut, um ein Beispiel zu bringen, signalisierst du dir: *Ich schau auf mich. Ich gönne mir etwas Gutes. Ich pflege mich. Ich bin es mir wert.* Derartige triviale Handlungen sind nicht zu unterschätzen, vorausgesetzt man tätigt sie mit dem entsprechenden Bewusstsein.

Du selbst sein

Diesen Leitsatz haben Sie wahrscheinlich auch schon oft gehört bzw. gelesen. Auf diesen Sachverhalt haben schon viele große Denker hingewiesen - wie Sören Kierkegard: „Das Große ist nicht, dieser oder jener zu sein, sondern man selbst zu sein; und das kann jeder Mensch sein, wenn er will.“ Viele Psychologen sehen darin sogar eine der Kernaufgaben in der Arbeit mit ihren Patienten. Carl R. Rogers, dessen Name sogar eine Therapierichtung trägt, haben wir bereits zitiert. In seiner Arbeit mit Menschen hat er herausgefunden, dass es auf lange Sicht nicht hilft, so zu tun, als wäre man jemand, der man nicht ist. Er behauptet: „*Wenn ich mich so, wie ich bin, akzeptiere, dann ändere ich mich*“. Und Lebensveränderung ist besonders für Burnout-Kandidaten das oberste Gebot. Es geht „nur“ darum, sich selbst mit all seinen Schwächen, Mängeln, Unsicherheiten, aber auch mit all seinen Stärken, Kompetenzen, Erfahrungen zu akzeptieren. Diese Art von Selbst-Akzeptanz ist kräfteschonend und wirkungsvoll zugleich. Außerdem führt sie zu mehr Selbst-Vertrauen. Diese alte Lebensweisheit hat auch der italienische Journalist und

Schriftsteller Tiziano Terzani im Buch „Das Ende ist mein Anfang“ aufgenommen. Der zu diesem Zeitpunkt bereits schwerkranke Schriftsteller blickt auf sein Leben zurück und spricht mit seinem Sohn über die große Reise des Lebens und den bevorstehenden Tod. In diesem Kontext hebt er hervor:

„Das wahre Verlangen, wenn man denn eines will, ist das Verlangen, man selbst zu sein. Das Einzige, was zu ersehnen Sinn macht, ist, vor keinen Entscheidungen mehr zu stehen, denn die wahre Entscheidung ist nicht die zwischen zwei Sorten Zahnpasta, zwei Frauen oder zwei Autos. Die wahre Entscheidung ist die, du selbst zu sein“ (S. 13).

Diese Weisheit ist tatsächlich ein zentraler Schlüssel zur Genesung. Daher habe ich folgendes Zitat auch an den Anfang des Buches gestellt (siehe Einleitung): „Sei du selbst ... Bleib dir treu und zeig dich der Welt, so wie du bist. Denn es ist dein Leben und dein Weg.“ (Ashley Lippert). Auch dieses Zitat passt meines Erachtens gut zu diesem Abschnitt:

„Du weißt, was du willst, und orientierst dich heute nicht mehr so sehr an anderen. Du bist bereit, deinen eigenen Weg zu gehen, willst eigene Spuren hinterlassen. Das ist toll. Sei stolz darauf.“ (aus der Zitatensammlung von Ashley Lippert „Gehe deinen eigenen Weg“)

Loslassen

Wie oft hat mir im Zuge der Krise mein behandelnder Arzt und Psychotherapeut, den ich gelegentlich während meiner Krankenhausaufenthalte aufsuchte, weil es ja dort nicht wirklich eine psychotherapeutische Betreuung gab, gesagt: *„Loslassen! Lernen Sie loslassen, Herr Professor“* (so hat mich der Primarius immer angesprochen). Lange Zeit konnte ich mir nichts darunter vorstellen, hatte keine Idee, was ich loslassen soll und wie ich loslassen kann. Im Laufe der Zeit wurde mir klar, was damit gemeint sein könnte. Es geht um das Loslassen von alten überlebten Mustern, Vorstellungen, Gewohnheiten,

Verhaltensweisen, Besitzansprüchen u.v.a.m. In wohl jedem Lebensratgeberbuch findet man derartige Hinweise, Appelle, auch bei Tiziano Terzani, den ich nochmals strapazieren möchte, weil er es so drastisch formuliert: *„Du musst loslassen, loslassen, alles, was du kennst. Lass es los. Hab keine Angst, mit leeren Händen dazu stehen, denn eben dieses Nichts wird letztlich deine Stütze sein.*“ (S. 370). Und es stimmt: Je weniger ich an den äußeren, materiellen Dingen im Leben hänge, desto innerlich reicher und zufriedener fühle ich mich. Es klingt paradox, aber ich erlebe es tatsächlich so. Loslassen gehört zur hohen Lebenskunst und ist eine der wichtigsten Lektionen, die wir im Zusammenhang mit den hier besprochenen „Krankheiten“ zu lernen haben. Wir können nichts im Leben festhalten. Weder unsere Partner, noch unsere Kinder oder den Besitz. Ja nicht einmal die Zeit können wir festhalten.

Gelassenheit geschieht durch Loslassen

„Festhalten ist energieraubend und sehr erschöpfend“, meint der Psychologe und Bestsellerautor Peter Lauster in seinem Buch „Wege zur Gelassenheit“ (2011, S. 22). „Viele stehen den ganzen Tag unter der Spannung sich anzupassen, sich selbst Gewalt anzutun. Sie sind erschöpft vom Anklammern und Verdrängen der Möglichkeiten des Loslassens“ (ebd. S. 22). Sein Credo lautet: Gelassenheit geschieht durch Loslassen. Gelassenheit ereignet sich nicht, sondern geschieht in der Tiefe der Seele. Sie ist nicht durch Anstrengung zu erzielen, sie stellt sich von selbst ein, wenn ein bestimmter seelisch-geistiger Zustand erreicht ist. Gelassenheit bedeutet für Lauster, sich loszulösen von Regeln, Sicherheit und Erwartungen: „das Herz und das Gehirn frei machen, damit die Seele sich weit öffnen und der Wind des Lebens, der Atem der Lebensenergie, ungehindert hindurchwehen kann“ (ebd. S. 43). Gelassenheit bedeutet für ihn, die anderen so lassen zu können, wie sie sind. Die anderen so hinnehmen zu können, wie sie sind. „Gelassenheit heißt frei sein von egozentrischem Überlegenheits- und Geltungsstreben, frei von der Besserwisserei und Provokation der anderen, unabhängig von Bewertungen, seien sie auch noch so negativ oder positiv.“ (ebd. S. 88).

Eine wichtige Voraussetzung für Gelassenheit ist für den Autor „inneres Alleinsein“. Und genau das entspricht meiner Sehn-Sucht, wie ich sie weiter vorne beschrieben habe. Die Sehnsucht nach Ruhe, Gelassenheit und innerem Frieden, nach Alleinsein, mit mir eins sein. Friede mit mir, mit meinem Körper, mit meinen Gedanken, mit meinen Gefühlen. Wenn wir inneren Frieden mit uns selbst schließen, dann werden wir wahrscheinlich auch in Frieden mit der Gemeinschaft, mit den Mitmenschen, mit unserer Kultur und Natur leben können.

Liebes Leben!

Nun könnte ich noch Hunderte solcher Lebensweisheiten und Achtsamkeitsübungen beschreiben. Aber im Sinne der eingangs formulierten Zielsetzung und Ansprüche an den Text lasse ich es so stehen und verweise auf die diesbezüglichen Ratgeber im Literaturverzeichnis. Ich habe all jene Beispiele gebracht, die meines Erachtens relevant für unsere drei Themen (Burnout, Depression, Sucht) sind und die mir persönlich geholfen haben. Einige Leser und Leserinnen werden sich jetzt vielleicht fragen, wie das alles funktionieren soll, z. B. das Loslassen, zur Ruhekommen, Life-Balance, im Rhythmus Leben, den eigenen Weg finden. Der Prozess erfolgt auf zwei Ebenen: *einerseits* auf der Einstellungsebene (Arbeit an der persönlichen Einstellung, Rekonstruktion von alten Mustern, Leitbildern, Glaubenssätzen) sowie *andererseits* auf der körperlichen Ebene (durch die hier vorgestellten Entspannungs- und Wahrnehmungsübungen). Einstellungs- und Verhaltensänderungen erfolgen nicht von heute auf morgen, benötigen etwas Geduld und Zeit. Medien und Seminaranbieter sehen allzu oft in der einen oder anderen Aktivität das Allheilmittel gegen Burnout, Depression und Suchtverhalten. Einmal heißt es: Entspannungstechniken (Yoga, Meditation etc.), dann wieder Life-Balance, und im nächsten Seminarfolder oder Medienbericht ist das Nichtstun effizienteste Burnout-Prävention und Schutzwall gegen Depression und Sucht. Burnout und die damit zusammenhängenden Syndrome (Depression und Sucht) wurden hier als multifaktorielles

Geschehen mit vielfältigen Auswirkungen auf Körper, Geist und Seele dargestellt. Daher müssen die Behandlungsmethoden auf all diesen Ebenen ansetzen. Und beginnen muss man bei sich selbst. Denn sehr häufig ist es so, dass wir über viele Jahre an unserem eigenen Leben vorbeigelebt haben. Miriam Meckel schreibt in ihrem Brief an ihr Leben folgenden Schlusssatz: *„Liebes Leben, komm zurück zu mir und lass mich zu. Ich werde Dich auch zulassen, denn ich vermisse Dich so. Und nimm Dir die Zeit, die Du brauchst. Es gibt genug davon. Ich will sie mir auch nehmen, will es zumindest zum ersten Mal ernsthaft versuchen. Du fehlst mir so in all dem, was ich bislang getan habe.“* (S. 217)

9.9.) Exkurs: Macht *Positiv Denken* krank oder gesund?

Der deutsche Psychotherapeut Günter Scheich ist wohl der prominenteste Kritiker. In seinem 2001 herausgegebenen Buch „Positives Denken macht krank“ zeigt er anhand von verschiedenen Fällen, warum die Heils- und Erfolgsversprechungen diverser esoterischer Autoren bei einer Vielzahl psychisch labiler Menschen genau das Gegenteil bewirken. Scheich kritisiert insbesondere jene Versprechungen, die unter dem Motto „Alles ist machbar“ immerwährendes Glück, Harmonie und Gesundheit sowie Reichtum propagieren. Seine Hauptargument lautet: „Dieses Heilsversprechen spricht besonders Menschen mit psychischen Problemen an, die durch die unweigerlich eintretenden Frustrationen und falschen Zielvorgaben noch weiter in ihre Krankheit getrieben werden.“ (ebd. S. 23). Die Menschen seien nicht unter-, sondern übermotiviert und die selbsternannten Motivationstrainer machen ihre Klientel süchtig nach Höhenflügen und zwanghaft positivem Denken – ein Selbstbetrug, der nicht selten ins Burnout und in die Depression führt. Positives Denken, wie Scheich es kritisiert, meint nicht den gesunden Optimismus, sondern das zwanghafte, aufgesetzte, verkrampfte Positive Denken. Man könne, so seine Argumentation, sich nicht einfach etwas herbeidenken oder wegdenken, wenn es unsere Seele nicht zulässt. Der Autor sieht in dem zwanghaften Positiven Denken eine Verdrängungsmethode, d. h. Positiv-

Denker dieser Art seien die perfekten Verdränger, weil nicht sein soll, was nicht sein darf. Er kritisiert vor allem die dabei verwendete Methode - nämlich die Autosuggestion, die ständige Wiederholung von Gedanken. Wiederholungen allein bringen nicht den gewünschten Effekt, wenn sie nicht gezielt auf die Persönlichkeit und Fähigkeiten des Einzelnen ausgerichtet sind. Autosuggestionen funktionieren nur dann, „wenn sich der Betreffende öffnet und den Sinn der Worte in sich einlässt." (ebd. S. 99).

Günter Scheich bringt in diesem Kontext auch einen ganz praktischen Tipp für die Formulierung derartiger Suggestionssätze. Diese sollen tunlichst nicht, wie in den Ratgeberbüchern propagiert, in der Gegenwart formuliert werden („Ich bin …"), sondern auf die Zukunft hin ausgerichtet sein („Ich werde sein"). Damit vermeidet man, so seine Argumentation, die sog. „Ist-Soll-Diskrepanz", die jeder an sich selbst beobachten kann, wenn man etwa im autogenen Training (einer wissenschaftlich anerkannten Entspannungsmethode) zu sich sagt: „Die Arme sind ganz schwer" und registriert, dass dies nicht der Fall ist bzw. trotz mehrfacher Wiederholung nicht eintrifft. Daher sei es besser zu sagen: „Meine Arme werden immer schwerer" oder „Ich werde immer ruhiger". Auf diese Art „kann man leichter entspannen, denn man spürt die erfolgreiche Entwicklung hin zum Ziel", meint Scheich (ebd. S. 100). Derartige Empfehlungen sind allerdings mit Vorsicht zu genießen. Denn neurolinguistische Studien der Gehirnforschung (vgl. z. B. Werber, 2008) ergaben, dass Suggestionssätze in der Gegenwartsform formuliert erheblich wirkungsvoller sind. Wie es aussieht, wirken beide Varianten. Das Beste ist, Sie probieren es selbst aus und wenden die Version an, die für Sie stimmig ist. Autosuggestionen können keine Defizite (mangelnde Fähigkeiten, ungünstige Lebensbedingungen, psychische Erkrankungen etc.) beseitigen, sie sind eher als unterstützende Hilfsverfahren gedacht, die idealerweise von einem Therapeuten, einer Therapeutin begleitet werden.

Soviel zur Hauptkritik an dieser Art des positiven Denkens. Günter Scheich propagiert im Sinne von Eigen-PR die Psychotherapie als einzig seriöse Methode, was wiederum mit Ehrenberg (2008) hinterfragbar ist, insbesondere die viel kritisierten Langzeittherapien (vgl. S. 258 f). Scheich bezieht sich in seiner Analyse hauptsächlich auf die bereits verstorbenen amerikanischen Bestsellerautoren Joseph Murphy, Norman Vincent Peale und Dale Carnegie sowie auf die deutschen Nachahmer wie etwa Jürgen Höller oder Bodo Schäfer. Ich habe all diese Bücher vor vielen Jahren gelesen und stimme den kritischen Einwänden teilweise zu. Einerseits motivierten sie mich sehr und die dort propagierten Visualisierungstechniken halfen mir bei der Umsetzung meiner persönlichen Ziele und Visionen sehr. Andererseits muss ich eingestehen, dass ich von dem zugrundeliegenden neoliberalistischen Weltbild (anything goes) beeinflusst wurde und in gewisser Hinsicht mit der damit einhergehenden Selbstüberschätzung und Überforderung in die Burnout-Falle getappt bin. So gesehen bin ich Profiteur und Opfer zugleich. Nehmen Sie also die Bedenken von Günter Scheich ernst.

In Scheichs Kritik finden die aktuellen Forschungen der „Positiven Psychologie“ (Seligman & Co) oder der Neurolinguistik und der Hirnforschung keine Erwähnung. Diese Fachrichtungen wiederum konnten in zahlreichen Studien eindrucksvoll die Kraft positiver und negativer Gefühle und Gedanken belegen und damit auch die Wirkung der Autosuggestionsmethoden. Allerdings ist ein sehr spezielles Detailwissen und kontinuierliches Training erforderlich, um die gewünschte Wirkung zu erzielen; darauf hier einzugehen, würde den Rahmen bei weitem sprengen (vgl. dazu Bruce Werber, 2008). Der Blick in die einschlägige Literatur wirft mehr Fragen als Antworten auf: *Was ist stärker, das Unbewusste oder das Bewusstsein? Was kommt zuerst, Gedanken oder Gefühle? Richten sich unsere Gedanken nach den Gefühlen oder umgekehrt? Sind unserer Gefühle gedanken-, gefühls- oder körperbasiert?* Mit diesen und weiteren Fragen beschäftigen sich zahlreiche Forschungsrichtungen. Die Antworten darauf sind äußerst vielseitig: Denken, Fühlen, Handeln sind sehr komplexe Bereiche. Aber so viel kann hier zu den verschiedenen Theorien (z. B. zu den körperbetonten Theorien oder den kognitiven Emotionstheorien) gesagt werden: Es gilt das „Sowohl-als auch-Prinzip“. Beide Theorien wurden empirisch bestätigt. Daher geht man nach dem heutigen Forschungsstand von sog. Mehrkomponenten- bzw. Prozess-Modellen aus. Demnach werden Emotionen nicht als Zustände, sondern als komplexe Bewertungsvorgänge in Reaktion auf äußere und innere (körperliche) Reize gesehen. Albert Newen, Professor für Philosophie an der Ruhr-Universität Bochum, erklärt diesen komplizierten Vorgang in einfachen Worten so:

„Bei einem neuen Ereignis – sagen wir, Ihrem ersten erfolgreich vollbrachten Handstand – wächst zunächst nur Ihre innere Erregung. Ergibt die anschließende Bewertung, dass Ihnen diese angenehm ist, sind Sie positiv überrascht; stellen Sie dann auch noch fest, dass sich das Ereignis gut in Ihre Ziele und Ihr Selbstbild einfügt, wird daraus schließlich Stolz." (in: Hirn & Geist, 1/2010, S. 58 „Wir sind, was wir fühlen"). D. h. alle Erfahrungen eines Menschen werden „emotional markiert". Daher kann man sich auch beispielsweise viel besser an Ereignisse erinnern, die mit einer Emotion verbunden sind. Emotionen sind wiederum eng mit den kognitiven Prozessen verknüpft und für unser Handeln unentbehrlich. Albert Newen beendet seinen Artikel mit der Aussage: „Wer wir sind und was wir tun, bestimmen wesentlich unsere Gefühle." (ebd. S. 61). Barbara L. Fredrickson, Professorin für Psychologie und Leiterin des Labors für Positive Emotionen und Psychophysiologie an der University of North Carolina in Chapil Hill (USA) beendet ihren Artikel „Die Macht der guten Gefühle" im Wissenschaftsmagazin „Gehirn & Geist" (1/2010, S. 75) mit folgender Aussage: „Der stärkste Verbündete auf dem Weg zum Glück ist unser Denken". Somit haben beide Professoren Recht. Sollten Sie mit beiden Positionen und Begriffen nicht einverstanden sein, so besteht immer noch die Möglichkeit, mit folgender Lösung einen Kompromiss zu schaffen:

„Dein Herz weiß immer viel mehr als dein Verstand. Höre auf die Stimme deines Herzens."

Gedanken beeinflussen die Gefühle und umgekehrt. Beides beeinflusst unser Handeln. Körper, Geist und Seele sind eine Einheit und funktionieren im Wechselspiel. Um dies anschaulich zu machen, sei noch das „Kuli-

Experiment“ erwähnt, das eindrucksvoll belegt, wie sehr beispielsweise der Gesichtsausdruck die emotionale Verarbeitung beeinflusst. Nehmen Sie einen Kuli zwischen die Zähne und Sie werden feststellen, dass man dazu tendiert, breit zu grinsen. Stecken Sie hingegen den Kuli zwischen die Lippen, wandern die Mundwinkel nach unten und Sie schauen eher finster drein. Das Überraschende an diesem Experiment ist, dass sich die Menschen gleich ganz anders fühlen - je nachdem, welchen Gesichtsausdruck sie haben. Derartige Effekte konnten die Wissenschaftler nicht nur mit der Mimik, sondern auch mit der Gestik messen. Fazit: Gedanken, Autosuggestionen, Visualisierungen, bildhafte Vorstellungen (sog. internale Representationen) können bestimmte Gefühle und Handlungen auslösen, aber auch die Physiologie, die Körperhaltung, der Gesichtsausdruck, die Atmung kann unseren Zustand verändern. Unser emotionaler Zustand ist demnach davon abhängig, was wir denken, wie wir atmen, welchen Gesichtsausdruck wir annehmen und wie wir uns bewegen.

Wenn wir depressiv sind, dann denken, fühlen und handeln wir auf eine ganz bestimmte Art und Weise. Wir denken eher pessimistisch, sagen bestimmte (überwiegend negative) Dinge in einem bestimmten (meist traurigen) Tonfall. Wir nehmen auch eine ganz bestimmte Körperhaltung ein (meist hängende Schultern, Blick nach unten, langsamer Gang). Interessanterweise können wir bereits durch die Körperhaltung bzw. bewusste Körperarbeit unseren psychischen und physischen Zustand verändern. Ich habe es ausprobiert und es funktioniert. Ein aufrechter Gang, ein bewusster Schritt, ein Blick nach vorne, ein leichtes Lächeln, positive Gedanken … all dies kann ihren Zustand verändern. Das heißt jetzt natürlich nicht, dass Sie damit Ihre Depression los oder gleich in Begeisterung versetzt werden, sondern lediglich, dass Sie bereits mit bewusster Körperarbeit (idealerweise psychotherapeutisch unterstützt) Ihren psychischen Zustand, je nach Ausgangslage und Schwierigkeitsgrad, mehr oder weniger stark beeinflussen können.

Und die Antwort zur Frage in der Kapitelüberschrift (Macht positiv Denken krank oder gesund?) lautet in Bezug auf unser Thema: Positives (oder besser gesagt: ganzheitliches) Denken, das auf bestehenden Fähigkeiten aufbaut und auf Ziele des Einzelnen ausgerichtet ist, hat positive Auswirkungen auf unser Fühlen und Handeln (Emotion und Kognition) und kann - richtig angewendet - den Heilungsprozess positiv unterstützen. Zwanghaftes (aufgesetztes, verkrampftes) „Positives Denken“ kann bei psychisch labilen Menschen zu Burnout, Depression und Sucht führen.

10.) Evaluation: Bin ich auf dem „richtigen“ Weg?

Are we doing the right things?

Are we doing things right?

Drei der insgesamt vier Schritte des Weges heraus aus der Krise wurden beschrieben: die *Analyse* (Erforschung der Ursachen, Gründe und Bedingungen der Erkrankung), die *Strategie* (Grundsätze und Voraussetzungen für die Genesung bzw. „Heilung“ sowie die Ziele, Botschaften, Leitsätze) und die *Taktik* (Coping- bzw. Bewältigungsmethoden, Instrumente und Maßnahmen). Der vierte und letzte Schritt ist die *Evaluation*, d. h. die Erfolgs- und Wirkungskontrolle. Hier geht es um die Frage, ob und inwieweit die gesteckten Ziele erreicht wurden, ob die Behandlungsmethoden wirksam (effektiv, effizient) sind. Kurzum: Es geht um die Frage, ob wir auf dem „richtigen“ Weg sind.

Evaluation ist ein Reflexions- und Auseinandersetzungsprozess, eine Art Metakommunikation, bei der wir unser Tun und Handeln hinterfragen. Die *Effektivitätsfrage* ist das Maß für die Zielerreichung. Are we doing the right things? Tun wir die richtigen Dinge? Setzen wir die passenden Schritte zur Erreichung unserer Ziele? Eine Therapie ist effektiv, wenn sie die Genesungsziele erreicht. Die *Effizienzfrage* ist das Maß für die Wirtschaftlichkeit (Kosten-Nutzen-Relation). Are we doing things right? Tun wir die Dinge auch richtig? Machen wir die hier beschriebenen Übungen für Körper, Seele, Geist präzise? Passt die Kosten-Nutzen-Relation, das Verhältnis von Aufwand und Ertrag? Eine Therapie ist effizient, wenn das erzielte Ergebnis (Genesungsziel) und die eingesetzten Mittel (Therapiemaßnahmen: Medikamente, Psychotherapie) in einem optimalen Kosten-Nutzen-Verhältnis stehen und der Nutzen dabei größer ist als der Aufwand.

Diese Fragen können Sie sich alleine oder mit Hilfe eines Lotsen (um an mein Hafenbeispiel zu erinnern) stellen. Der Lotse hilft dem Kapitän, sein

Schiff sicher an die Anlegestelle (Pier) zu bringen und auch wieder aus dem Hafen heraus. Der Lotse kann Ihr Partner, ein guter Freund, ein Kollege, ein Coach oder ein Therapeut sein. Bei der Art von Evaluation, wie ich sie hier vorschlage, geht es auch darum zu hinterfragen, welche Auswirkungen mein Therapieplan auf mich und die Umwelt hat. So ist es etwa durchaus möglich, dass Sie mit dem Heilungsprozess und dem Umgang mit den Copingmethoden so sehr beschäftigt sind, dass Sie den Blick auf die Umwelt, auf andere Dinge, andere Menschen (Ihren Partner, Ihre Freunde) verlieren, d. h. zu sehr auf sich und ihre Probleme bzw. Lösungsversuche fixiert, fokussiert sind. Eine derartige Rückmeldung habe ich von meiner Frau erhalten, nachdem ich ca. ein halbes Jahr intensiv mit den hier vorgestellten Methoden experimentiert und bereits mit dem Verfassen des Buches begonnen hatte.

Gefahr des Ego-Trips

Die Beschäftigung mit sich selbst birgt die Gefahr in sich, zu sehr Ego-zentriert zu sein. Achten Sie daher auf die Rückmeldungen Ihres Umfelds. Es könnte sein, dass Ihre Mitmenschen Ihr Verhalten als befremdend empfinden. Meine Empfehlung lautet daher: Führen Sie die Übungen alleine durch und seien Sie achtsam in Bezug auf die Balance zwischen Selbst- und Fremdbezogenheit, zwischen ICH und DU. Auch die Zeit spielt eine zentrale Rolle – nicht nur beim Weg in die Krankheit, sondern auch beim Weg heraus aus der Krise. Die schnelllebige Zeit bringt es mit sich, dass viele Menschen hinsichtlich der Genesung bzw. Heilung ungeduldig sind, unter Umständen auch die nächsten Angehörigen. Sie wünschen sich, dass Sie möglichst schnell wieder voll einsatzfähig sind. Die körperliche Regeneration kann unter Umständen bei richtiger Behandlung relativ rasch erfolgen, die seelische hingegen braucht länger – so zumindest meine persönliche Erfahrung. Vor allem was die Depersonalisation (Gefühls- und Beziehungsverlust) betrifft, braucht man Geduld und viel Zeit.

Gefahr der Selbstüberschätzung

Ein weiterer wichtiger Punkt bei der Evaluation ist meines Erachtens die Reflexion des Leistungsanspruchs, mit dem wir an die Bewältigungs-(Coping-) Methoden herangehen. Zur Erinnerung ein Zitat des deutschen Forschers Matthias Burisch (2010, S. 210): „Burnout wird im Wesentlichen durch Coping-Anstrengungen konstituiert (die dann weitere Folgen haben)." Die Bewältigungsversuche können jedenfalls zur *Selbstüberschätzung* und *Überforderung* führen. Ich habe diese Beobachtung bei mir gemacht. Denn der Weg heraus aus der Krise erfordert ein gewisses Maß an Disziplin. Die hier beschriebenen Coping-Maßnahmen können sehr anstrengend sein. Es besteht durchaus die Gefahr, dass man sich dabei übernimmt, zum Beispiel wenn man sich zu viel zumutet, erwartet und vornimmt, wenn man zu hoch gesteckte Genesungsziele formuliert. Oder wenn man dem Irrglauben verfällt, alles alleine aus eigener Kraft schaffen zu müssen. Vor allem die Leistungsansprüche und Leitsätze wie etwa *Anything goes* sind eine große Gefahr. Erinnern wir uns daran, dass es gerade diese sind, die unter anderem in die Burnout-Falle führen und Suchtverhalten fördern. Hinter der Aussage „alles ist möglich" steht die vom Philosophen Satre formulierte Vorstellung von der absoluten Freiheit des Einzelnen. „Jeder Mensch sei frei, das zu tun, was er will. Er sei in vollem, uneingeschränkten Maß für sich selbst verantwortlich." Mit diesem Zitat bringt der Philosophieprofessor Richard David Precht (2007, S. 315) in seiner „philosophischen Reise" Satres Philosophie auf den Punkt. Der Gedanke faszinierte und inspirierte viele der Nachkriegsgeneration dazu, das Leben als „Entwurf" zu führen, sich selbst zu erfinden, den eigenen Weg zu gehen. Die Sonnen- und Schattenseiten dieser Philosophie sind bekannt und wurden im Kapitel „Gesellschaft" diskutiert. Aufgrund der hohen Bedeutung für unser Thema sei noch einmal daran erinnert, worauf Ehrenberg (2008) in seiner soziologischen Zeitdiagnose hingewiesen hat: Die rapide Zunahme von depressiven Erkrankungen, Sucht und Abhängigkeiten können als das paradoxe Resultat eines sozialen Individualisierungsprozesses gedeutet werden. Eine seiner Thesen lautet, dass es sich hierbei um Krankheiten einer Gesellschaft handle, deren Verhaltensnorm nicht mehr auf Schuld und Disziplin gründet, sondern auf Verantwortung und Initiative. D. h. der Mensch wird heutzutage geradezu verpflichtet, er selbst zu werden, die Verantwortung für sein Leben zu übernehmen. Vor diesem Hintergrund definiert Ehrenberg die vielfältigen Formen depressiver Erkrankungen auch als „Krankheit der Verantwortlichkeit". Das Individuum ist erschöpft von der Anstrengung, es selbst werden zu müssen.

„Das Erdbeben der Emanzipation hat zunächst kollektiv die Psyche jedes Menschen erschüttert: Die demokratische Moderne – darin liegt ihre Größe – hat uns mehr und mehr zu Menschen ohne Führer gemacht, uns nach und nach in die Situation versetzt, für uns selbst entscheiden und unsere eigenen Orientierungen konstruieren zu müssen. Wir sind reine Individuen geworden, und zwar in dem Sinne, dass uns kein moralisches Gesetz und keine Tradition sagt, wer wir zu sein haben und wie wir uns verhalten müssen. [...] Die Grenze zwischen dem Erlaubten und dem Verbotenen schwindet zugunsten der Spannung zwischen dem Möglichen und dem Unmöglichen." (ebd. S. 18/19)

Viele Menschen scheitern an diesen hohen Ansprüchen der Selbstverwirklichung. Die Herausforderung sehe ich letztlich darin, innerhalb dieser Grenzen und Spannungen den eigenen Weg zu finden und zu gehen, Verantwortung zu übernehmen, sie aber auch gegebenenfalls abzugeben.

Nicht Alles ist möglich, aber Vieles

Dies inkludiert für mich zweierlei: Einerseits sind wir in gewisser Weise frei und bis zu einem gewissen Ausmaß selbstbestimmt; andererseits ist diese Freiheit nicht unbegrenzt, sondern von unserem Erbgut, unseren Erfahrungen, der Lebensgeschichte, den Lebensbedingungen (insbesondere von unseren materiellen, finanziellen, kulturellen Lebensumständen) eingeschränkt. In diesem Spannungsverhältnis gilt es, den eigenen Weg zu gehen, abzuwägen, wie viel man sich zutraut. Wer sich selbst wenig zutraut, der erreicht dementsprechend wenig und ist eventuell unterfordert. Wer sich zu viel zutraut, kann viel erreichen, aber sich auch überfordern. Für den Umgang mit den hier propagierten Copingmethoden bedeutet dies ebenfalls zweierlei: Einerseits die Grenzen des Möglichen zu erkennen, zu akzeptieren und andererseits die Möglichkeiten, die in uns schlummern, zu wecken bzw. neue mögliche Möglichkeiten ans Licht zu bringen.

Verhaltensänderungen erfolgen nicht von heute auf morgen

„Dad, du arbeitest wie eine Maschine!“, sagte mein Sohn im Sommer 2012 zu mir, nachdem wir ein paar Stunden gemeinsam einen Text, den er für sein Studium benötigte, korrigiert hatten. *„Ich kann jetzt nicht mehr und mach mal eine Pause. Und du solltest dies auch tun, denn immerhin arbeitest du schon seit fünf Uhr morgens, also insgesamt bestimmt schon ca. sechs bis sieben Stunden, wie ich dich kenne* “, merkte mein Sohn um die Mittagszeit an. Ich antwortete ihm: *„Ja du hast recht. Machen wir eine kurze Mittagspause. Ich werde nur schnell meine Uni-E-Mails checken und dann kochen wir uns etwas. Stell‘ einstweilen das Wasser für die Spaghetti auf.“* In diesem Augenblick dachte ich mir: Bist du noch zu retten? Was sagst du da? Was machst du gerade mit dir? Bin ich etwa arbeitssüchtig? Handelt es sich bereits um Indizien einer Suchtverlagerung? Die ist ja bei ehemaligen Abhängigen häufig zu beobachten: von der Alkoholabhängigkeit in die Arbeitssucht, von der Drogenabhängigkeit in die Sportsucht, von der Nikotinabhängigkeit in die Esssucht. Immerhin ist mir seit der intensiven Auseinandersetzung mit diesem Thema bewusst, dass der Weg in die Sucht kurz ist, der Übergang zur Abhängigkeit fließend. Bin ich etwa schon wieder ins alte Muster verfallen und habe meine neu erworbenen Prinzipien, die ich im Buch beschreibe, nicht beherzigt, zu wenig auf mich geachtet, zu wenig Pausen eingelegt?

Das Aufgeben alter, liebgewordener Denk- und Verhaltensmuster ist nicht einfach und das Erlernen neuer ebenfalls nicht. Das geht nicht von heute auf morgen. Es braucht eine gewisse Zeit, bis sich die neue Lebensweise voll und ganz in uns verankert. Durch unser Verhalten schaffen wir in unserem Gehirn, im Nervensystem, einen *Trampelpfad*, der ausschließlich durch Benutzung entsteht, d. h. wir müssen die neuen Wege öfter gehen, bis sie ausgetreten sind, bequemer begehbar werden und wir uns dabei sicherer fühlen. Werden sie nicht benutzt, wachsen die Trampelpfade, die neuronalen Vernetzungen, rasch wieder zu. Mit regelmäßiger Reflexion des eigenen Verhaltens können Sie derartige Muster, Trampelpfade eher erkennen und bewusst gehen. Das Feedback von nahestehenden Personen ist dabei sehr hilfreich, aber auch die eigene Achtsamkeit (Signale rechtzeitig erkennen, spüren, aufmerksam sein). Dieser Lernprozess benötigt seine Zeit. Bis die neuen Verhaltens- und Denkweisen programmiert, fest verankert sind, kann es durchaus passieren, dass wir vom Weg abkommen, den einen oder andern Rückfall erleben.

Rückfälle gehören dazu

Um bei dem obigen Beispiel zu bleiben. Mein Sohn und ich haben nach der Mittagspause an der Textkorrektur weitergearbeitet. Ich habe das Feedback meines Sohnes zu wenig ernst genommen und die Signale zu wenig geachtet. Ich spürte nämlich in den letzten Tagen einen starken Druck, die Schmerzen (Intercostalnerv und Wirbelsäule) wurden wieder stärker, hinzu kamen Zahnschmerzen, die sich trotz starker Schmerzmittel nicht lindern ließen. Ich war zu diesem Zeitpunkt so geschwächt, dass ich nicht einmal die hier beschriebenen Entspannungsübungen machen konnte, aber stark genug für die Arbeit war ich. Und Pausen gönnte ich mir zu wenige. Das ist ein typisches Verhalten von Ausbrennern. Trotz meiner schrecklichen Erfahrung mit dem Alkohol und der Abhängigkeitsdiagnose versuchte ich mich damit zu betäuben, zu beruhigen. Ich erlebte meinen ersten Rückfall seit ca. einem Jahr, d. h. ich begann nicht zum Genuss, sondern aus Frust zu trinken. Gottseidank zog ich rechtzeitig die Notbremse und stoppte den Unsinn. In psychischen Ausnahmesituationen ist die Rückfallgefahr sehr groß und schwer vermeidbar, vor allem wenn zu den seelischen Schmerzen auch noch körperliche Schmerzen (bei mir die Intercostalnerven- und Zahnschmerzen) hinzukommen. In solchen Situationen stark zu bleiben, ist nicht einfach.

Da kann es dann einem Alkoholkranken schon passieren, dass er sich kurz fallen lässt, das Druckventil öffnet und zur Beruhigung einen Schluck Alkohol trinkt. Allerdings ist dies (wie eingangs im Theorieteil erörtert) bei Menschen mit einer Abhängigkeitsdiagnose ein großes Problem. Denn Rückfälle dieser Art können zur Erhöhung der Dosis führen und im unkontrollierten Missbrauch enden, wie der schwere Rückfall im Sommer 2013 zeigt. Neben den vielen Faktoren, die bei Suchterkrankungen eine Rolle spielen, ist sicher das soziale Umfeld entscheidend. Wenn jemand in der Familie große Verantwortung trägt und gebraucht wird, ist die Gefahr des Rückfalls vielleicht geringer. Aber eben nicht gänzlich vermeidbar, zumindest bei über 80 Prozent.

Grenzen erkennen und auf Signale achten

Was habe ich aus den Rückfällen gelernt? Mir wurde deutlich vor Augen geführt, wie komplex das Ursachengeflecht ist und wo meine Grenzen liegen, was machbar und nicht machbar ist. Ich realisierte, dass ich eben nicht mehr wie früher tagelang durcharbeiten kann. Mir wurde dadurch wieder einmal klar, dass ich besser auf mich aufpassen, auf die Signale, die mir der Körper sendet, besser achten und die propagierten Lebensweisheiten (insbesondere Life-Balance, Pausen) konsequent beherzigen muss. In Bezug auf das Abhängigkeitssyndrom wurde mir klar, dass Alkohol keine Problemlöser ist, dass er die Situation nur verschlechtert und dass der Konsum von Alkohol bei mir Abhängigkeitssymptome verursacht. Kontrolliertes Trinken ist in meinem Fall keine Option.

Für Burnout-Kandidaten und Ausbrenner-Typen ist es besonders wichtig, die eigenen Grenzen zu erkennen, zu akzeptieren und nicht ständig zu überschreiten. Natürlich müssen wir gelegentlich über unsere persönlichen

Grenzen gehen, sonst können wir ja nicht erkennen, wo sie liegen. Außerdem, so meine persönliche Lebenserfahrung, können wir mit derartigen Grenzüberschreitungen die Grenzen weiter ausdehnen, sie mit jedem Schritt, den wir auf sie zugehen, vor uns herschieben, immer weiter ausdehnen. Indem wir die Grenzen unserer Möglichkeiten immer mehr hinausschieben, gehen wir auch über uns selbst hinaus. Die Kunst liegt darin, rechtzeitig Stopp zu sagen, umkehren zu können. Ich kenne das vom Bergsteigen. Gemeinsam mit meinem Freund Erwin haben wir öfter auf einen Gipfel verzichtet, sind umgedreht und haben dadurch so manche kritische Situation berlebt. Dieses Prinzip gilt für das Leben generell.

Und last, but not least, wurde mir klar, wie wichtig die Evaluation im Sinne von Selbstreflexion ist. Entscheidend ist, dass Sie Ihr Denken und Handeln reflektieren und sich der Leitfrage stellen: *Bin ich auf dem richtigen Weg?* Im Moment kann ich diese Frage mit JA beantworten – bis zum nächsten Rückfall oder emotionalen Tief. Denn eines ist klar. Das Leben ist ein Auf und Ab, mit Höhen und Tiefen. Mit Dankbarkeit nehme ich die freudvollen Momente des Lebens an. Das Glück ist nur von begrenzter Dauer, nur temporär erleb- und erfahrbar. Und das Unglück gehört zum Leben, wie das Amen im Gebet. Dazu passt das Sprichwort: „Gehe gelassen mit dem Unglück um und suche nicht ständig nach dem Glück!“

Nicht unentwegt nach dem Glück streben

Materielles Streben erzeugt einen dauerhaften Zustand der Unzufriedenheit. Das Streben nach Wohlstand und Status sowie das Verlangen alles zu besitzen, sind Anzeichen eines echten Suchtverhaltens, so die Auffassung vieler Experten, der ich mich anschließe. In diesem Zusammenhang ist es mir wichtig darauf hinzuweisen, dass das Streben nach Glück, vor allem nach ständigem, immerwährendem Glück eine maßlose Überforderung darstellen kann. Der deutsche Philosoph Arthur Schopenhauer bezeichnete das Streben nach Glück sogar als „den einzigen angeborenen Irrtum“. Er sah in diesem Streben den „Wahn, dass wir da sind, um glücklich zu sein.“

(Zitiert aus „Welt und Mensch. Eine Auswahl aus dem Gesamtwerk, hrsg. von Arthur Hübscher, 1966, S. 163)

Das Streben nach ständigem und immerwährendem Glück ist eine unrealistische Erwartung, die eher unglücklich macht als glücklich. Das Zünglein an der Waage ist die Erwartung, genauer gesagt, die *realistische Erwartung*. Überforderungen und Unterforderung führen zu Frustration und Unzufriedenheit. Der schon öfter zitierte Autor Richard David Precht (2007) kommt nach eingehender Betrachtung der Glücksforschung zu folgendem Schluss:

„Das von allen Industrieländern angestrebte Wachstum führt also nicht zu glücklicheren Menschen. Ganz im Gegenteil zahlen Menschen für das Wachstum den hohen Preis von weniger Glück. Selbst wenn wir heute mehr zu essen haben, größere Autos besitzen und mal eben auf die Malediven jetten – unser Seelenzustand verbessert sich nicht mit der Kaufkraft, sosehr wir in diesem Wahn auch leben mögen." (S. 352)

Was aber macht uns glücklich? Was löst Glücksgefühle aus? Vorweg sei gesagt, dass Glück ein sehr subjektiver Zustand ist. Der Blick auf eine Wiese voller Blumen oder auf das ruhige weite Meer kann ebenso Glücksgefühle auslösen wie intensive Arbeit, mit der wir uns voll identifizieren, mit der wir regelrecht verschmelzen, bei der man die Zeit und sich selbst vergisst. Forscher nennen derartige Glücksmomente auch „Flow" (von Englisch to flow = fließen). Damit wird ein Zustand bezeichnet, der zumeist mit erhöhter Leistungsfähigkeit und mit selbstvergessenem Sichversenken in das momentane Tun einhergeht. Der Erfinder des Flow-Konzepts, der amerikanische Psychologe Mihaly Csikszentmihalyi hat gemeinsam mit Martin E. P. Seligman, dem ehemaligen Präsidenten der American Psychological Association (APA), in den 1990er Jahren die junge Disziplin der positiven Psychologie aus der Taufe gehoben. Seligman veröffentlichte seine theoretischen Überlegungen und empirischen Forschungen zur positiven Psychologie 2002 in Buchform. Die deutsche Übersetzung erschien erstmals 2003: „Der Glücks-

Faktor. Warum Optimisten länger leben“. Mittlerweile beschäftigen sich viele Disziplinen mit dem Thema Glück, nicht nur die Psychologie, auch die Philosophie, Neurobiologie etc. Eine umfangreiche und leicht lesbare Zusammenfassung über die Glücksforschung der letzten Jahrzehnte findet sich in der deutschen Ausgabe „The World Book of Happiness. GLÜCK“ (hrsg. von Leo Bormans in der Edition KLEINE ZEITUNG, 2013). Hier ist das Wissen von 100 Glücksforschern aus aller Welt dokumentiert. Für unser Thema relevant sind folgende Erkenntnisse:

Glücksmomente können *sog. Glückshormone* (Endorphine, die Transmitter Serotonin und Dopamin) freisetzen. Diese Momente müssen nicht nur reale Ereignisse (Naturerlebnisse, Sport, Arbeit, Sex etc.) sein. Schon der bloße Gedanke an ein positives Erlebnis reicht aus, um Glückshormone freizusetzen. In zahlreichen Studien rund um den Globus konnte man nachweisen, dass positive Emotionen das vegetative Nervensystem beeinflussen (z. B. Blutkreislauf, Atmung, Verdauung, etc.). Kurzum, die Widerstandskraft, das gesamte Immunsystem, Körper und Geist können durch positives Denken und Autosuggestionen eindeutig gestärkt werden. Die Heilungserfolge beziehen sich nicht nur auf psychosomatische Krankheiten, sondern auch auf Krebserkrankungen. Vor allem bei der Bekämpfung von Tumoren konnten die Krebsforscher große Erfolge feststellen. Der Effekt positiver Emotionen ist unbestritten. Optimistische Menschen, die positiv denken, leben länger. Die Forscher konnten auch diverse *Glücksfaktoren* ausfindig machen. Diese sind nicht etwa Geld, Konsum bzw. finanzielle Unabhängigkeit, allesamt weit verbreitete Lebensträume in den westlichen Industrieländern. Ein gewisses Grundeinkommen, eine finanzielle Absicherung ist zwar essenziell und wichtig, aber immer mehr Einkommen und Wohlstand führen nicht automatisch zu immer mehr Glück. Zu diesem Schluss kommen alle weltweit durchgeführten Studien. Es sind die Beziehungen zu Menschen (zur Familie, zum Partner, zu Kindern und Freunden), die Glück stiften und das Gefühl, etwas Nützliches bzw. Sinnvolles zu tun. Der Glücksforscher Martin Seligman meint damit vor allem den Einsatz unserer persönlichen Stärken im Dienste von etwas, das größer ist als wir.

Weitere Glücksfaktoren sind z. B. Demut und Dankbarkeit, Geben und Schenken sowie Humor und Lachen. Letzteres ist übrigens auch die Aufgabe von den Clowns und den Roten Nasen in den Krankenhäusern. Christopher Peterson, der gemeinsam mit Seligman zu den Gründungsvätern der Positiven Psychologie zählt, fasst in dem oben genannten Sammelband seine Erkenntnisse zum Thema Glück in drei Wörtern zusammen:

„Andere Menschen zählen". Damit wird auf die Bedeutung, die Rolle anderer Menschen hingewiesen. Demnach folgt ein gutes und zufriedenes Leben aus liebevollen Beziehungen zu Familienmitgliedern, Freunden, Kollegen und Partnern. Für andere da zu sein erzeugt Glücksgefühle. Burnout-Kandidaten, die mit dem „Helfer-Syndrom" ausgestattet sind, müssen jedoch Acht geben, dass sie nicht übertreiben, um sich nicht zu überfordern. Claudia Senik, Professorin an der Universität Paris-Sorbonne fasst ihre Glücksformel wie folgt zusammen: *„Ehrgeiz macht Menschen glücklich, aber Neid macht sie unglücklich."* (ebd. S. 20). Dies ist für unser Burnout-Thema insofern relevant, als der ständige Vergleich der eigenen Leistung mit der anderer das subjektive Wohlbefinden stark beeinträchtigt. Daher lautet ihre Empfehlung: *„Halten Sie sich von Vergleichsmaßstäben fern und konzentrieren Sie sich auf ihre eigenen Pläne"*. (ebd. S. 20)
Im Zusammenhang mit den hier analysierten Syndromen Burnout, Depression und Sucht spielten das Thema Zeit und Energie eine große Rolle. Auch diesbezüglich können wir von der Positiven Psychologie und der Glücksforschung lernen. Professor José de Jesús García Vega aus Mexiko bringt einen wesentlichen Punkt zur Sprache: *„Wir verbringen viel Zeit damit, uns über Dinge zu beklagen, die uns zustoßen, aber das ist schlicht Zeit- und Energieverschwendung. Um glücklich zu sein, müssen wir das genießen, was wir haben."* (ebd. S. 37) Im Ursachenkapitel war oft die Rede vom Scheitern, vom Nichterreichen diverser Ziele und den damit zusammenhängenden Frustrationen und Enttäuschungen, die ins Burnout, in die Depression und in die Sucht führen können. Der Glücksforscher Robert Biswas-Diener, der Dutzende Bücher über Glück veröffentlicht hat bezieht sich in seiner Glücksformel genau auf jene Aspekte, nämlich auf

die Hindernisse im Leben, auf das Scheitern und die Frustrationen. Er zieht seine wichtigsten Lehren über das Glück aus den Misserfolgen und den nicht erreichten Zielen. Seine Empfehlung lautet daher: *„Scheuen Sie sich nicht, innezuhalten und Ihr Ziel neu zu bewerten. Lernen Sie, flexibel zu denken. Versuchen Sie, eine wahrgenommene Niederlage in einen Erfolg umzudeuten."* (ebd. S. 25)

Genau das habe ich letztlich auch getan und bin ganz gut damit gefahren. Zum Abschluss möchte ich noch eine letzte Glücksformel zitieren, die mit unserem Thema viel zu tun hat und die mir ebenfalls sehr geholfen hat. Wir haben den Satz schon oft gehört, auch in diesem Buch erwähnt: *„Erkenne dich selbst"*. Dies ist nicht nur der Schlüssel zur Lösung von Problemen, sondern auch die beste Unterstützung bei der individuellen Suche nach Glück, meint der libanesische Forscher Elie G. Karam aus Beirut. *„Ihr Temperament und Ihren Charakter zu kennen, wird Ihnen helfen, mit sich selbst und Ihrem Leben in besser vorhersehbarerer Weise zurechtzukommen."* (ebd. S. 91) In diesem Zusammenhang verweist der Forscher auf die Bedeutung vom „gemeinsamen Feiern" - einem Lebensstil, für den die Mittelmeervölker bekannt sind. Und in diesen Ländern sind statistisch betrachtet Burnout, Depression und Sucht am geringsten verbreitet und das individuelle Glücksempfinden am höchsten. Fazit: Die hier genannten Glücksfaktoren stärken die Lebensfreude, schützen vor Stress und Depressionen und unterstützten den Genesungsprozess nachhaltig. Was heute wissenschaftlich bestätigt ist, dürfte der französische Philosoph Voltaire aus dem 17. Jahrhundert bereits geahnt haben, denn er sagte: *„Da es sehr förderlich für die Gesundheit ist, habe ich beschlossen, glücklich zu sein."* Der Entschluss allein reicht nicht aus. Wir müssen schon etwas für unser individuelles Glück tun und unseren Beitrag leisten. In diesem Sinne sind die hier zitierten Regeln bzw. „Anleitungen zum Glücklichsein" zu sehen. Wenn ich meine Erfahrungen zu diesem Thema in einem Satz zusammenfassen müsste, würde ich sagen: Das Unglück kommt meist von selbst, um das Glück müssen wir uns bemühen.

Gedicht zum Glück: *„Nichts mehr was dich treibt, nichts mehr was dich hält. Auf den Hügel hinauf und so lange nach Innen singen, bis die Stimme dich aufhebt und mitnimmt." (Peter Härtling, deutscher Schriftsteller)*

„Du hast vielleicht Glück bzw. Schwein gehabt. Glück, dass du nicht gekündigt wurdest. Glück, dass deine KollegInnen so verständnisvoll waren. Glück, dass dich deine Frau nicht verlassen hat." Mit derartigen Aussagen werde ich manchmal konfrontiert und bin gelegentlich auch etwas irritiert. Ja, ich habe Glück gehabt. Und, wenn Sie so wollen, haben mich Schutzengel begleitet. Die meisten „Beglückwünscher" übersehen allerdings die Tatsache, dass bei all den Dingen nicht nur Glück im Spiel war. Sie übersehen den persönlichen Einsatz, den individuellen Beitrag. Man kann Glück auch als Ergebnis von langfristiger Investition sehen, als sog. „Return on Investment" für den persönlichen Einsatz, für die langjährige Unterstützung, Treue, Liebe, Anerkennung, Loyalität usw. In diesem Sinne ist auch meine Danksagung zu verstehen. Was den Job betrifft, da hatte ich tatsächlich Glück, nach mehrmonatigem Krankenstand nicht gekündigt zu werden. Dies ist wahrlich ein Privileg von Beamten im wissenschaftlichen Dienst. In der Privatwirtschaft hätte man mich wahrscheinlich gekündigt – es sei denn, der Dienstgeber weiß es zu schätzen, dass man jahrelang ohne nennenswerte Ausfälle einen wesentlichen Beitrag zur Wertschöpfung des Unternehmens geleistet und noch Potential für die Zukunft hat. Dies kommt allerdings immer seltener vor. Abschließend ein Zitat, das mir mein Freund Gerhard zukommen ließ; die Quelle konnte ich nicht mehr identifizieren.

„Das Glück ist ein Schmetterling", sagte der Meister. *„Jag ihm nach, und er entschwindet dir. Setz dich hin und er lässt sich auf deiner Schulter nieder."*
„Was soll ich tun, um das Glück zu erlangen?" fragte der Schüler. *„Hör auf, hinter ihm nach zu laufen,"* meinte der Meister. *„Aber es gibt nichts, was ich tun kann,"* meinte der Schüler. Daraufhin antwortet der Meister: *„Du könntest versuchen, dich ruhig hinzusetzen, wenn du es wagst."*

Fluch oder Segen?

Abschließend stellt sich die Frage, ob mein Burnout, die depressiven Episoden und die Abhängigkeiten eher als Fluch oder als Segen zu bezeichnen sind. Die Antwort lautet: beides. Während des Krankenhausjahres 2011 verfluchte ich oft meinen psychischen Zustand, mein Tief, meine Depression, meinen hilflosen Umgang mit der Abstinenz, kurz: die Schattenseiten dieser Krankheiten. Jahre später empfinde ich es eher als Segen, dass ich *ausbrannte, erschöpft* am Boden lag und *abhängig* wurde. Das seelische Leiden und die körperlichen Schmerzen hatten einen Sinn.

Den Schmerz, den Nervenschmerz im linken Brustbereich, habe ich ja noch immer. Er zieht mir oft den letzten Nerv. Der Schmerz führt zu körperlichen Verspannungen und drückt auf die Seele. In der Zwischenzeit habe ich gelernt, mit ihm zu leben und ihn als Warnsignal, als Sicherung gegen das Ausbrennen zu verstehen. Wenn der Nerv trotz Tape und Schmerzpflaster zu sehr nervt, lege ich eine Pause ein, bewege und strecke mich oder mache ein paar Lockerungsübungen, bis er sich beruhigt. Ganz verschwindet er allerdings nicht. Ähnlich sehe ich das mit meiner „Erkrankung". Mein Verbrennungsmotor kam zwar ins Stocken, die Energiezufuhr wurde blockiert, der Antrieb war geschwächt. Das Durchbrennen der Sicherung hat mir aber eventuell auch das Überleben gesichert, der Seeleninfarkt mich sogar vor dem Herzinfarkt verschont. Der Mastbruch hat mich zwar kurzfristig am Weitersegeln gehindert, mich aber auch gelehrt, das Schiff bei schwierigen Wind- und Wetterverhältnissen mit Unterstützung von Lotsen (Ärzten und Therapeuten) sicher in den Hafen manövrieren zu lassen.

Das *Burnout*, das Erschöpfungssyndrom, lehrte mich, besser aufzupassen, achtsamer zu werden, mehr auf die Warnsignale des Körpers zu achten, persönliche Grenzen zu erkennen, mich nicht immer voll zu verausgaben, mehr in Balance zu leben, an die täglichen Herausforderungen mit etwas mehr Gelassenheit und Ruhe heranzugehen, gelegentlich einen Schritt zurück- und leiser zu treten oder mir gar den Luxus zu leisten, ganz aus dem Hamsterrad herauszutreten. Und die gute Nachricht lautet: Vom Burnout kannst du dich erholen, den Akku wieder aufladen, indem du etwa wie der oberösterreichische Landesrat Rudi Anschober oder die Schweizer Kommunikationswissenschaftlerin Miriam Meckel eine Auszeit einlegst oder wie der erschöpfte Papst Benedikt XVI den Rücktritt erklärst. Wie auch immer: einen Gang zurückschalten, Erholungspausen einlegen oder innehalten sind bei der Erschöpfung vielversprechende Methoden.

Die *Depression*, die Dame in Schwarz, lehrte mich, mein Leben zu hinterfragen und zu ändern, mehr auf meine Seele zu achten, sie zu füttern, ihr Nahrung zu geben, das Feuer der Seele nie ausgehen zu lassen sowie gelegentlich Orte der Ruhe und Besinnung aufzusuchen. Sie lehrte mich Selbstachtung, Selbstvertrauen und Selbstakzeptanz. Die gute Nachricht: Man kann sich vom Seeleninfarkt (ähnlich wie vom Herzinfarkt) relativ rasch erholen. Eine leichte Depression vergeht oft von selbst. Man braucht ihr nur die nötige Zeit zu geben, bis sie sich wieder verabschiedet. Bei mittleren oder schweren Depressionen kann man heutzutage mit medikamentösen und therapeutischen Maßnahmen gute Erfolge erzielen. Hier steht den Leidenden ein breites Spektrum von Hilfsmaßnahmen zur Verfügung: von Antidepressiva bis hin zu allen möglichen Therapieformen: klassische Gesprächstherapie, Licht-, Musik-, Sport-, Bewegungs- oder Tanztherapie.

Die *Sucht,* die Kehrseite der Leere der Depression, hat mir Alternativen aufgezeigt, womit ich das Loch in der Seele zustopfen kann, ohne von Personen oder Substanzen abhängig zu werden. Sie lehrte mich Unabhängigkeit und teilte mir mit, dass hinter jeder Sucht eine Sehn-Sucht versteckt ist, die immer wieder neu entdeckt und gelebt werden will. Sie lehrte mich nicht nur Disziplin und Verzicht, sondern auch, dass das Leben nicht zu einer Entziehungskur werden darf, bei der ich auf wichtige Lebensaspekte wie etwa den Rausch (gehobene Stimmung) und die Ekstase (das Außer sich Sein) verzichten muss. Die gute Nachricht: Auch wenn das Suchtverhalten bis zu einem bestimmten Maße bleibt und das

Abhängigkeitssyndrom selbst aufgrund von genetischen Dispositionen noch nicht heilbar ist, ist diese „Krankheit“ mit den diversen Entzugs- und Entwöhnungsprogrammen, mit verhaltenstherapeutischen Maßnahmen, mit Medikamenten, mit Akupunktur, Qi Gong, Joga, Meditation etc. mehr oder weniger behandelbar und in den Griff zu bekommen. Auch wenn eines Tages Medikamente gegen das Abhängigkeitssyndrom auf den Markt kommen sollten, der Anspruch abstinent zu leben bleibt. So gesehen ist die Sucht eine der größten Herausforderungen.

Alle drei Syndrome gemeinsam lehrten mich, Verantwortung für mein Leben zu übernehmen, die Kapitänsrolle einzunehmen. Sie gaben mir die Chance zu wachsen, mich weiterzuentwickeln und dieses Buch zu schreiben. Sie haben mich gelehrt, demütig und dankbar zu sein. Demut nicht verstanden im Sinne von göttlicher Ergebenheit, Aufopferung oder unfreier Selbstunterwerfung, sondern eher im Sinne von MUT. Last, but not least haben die drei Begleiter mich gelehrt, dass wir mit den Mitteln und Ressourcen, die uns zur Verfügung stehen und unter Berücksichtigung unserer Möglichkeiten und Grenzen immer versuchen sollten, das Beste aus unserem Leben zu machen – und trotz unserer Probleme, Schwächen und Unzulänglichkeiten JA zum LEBEN zu sagen.

Auch wenn wir (wie es mein ehemaliger und geschätzter Universitätsprofessor, Klaus Boeckmann, am Schluss seines erstaunlich inhaltsreichen und lesenswerten Werkes „Conditio humana. Das widersprüchliche Erbe der Menschen“ so treffend sagt) nur *„für einen winzigen Atemzug des Alls – ein Staubkern auf diesem Staubkern sind, das so verschwindet, wie alles andere auch verschwindet“*. Es lohnt sich trotzdem in jedem Augenblick zu leben. *„Vielleicht hast du nur noch kurze Zeit zu leben. Lebe es trotzdem mit Begeisterung“*, lautet einer der Leitsprüche, die an der Wand in einem von Mutter Teresa gegründeten Kinderheim steht. Vincent van Gogh hat gesagt: *„Das Feuer einer Seele soll man nie ausgehen lassen.“* Der italienische Schriftsteller Cesare Pavese meinte in einer seiner wunderbaren Erzählungen: *„Es ist schön zu* *leben, weil Leben anfangen ist. Immer in jedem Augenblick.“* Und ich ergänze und schließe meine Ausführungen mit folgendem Appell:

Versuche ein Leben zu leben, das dir gehört - ein Leben, in dem du dich erkennst. Ein Leben, in dem du dich zeigst, wie du bist - mit all deinen Stärken und Schwächen. Ein Leben, in dem du dir selbst treu bleibst, deinen eigenen Weg gehst - weder Markus seinen, noch meinen, sondern deinen eigenen Weg. Denn unabhängig von der religiösen Überzeugung und den diversen Vorstellungen über ein Leben nach dem Tod: Wir haben nur das eine Leben auf dieser Welt!

Ciao! Tanti saluti! Alles Gute! Best regards!

Karl (Carlo, Carletto, Charly) Nessmann

****

Der Autor beschäftigt sich nicht nur mit dem Burnout von Personen – insbesondere SEINER Person, er liefert auch Gedanken und Überlegungen zur Frage, ob man bereits von einem kollektiven, globalen Burnout von Organisationen und Gesellschaften sprechen kann/muss?

11.) Exkurs: Burnout von Organisationen und Gesellschaften

„Unsere Gesellschaft hat den Verstand verloren."

(Tiziano Terzani)

Inwieweit übt die Gesellschaft - der gesellschaftliche Wandel - Einfluss darauf aus, dass Menschen ausbrennen, depressiv und süchtig werden? Gibt es ein kollektives Burnout von Organisationen oder Nationalstaaten, ein globales Burnout gesellschaftlicher Systeme, wie etwa der Wirtschaft und Politik, des Bildungs- oder Gesundheitssystems? Und wenn ja, gibt es Wege und Mittel, dies zu verhindern?

Die Frage, ob und inwieweit man von einem kollektiven Burnout sprechen kann, lässt sich mit einem klaren JA beantworten. Die Gesellschaft insgesamt, die einzelnen Subsysteme (Wirtschaft, Politik, Bildung etc.), aber auch die Organisationen (Wirtschaftsunternehmen, öffentliche Institutionen etc.) weisen **deutliche Symptome eines Burnouts** auf. Dies wird immer deutlicher, die Erschöpfungserscheinungen sind unübersehbar. Die Gesellschaft wirkt depressiv, ausgebrannt und erschöpft.

Eine zentrale Rolle beim Burnout von Organisationen spielt die Kommunikation, die Organisationskommunikation, die Kommunikation *in* den Organisationen. Die Art und Weise, wie wir miteinander kommunizieren und miteinander umgehen, ist für den Ausbrennprozess von Organisationen von entscheidender Bedeutung. Ein zentraler Faktor dabei ist (wie wir bereits im Kapitel „Beruf" bei den arbeitsplatzbezogenen Faktoren hingewiesen haben) die Führungskraft, genauer gesagt: der Kommunikationsstil der Führungskraft. Dieser beeinflusst nicht nur das Arbeitsklima, sondern auch die Arbeitsabläufe innerhalb der Organisationseinheiten. Das kommunikative Verhalten der Führungskraft entscheidet wesentlich mit, ob und inwieweit sich Mitarbeiter in Organisationen engagieren oder in die innere Kündigung gehen, inwieweit sie mit/vor Begeisterung brennen oder vor lauter Frust ausbrennen.

Das Gesundheitssystem ist krank

Ärzte, Therapeuten, Betreuer etc. wurden als hilflose Helfer entlarvt. Sie geben ihr Bestes, brennen aus bzw. zählen zu jenen Berufsgruppen, die am meisten von Burnout betroffen sind. Es wurde schon angedeutet: *Einerseits* verzeichnen wir großartige Leistungen der Medizin, des Gesundheitswesens und der flächendeckenden Behandlung, *anderseits* ist das System krank: ausgebrannt, depressiv (eher: erschöpft), abhängig (z. B. von der Wirtschaft und Pharmaindustrie). Viele Mängel werden deutlich, z. B. in der Suchtbehandlung, in Therapiegruppen etc. Psychotherapeuten, Psychiater und Psychologen doktern ohne Diagnose herum, ohne Vollblutuntersuchung, ohne zu wissen, ob möglicherweise körperliche Ursachen eine Rolle spielen. Krankenhäuser stellen Arztbriefe für die praktischen Arzt aus, umgekehrt erhalten sie keine Infos vom Hausarzt... Diese Einbahnstraße funktioniert nicht...

Wie sehr die Erschöpfung in Organisationen und Gesellschaft voranschreitet, soll an Hand aktueller Ereignisse und konkreter Beispiele dargestellt werden.

Welterschöpfung und Bankrotterklärung

Das „Global Footprint Network“ (GFN) errechnet seit 2007 den sogenannten *Welterschöpfungstag* (Earth Overshoot Day). Das ist der Tag, an dem die Ressourcen, die uns der Planet für das ganze Jahr zur Verfügung stellen kann, aufgebraucht sind. Alles, was wir bis Jahresende noch benötigen, gibt uns die Erde auf Kredit.
Die Menschheit hat die Gesamtleistung der Natur im Jahr 2015 in weniger als acht Monaten aufgebraucht. Ab 13. August - dem Welterschöpfungstag

(Earth Overshoot Day) - übersteigt unser ökologischer Fußabdruck die Biokapazität der Erde. Wir leben nun bis Jahresende von den "Reserven" unseres Planeten.
„Die Menschheit entnimmt damit mehr Ressourcen aus der Natur, als diese jährlich erneuern kann, und hinterlässt mehr Treibhausgase, als die Erde nachhaltig verkraften kann“, so die Umweltschutzorganisationen WWF, Global 2000 und Greenpeace. Die ökologische Schuldenuhr tickt und tickt. Die Überschuldung bei „Mutter Natur“ steigt.

Dies gilt ebenso für die Finanzkrise: mehr Ausgaben, weniger Einnahmen. Die Finanzkrise können wir eventuell mit geeigneten Maßnahmen in den Griff bekommen. Die Zinsen, die wir für unseren „Kredit“ an natürlichen Ressourcen bezahlen könnten, sind laut GFN teuer: Ressourcenkonflikte, Kriege, soziale Unruhen. Die Weltpolitik tut nach wie vor viel zu wenig, um diese negative Entwicklung aufzuhalten. In der medialen Berichterstattung ist in diesem Zusammenhang immer wieder vom „Krebsgeschwür der Gesellschaft“ die Rede. Fest steht: Wir leben über unsere Verhältnisse und beuten unsere ökologischen und psychischen Ressourcen aus.

Die Theorie des „Spätkapitalismus“ hat seit der letzten großen Finanzkrise 2008 und der aktuellen Europa-Krise 2012 wieder einen neuen Aufschwung erhalten. Nach dem Zerfall des Kommunismus sind die Kritiker vorerst etwas ruhiger geworden und teilweise in Deckung gegangen. Es hatte den Anschein, dass der Markt sich selbst ganz gut reguliert, Demokratie und kapitalistische Wirtschaft durchaus Verbündete sein können. Die letzten Finanzkrisen und die dabei aufgetauchten (Korruptions-) Skandale haben uns eines besseren belehrt und aufgezeigt, dass ein vom Staat entkoppelter Markt seine eigenen Bestands-voraussetzungen nicht herstellen kann und früher oder später zusammenbricht, wie der *Bankrott von Banken und Staaten* belegt: Irland, Griechenland, Spanien oder Zypern sind traurige Beispiele dafür. Das Aufdecken der in sog. Steuerparadiesen versteckten Gelder (ca. 21 Billionen) ist ein weiteres Indiz dafür, dass etwas in unserer Gesellschaft nicht stimmt. Wenn hier die Staaten nicht bald einen Riegel vorschieben, wird die Schere zwischen Arm und Reich noch größer und das Fundament des mittlerweile ohnehin fragilen Konstruktes Demokratie kommt noch mehr ins Wanken - nämlich die Solidargemeinschaft. Sie wird durch derartige Steuerhinterziehungen noch weiter ausgehöhlt als sie es ohnehin schon ist. Wie es scheint, gibt es nicht nur das „schwarze Loch" in der menschlichen Seele, sondern auch ein gewaltiges Loch in der Weltwirtschaft.

„Und die Börse ist ein obszönes Casino mit völlig durchgedrehten Croupiers und Zockern geworden", schreibt der Journalist Frido Hütter im Leitartikel der Kleinen Zeitung (6.9.2012, S.8). „*Wohlstand siegt über Moral*" lautet der gesellschaftskritische Befund und Titel des Films, in dem Richard Gere einen Hedge-Fonds-Manager spielt, der über Leichen geht. Stephan Schulmeister, der renommierte Wirtschaftsforscher aus Wien und profilierter Kritiker der ungezügelten Finanzmärkte, stellt dem marktwirtschaftlichen Modell einen äußerst negativen Befund aus: „Wenn die Märkte ein Richter über wirtschaftlichen Erfolg sein sollen, dann kann ich nur sagen: Dieser Richter ist schwer manisch-depressiv und leidet obendrein an massivem Parkinson." (Kleine Zeitung, 6. 1. 2013, S. 7).

Dieses Wirtschaftsmodell der sog. Spätmoderne bzw. Postmoderne, wie unsere derzeitige Gesellschaft von den kritischen Wissenschaftstheoretikern bezeichnet wird, ist also auch gescheitert. Der Preis, den wir dafür bezahlen, ist sehr hoch: Die Spaltung der Gesellschaft, die Kluft zwischen Arm und Reich.
Joseph Stiglitz, Wirtschaftsnobelpreisträger und einer der bekanntesten Ökonomen der Welt, zeichnet in seinem Buch „Preis der Ungleichheit" ein düsteres Bild. Er zeigt drastisch auf, wie die Spaltung der Gesellschaft, die Gier der Mächtigen, unsere Zukunft bedroht. Die Politik lässt es zu, dass Wohlstand nicht nur durch Arbeit entsteht, sondern durch Stehlen des Wohlstands anderer. Dass sich die Menschen nicht nur unfair behandelt, sondern betrogen fühlen, verwundert nicht.

Der 2014 verstorbene Journalist und Herausgeber der ‚Frankfurter Allgemeinen Zeitung' Frank Schirrmacher zeigte in seinem Buch „Ego – Das Spiel des Lebens" (2013) äußerst drastisch und gekonnt auf, wie sehr die Gedankenmodelle der Ökonomie praktisch alle Lebensbereiche erobert haben und sie beherrschen („ökonomischer Imperialismus"). Der Autor beleuchtete auch den fortschreitenden Informationskapitalismus, der damit begonnen hat, die Welt in einen bedenklichen Geisteszustand zu verwandeln. „Er tut und plant große Dinge. Er will Gedanken lesen, kontrollieren und verkaufen. Er will Risiken vorhersagen, einpreisen und eliminieren. Sein Hirn ist unablässig damit beschäftigt, herauszufinden, was Menschen tun, sagen, kaufen und welche Spielzüge sie als Nächstes planen." (ebd. S. 10) Frank Schirrmacher verglich die Informationsökonomie mit einer Pokerrunde:

„Ihre Welt ist eine Welt, in der niemand wirklich sagt und tut, was er denkt, aber jeder und jede durchsichtig werden, wenn man ihnen egoistische Absichten unterstellt. Deshalb dieser gewaltige Bedarf an Information. Deshalb dieser Zwang zur Verstellung, Bluff und zu falschen Fährten. Finanzalgorithmen tarnen Aktiengeschäfte, um heranpreschende Raubtieralgorithmen in die Irre zu führen, oder Raubtieralgorithmen füttern andere ökonomische Agenten in Lichtgeschwindigkeit mit falschen Informationen, um die Preise in die Höhe zu treiben. Menschen legen sich Scheinidentitäten zu, basteln sich Facebook-Profile für den Personalchef oder die Bank. Ganze Staaten senden falsche Signale, um Märkte zu verwirren. Es ist eine Gesellschaft, in der man nicht nur anderen, sondern sich selbst misstraut." (ebd. S. 10/11)

Schirrmachers Analyse geht so weit, dass die Konsequenz dieses Spiels das Ende der Demokratie sein könnte. Wie auch immer: Für unsere Debatte ist wichtig zu erkennen, dass wir in dieser „postsozialen Gesellschaft" (wie sie von den Theoretikern bezeichnet wird) zu Hause sind und in diesem Wirtschaftsgefüge arbeiten und leben, das auf Gewinnmaximierung, Wettbewerb, Konkurrenzkampf, Lügen und Täuschen ausgerichtet ist. Immer mehr Menschen fragen sich, wie sie durchkommen können, wie sie sich in einer Welt, die anscheinend den Verstand verloren hat, anpassen und durchsetzen sollen.

Aufgrund der Indikatoren und Erschöpfungssymptome kann man demnach durchaus von einem Burnout von Organisationen und Gesellschaft sprechen. Wie weit fortgeschritten das Burnout-Virus ist, lässt sich an Hand des 12 Phasen-Modells skizzieren.

Die 12 Phasen des gesellschaftlichen Burnouts

In Analogie zu dem eingangs dargestellten zyklischen Phasenmodell des Burnouts von Personen lassen sich in Bezug auf das gesellschaftliche Burnout folgende Beobachtungen festmachen. - Ich beschreibe sie am Beispiel der gesellschaftlichen Subsysteme Wirtschaft und Politik bzw. an deren Repräsentanten. Diese sind nämlich die entscheidenden Akteure und Verursacher für das gesellschaftliche Burnout. Sie sind es, die mit ihren Entscheidungen, ihrem Handeln bzw. Nicht-Handeln die vielfältigen Probleme (wirtschaftliche, soziale, ökologische etc.) mit verursachen, beschleunigen oder vertuschen. Mit sog. Personalisierungsstrategien lenken sie von den eigentlichen Problemen ab. Vor allem Politiker lassen sich gerne als Hobbysportler, Volksmusiker oder brave Familienmenschen ablichten, geben Einblick in ihr Privatleben und tun so, als ob sie einer von uns wären. Und viele Wähler lassen sich davon blenden. Immer mehr jedoch durchschauen das Spiel, setzen sich zur Wehr, protestieren, revoltieren, wählen die Repräsentanten ab oder vertreiben diese von der Macht. So manche Revolution kann auch als Antikörper, als wirksames Mittel gegen Burnout von Gesellschaften verstanden werden. Die folgende Analyse des gesellschaftlichen Burnouts erfolgt an Hand des Phasenmodells von Herbert Freudenberger.

Der *Zwang, sich zu beweisen* (vgl. Stadium 1 des zyklischen Phasenmodells) ist laut Freudenberger bei Personen am schwierigsten zu erkennen. „Häufig ist es gekennzeichnet durch eine verbissene Entschlossenheit zu Erfolg, Leistung und Eroberung …“ (ebd. S. 122). In der Gesellschaft ist dieses Phänomen leicht zu erkennen und weitverbreitet. Das marode Wirtschafts- und Gesellschaftsmodell versucht sich zwanghaft zu verteidigen. Die Erwartungen an unsere Systeme (Wirtschaftssystem, politische System) werden hochgeschraubt, es wird noch mehr gearbeitet, mehr desselben gemacht. Das olympische Motto (immer schneller, höher, stärker) gilt für das gesamte Wirtschaftssystem und ist auch bei den Repräsentanten von Politik und Wirtschaft erkennbar. Den Erschöpfungssymptomen in diesen Bereichen wird mit besonderer Entschlossenheit begegnet.

Ein *verstärkter Einsatz* (Stadium 2) ist auf allen Ebenen (inkl. Medizin) zu beobachten. Politiker und Experten suchen verstärkt nach Lösungen für die Krisen. Und davon gibt es genug. Ob es nun die Krisen im Wirtschaftssystem sind oder im Bildungs- oder Gesundheitssystem. Die Führungskräfte in Politik, Wirtschaft und allen anderen gesellschaftlichen Bereichen verstehen sich zunehmend als „Krisenmanager". Es geht nur mehr um die Frage, wie die Krisen zu bewältigen sind. Es kommt auf allen diesen Ebenen zum verstärkten Einsatz der Kräfte. Eine Krisensitzung jagt die andere. Das Wort „Krisengipfel" gehört zu den häufigsten Wörtern in der politischen Medienberichterstattung, ergab die Analyse im Rahmen einer meiner Lehrveranstaltungen. So vergeht beispielsweise kein Tag, wo nicht von der „Euro- oder Banken-Krise" die Rede ist.

Die *subtile Vernachlässigung von Bedürfnissen* (Stadium 3) manifestiert sich, gesellschaftlich betrachtet, im extremen Gefälle von Arm und Reich, insbesondere zwischen den Dritte-Welt-Ländern und der westlichen Welt. Aber auch in den sog. Wohlstandsländern der westlichen Industrienationen ist der Wohlstand ungerecht verteilt und die Armut nimmt zu. Vor allem in den unteren Einkommens- und Bildungsschichten sind die Lebens- und Arbeitsbedingungen immer noch beschämend. Immer mehr Menschen sind trotz Erwerbstätigkeit nicht gegen Armut abgesichert. Arm trotz Arbeit (working poor). Eine kleine Minderheit, die die Machtmittel besitzt, nimmt sich die Ressourcen meist grausam und brutal. Der Gipfel dieser Gier äußert sich in der Tatsache, dass ca. 21 Billionen US Dollar von

Steuersündern auf Steueroasen in Form von Schwarzgeld hinterlegt sind. Die ständig steigende Arbeitslosigkeit ist ein weiteres Indiz dafür, dass in unserer Gesellschaft etwas nicht stimmt. In manchen europäischen Ländern beträgt die Jugendarbeitslosigkeit über 50 Prozent. Sie ist ein tief strukturelles Problem, welches unter anderem mit der Rationalisierung von Organisationen aller Art (Wirtschaftsbetriebe, öffentliche Einrichtungen) zusammenhängt. „Die einen werden mit Überstunden überhäuft, die anderen in Teilzeit, Billigjobs und Frühpension abgedrängt, die dritten als Leiharbeiter oder mit Arbeitsbereitschaft zur allzeitigen Verfügung gehalten. Die Lasten zahlen die Sozialtöpfe und damit die überlasteten Vielarbeiter, bevor sie als Burnout-Opfer die Seiten wechseln", schreibt Ernst Sittinger im Leitartikel der *Kleinen Zeitung* (3. 4. 2013, S. 8). Die mittlerweile jährlich veröffentlichten Armutsberichte der Regierungen legen Zeugnis über die sozial gespaltene Gesellschaft ab. Der Prozentsatz steigt von Jahr zu Jahr. Die Schönfärberei der Armutsberichte seitens der Regierungen ist geradezu skandalös und ist ein klarer Hinweis auf das vierte Burnout-Stadium.

Die *Verdrängung von Konflikten und Bedürfnissen* (Stadium 4) zeigt sich nicht nur in den umformulierten und geschönten Armutsberichten, sondern unter anderem auch darin, dass von den Regierungen völlig unrealistische Pläne geschmiedet werden, wie z. B. die mittlerweile permanente Euro-Krise und die wirkungslosen Hilfspläne für die maroden Banken und bankrotten EU-Staaten belegen. „Auf den Finanzmärkten erfolgt die Ausbeutung so, dass der eine gewinnt und der andere verliert", analysiert einer der renommiertesten Ökonomen, Stephan Schulmeister, in der *Kleinen Zeitung* (12. 1. 2013, S. 41). Und die Politik unterstützt diese „Umverteilungsspiele". Eine weitere Form der Verdrängung ist etwa die Verniedlichung im Sprachgebrauch: So ist etwa im Zusammenhang mit den Steuerflüchtlingen, die ca. 21 Billionen US-Dollar auf irgendwelchen Südseeinseln bunkern, von Steueroasen bzw. Steuerparadiesen die Rede. Wohl eher handelt es sich um „Räuberlager, Camps für Parasiten und Sozialschmarotzer, die die Gesellschaft an der sie verdienen, aushöhlen" (Frido Hütter, Leitartikel *Kleine Zeitung*, 6.4.2013, S. 10). Der überfallsartige Handstreich im März 2013 der Euro-Gruppe mit der Einführung der Zwangssteuer in Zypern ist ein derartiges Beispiel für die hilflosen Hilfsmaßnahmen der EU zur „Rettung" von bankrotten Banken und Staaten und zugleich ein Indiz für den Werteverlust in Politik und Wirtschaft.

Die *Umdeutung von Werten* (Stadium 5) manifestiert sich im Verlust von Ethik und Moral. Diese Kategorien spielen in Politik und Wirtschaft zusehends eine untergeordnete Rolle. Dies belegen die immer häufiger stattfindenden Untersuchungsausschüsse und Gerichtsverfahren mit Politikern und Wirtschaftsbossen. Das in dieser Phase von Burnout-Patienten häufig beschriebene Gefühl der „Desorientiertheit" und „Verwirrung" (vgl. Freudenberger/North 2008, S. 137) ist auch bei den Akteuren aus Politik und Wirtschaft feststellbar. Die Aussagen so mancher Verantwortlicher hinterlassen einen derartigen Eindruck. „Die Furcht, den Boden unter den Füßen zu verlieren, die Position in der Firma, die hart erkämpfte Macht oder auch die Beziehung zu verlieren, die Attraktivität, die Jugend, das Image im Bekanntenkreis – diese Ängste nehmen Dimensionen an, bei denen es um Leben oder Tod geht. Angesichts dieser Alternative kommt es natürlich auf's Überleben an." (Freudenberger/North 2008, S. 137) Dieses Zitat bezieht sich zwar auf das Burnout von Personen, passt aber meines Erachtens ebenso zur Diagnostik des gesellschaftlichen Burnouts. Die deutsche Diplom-Psychologin und Journalistin Bärbel Schwertfeger spricht zu Recht von der „Bluff-Gesellschaft" (2002) und enttarnt, wo überall getäuscht und betrogen wird, was das Zeug hält. „Blender, Bluffer und Scharlatane haben Hochkonjunktur". Wie man diese erkennt und sich vor ihnen schützen kann, beschreibt sie in ihrem lesenswerten Buch. In eine ähnliche Kerbe schlägt der bereits erwähnte Autor Frank Schirrmacher. In seinem spannenden Buch „Ego – Das Spiel des Lebens" (2013) zeigt er die vielen falschen Fährten der Bluffer auf, ihre Ablenkungsmanöver, Tarnungen und Fallen, die alle Sinne täuschen.

Die *verstärkte Verleugnung der auftretenden Probleme* (Stadium 6) wird tagtäglich aus den Medienberichten über den Umgang mit Krisen auf diesem Globus deutlich. Die für die Öffentlichkeit bereits sichtbaren Symptome werden von den verantwortlichen Repräsentanten in Wirtschaft und Politik verleugnet. „Intoleranz ist eines der Hauptsymptome dieses Stadiums. Ohne die Energie, das Interesse oder die Fähigkeit zuzuhören oder sich auf andere einzulassen, werden neue Ideen, Vorstellungen oder interessante Vorschläge als Forderungen erlebt und meistens zurückgewiesen. Ihr Denken wird starr und unflexibel; sie schaffen sich schließlich eine noch kleinere, noch abgeschottetere Welt." (Freudenberger/North 2008, S. 140) Auch diese ursprünglich im Zusammenhang von Personen beschriebenen Burnout-Symptome treffen weitgehend auf viele unserer Repräsentanten in Politik und Wirtschaft zu. Warnende Stimmen, wie z. B. kritischer Ökonomen werden abgewehrt, Selbstlügen, Ausreden und Korruption stehen auf der politischen Tagesordnung.

Der *Rückzug* (Stadium 7) manifestiert sich in Politik und Wirtschaft darin, dass die Repräsentanten den Kontakt zur Basis verlieren, sich immer mehr von diesen absentieren, sich vom sog. Volk, den Bürgern (bis auf die Wahlkampfauftritte) zurückziehen. Ein Vorwurf, den wir vor allem im Kontext von Wahlen immer wieder hören. Vertrauensverlust ist die Folge. Am Beispiel der über Nacht eingeführten Zwangsabgabe der Spareinlagen in Zypern zwecks der angeblichen Rettung vor dem Banken- und Staatsbankrott wurde deutlich, wie weltfremd die Bankenbosse und Staatschefs sind, wenn ihnen nicht klar war, was so eine Gewaltaktion bedeutet – nämlich den totalen Vertrauensverlust. Die Menschen sind empört über die Dummheit der EU-Eliten. Sie scheinen den Verstand verloren zu haben, kritisieren renommierte Wirtschaftsforscher. Der soziale Rückzug bei Burnout-Patienten äußert sich unter anderem darin, dass sie sich vom Freundes- und Familienkreis zurückziehen, abschotten, aus- oder einsperren. In der Gesellschaft sind ähnliche Tendenzen sichtbar. Diese Tendenz der Isolation, des Abschottens, Ausgrenzens ist auch in unserer sog. Moderne zu beobachten. Vor allem rechtspopulistische Parteien greifen derartige Ängste in der Bevölkerung auf, verstärken diese und machen sie zum politischen Programm, in dem sie z. B. gegen Ausländer hetzen oder die Schwachen, Kranken und Behinderten isolieren, abstoßen oder ausgrenzen wollen. Wir haben beim Thema Burnout von Paarbeziehungen bereits darauf hingewiesen, dass geschlossene Systeme, die Fremdes aussperren, die sich zu sehr isolieren, krank werden oder sterben. Das gilt auch für die Gesellschaft, wie die Geschichte untergegangener Kulturen und Völker zeigt

Beobachtbare Verhaltensänderungen (Stadium 8) sind etwa das rasante Tempo, mit denen die Akteure unterwegs sind, die Hast ohne Rast, die Beschleunigung des Lebenstempos. Menschen, die im Burnout-Zyklus bis hierher gekommen sind, vertragen keine Kritik. „Als eine der ersten beobachtbaren Veränderungen ihres Verhaltens können Sie nicht mehr unterscheiden zwischen dem, was Sie am meisten fürchten – einen Angriff – und dem, was sie am meisten brauchen: Aufmerksamkeit, Unterstützung, Nähe und Intimität. Sie ziehen sich noch mehr zurück und neigen zur Eigenbrötelei“ (Freudenberger/North 2008, S. 144). Auch dieses Zitat passt zur Diagnostik des globalen Burnouts.

Depersonalisation, Verlust des Gefühls für die eigene Persönlichkeit (Stadium 9): Jetzt erkennen die Burnout-Patienten ihre eigenen Bedürfnisse, aber auch die Bedürfnisse der Mitmenschen nicht mehr. In dieser Phase „sind ihnen Logik und Verstand abhanden gekommen. Das wichtigste Symptom ist die Selbstverleugnung [...] Ihre Gefühle sind völlig von der Realität abgehoben, ihr Verhalten wirkt kalt, distanziert, schwankend, unberührbar. Sie funktionieren, doch rein mechanisch. Ihr Leben scheint ihnen entwurzelt und sinnlos.“ (Freudenberger/North 2008, S. 147 f) Diesen Eindruck gewinnt man jedenfalls, wenn man die politischen und wirtschaftlichen Akteure bei ihren öffentlichen Auftritten beobachtet oder sie, wie wir es in der Medienwissenschaft tun, analysiert.

Innere Leere (Stadium 10): Das beängstigende Gefühl der Leere wird mit kurzfristigen, sinnlichen Befriedigungen zugedeckt, vor allem mit Alkohol, Drogen oder Sex. Dies trifft auch auf viele Akteure aus Politik und Wirtschaft zu. Die zahlreich aufgedeckten Skandale belegen diese

Symptome. Die Liste der öffentlich gemachten Skandale würde viele Seiten umfassen. Wobei das meiste unter dem Teppich gekehrt wird und gar nie an die Öffentlichkeit gelangt.

Depression (Stadium 11): Das Gefühl der Niedergeschlagenheit, Wertlosigkeit, Antriebsschwäche, Energie- und Lustlosigkeit ist weit verbreitet. Es betrifft nicht nur die hier untersuchten Hauptakteure, sondern auch die Mitspieler - also uns, die Wähler, Bürger, die Individuen. Aufgrund der hohen Krankenstandszahlen wegen psychischer Erschöpfung sprechen die Experten bereits von einer Burnout-Epidemie, von einem Flächenbrand. Immer mehr Menschen sind ausgebrannt, erschöpft oder von irgendwelchen Substanzen abhängig. Wut, Ohnmacht und Verzweiflung führen entweder in die Aggression oder Depression - meist in beides. Belege für die depressive Gesellschaft (Ehrenberg etc.) wurden genügend angeführt.

Das letzte Stadium 12 - *Völlige Burnout-Erschöpfung* - kann lebensgefährlich sein. Es „stellt eine handfeste Krise dar. Es handelt sich um einen absoluten Notfall.“ (Freudenberger/North 2008, S. 156)
Es gibt leider genügend Anzeichen dafür, dass die Gesellschaft auf einen Totalzusammenbruch hinarbeitet. Soziologen nennen dies Kollaps oder Ruin. Das ist in der Geschichte der Menschheit nichts Außergewöhnliches. Viele Kulturen sind in der Vergangenheit untergegangen, wie z. B. die Maya oder Azteken, aber auch politische Systeme der jüngsten Vergangenheit, wie etwa der Kommunismus, die ehemalige DDR. *„Eine Zivilisation bricht zusammen, wenn sie nicht mehr in der Lage ist, ihre Häuser und Straßen, ihre Finanzen, ihren Haushalt zu regulieren oder zu reparieren“*, meint die Wiener Soziologin Marina Fischer-Kowalski beim *Uniclub*-Symposium „Burnout von Mensch und Organisation“ 2012.
Die aktuelle Euro-Krise führt uns dies drastisch vor Augen. Immer mehr Staaten sind tatsächlich nicht mehr in der Lage, ihren Haushalt zu regulieren. Die Helfer bzw. Krisenmanger sind hilflos und überfordert - alles Indikatoren für ein zivilisatorisches Burnout.

Es muss nicht zum Totalzusammenbruch, zum Infarkt, zum Staatsbankrott führen. So mancher Protest der „Wutbürger“ konnte dies in der Vergangenheit verhindern. Die gesellschaftlichen Gegenbewegungen leisten diesbezüglich wertvolle Beiträge.

Gegenbewegungen

Es scheint, dass die Gesellschaft den Verstand verliert. Sie zeigt deutliche Symptome der Erschöpfung. Die Erd- bzw. Welt-Erwärmung ist ökologisch und psychologisch eindeutig zu verorten. Viele brennen aus, einige verbrennen sich dabei, leiden unter psychischen Verletzungen. Aber (und das ist die optimistische Nachricht) viele brechen aus, machen nicht mehr mit, steigen aus, suchen nach Alternativen. Immer mehr Menschen sind nicht mehr bereit, die Zeche für Gier und Unvermögen der Elite zu bezahlen, den Optimierungswahn mitzumachen. Dies ist an den vielen Gegenbewegungen abzulesen. Auf einige habe ich bereits weiter vorne im Zusammenhang mit dem Turbo-Narzissmus hingewiesen, z. B. auf die Bewegungen gegen den epidemischen Ich-Kult.

Im Windschatten des Neoliberalismus entsteht so etwas wie eine Ressourcen-Solidarität, wie etwa Tauschkreise, Talentebörsen, Kostnix-Läden, Transportgemeinschaften, Vereine zur Verzögerung der Zeit etc. In der Wirtschaft gibt es mittlerweile auch schon einzelne weltumspannende Alternativprojekte, bei denen Geschäftsmodelle entwickelt werden, die eine positive Rendite im Sinne der Nachhaltigkeit bieten, d. h. ökologisch, sozial und ökonomisch attraktiv sind. Hierzu zählen etwa die Projekte der *Blue Economy* (vgl. Gunter Pauli, 2010). Viele dieser Grundsätze basieren auf den Ideen und Initiativen des in Österreich geborenen und ausgebildeten Physikers, Systemtheoretikers und Philosophen *Fritjof Capra*. Der Wissenschaftler arbeitet und lebt in den USA, Kalifornien. Er vertritt einen ganzheitlich-systemischen Ansatz, verbindet östliche Mystik mit moderner Physik und setzt sich für eine nachhaltige ökologische Lebensweise in einer globalisierten Zivilgesellschaft ein. Die Auswahl der

Beispiele hat nicht nur einen Österreichbezug, sondern auch einen persönlichen. Meine Schwester Patrizia ist mit den zwei oben genannten Persönlichkeiten in engen Kontakt und bemüht sich um die Umsetzung im täglichen Leben und um die Verbreitung dieser Ideen. Auf ihrer Website findet man weiterführende Links zu einigen weltumspannenden Organisationen, die sich um derartige Anliegen kümmern (vgl. www.panema.at). Mit diesen Beispielen soll lediglich angedeutet werden, dass es durchaus ganz konkrete, integrative Denkansätze, wissenschaftlich fundierte und praxisbezogenen Modelle gibt, mit denen man die oben skizzierten ökonomischen, ökologischen oder sozialen Probleme in Angriff nehmen und die Ausbeutung von Natur und Mensch durch den Turbokapitalismus, Informationskapitalismus, ökonomischen Imperialismus, Militarismus etc. ablösen könnte.

Aber es ist nicht Ziel und Aufgabe dieses Beitrages, die vielen Lösungsmöglichkeiten, wie unsere Welt aus der Krise herauskommen kann, zu diskutieren. Wohl aber sollen einige Gesichtspunkte skizziert werden, die Wege aus der (persönlichen) Burnout-Krise aufzeigen.

Wege aus der Krise: Antikörper entwickeln und „durchwurschtln“

Die meisten Experten sind sich darüber einig, dass sich die Repräsentanten in Politik und Wirtschaft mehr oder weniger nur „durchwurschtln“ (muddling throug). Das ist mittlerweile sogar ein Managementbegriff, der in vielen anderen Bereichen angewendet wird. Gemeint ist damit eine Art Copingstrategie (Lösungsstrategie), ein häufig beobachtbares Verhalten von Menschen und Organismen, d. h. wir „hüpfen“ – meist ohne klare Ziele - von einer Entscheidung zur anderen, probieren im Sinne von „trail and error“ einfach aus, ob eine Sache funktioniert. Das Prinzip wird nicht nur vom Management in der Politik und Wirtschaft, sondern auch im Alltag häufig angewendet.

Während ich an diesem Kapitel in Grado schreibe, komme ich wieder mit dem Begriff „durchwurschtln“ in Berührung: Ich versuchte in einer

Schreibpause das mobile Kinderbett zusammenzuklappen, damit es mir beim Staubsaugen nicht zu sehr im Weg steht. Außerdem sind die drei Enkelkinder, die bei uns (meiner Frau, ihrer Cousine und mir) eine Woche Urlaub am Meer gemacht haben, wieder zu Hause in Österreich. Nach mehreren Fehlversuchen habe ich meine Tochter angerufen und gefragt, wie das Ding funktioniert, wie sich das Kinderbett zusammenklappen lässt. Nach mehrfachen Anweisungen und Fehlschlägen sagte sie zu mir: *„Einfach durchwurschtln Dad, du wirst sehen, irgendwie klappt es schon"*. Und tatsächlich, nach weiteren Durchwurschtl-Versuchen ist es mir gelungen. Erfreut und erleichtert konnte ich die nächsten Schritte tun: staubsaugen, einkaufen, kochen, essen, schlafen, spazierengehen, joggen - und am Buch weiterschreiben.

Ein weiterer Ausweg aus der Krise bestehe darin, so die Auffassung der oben genannten Experten, *Antikörper* zu entwickeln. Damit ist gemeint, dass wir lernen müssen, mit Stress-Situationen sowie der Komplexität von Themen und Systemen umzugehen, lernen auf „leise" Signale zu hören, auf Symptome zu achten, um rechtzeitig entgegensteuern zu können. Aber auch das Innehalten wird als möglicher Ausweg gesehen, das gesellschaftlich organisierte, *kollektive Innehalten*, wie es der Philosophieprofessor Peter Heintel (1999) vorschlägt. Diese Empfehlung gilt zu hundert Prozent auch für Personen.

Fazit: Die Gesellschaft hat den Verstand verloren und brennt aus!

Die zugegebenermaßen nur skizzenhafte Auseinandersetzung mit den gesellschaftlichen Faktoren hat zweierlei ergeben:
Erstens, die Gesellschaft selbst hat deutliche Anzeichen eines Burnouts, die Ermüdungserscheinungen sind unübersehbar. Sie zeigt deutliche Symptome der Erschöpfung. In manchen gesellschaftlichen Bereichen sind alle 12 Stufen des Burnout-Zyklus durchschritten. Die Gesellschaft hat tatsächlich den Verstand verloren. Der Neoliberalismus (Turbo-Narzissmus, Spätkapitalismus, Informationskapitalismus, ökonomischer

Imperialismus) ist auf Gewinnmaximierung, Wettbewerb, Konkurrenzkampf, Lügen und Täuschen ausgerichtet. Er produziert Hedge Fonds Manager, die über Leichen gehen und ist verantwortlich für die Finanzkrise, Skandale, Steuerparadiese, Spaltung der Gesellschaft, für die Kluft zwischen Arm und Reich. Der Neoliberalismus ist für die globale Erschöpfung verantwortlich. Die gängigste Coping-Strategie in Politik und Wirtschaft ist im Moment das „Durchwurschtln". Nur vereinzelt finden sich Gegenbewegungen, welche die Hoffnung nähren...
Zweitens - die Entwicklung der Gesellschaft (insb. die spätkapitalistischen Wirtschaftsbedingungen, die postsozialen Lebens- und Arbeitsverhältnisse der Spätmoderne) übt einen nachhaltigen Einfluss auf uns Menschen aus und ist für die massenhafte Verbreitung der psychischen Erkrankungen wie Burnout, Depression und Sucht mitverantwortlich. Um einen gesellschaftlichen Kollaps zu verhindern und eine weitere Verbreitung der Burnout-Epidemie zu stoppen, müsste ein völliger Paradigmen- und Richtungswechsel erfolgen. Ein Umdenken in vielen Lebensbereichen ist gefragt. Die Mission der österreichischen Wirtschaftskammer lautet (noch): *„Geht's der Wirtschaft gut, geht's uns allen gut."* Dem ist aber nicht so. Es geht weder der Wirtschaft, noch den meisten Menschen gut. Bereits eine kleine Satzumstellung signalisiert einen anderen Zugang zu den hier skizzierten Problemen: *Geht's uns Menschen gut, geht's der Wirtschaft gut.*

Junge Menschen – die künftigen „Ausbrenner"?

Die aktuellen Jugendstudien (vgl. www.integral.co.at) geben Auskunft, wie sich die jungen Menschen diesen Herausforderungen stellen. Die Jugendlichen reagieren auf die krisenhafte Entwicklung sehr unterschiedlich. Ein Teil der Jugend (etwa 20 Prozent) besinnt sich auf alte Werte wie Fleiß, Pflichtgefühl und Leistungsbereitschaft. Für weitere 20 Prozent nehmen Selbstverwirklichung und Selbstdarstellung einen großen Stellenwert ein. Beide Gruppen sind fleißig, flexibel und karrierebewusst. Insgesamt identifizierten die Forscher sechs verschiedene Typen. Die meisten Jugendlichen sind jedoch hybrid, d. h. sie mischen die Werte.

Daraus ergibt sich eine Kombination von traditionellen Pflichtbewusstsein und individueller Selbstverwirklichung. Wenn man den oben dargelegten Hypothesen von Ehrenberg & Co (dass sowohl die hohe Leistungsbereitschaft als auch die Tendenzen zur eigenverantwortlichen Selbstverwirklichung zu Burnout, Depression und Sucht führen) Glauben schenkt, dann gehören viele junge Menschen zu den zukünftigen „Ausbrennern" – auch wenn ein Großteil (wie die aktuellen Jugendstudien zeigen) persönlich optimistisch in die Zukunft blickt. Bleibt zu hoffen, dass sie nicht zu naiven, optimistischen Ausbrennern werden. Wie die arbeitslosen Jugendlichen auf diese gesellschaftliche Entwicklung reagieren, ist ungewiss. Die Ausdrucksformen können sehr unterschiedlich sein. Die Hoffnungs- und Orientierungslosigkeit, der Sinnverlust, das Gefühl nicht gebraucht zu werden, kann sich in Wut, Gewalt und Aggression ausdrücken oder in die Depression führen.

> *„Einsam sind die spindeldürren Handwerker, die auf der Suche nach einer Arbeit herumschlendern und sichtlich betroffen sind von der hoffnungslosen Erwartung einer Beschäftigung; sie fliehen aus ihren Häusern, um die bittenden Kinder und die weinenden, fluchenden Frauen nicht zu hören. Manchmal treffen sie sich, aber ziehen es vor, langsam und still nebeneinander herzugehen, da sie von ihren Sorgen nicht sprechen wollen."*

So hat der italienische Dichter (aus Grado) Biagio Marin 1934 die Arbeitssuchenden Gradeser beschrieben. Heute würde er wohl drastischere Worte für die Hoffnungs- und Orientierungslosigkeit der arbeitslosen Jugendlichen finden. Viele von ihnen sind nicht mehr bereit, langsam und still nebeneinander herzugehen, sondern äußern laut und aggressiv ihren Unmut über die ungerechte Welt.

Es droht der *gesellschaftliche Seeleninfarkt*. Die verlorene Generation von heute rebelliert, lehnt sich auf und verschafft sich mit Gewalt Gehör in der Krise. Sie ist nicht mehr bereit, die Krise zu bezahlen – womit auch. Die Gefahr von sozialen Unruhen wächst. In den Medien sind immer wieder die gleichen Bilder von brennenden Autos und Straßenschlachten zwischen der Polizei und der Jugend zu sehen: in Paris, in London, in Griechenland und Spanien, wo die Jugendarbeitslosigkeit fast zwei Drittel beträgt. Die Rebellion der Jugend hat erst begonnen. Das Feuer lodert nicht mehr, es brennt an allen Ecken und Enden. Der gesellschaftliche Flächenbrand wird zusehends zum Schwelbrand in der Seele, der zum Totalzusammenbuch führen kann, zum gesellschaftlichen Seeleninfarkt. Das Wesen eines Infarktes besteht darin, dass wesentliche Teile des Körpers absterben. Sobald die Menschen zu wenig Nährendes erhalten und das Leben seinen Sinn verliert, droht der Seeleninfarkt. Beim gesellschaftlichen Seeleninfarkt sterben nicht nur Teile der menschlichen Seele ab. Wesentliche Gruppen unserer Gesellschaft nehmen nicht mehr am Leben teil, verweigern sich und sterben ab. Um das zu verhindern, müssen wir Widerstand leisten und Alternativen aufzeigen!

Es gäbe noch Vieles zu sagen, niederzuschreiben,
aber einmal ist Schluss ... KN

Erste Hilfe-ABC gegen Burnout-Depression-Sucht

Dieser Erste Hilfe-Leitfaden versteht sich als eine Art Zusammenfassung. Er beinhaltet Stichworte zu den wichtigsten Symptomen, Ursachen und Auswege. Die *Fragen* dienen der Selbstreflexion, die *Hinweise* bringen die wichtigsten Aussagen und Lebensweisheiten noch einmal auf den Punkt. Begriffe ohne Markierung beschreiben Ursachen oder Symptome. Unterstrichene Begriffe sind ambivalent, haben eine positive und negative Bedeutung, sie können sowohl eine Ursache oder ein Symptom darstellen als auch eine Bewältigungsmethode, ein möglicher Ausweg. **Fettgedruckte oder *kursive* Begriffe sind Auswege (Wege aus der Krise, Bewältigungsmethoden, Präventionsmaßnahmen)**

A ausgebrannt, ausgelaugt, abhängig, antriebslos, Alkohol (Alkoholmissbrauch, Alkoholismus, Alkoholerkrankung), Alptraum, Ansprüche, Abschied, Akku (leer), Affäre, Angst, Arbeitslosigkeit, Arbeitsklima, Arbeitsüberlastung, Anspannung, Arbeit, Antidepressiva, Alleinstellungsmerkmal (U.S.P.), Anerkennung, ***Akupunktur, Askese, Analyse,*** *Atemübungen, Aoum (Om),* **A-E-I-O-U (Übung für Körper, Geist und Seele), Autosuggestionen, Affirmationen, Alles ist (nicht) möglich, Authentizität, Abgrenzung, Achtsamkeit, Akzeptanz**

Mögliche Fragen: Trinke ich zu viel **A**lkohol? Bin ich womöglich bereits **a**bhängig? **A**rbeite ich zu viel? Bin ich bereits **a**usgebrannt? Benötige ich unbedingt **A**ntidepressiva? Grenze ich mich genug ab? Bin ich **a**chtsam? **A**tme ich tief ein und aus? Usw.

Wichtige Grundsätze: **A**tem ist Leben. **A**rbeit macht nicht krank. Sie zählt zu den wichtigsten Therapiemaßnahmen. **A**bgrenzung ist eine wirkungsvolle Therapiemaßnahme gegen **A**usbrennen und **A**bhängigkeiten.

B Beruf, Beschleunigung (des Lebenstempos), Betroffenheit, Bankrott (von Staaten und Regierungen), Bedürfnisse, **Balance (Life-Balance, im Rhythmus leben), Bewegung (geistig und körperlich)**

Mögliche Fragen: Welche **b**eruflichen Faktoren belasten mich? **B**eschleunige ich mein Lebenstempo? Achte ich genug auf meine **B**edürfnisse (Körper, Geist und Seele)? **B**ewege ich mich genug?

Wichtige Grundsätze: Zur **B**eschleunigung: Hast ist der Feind des Lebens. Zur Life-**B**alance: Achte auf die Balance zwischen Arbeit und Pause, Anspannung und Entspannung, Geben und Nehmen, geistig und körperliche Bewegung. Spüre deinen Rhythmus.

C Charakter, Cortisolmangel (Antistresshormon), **Chancen erkennen, Coaching, Copingmethoden (= Bewältigungsversuche)**

Mögliche Fragen: Habe ich womöglich einen **C**ortisonmangel? Erkenne ich bereits die **C**hancen, den Sinn der Krise? Brauche ich einen Coach? Welche Coping-Bewältigungsmethoden sind für mich passend?

Wichtige Grundsätze: Die **C**hance, aus der Krise herauszukommen, steigt mit Wissen und Erfahrung. Auch wenn du es dir schwer vorstellen kannst: Sieh die Krise auch als **C**hance. Sucht ist keine **C**harakterschwäche.

D Depersonalisation (Verlust des Gefühls), Desorientierung, Druck (von innen und außen), Drogen, Dopaminmangel (Glückshormon), Durchhalten (um jeden Preis), Dreiecksbeziehung, Darm (Darmflora), Durchwurschtln, **Darmreinigung, Du (Du selbst sein), Dame in Schwarz (Depression), Disziplin, Diagnose**

Mögliche Fragen: Setze ich mich unter **D**ruck? Bin ich **d**rogenabhängig? Leide ich eventuell unter **D**opaminmangel? Muss ich um jeden Preis **d**urchhalten? Lebe ich in einer **D**reiecksbeziehung? Wenn ja, ist das für uns alle gut? Ist eine **D**armreinigung fällig? Hat mir die **D**ame in Schwarz (Depression) etwas mitzuteilen?

Wichtige Grundsätze: **D**isziplin und Askese sind wichtige Genesungsfaktoren. Das Leben darf deshalb aber nicht zur Entziehungskur werden. Der **D**arm beeinflusst die Stimmung - und umgekehrt. **D**arm und Hirn kommunizieren miteinander. **D**u selbst sein bedeutet, dich so anzunehmen wie du bist. **D**iagnosen sind mit Vorsicht zu genießen: Sie erklären im Grunde genommen jeden Menschen für/als krank. Oder: Wer als gesund gilt, ist nur noch nicht medizinisch **d**iagnostiziert.

E erschöpft, energielos, einsam, egozentrisch, Ego, Ego-Trip, Ehrgeiz, Energieverlust, Ermüdung, Einzigartigkeit (Verlangen danach), Eindruck schinden, Emotionen unterdrücken, Entspannungsprobleme (Unvermögen zu entspannen), einseitige Einstellungen, Erreichbarkeit (per PC, Smartphone), **Entspannungsübungen, Entschleunigung, Entwöhnung, Entgiftung, Entzug, Ekstase, Ernährung, Energiearbeit, Eigenverantwortung, Eigenführung, Erholung, Entscheidungen treffen, Evaluation (Effektivität, Effizienz)**

Mögliche Fragen: Warum bin ich so **e**rschöpft? Bin ich zu **e**gozentrisch (auf mich bezogen)? Will ich unbedingt einen positiven **E**indruck hinterlassen? Muss ich immer **e**rreichbar sein? **E**rnähre ich mich so, dass ich genug **E**nergie bekomme? Was kann ich gegen die **E**rschöpfung tun? **E**ntspannen, **E**rholen, **E**ntschleunigen etc. **E**valuiere ich meine Therapiemaßnahmen? Are we doing the right things? Tun wir die richtigen Dinge? Are we doing things right? Tun wir die Dinge auch richtig?

Wichtige Grundsätze: **E**motionen zu unterdrücken, macht krank. **E**indruck erzeugt Druck. Wenn ich die Ziele nicht kenne, kann ich sie auch nicht **e**valuieren. Die **E**ffektivitätsfrage ist das Maß der Zielerreichung, die **E**ffizienzfrage das Maß für Wirtschaftlichkeit (Kosten-Nutzen). Wenn du es **e**ilig hast, setz' dich hin und atme tief durch.

F frustriert, freudlos, flexibel, Feuer & Flamme, Familie und Freunde, **Freude, Friede, Fluss (alles im Fluss, es fließt), Führung, Führungskraft (innere), Fragen**

Mögliche Fragen: Warum bin ich **f**rustriert? Was kann ich dagegen tun? Was macht mir **F**reude? Kenne ich meine innere **F**ührungsKRAFT? Habe ich mit mir schon **F**rieden geschlossen? Stelle ich mir gezielte **F**ragen? Welche der Fragen in Kapitel „Methoden mit Notizblock“ finde ich brauchbar, bringen mich in Fluss? Welche Antworten lieferten die „Fragen zu Burnout, Depression und Sucht“?

Wichtige Grundsätze: Gezielte **F**ragen schaffen hochkarätige Antworten. Lass das **F**euer deiner Seele nie ausgehen! Die **F**ührungsKraft liegt im mir. Alles **fl**ießt.

G gehetzt, gereizt, gedrückt, gefühllos, Gedächtnisstörung, Gedankenkreise, Glut (& Asche), Gefahren, Grenzen, Gene, Gesellschaft, Gier, Gewissen, Gedanken, Gefühle, Glaubenssätze, **Gelassenheit, Gesundheit, Glück (Glückshormone, Glücksgefühle, Glücksfaktoren), Gemeinschaft, Gerechtigkeit, Gott, Gebete, Genuss, Geduld**

Mögliche Fragen: Fühle ich mich **g**ehetzt? Bin ich **g**ereizt? Erkenne ich **G**efahren und **G**renzen? Plagt mich das schlechte **G**ewissen? Sind meine **G**laubenssätze hilfreich oder hinderlich? Strebe ich womöglich zu sehr nach **G**lück? Welche Rolle spielt **G**ott in meinem Leben? Wie kann ich meine **G**edankenkreise unterbrechen? (z. B. mit dem Hier-Jetzt-Spaziergang) - Wie finde ich **G**elassenheit?

Wichtige Grundsätze: **G**elassenheit entsteht durch Loslassen. Der **G**laube kann Berge versetzen. Indem wir die **G**renzen unserer Möglichkeiten hinausschieben, gehen wir auch über uns selbst hinaus. Suche nicht ständig nach dem **G**lück.

H hilflos, hektisch, Hast, Herzrasen, hilflose Helfer, Hormonmangel, **Hoffnung, Heilung, Heilmassage, Herz**

Hilfreiche Fragen: Benötige ich **H**ilfe? Brauche ich eine **H**eilmassage? Höre ich mit dem **H**erzen zu? Was ist die stärkste **H**eilungskraft?

Wichtige Grundsätze: Der stärkste Verbündete - **H**eilung - **H**offnung: Gib die **H**offnung nie auf. **H**ilfe annehmen ist keine Schande, sondern zeugt von Intelligenz. Oder: am Boden zu liegen, ist keine Schande, wieder aufstehen ist wichtig (so ähnlich) …

I Ich-AG, Ich-Kult, Ich-Sucht, Imponieren, Image, Imperialismus, Informationskapitalismus, Individualisierung, Infarkt, **Interesse, Innehalten**

Hilfreiche Fragen: Wie wichtig ist mir das **I**mage (das Bild, das andere von mir haben)? Will ich **i**mponieren, oder leben? Bin ich eine Ich-AG? Leide ich bereits unter Ich-Sucht? **I**nteressiere ich mich genug für andere Menschen? Wie kann ich einen **I**nfarkt (Herzinfarkt, Seeleninfarkt) vermeiden? Nehme ich mir genug Zeit zum **I**nnehalten?

Wichtige Grundsätze: Ein Seelen-**I**nfarkt lässt sich vermeiden, indem ich meine Seele mit gesunder Nahrung füttere. **I**mage bewahren kann ganz schön anstrengend sein. Die permanente Arbeit am **I**CH führt zur/in die Überforderung. **I**nnehalten kann man auf verschieden Weise: Haltmachen, Hinsetzen, Aussteigen, Staunen, Nachdenken (z. B. über mein Leben), im Hier und Jetzt verweilen, Vergangenes sichten oder in die Zukunft blicken.

J Jugend (Werte, Perspektiven, Arbeitslosigkeit), **Jakobson-Entspannung, JA zum Leben**

Hilfreiche Fragen: Habe ich die Jakobson-Entspannungsmethode schon ausprobiert? Sage ich trotz meines Schicksals JA zum Leben?

Wichtige Grundsätze: Die **J**ugend hat ein Recht auf Bildung und Arbeit. Die **J**akobson-Entspannung wird nach seinem Erfinder Edmund Jakobson genannt und basiert auf wechselweiser Anspannung und Entspannung der Muskulatur. Wie können wir **JA** zum Leben sagen? - Indem wir uns fragen, was das Leben von uns erwartet und nicht, was wir vom Leben erwarten.

K kraftlos, krank, Krise, Konflikte, Komorbidität (Mehrfachdiagnose), Kräfteverlust, Kontrollverlust, Konzentrationsschwierigkeiten, Kaliummangel, Körper, Kirche, Kommunikation, **Konzentration (auf das Wesentliche), Kapitänsrolle**

Hilfreiche Fragen: Bin ich **k**rank oder stecke ich „nur“ in einer (Lebens-) **K**rise? Was kann ich tun, um (wieder) zu **K**räften zu kommen, mich besser **k**onzentrieren zu können? Ist die **K**irche ein Ort, der mir gut tut?

Wichtige Grundsätze: **K**onzentriere dich auf das Wesentliche. **K**ommuniziere mit deiner Umwelt. Übernimm die **K**apitänsrolle, d. h. Eigenverantwortung! Der **K**örper lügt nie!

L lustlos, leer, Langeweile, Loch (in der Seele), Liebeskummer, Leiden, Leistungsansprüche, Leistungsdruck, Leistungsgesellschaft, Lebenstempo, Lebensbeschleuniger (Neue Medien, Internet, E-Mail, Smartphone), Lob, Leitbilder, Lebenssinn … **Liebe, Leidenschaft, Lebendigkeit, Leichtigkeit, Lebensweisheiten, Lebensklugheit, Leben, Loslassen**

Hilfreiche Fragen: Woher kommt das **L**och in der Seele? Woher kommen die **L**eistungsansprüche? (Kindheit, Eltern) - Muss ich mich dem **L**eistungsdruck der Gesellschaft beugen, die **L**ebensbeschleuniger immer bei mir haben? Macht das **L**eben Sinn? Sind **L**ebensweisheiten für mich nur blöde Kalendersprüche oder kann ich von ihnen lernen? Was soll ich **l**oslassen?

Wichtige Grundsätze: **L**iebe heißt im Fall des Verlustes verzweifeln dürfen. **L**oslassen ist eine der wichtigsten **L**ektionen des **L**ebens. Das **L**eben besteht aus mehr, als immer nur das **L**ebenstempo zu beschleunigen. **L**ebensklugheit bedeutet, nicht alles völlig ernst zu nehmen.

M machtlos, multifaktoriell, Medien, Mediensucht (TV-, Computer-, Online-Sucht), Medikamente (Missbrauch, Nebenwirkungen), Melatoninmangel (Schlafhormon), Magnesiummangel (Anti-Stress-Mineral), Misserfolge, Midlife-Krise, Mobbing, Maske, Mastbruch (Totalzusammenbruch), Moderne (Spät-, Postmoderne), Multitasking, Moral, **Mission Statement (Lebensmotto), Muße, Motivation, Mut, Musik, Mantras, Moderne Mayr Medizin (*Viva Zentrum* Maria Wörth)**

Hilfreiche Fragen: Bin ich **m**achtlos ausgeliefert, d. h. Opfer oder Gestalter meines Schicksals? Gehe ich mit **M**edien und **M**edikamenten verantwortungsbewusst um? Benötige ich bestimmte **M**ineralien (**M**elatonin, **M**agnesium)? **M**ultitasking: Ist die simultane Ausführung mehrerer Tätigkeiten unbedingt notwendig? Stecke ich „nur“ in einer **M**idlife-Krise oder hat mein Boot bereits ein Leck, einen **M**astbruch? Verfüge ich über ein **M**otto, welches mich überfordert oder fordert, **m**otiviert? Bin ich für **m**oderne (alternative, ganzheitliche) **M**edizin aufgeschlossen?

Wichtige Grundsätze: Weniger ist **M**ehr. **M**edien können mich beeinflussen. Nimm **M**edikamente nur, wenn sie wirklich notwendig sind. Habe **M**ut zu **M**usik, **M**antras, **M**editation. Sie stärken nachweislich Körper, Geist und Seele, aktivieren bestimmte Gehirnregionen und lösen Wohlbefinden aus.

N nervös, Neid, Narzissmus, Notfall, Nicht-Nein-sagen-können, Neoliberalismus, **Nein-sagen, Nachhaltigkeit**

Hilfreiche Fragen: Bin ich **n**ervös? Wenn ja, was kann ich dagegen tun? Wie hoch sind meine **n**arzisstischen Persönlichkeitsanteile? Sage ich oft genug **N**EIN? Welchen Beitrag zur **N**achhaltigkeit kann ich leisten?

Wichtige Grundsätze: Der **N**eoliberalismus (Turbo-Narzissmus, Spätkapitalismus, Informationskapitalismus, ökonomischer Imperialismus) ist auf Gewinnmaximierung, Wettbewerb, Konkurrenzkampf, Lügen und Täuschen ausgerichtet. Er ist für die Kluft zwischen Arm und Reich sowie die globale Erschöpfung verantwortlich. Das **n**eoliberale Weltbild trägt dazu bei, dass immer mehr Menschen ausbrennen, depressiv und abhängig werden. Überlege dir, was du mit deinen bescheidenen Mitteln dagegen tun kannst. Auch Tauschkreise, Talentebörsen, Kostnix-Läden, Transportgemeinschaften oder die Verzögerung der Zeit sind wirkungsvolle, nachhaltige Gegenmittel.

O Ohnmacht, Optimierungswahn, Olympisches Motto (citius, altius, fortius: schneller, höher, stärker), Organisation, Organisationskommunikation, **öffnen, optimistisch**

Hilfreiche Fragen: Fühle ich mich **o**hnmächtig oder mächtig? Inwieweit habe ich das **o**lympische Motto verinnerlicht? Funktioniert die Kommunikation in unserer **O**rganisation? Welchen Beitrag zur Verbesserung der **O**rganisationskommunikation kann ich leisten? Bin ich **o**ffen für Neues, für Veränderung?

WichtigeR Grundsatz: **O**ptimistische Menschen leben nachweislich gesünder und länger.

P Person, Perfektionismus, Pflichtbewusstsein, Pessimismus, Privat, Partner (Stress, Konflikte), Pest (& Cholera), Psyche (psychische Störung), Papstsyndrom (Arbeitsüberlastung, Doppel- und Mehrfachbelastung), Pubertät, Persönlichkeitsmerkmale, Psychopharmaka,

Paradigmenwechsel, Personality-PR, Positives Denken, **Protest, Phantasien, Psychotherapie, Physiotherapie, Pause, Pilgern, PEP (Prozessorientierte Energetische Psychologie), Positive Psychologie**

Hilfreiche Fragen: Muss immer alles **p**erfekt sein? Bin ich eher ein **p**essimistischer oder optimistischer Mensch? Habe ich Stress mit dem **P**artner? Wenn ja, wie sehr belastet er mich? Was kann ich dagegen tun? Leide ich unter dem **P**apstsyndrom (Doppel-, Mehrfachbelastung)? Benötige ich unbedingt **P**sychopharmaka oder reicht ein natürliches Antidepressivum? Brauche ich einen **P**sychotherapeuten oder genügt es, eine **P**ause einzulegen, eine **P**ilgerreise zu unternehmen?

Wichtige Grundsätze: Nicht alle seelischen Leiden sind gleich eine **p**sychische Störung. **P**sychopharmaka haben zahlreiche Nebenwirkungen. Ob und inwieweit jemand ausbrennt, ist im Wesentlichen von der **P**erson, von seinen **P**ersönlichkeitsmerkmalen abhängig. Vergiss nicht, **P**ausen einzulegen.

Q Querulant, **Qi Gong**

Hilfreiche Fragen: Lasse ich mich von **Q**uerulanten beleidigen, demütigen, verletzen? Ist die chinesische Entspannungsmethode **Q**i Gong etwas für mich?

Wichtige Grundsätze: **Q**i Gong und viele andere Atem- und Energieübungen können negative Emotionen (Angst, Ärger, Trauer) kontrollieren sowie positive Gefühle (Mitgefühl, Güte) stärken und die Stressbelastung messbar reduzieren.

R Rückzug (von Familie und Freunden), Ressourcen, Rückfall, Ruf (Image), **Resilienz (menschliche Widerstandskraft), Ruhe, Reflexion, Rhythmus**

Hilfreiche Fragen: Ist der soziale **R**ückzug eine vorübergehende und notwendige Maßnahme oder bereits ein Burnout-Symptom? Habe ich genug **R**essourcen? Was lerne ich aus einem eventuellen **R**ückfall? Verfüge ich über genug menschliche Widerstandskraft (**R**esilienz)? Wenn nicht, wie und wo kann ich sie mir holen? (siehe Kap. Krise als Chance). Nehme ich mir genug Zeit für **R**uhe und **R**eflexion? Lebe ich im **R**hythmus?

Wesentliche Grundsätze: Ist der **R**uf erst **r**uiniert, lebt es sich ungeniert. **R**ückfälle sind ein wesentlicher Bestandteil von Abhängigkeits-erkrankungen und zugleich Entwicklungschancen. **R**esiliente Menschen können Lebenskrisen besser verarbeiten und ihnen etwas Positives abgewinnen. Eine der wichtigsten **R**essourcen (Kraftquellen) sind die Ressourcen des Möglichen und des Schönen (Natur, Musik, Künste, Liebe, Freundschaft etc.). Im **R**hythmus leben bedeutet vielerlei, insbesondere in Balance sein, in der Gegenwart leben und sich ständig weiterentwickeln.

S Sucht, Suchtgedächtnis, Sehnsüchte, Stress, Sofortismus, Systemmängel, Schlafstörung, Schmerzen, Sorgen (privat, beruflich), Streit, Schwermut, Seelenverlust, Seeleninfarkt, Sicherung (brennt durch), Schuldgefühle, Suizid, Salvataggio-Helfersyndrom, Seratoninmangel (Glückshormon), Selbstüberschätzung, Selbstausbeutung, Selbstverknechter, Selbstvermarktung, Selbstwert (zu geringer), Selbstdarstellung, Selbstverwirklichung, Suche (nach dem Sinn des Lebens), Sein & Schein, Solidarität, **Sorge um sich (Selbstliebe, Selbstakzeptanz, Selbstachtung), Selbstheilung, Selbsttherapie, Spazieren, Sport, Segeln, Sexualität, Spiritualität, Schritt für Schritt, Seele füttern**

Hilfreiche Fragen: Welche **S**ehnsüchte stehen hinter meiner **S**ucht? Muss ich das jetzt **s**ofort erledigen? Sind die **S**icherungen schon durchgebrannt? Was kann ich gegen die vielen S (**S**chmerzen, **S**orgen, **S**chwermut, **S**ucht etc.) tun? Soll ich eine **S**uchtberatungsstelle aufsuchen? Leide ich unter einen **S**eratoninmangel? Hinterfrage ich gelegentlich meine vielen

„Selbst“? Wie wichtig sind Sexualität und Spiritualität in meinem Leben? Betreibe ich genug Sport? Gebe ich meiner Seele genug Nahrung?

Wesentliche Grundsätze: Hinter jeder Sucht ist eine Sehn-sucht. Der Schmerz frisst sich in die Persönlichkeit des Menschen, er kann die Lust am Leben verschlucken und den Menschen verändern. Bemühe dich daher zu verhindern, dass der Schmerz dein Leben dominiert. Die flexiblen Selbstvermarkter brennen aus. Zu viel Selbstfindung und Selbstverwirklichung sind eine Überforderung und führen in die Erschöpfung. Spiritualität und Wissenschaft sind keine Gegensätze mehr.

T Tief (seelisches), Tempo, Tod, Trauer, Trampelpfad (neuronale Verbindungen im Gehirn), Tryptophan (natürliches Antidepressivum), **Therapie, Tagebücher (der Dankbarkeit, Entscheidung, Erfolge), Tiefgang, Trommeln**

Hilfreiche Fragen: Soll ich das **T**empo reduzieren? Sind die **T**rampelpfade genug ausgetreten, so dass sich die neuronalen Verbindungen im Gehirn bereits festigen konnten? Gibt es gegen mein seelisches **T**ief ein natürliches Antidepressivum?

Wesentliche Grundsätze: Es gibt viele natürliche Antidepressiva: **T**ryptophan, **T**herapie, **T**agebücher, **T**rommeln sowie Sonne, Bewegung, Ernährung und Liebe. Man kann die **T**rauer vielleicht wegschieben, aber ihr nicht entkommen. Sie kommt unweigerlich bei der anderen Tür wieder herein. Ich bin mein eigener **T**herapeut bedeutet nicht, dass Sie keine Hilfe in Anspruch nehmen sollen, sondern vielmehr, dass Sie die Hausaufgaben im Sinne von Eigenverantwortung selber machen müssen. Reise nicht in die Ferne, sondern in die **T**iefe.

U Unterforderung, Überforderung, Unachtsamkeit, Überdruss, Unglück, Unzufriedenheit, Unruhe, Umfeld, Umwelt, **Unabhängigkeit**

Hilfreiche Fragen: Bin ich **u**nterfordert oder **ü**berfordert? Bin ich **un**-abhängig von Personen und/oder Substanzen? Welche Rolle spielt das **U**mfeld bezüglich meiner **U**nzufriedenheit, meines **U**nglücks?

Wesentliche Grundsätze: **U**nterforderung (bore-out) und **Ü**berforderung (burn-out) können in die Erschöpfung, Depression oder Sucht führen. Das **U**nglück gehört zum Leben, wie das Amen im Gebet. Das **U**nglück kommt meist alleine, für das Glück müssen wir uns bemühen. Wenn du **u**nruhig bist, atme tief durch. **U**nabhängigkeit bedeutet so viel wie Freiheit.

V Verzweiflung, Verluste (Seelenverlust, Energieverlust, Libidoverlust, Vertrauensverlust, Kräfteverlust, Möglichkeitsverlust, Verlust des schönen Lebens, Verlust des Gefühls, Verlust von Arbeit und Menschen), Vernachlässigung (von Bedürfnissen), Verdrängung und Verleugnung (von Problemen und Konflikten), Verbrennungsmotor, Vollgas, Verspannung, Verdauung, Vitamine, **Veränderung, Verantwortung (Eigenverantwortung), Vertrauen , Viva-Zentrum, Vollblutuntersuchung, Verhaltensänderung, Visionen**

Mögliche Fragen: Warum bin ich **v**erzweifelt? Was kann ich dagegen tun? Welche **V**erluste (siehe oben) kann ich wieder finden? Bin ich ein **V**erdränger von Problemen und Konflikten? Ist mein **V**erbrennungsmotor bereits ins Stocken geraten oder schon defekt? Funktioniert meine **V**erdauung? Nehme ich genug **V**itamine zu mir? Wann habe ich die letzte **V**ollblutuntersuchung durchgeführt? Übernehme ich die **V**erantwortung für mein Leben? **V**ertraue ich mir (und Gott)? Habe ich **V**isionen, für die es sich lohnt zu leben?

Wesentliche Grundsätze: **V**erdauungsprobleme (gestörte Darmflora, Darmverstopfungen) können depressive Stimmungen auslösen und mit gesunder Ernährung gelöst werden. Bis auf einen **V**erlust (siehe oben) kann ich alle anderen wieder gewinnen, wenn ich meine Ressourcen (Kraftquellen) nutze. **V**erhaltensänderungen erfolgen nicht von heute auf morgen. **V**eränderung erfolgt erst dann, wenn ich mich akzeptiere, wie ich bin. **V**ertrauen hat viele Aspekte, zumindest aber diese zwei: sich selbst etwas zu-trauen (Mut) und anderen etwas zu-trauen, an-ver-trauen (Risiko).

W Welterschöpfung, Wirkung auf Menschen, Werbung, Wille (zielgerichtete Motivation), Werte, **Wahrnehmungsübungen, Wege, Wege aus der Krise, Weichen, Weggabelungen**

Fragen: Welchen Beitrag kann ich gegen die **W**elterschöpfung tun? Will ich **w**irken, oder leben? Schalte ich die **W**erbung aus, wenn sie mich nervös macht, wenn sie mir auf die Nerven geht? Welche der in diesem Buch vorgestellten **W**ahrnehmungsübungen sind für mich wertvoll, brauchbar, umsetzbar? Sind meine **W**erte in Übereinstimmung mit meinen Denken und Handeln? Gehe ich meinen eigenen **W**eg?

Wesentliche Grundsätze: **W**ille ist keine Charakterfrage, sondern eine Frage der zielgerichteten Motivation: Für manche Ziele bin ich hoch motiviert, bei anderen wiederum schwach motiviert. Bei den meisten **W**eggabelungen, Kreuzungen kann ich entscheiden, welche Richtung ich einschlage! **W**örter, die man mindestens dreimal **w**iederholen sollte, damit sie **W**irkung zeigen sind: Geduld, Geduld, Geduld – Zeit, Zeit, Zeit – Loslassen, Loslassen, Loslassen! Die positive, heilende **W**irkung von Bewegung, Ernährung und Entspannungsmethoden ist **w**issenschaftlich nachgewiesen.

X XL, XXL, XXXL … x-beliebig, x-fache, x-mal, x-te (Zigarette, Wiederholung etc.)

Y Yes, You, Yoga, Yacht, Yuppie-du …

Z Zittern, Zweifel, Zink-Mangel, Zwang (zur Eigenverantwortung, Selbstverwirklichung), Zeit, Zuflüsterer (innere Antreiber), **Zen-Bogenschießen, Ziel**

Mögliche Fragen: Ist das **Z**ittern ein Ausdruck von Nervosität oder bereits ein Abhängigkeitssymptom? Sind die gesellschaftlichen Prinzipien der Eigenverantwortung und Selbstverwirklichung für mich **Z**wang? Kenne ich meine **Z**uflüsterer (inneren Antreiber)? Haben Sie die in diesem Buch vorgestellte Variante des **Z**en-Bogenschießens ausprobiert? Nehme ich mir genug **Z**eit für das Wesentliche? Welche **Z**iele sind mir wichtig?

Wesentliche Grundsätze: Der **Z**wang zur Eigenverantwortung und Selbstverwirklichung, sein Leben ständig neu zu erfinden, kann in die Erschöpfung führen. Die hier vorgestellte Variante des **Z**en-Bogenschießens dauert nur wenige Sekunden. Sie ist eine Atem-, Konzentrations- und Entspannungsübung in einem. Mit Engelsflügeln zu den **Z**ielen! Der Weg ist manchmal tatsächlich das **Z**iel. Die **Zeit** erwies sich als Schlüsselfaktor: Der Umgang mit der **Z**eit spielt eine Rolle, ob wir in die Krankheit schlittern oder ob wir sie verhindern. Die **Z**eit spielt beim Weg aus der Krise ebenfalls eine zentrale Rolle. Wir besitzen tatsächlich nichts Wertvolleres als die **Z**eit.

Daher, liebe Freundin, lieber Freund, nimm dir die **Z**eit.
Du hast **Z**eit.

Literaturhinweise / Quellen:

Aronson, Elliot/ Pines, Ayala M./ Kafry, Ditsa (1983): Ausgebrannt. Vom Überdruß zur Selbstentfaltung. Stuttgart: Klett-Cotta.

Boeckmann, Klaus (2011): Conditio humana. Das widersprüchliche Erbe der Menschen. Norderstedt, Books on Demand.

Bormans, Leo (Hg.) (2013): Glück. The world book of happiness. Das Wissen von 100 Glücksforschern aus aller Welt. Köln: Edition Kleine Zeitung (DuMont Buchverlag).

Brücher, Klaus/ Poltrum, Martin (Hg.) (2013): Psychiatrische Diagnostik. Zur Kritik der diagnostischen Vernunft. Berlin: Parodos.

Burisch, Matthias (2010): Das Burnout-Syndrom. Theorie der inneren Erschöpfung. Berlin: Springer (4. Auflage).

Burton, Robert (2003): Die Anatomie der Schwermut. Über die Allgegenwart der Melancholie, ihre Ursachen und Symptome sowie die Kunst, es mit ihr auszuhalten. Frankfurt am Main: Eichborn.

Cerny, Thomas F. (2002): Talente nutzen – Erfolgreich sein. Profitieren Sie von Ihrem Potential. München: Hanser.

Cherniss, Cary (1999): Jenseits von Burnout und Praxisschock. Hilfen für Menschen in lehrenden, helfenden und beratenden Berufen. Weinheim: Beltz.

Dahlke, Ruediger (2010): Depression. München: Arkana (2.Auflage).

Dahlke, Ruediger (2012): Seeleninfarkt. Zwischen Burn-out und Bore-out. Wie unserer Psyche wieder Flügel wachsen. Berlin: Scorpio (2. Auflage).

De Mello, Anthony (1997): Der springende Punkt. Wach werden und glücklich sein. Freiburg im Breisgau: Herder (7. Auflage).

Dirnberger-Puchner, Silvia (2013): Werden wir wie unsere Eltern? Die Kunst, sein Leben zu verändern. Berlin: Goldegg.

Ehrenberg, Alain (2008): Depression und Gesellschaft in der Gegenwart. Frankfurt am Main: Campus.

Ernst, Michael (2013): Lasst uns roh und munter sein! In: profil, Jg. 2013, Nr. 9, S. 72 – S. 80.

Frankl, Viktor E. (2002): Logotherapie und Existenzanalyse. Texte aus sechs Jahrzehnten. Weinheim: Beltz.

Frankl, Viktor E. (2009): …trotzdem Ja zum Leben sagen. Ein Psychologe erlebt das Konzentrationslager. München: Kösel.

Freudenberger, Herbert/ North, Gail (2008): Burn-out bei Frauen. Über das Gefühl des Ausgebranntseins. Frankfurt am Main: Fischer (12. Auflage).

Geyerhofer, Stefan/ Unterholzer, Carmen (2008): Burnout aus systemischer Sicht. Auf dem Weg zu einem systemischen Verständnis von Burnout und Erschöpfungssyndrom. In: systeme, Jg. 22, Nr. 2, S. 177 – S. 200.

Geyerhofer, Stefan/ Unterholzer, Carmen (2009): Systemische Ansätze in der Behandlung von Burnout. Hilfreiche Strategien im Umgang mit dem Burnout-Syndrom in Psychotherapie, Supervision und Coaching. In: systeme, Jg. 23, Nr. 1, S. 5 – S. 25.

Gmür, Mario (2004): Der öffentliche Mensch. Medienstars und Medienopfer. München: dtv (2. Auflage).

Gmür, Mario (2007): Das Medienopfersyndrom. München: Reinhardt.

Goebel, Tina (2013): Kindchenschema. In: profil, Jg. 2013, Nr. 7, S. 71 – S. 78.

Goffman, Erving (2001): Wir alle spielen Theater. Die Selbstdarstellung im Alltag. München: Piper (9. Auflage).

Greisinger, Manfred (2011): Innere Führungskraft. Mit Eros zur unverwechselbaren Ich-Marke. All ent steig: Edition Stoareich (7. Auflage).

Grewe, Friedhelm (2007): Der Traum vom Pilgern. Die großen Wallfahrtswege Europas. Kreuzlingen: Diederichs.

Gross, Werner (1990): Sucht ohne Drogen. Arbeiten, Spielen, Essen, Lieben... Frankfurt am Main: Fischer.

Grün, Anselm (1997): 50 Engel für das Jahr. Ein Inspirationsbuch. Freiburg im Breisgau: Herder (28. Auflage).

Grün, Anselm (2010): Bleib deinen Träumen auf der Spur. Buch der Sehnsucht. Freiburg im Breisgau: Herder (10. Auflage).

Grün, Anselm (2011): 50 Engel für die Seele. Freiburg im Breisgau: Herder (14. Auflage).

Grün, Anselm (2006): Das große Buch der Lebenskunst. Freiburg im Breisgau: Herder.

Han, Byung-Chul (2013): Müdigkeitsgesellschaft. Berlin: MSB Matthes & Seitz Berlin (8. Auflage).

Heintel, Peter (1999): Innehalten. Gegen die Beschleunigung – für eine andere Zeitkultur. Freiburg im Breisgau: Herder (2. Auflage).

Hesse, Hermann (1974): Siddhartha. Eine indische Dichtung. Frankfurt am Main: Suhrkamp.

Huber, Gerhard (2010): Burnout-Depressionen. Fluch oder Segen. Auf der Suche nach meinem Leben. Feldkirchen: Eigenverlag (4. Auflage).

Huber, Gerhard (2010): Dem Burnout und der Depression entkommen. Leben gefunden! Feldkirchen: Eigenverlag (2. Auflage).

Jay, Mike (2011): High Society. Eine Kulturgeschichte der Drogen. Darmstadt: Primus.

Jellouschek, Hans (2008): Die Rolle der Geliebten in der Dreiecksbeziehung. München: Goldmann.

Klein, Thomas (2010): Zwischen Schein und Sein. Mein Weg aus der Depression. Wien: Prima Vista.

Klein, Thomas (2011): Gib nicht auf! Wie man aus den Tiefen seines Lebens wieder zu neuen Höhen finden kann. Wien: Prima Vista.

Kübler-Ross, Elisabeth (2005): Warum wir hier sind. Güllesheim: Silberschnur (6. Auflage).

Kuhlmann, Heidrun (2005): Seelenfutter. Frische Energie für die Alltage unseres Lebens. Lahr im Schwarzwald: Johannis.

Kury, Patrick (2012): Der überforderte Mensch. Eine Wissensgeschichte vom Stress zum Burnout. Frankfurt am Main: Campus.

Lalouschek, Wolfgang (2010): Raus aus der Stressfalle. Die besten Strategien gegen Burnout & Co. Wien: Kneipp.

Lalouschek, Wolfgang (2012): Burnout – Phänomenologie, Diagnostik, Epidemiologie, Therapie. In: Musalek, Michael/ Poltrum, Martin (Hg.) (2012): Glut und Asche Burnout. Neue Aspekte der Diagnostik und Behandlung. Berlin: Parodos, S. 35 – S. 49.

Latritsch-Karlbauer, Andrea (2009): Haltung fertig los. Klagenfurt: Wieser (2.A.)

Lindenmeyer, Johannes (2010): Lieber schlau als blau. Entstehung und Behandlung von Alkohol- und Medikamentenabhängigkeit. Weinheim: Beltz (8. Auflage).

Liessmann, Konrad P. (2012): Lob der Grenze. Kritik der politischen Unterscheidungskraft. Wien: Zsolnay.

Maslach, Christina/ Leiter, Michael P. (2001): Die Wahrheit über Burnout. Stress am Arbeitsplatz und was Sie dagegen tun können. Wien: Springer.

Meckel, Miriam (2010): Brief an mein Leben. Erfahrungen mit einem Burnout. Hamburg: Rowohlt.

Mummendey, Hans Dieter (1995): Psychologie der Selbstdarstellung. Göttingen: Hogrefe (2. Auflage).

Mummendey, Hans Dieter (2006): Psychologie des ‚Selbst'. Theorien, Methoden und Ergebnisse der Selbstkonzeptforschung. Göttingen: Hogrefe.

Musalek, Michael/ Poltrum, Martin (Hg.) (2012): Glut und Asche Burnout. Neue Aspekte der Diagnostik und Behandlung. Berlin: Parodos.

Musalek, Michael (2012a): Zur Ideengeschichte des Burnout – Eine Introduktion. In: Musalek, Michael/ Poltrum, Martin (Hg.) (2012): Glut und Asche Burnout. Neue Aspekte der Diagnostik und Behandlung. Berlin: Parodos, S. 7 – S. 34.

Musalek, Michael (2012b): Das Mögliche und das Schöne als Antwort. Neue Wege in der Burnout-Behandlung. In: Musalek, Michael/ Poltrum, Martin (Hg.)

(2012): Glut und Asche Burnout. Neue Aspekte der Diagnostik und Behandlung. Berlin: Parodos, S. 177 – S. 203.

Nelting, Manfred (2011): Burnout. Wenn die Maske zerbricht. Wie man Überbelastung erkennt und neue Wege geht. München: Goldmann (5. Auflage).

Noll, Andreas/ Kirschbaum, Barbara (Hg.) (2006): Stresskrankheiten. Vorbeugen und behandeln mit chinesischer Medizin. München: Urban & Fischer.

Ogger, Günther (2003): Die Ego-AG. Überleben in der Betrüger-Wirtschaft. München: Bertelsmann.

Osterhold, Gisela/ Molter, Haja (Hg.) (1992): Systemische Suchttherapie. Entstehung und Behandlung von Sucht und Abhängigkeit im sozialen Kontext. Heidelberg: Asanger.

Perner, Rotraud A. (2012): Der erschöpfte Mensch. St. Pölten: Residenz (2.A.)

Pilgram, Gerhard/ Berger, Wilhelm/ Maurer, Gerhard (2006): Das Weite suchen. Zu Fuss von Kärnten nach Triest. Ein Wander-Reise-Lesebuch. Klagenfurt: Carinthia, Unikum.

Pilgram, Gerhard/ Berger, Wilhelm/ Koroschitz, Werner (2012): Tiefer gehen. Wandern und Einkehren im Karst und an der Küste. Klagenfurt: Drava, Unikum (2. Auflage).

Poltrum, Martin (2012): Beschleunigung des Lebenstempos – Arbeit und Burnout. Zur Pathologie der Spätmoderne. In: Musalek, Michael/ Poltrum, Martin (Hg.) (2012): Glut und Asche Burnout. Neue Aspekte der Diagnostik und Behandlung. Berlin: Parodos, S. 77 – S. 113.

Poltrum, Martin (2013): Moderne und postmoderne Modediagnosen. Neurasthenie und Burnout. In: Brücher, Klaus/ Poltrum, Martin (Hg.) (2013): Psychiatrische Diagnostik. Zur Kritik der diagnostischen Vernunft. Berlin: Parodos, S. 105 – S. 124.

Precht, Richard D. (2007): Wer bin ich – und wenn ja, wie viele? Eine philosophische Reise. München: Goldmann (46. Auflage).

Ratheiser, Klaus M./ Menschik-Bendele, Jutta/ Krainz, Ewald E./ Burger, Michael (2011): Burnout und Prävention. Ein Lesebuch für Ärzte, Pfleger und Therapeuten. Wien: Springer.

Robbins, Anthony (1998): Das Robbins Power Prinzip. Wie Sie Ihre wahren inneren Kräfte sofort einsetzen. München: Heyne (3. Auflage).

Robbins, Anthony (1993): Grenzenlose Energie. Das Power Prinzip. Wie Sie Ihre persönlichen Schwächen in positive Energie verwandeln. München: Heyne.

Rogers, Carl R. (1979): Entwicklung der Persönlichkeit. Kösel: Klett-Cotta (3. Auflage).

Rosa, Hartmut (2012): Beschleunigung. Die Veränderung der Zeitstrukturen in der Moderne. Frankfurt am Main: Suhrkamp (9. Auflage).

Rösing, Ina (2003): Ist die Burnout-Forschung ausgebrannt? Analyse und Kritik der internationalen Burnout-Forschung. Heidelberg: Asanger.

Rost, Wolf-Detlef (1992): Psychoanalyse des Alkoholismus. Theorie, Diagnostik, Behandlung. Stuttgart: Klett-Cotta (4. Auflage).

Scheich, Günter (2001): »Positives Denken« macht krank. Vom Schwindel mit gefährlichen Erfolgsversprechen. Frankfurt am Main: Eichborn.

Schlüter-Dupont Lothar (1990): Alkoholismus-Therapie. Pathogenetische, psychodynamische, klinische und therapeutische Grundlagen. Stuttgart: Schattauer.

Schmiedel, Volker (2010): Burnout. Wenn Arbeit, Alltag & Familie erschöpfen. Welche körperlichen Untersuchungen Ihnen jetzt weiterhelfen. Wie Sie aus der Stressspirale aussteigen. Stuttgart: Trias.

Schneider, Ralf (1993): Die Suchtfibel. Information zur Abhängigkeit von Alkohol und Medikamenten für Betroffene, Angehörige und Interessierte. München: Röttger (8. Auflage).

Schwertfeger, Bärbel (2002): Die Bluff-Gesellschaft. Ein Streifzug durch die Welt der Karriere. Weinheim: Wiley.

Seligman, Martin E. P. (2009): Der Glücks-faktor. Warum Optimisten länger leben. Bergisch Gladbach: Bastei Lübbe (6. Auflage).

Solomon, Andrew (2006): Saturns Schatten. Die dunklen Welten der Depression. Frankfurt am Main: Fischer.

Springer, Alfred (2013): Zur Problematik der Suchtdiagnostik. In: Brücher, Klaus/ Poltrum, Martin (Hg.) (2013): Psychiatrische Diagnostik. Zur Kritik der diagnostischen Vernunft. Berlin: Parodos, S. 145 – S.173.

Terzani, Tiziano (2008): Das Ende ist mein Anfang. Ein Vater, ein Sohn und die große Reise des Lebens. Hamburg: Spiegel (Goldmann) (16. Auflage).

Unger, Hans-Peter/ Kleinschmidt, Carola (2013): Bevor der Job krank macht. Wie uns die heutige Arbeitswelt in die seelische Erschöpfung treibt – und was man dagegen tun kann. München: Kösel (7. Auflage).

Unschuld, Paul U. (2011): Ware Gesundheit. Das Ende der klassischen Medizin. München: Beck (2. Auflage).

Unterholzer, Ruth (2008): Motiviert statt ausgebrannt. Eine berufsunspezifische Studie zum Burnout-Phänomen in Österreich. Saarbrücken: Verlag Dr. Müller.

Werle, Klaus (2010): Die Perfektionierer. Warum der Optimierungswahn uns schadet – und wer wirklich davon profitiert. Frankfurt am Main: Campus.

Wolpert, Lewis (2008): Anatomie der Schwermut. Über die Krankheit Depression. München: Beck.

Zeitschriften:

Gehirn & Geist Basiswissen. Das Magazin für Psychologie und Hirnforschung: Denken, Fühlen, Handeln. Nr. 1/2010.

Gehirn & Geist Dossier. Das Magazin für Psychologie und Hirnforschung: Wer bin ich? Nr. 1/2008.

Gehirn & Geist Dossier. Das Magazin für Psychologie und Hirnforschung: Die neuen seelischen Leiden. Nr. 3/2009.

Gehirn & Geist Dossier. Das Magazin für Psychologie und Hirnforschung: Glaube und Aberglaube. Nr. 2/2011.

Profil Wissen. Das Wissenschaftsmagazin der profil-Redaktion: Das Geheimnis der Schmerzen. Nr.1/2011.

Profil Wissen. Das Wissenschaftsmagazin der profil-Redaktion: Wo sitzt die Seele? Nr.2/2012.

Anhang:

Das Gebet von Antoine de Saint-Exupéry berührt mich sehr. Es spricht viele Themen an, von denen hier in meinem Buch die Rede war: die Kunst der kleinen Schritte, der Umgang mit der ZEIT, im HIER & JETZT leben, unsere Träume & Sehn-süchte, durch Niederlagen & Rückschläge wachsen, Herz & Verstand vereinen, Geduld & Gelassenheit, Liebe & Beziehungen, Güte & Tiefgang, Demut & Dankbarkeit.

Gebet von Antoine de Saint-Exupéry

Ich bitte nicht um Wunder und Visionen, Herr, sondern um Kraft für den Alltag. Lehre
mich die Kunst der kleinen Schritte:

- Mach mich findig und erfinderisch, um im täglichen Vielerlei und Allerlei rechtzeitig meine Erkenntnisse und Erfahrungen zu notieren, von denen ich betroffen bin.
- Mach mich griffsicher in der richtigen Zeiteinteilung. Schenke mir das Fingerspitzengefühl, um herauszufinden, was erstrangig und was zweitrangig ist.
- Ich bitte um Kraft für Zucht und Maß, dass ich nicht durch das Leben rutsche, sondern den Tageslauf vernünftig einteile, auf Lichtblicke und Höhepunkte achte und wenigstens hin und wieder Zeit finde für einen kulturellen Genuss.
- Lass mich erkennen, dass Träume nicht weiterhelfen, weder über die Vergangenheit noch über die Zukunft. Hilf mir, das Nächste so gut wie möglich zu tun und die jetzige Stunde als die wichtigste zu erkennen.
- Bewahre mich vor dem naiven Glauben, es müsste im Leben alles glatt gehen.
- Schenke mir die nüchterne Erkenntnis, dass Schwierigkeiten, Niederlagen, Misserfolge, Rückschläge eine selbstverständliche Zugabe zum Leben sind, durch die wir wachsen und reifen.

- Erinnere mich daran, dass das Herz oft gegen den Verstand streikt. Schick mir im rechten Augenblick jemanden, der den Mut hat, mir die Wahrheit in Liebe zu sagen.
- Ich möchte Dich und die anderen immer aussprechen lassen. Die Wahrheit sagt man nicht sich selbst, sie wird einem gesagt.
- Ich weiß, dass sich viele Probleme dadurch lösen, dass man nichts tut. Gib, dass ich warten kann.
- Du weißt, wie sehr wir der Freundschaft bedürfen. Gib, dass ich diesem schönsten, schwierigsten, riskantesten und zartesten Geschäft des Lebens gewachsen bin.
- Verleihe mir die nötige Phantasie, im rechten Augenblick ein Päckchen Güte, mit oder ohne Worte, an der richtigen Stelle abzugeben.
- Mach aus mir einen Menschen, der einem Schiff mit Tiefgang gleicht, um auch die zu erreichen, die „unten“ sind.
- Bewahre mich vor der Angst, ich könnte das Leben versäumen. Gib mir nicht, was ich mir wünsche, sondern was ich brauche.
- Lehre mich die Kunst der kleinen Schritte!

***Freunde** sind treue Wesen: Es war Charly Nessmann, Professor am Institut für Medien- und Kommunikationswissenschaft an der Alpen-Adria-Universität Klagenfurt, der mich 1999 als Lektor für „ICH-Marke“ – personal branding an seine Uni holte, wo ich über zehn Jahre mit wunderbaren Studentinnen und Studenten arbeiten durfte. Er glaubte an mich...*
Hiermit darf ich mich als Freund revanchieren. Ich glaube an Dich, lieber Charly! Du gehst gestärkt aus dieser Krise hervor... Und - sicher nicht nur - meine weise Lebensgefährtin Lydia, die übrigens an „unserem Geburtstag“ Namenstag hat, befindet: „Dies ist Charlys wahre Habilitations-Schrift, mit diesem Werk habilitiert sich Karl Nessmann im Leben – nicht bloß an der Uni.“ Manfred

Widmung & Danksagung

Ich widme das Buch meiner Familie, meiner Frau, meinen Kindern, meiner Schwester, meinem Schwager und meinen Freunden, die mich in den Krisenzeiten stets unterstützten, mich nie alleingelassen, fallengelassen haben – und dies, obwohl ich sie mit meinem Verhalten weit über die Belastungsgrenze strapazierte.

Ich widme euch dieses Buch, weil ich mich bei euch für die Hilfe, für das Verständnis und die Geduld, für eure Liebe und Hoffnung bedanken möchte. Danke, dass ihr an mich geglaubt und mir zwei wichtige Botschaften signalisiert habt. Erstens: Du schaffst es! Zweitens: Wir brauchen dich! Dies hat mir Hoffnung, Sinn und Kraft gegeben, aus der schweren Lebenskrise herauszukommen. Und den Einwand, dass dies ohnehin selbstverständlich war, dass ihr mich nicht im Stich, mich nicht fallen gelassen habt, weil ich Zeit meines Lebens für euch da war, den lasse ich nicht gelten. Eure großherzige Haltung ist keine Selbstverständlichkeit. Dies habe ich leider allzu oft in den Krankenhäusern gesehen, wenn ich einsamen und allein gelassenen Menschen begegnet bin. Daher nochmals: Danke. Ich bin stolz auf euch. Ihr seid einsame Spitze!

Mein Dank gilt auch meinen Eltern und Großeltern: Karl, Brunhilde (Bruni), Elisabeth und Josef! Ihr seid viel zu früh verstorben. Leider konntet ihr meinen erfolgreichen und leidvollen Weg nicht miterleben. Euch verdanke ich viele wertvolle Grundhaltungen, Eigenschaften und Ressourcen. Diese waren letztlich für mein erfülltes Leben vor und nach der Krankheit sowie für die Bewältigung des Schicksals hilfreich. Wie es scheint, habe ich auch die hohen Leistungsansprüche von euch übernommen. Sie führten mich zwar in die Erschöpfung, halfen mir aber auch aus der Krise heraus.
Der gebührliche Dank richtet sich auch an meine Schwiegermutter und den bereits verstorbenen Schwiegervater. Ihr habt mich und meine Familie stets tatkräftig unterstützt, ihr seid immer für uns da gewesen - in guten wie schwierigen Zeiten. Danke.

Ich möchte mich auch bei meinen Kolleginnen und Kollegen an der Universität bedanken, insbesondere für die moralische Unterstützung, das Verständnis und (was vor allem sehr wichtig war) für die Geduld und Zeit, die sie mir für die Genesung gegeben haben.

Der Dank gilt auch meinen Lotsen, insbesondere den Ärzten und Schwestern in den Krankenhäusern und Kliniken für die medizinische Unterstützung, auch wenn sie aufgrund meiner Sturheit und Unbeeinflussbarkeit nicht immer „optimal" verlief. Sie haben mir in der Krise akut geholfen. Besonderen Dank an das Ärzteteam im VIVA Zentrum für moderne Mayr Medizin für die alternativmedizinische und ganzheitliche Behandlung. Sie haben den entscheidenden Wendepunkt zur Genesung eingeleitet. Dank an meine Psychotherapeuten für die kompetente Begleitung und Supervision beim Weg zurück ins Leben.

Dank an meinen Löwen- und Autorenfreund Manfred Greisinger für die Durchsicht des Manuskripts, für das kritisch-wohlwollende Feedback, die wertvollen Hinweise und die Begleitung bei der Buch-Veröffentlichung.

Dank an die Gradeser, die mich so herzlich aufgenommen haben - die Bewohner der historischen Hafen- und Lagunenstadt Grado der oberen Adria. Hier, wo die Erde zauberhaft ins Meer versinkt, habe ich die nötige Ruhe, Inspiration und Konzentration gefunden, um mein Werk zu vollenden. Der tiefblaue Himmel, die unendliche Weite des Meeres, die kräftig leuchtenden Farben, die glühende Hitze, die stürmischen Wintertage, die heulende Bora, der scharfe Schirokko, die Stille nach dem Sturm, der beeindruckende Sonnenaufgang im hellen Licht des Morgengrauens, der Sonnenuntergang im rötlichen Abendlicht, die kristallklaren Sterne in der Nacht, die schmalen Gassen und winzigen Plätze der historischen Altstadt, wo das Leben mit seinen Spielen und Stimmen aufblüht, wo sich die Fröhlichkeit und Traurigkeit in den Gesichtern der Gradeser widerspiegelt, wie die strahlende Sonne und der leuchtende Mond im rauschenden Meer. Und nicht zu vergessen die Basilika, der Dom von Grado, wo ich der ergreifenden Gesangswelle des

Chores lauschte, die mich zutiefst berührte, meine Seele in den Schwingungen des Liedes tröstete. Hier in Grado, in der zauberhaften Lagunenstadt am Meer, weit weg von der Wirklichkeit, befreite sich mein Herz von den Sorgen des Alltags; es wurde leicht und öffnete sich. Danke, liebe Gradeser, dass ihr mich teilhaben lässt an eurem Leben. Danke lieber Savataggio Stefano für die Einladung zum großen Festtag *Perdon de Barbana* (Fest der Vergebung und Versöhnung). Die Fahrt mit eurem wunderbar mit Blumen und Fahnen geschmückten Fischerboot durch die glänzende Lagune bis zur grünen Insel Barbana war ein ganz besonderes Erlebnis für mich – ebenso die Messe zu Ehren der heiligen Madonna, das Picnic auf der schattigen Wiese der Insel, die jubelnde Menge, die Musik der Adagi, die Gesänge der Männer und Frauen, die strahlenden Kindergesichter, die Heiterkeit – eine beeindruckende Wasserprozession, ein wirklicher Friedenstag für alle Herzen. Danke.

Damit Sie eine Vorstellung von diesem Ort bekommen, hier ein paar kurze Passagen aus dem von Marina Bressan herausgegebenen Buch über Biagio Marin (Grado, die von Gott begnadete Insel):

Mein schöner Heimatort, zwischen Himmel und Meer, scheint ein Luftschloss zu sein; und drum herum Sonne und Sterne als Festbeleuchtung. - Über der Insel glänzte ein tief blauer Himmel und unendlich waren die Horizonte, die sie umrahmten ... das dunkle Blau der von Mittagssonne durchfluteten Meereshorizonte, das lichtempfindliche Blau der friaulischen Hügel und des Karstes und das tiefe Blau der Alpen, die gegen den mit Nordwind schwangeren Himmel stoßen, und noch Wasser und Windstimmen, die die Seele mit leichten Monodien und stürmischen Chorälen erfüllen ... Plötzlich öffnet sich die blaue Tiefe des Himmels und du beginnst mit dem Herzen zu sprechen, du überlässt dich dem stillen Zauber der Landschaft ... Unser schweres Herz befreit sich von den Sorgen des Alltags und wird leicht; das Licht strömt hinein; es legt sich wie das Wasser unter dem Himmel und beginnt mit ihm zu spielen.

Karl Nessmann, Klagenfurt – Grado – St. Urban im Sommer 2016

„Es ist schön zu leben,
weil leben anfangen ist.
Immer, in jedem Augenblick.“
Zitat des italienischen Schriftstellers Cesare Pavese